# 트라우마 상담법

The New Guide to Crisis & Trauma Counselling

ⓒ 2003 by H. Norman Wright

Originally published in English under the title
*The New Guide to Crisis & Trauma Counseling* by Baker Publishing Group,
P.O. Box 6287, Grand Rapids, MI 49516, U. S. A.
All rights reserved.

This Korean edition ⓒ 2010 by Duranno Ministry, Seoul, Republic of Korea

이 책의 한국어판 저작권은 Baker Publishing Group과 독점 계약한 두란노서원에 있습니다.
저작권법에 의거하여 한국 내에서 보호받는 저작물이므로 무단 전재와 무단 복제를 금합니다.

## 트라우마 상담법

지은이 | H. 노먼 라이트
옮긴이 | 금병달 · 구혜선
초판 발행 | 2010. 3. 24.
8쇄 발행 | 2025. 2. 19.
등록번호 | 제1988-000080호
등록된 곳 | 서울특별시 용산구 서빙고로65길 38
발행처 | 사단법인 두란노서원
영업부 | 02) 2078-3333 FAX | 080-749-3705
출판부 | 02) 2078-3330

책값은 뒤표지에 있습니다.
ISBN 978-89-531-1318-3 03230

독자의 의견을 기다립니다.
tpress@duranno.com www.duranno.com

두란노서원은 바울 사도가 3차 전도 여행 때 에베소에서 성령 받은 제자들을 따로 세워 하나님의 말씀으로 양육하던 장소입니다. 사도행전 19장 8-20절의 정신에 따라 첫째 목회자를 돕는 사역과 평신도를 훈련시키는 사역, 둘째 세계선교™와 문서선교단행본·잡지 사역, 셋째 예수문화 및 경배와 찬양 사역, 그리고 가정 · 상담 사역 등을 감당하고 있습니다. 1980년 12월 22일에 창립된 두란노서원은 주님 오실 때까지 이 사역들을 계속할 것입니다.

# 트라우마 상담법

H. 노먼 라이트 지음 | 금병달·구혜선 옮김

두란노

# Contents

들어가는 말 · 6

**01** 성경적 관점에서 바라본 위기 상담 · 20
**02** 성경적 원칙의 적용 Ⅰ · 31
**03** 성경적 원칙의 적용 Ⅱ · 48

**04** 상실의 상처로부터 회복하도록 돕는 법 Ⅰ · 66
**05** 상실의 상처로부터 회복하도록 돕는 법 Ⅱ · 89
**06** 비통 회복의 마지막 단계 · 122

**07** 위기란 무엇인가 · 143
**08** 위기의 국면 알아보기 · 161
**09** 위기 중재의 과정 · 181

**10** 세월도 약이 되지 않는 상처, 트라우마 · 211
**11** 트라우마 피해자 돕기 · 239

**12** 죽음의 위기 • 261

**13** 사별 관련 상담법 • 294

**14** 자살의 위기 • 321

**15** 자살하려는 사람과 유가족 돕기 • 337

**16** 상실과 위기·트라우마로 고통받는 어린이 돕기 • 362

**17** 어린이들의 위기 • 383

**18** 슬픔에 빠진 어린이를 위한 상담법 • 400

**19** 청소년의 위기 • 421

**20** 효과적인 청소년 상담법 • 443

맺는 말 • 458

주 • 479

참고자료 • 495

찾아보기 • 499

## 들어가는 말

1960년대 초반, 교육부 간사로 섬기면서 한 교회의 중고등부를 담당했다. 신학교를 갓 졸업한 지라 앞으로 겪을 수많은 일에 대해 나 자신이 잘 준비되어 있는지 큰 확신은 없었다. 그러던 중에 위기를 경험했고, 그 일을 계기로 청소년들을 더 섬기게 되었다. 사건은 처음에는 위기로 닥쳐왔지만, 나는 적응했고 이 사역을 즐기게 되었다. 오래지 않아 좋은 성과를 거두면서 300명의 중학생, 고등학생들과 대학생을 대상으로 사역하며 분주한 시간을 보냈다.

해마다 여름이면 고등학생들을 데리고 아웃리치를 가거나 여행을 떠났다. 어느 해에는 25명의 고등학생들과 함께 남부 캘리포니아 하이 씨에라(High Sierras)에서 며칠 있으면서 텐트에서 잠을 자고 등산을 하고 낚시도 하고, 학습도 했다. 야영장 바로 옆에는 높이가 300미터도 훨씬 넘는 거대한 기암괴석인 수정 바위(Crystal Crag)가 형성되어 있었다.

하루는 고등학생 2명이 그 절벽의 전면을 자기들끼리 등반하기로 결정하고는 이른 새벽 조용히 일어나 거사를 시작했다. 그중 하나는 해군 입대를 앞둔 아이이긴 했지만, 그래도 그런 절벽을 타 본 경험은 전혀 없었다. 그들은 암석 아랫부분까지 3킬로미터 정도 걸었고 바위 아랫부분에서 혈암(shale : 입자가 아주 작은 점토가 퇴적되어 형성된 퇴적암으로 미세한 입자들이 계속 쌓여 굳어졌기 때문에 작은 충격에도 쉽게 잘 부스러진다 – 옮긴이주)으로 이루어진 비탈길을 타고 계속 위로 올라갔다.

  장비도 없고 전문기술도 전혀 없는 그들이 어떻게 암석 절벽의 앞면을 오를 수 있었는지는 아직도 불가사의한 일이다. 하지만 그 대단한 등반 실력 때문에 손에 힘이 빠진 필(Phil)은 죽음을 향해 120미터 아래로 곤두박질쳤고, 결국 목숨을 잃고 말았다. 다른 한 아이는 친구가 떨어져 죽는 것을 바위에 매달린 채로 공포 속에서 지켜보아야 했다. 다리가 후들거리고 손에 힘이 풀렸지만 그대로 있을 수는 없었다. 그는 깎아지른 듯한 암벽을 벗어날 때까지 계속 등반한 후에야 도움을 요청할 수 있었다.

  몇 시간이 지나서야 누군가 우리 캠프장에 와서 그 소식을 알려 주었다. 모두들 충격에 휩싸였다. 그리고 몇 분 뒤, 필의 시신은 시체 운반용 부대에 싸여 말 등에 실려 왔다. 길이 없어 차가 다닐 수 없었기 때문에 그렇게 운구해 온 것이었다. 나는 담임 목사님께 전화를 드렸고, 이제 필의 부모님에게 얘기하는 것은 담임목사님 몫이었다.

이럴 때 어떻게 해야 할지 내가 미리 알았을까? 그렇지 않다. 무슨 말을 해야 할지 알았을까? 아니다. 이 사건에 대처할 준비가 충분히 되어 있었을까? 전혀 그렇지 않다. 이런 종류의 일을 위해 전혀 준비가 되어 있지 않았다. 지금 생각해 보면 그 순간의 나는 마치 뉴욕의 9·11 쌍둥이 빌딩 참사 후에 돕는 사역을 한 사람들과 같지 않았을까 싶다. 그들 대부분은 이렇게들 말했다. "무슨 말을 해야 할지 무엇을 해야 할지 모르겠습니다. 저는 도울 준비가 되어 있는 것 같지 않습니다."

나 또한 그랬다. 그것은 내가 처음으로 경험한 위기와 트라우마(trauma : 일반적인 의학용어로는 '외상'外傷을 뜻하나, 신경정신의학에서는 '정신적 외상', '영구적인 정신 장애를 남기는 충격'을 말한다. 사고와 같이 엄청난 정서적 스트레스와 심리적 충격을 경험한 후 비슷한 상황이 되었을 때 반응하는 정신적 증상이다–옮긴이주)적 사건이 결합된 사건이었다. 당신이라면 무슨 말을 하고 어떻게 행동했겠는가? 당신은 어떻게 반응해야 할지 알았겠는가?

나는 그날을 절대 잊지 못할 것이다. 우리는 모두 멍한 채로 삼삼오오 모여 앉아 소곤거리는 목소리로 말을 나눌 뿐이었다. 하지만 식사 때가 되자 어제와 똑같이 저녁을 준비했고 아이들은 놀랍게도 농담까지 주고 받으며 장난치고 웃었다. 어른들은 그들의 그런 반응을 조금씩 불편해했다. 하지만 그들은 그런 식으로 위기의 중압감에서 벗어나 휴식을 찾은 것이었다. 지금 생각해 보면 그것은 아주 정상적인 반응이었다. 청소년들은 그들의 비통(grief : 큰 슬픔)을 연속적으로 처리하거나 감당하지 못하고 그 상황을 대면하고 피하는 것을 반복하는 경향이 있기 때문이다.

버스를 타고 집으로 돌아오는 시간은 유난히 길게 느껴졌다. 필의 부모님께 말씀 드리기 위해 차에서 내려 집 정문까지 걸어가는 시간은 더 길게 느껴졌다. 그날의 정황을 설명하고 필의 부모님을 위로하기 위해 찾아간 것이었다. 그런데 그날 나는 그분들과 대화를 나누었던 모든 사람들이 경험한 그 감정을 안고 그곳을 떠났다. 그분들을 위로하러 갔다가 오히려 두 분의 위로를 받은 것 같았다.

그때 경험이 자극이 되어 그때부터 어려움에 처한 사람들을 돕는 평생에 걸친 여정을 시작했다. 바로 최근에서야 그날의 경험은 내가 최초로 실행한 트라우마 디브리핑(debriefing : 원래는 군에서 시작된 단어로 군인, 외교관 또는 우주 비행사가 그들이 갓 완수한 임무나 전투에 대해 보고하는 것을 두고 하는 말이다. 그러나 여기서 말하는 심리적 디브리핑의 경우는 재난 구조자들이나 전문 상담가들의 주도하에 이루어지는 대화시간으로 허리케인이나 지진, 학교총기사건 또는 두려움, 부상, 극도의 불쾌감, 소유물의 파손, 친구 또는 사랑하는 사람과의 사별 등이 수반되는 대형 참사나 고통을 경험한 사람들을 대상으로 한다. 대부분의 경우 디브리핑의 목적은 그들이 경험한 사건이나 재해에 대해 지식, 정보를 공급하고 그들이 그 사건에 대해 본인의 입으로 말하게 함으로써 심리적 타격이나 외상후스트레스장애 같은 트라우마성 질병의 가능성을 감소시키려는 데 있다 – 옮긴이주)이었음을 깨달았다.

대략 1년 후 주일 저녁, 우리 교회에 타 교회 목사님이 방문해서 말씀을 전하셨다. 그 목사님이 말씀을 전하신 방법은 그 자리에 있던 교인들에게 아주 획기적인 영향을 주었다. 말씀을 전할 순서가 되자 그분은 일어나서 강대상을 향해 걸어가셨다. 그분은 강의안을 들여다보거나 성경을 펼쳐 보지도 않고 메시지의 기초가 되는 8개의 성경본문을 암송했다.

그런 다음에 목사님은 회중을 향해 말했다. "오늘 밤 저는 가족이나 친지, 친구 등 사랑하는 이와 사별한 사람에게 여러분이 어떤 말을 하고 또 어떤 말을 하지 말아야 하는지, 어떤 행동을 해야 하고 어떤 행동을 금해야 하는지 나누고 싶습니다."

그는 잠시 멈추었다. 그때 교인들은 저마다 분주하게 필기할 종이를 찾았다. 나는 그때 메시지를 듣고 기록한 것을 아직도 갖고 있다. 그분은 우리 모두에게 필요한 도움과 지침을 주셨다. 왜냐하면 우리는 그때까지 사랑하는 사람을 죽음으로 앞세운 사람에게 무슨 말을 하고 어떻게 해야 하는지 몰랐기 때문이다. 이런 이유로 사람들은 때로 사별한 사람들을 피한다.

만약 목회자들이 이런 인생의 위기들을 위해 사람들을 준비시킨다면 어떤 일이 일어날까? 회중끼리 서로 돕고 보살필 수 있을 것이다. 곤경에 처한 사람들에게 훨씬 더 쉽게 다가갈 수 있을 것이다. 그리고 목회자들이 교육을 받을 때 그들에게 필요한 훈련을 공급받는다면 어떻게 될까?

인생의 여정은 일련의 상실과 위기의 연속이다. 안타깝게도 어떤 경우에는 트라우마들의 연속이기도 하다. 어떤 것들은 예측이 가능하지만, 어떤 것들은 매우 갑작스럽게 찾아오는 트라우마들이다. 어떤 위기는 계속해서 진행되고, 어떤 위기들은 상황적이다. 우리는 목회자, 상담가 또는 평신도 상담가로서 우리 삶에서 많은 위기들을 경험해 보았을 것이고 그래서 위기의 느낌이 어떤 것인지 안다.

살아 있다는 것은 끊임없이 문제들을 해결해야 한다는 것을 의미한다. 새로운 상황에 맞닥뜨리면 거기에 맞는 새로운 방법을 개발할 수 있으며, 혹은 이미 갖고 있는 자원을 활용해 상황을 통제할 수도 있다.

때때로 한 가지 상황을 놓고 반복해서 시도해야 할 때가 있다. 그렇게 끈질기게 시도하면 처음에는 잘 풀리지 않던 것들도 마침내 극복하는 방법을 찾을 수 있다. 그래서 미래에 유사한 문제를 대면하더라도 과거에 이미 학습한 덕분에 비교적 쉽게 문제를 해결해 낸다.

그렇지만 도저히 감당 못할 어떤 변화나 문제를 만날 수도 있다. 문제는 자신을 압도하는데, 스스로는 물론 외부에서도 어떤 도움조차 받을 수 없을 때는 평정을 잃고 만다. 이것을 '위기'라고 부른다. 상실, 위기 그리고 트라우마는 일상의 한 부분이다. 삶의 순간순간 그것들이 일어날 거라고 예상해야 한다. 그만큼 피할 수 없는 것이다. 사실 예전에는 트라우마성 사건들이 그렇게 흔하지 않았지만 최근 들어 그것도 변했다. 그리고 위기에 직면했을 때,

그 누구보다 도와 달라는 요청을 더 많이 받는 사람이 있다면 그것은 바로 목회자다.

교회 사역에서 놓쳐서는 안 될 2가지 중요 임무가 있다. 하나는 교인들이 자신들의 위기에 잘 대처하도록 준비시키는 것이요, 다른 하나는 위기에 처한 다른 사람들을 도울 수 있도록 교인들을 훈련시키는 것이다.

상실과 위기를 어떻게 이해하고, 이런 어려움에 처한 사람들을 어떻게 도울 수 있는지 설교와 수업시간을 통해 가르칠 수 있다. 대개 사람들이 타인의 삶에 관여하는 것을 꺼리는 이유는 그들이 부족하다고 생각하기 때문이다. 그들은 무엇을 해야 할지 무슨 말을 해야 할지 모른다. 잘 훈련받은 목회자도 그런 생각으로 갈등한 일이 있을 것이다. 어쩌면 위기 상황에 연관되는 것을 주저한 적도 있을 것이다. 이것은 다분히 정상적인 반응이다.

사역을 하거나 전문적인 상담을 하는 대부분의 사람들은 한두 번 정도는 자기 역량이 부족한 데서 오는 고뇌를 경험했을 것이다. 그리고 아마도 남은 생애 동안 이런 부족한 느낌을 떨쳐 버리지 못할 것이다. 그래서 항상 더 배워야 하고, 항상 더 나은 기술을 얻기 위해 노력해야 한다.

## 위기 상황들

지난 몇 년간 경험했던 나의 상담 경험을 나누고 싶다. 읽으면서 마치 당신이 상담을 받기 위해 온 사람인 것처럼 상황과 등장인물들을 마음으로 가시화해 보기 바란다. 2가지 중요한 질문을 고려해 보라.

1. 당신이라면 어떻게 느끼겠는가?
2. 당신이라면 무슨 행동을 하고 무슨 말을 하겠는가?

너무나도 많은 사람들이 첫 번째 질문을 무시하고 오직 문제 해결에만 집중한다. 그렇지만 감정은 행동에 영향을 미친다. 다음 각각의 예화들을 읽고 이 질문을 고려해 보라. 당신은 이 상황을 위기라고 묘사하겠는가, 아니면 트라우마라고 하겠는가? 각 상황은 한 가지 또는 여러 개의 상실을 동반한다. 당신에게 해당되는 상황이 있는지 한번 찾아보라.

### 사례1

당신 회중의 한 여성도가 약속도 없이 교회사무실에 들어와서 면담을 요구한다. 그녀는 그냥 보기에도 한껏 흥분한 상태다. 그녀는 말한다. "경찰이 지금 막 저희 집을 다녀갔어요. 아침에 저희 집에 와서 남편을 찾는 거예요. 그들은 저와 남편에게 와서 남편이 동네 아이 세 명을 성추행한 혐의를 받고 있다고 얘기해 주었어요. 남편은 그런 적이 없다고 했지만 동네사람들이 남편을 경찰에 고발했어요. 우리는 이제 어떻게 해야 하죠? 남편은 그 부분에 대한 얘기는 한마디도 해 주지 않고 집을 나갔어요. 남편이 어디로 갔는지 모르겠어요. 전 어떻게 해야 하죠?"

당신이라면 어떻게 느끼겠는가? 당신이라면 어떻게 행동하겠는가?

### 사례2

한 남자 성도의 가족이 당신을 병원으로 불렀다. 영문을 모른 채 병원에 들어섰는데, 남성도의 아내와 담당의사가 당신을 맞이한다. 의사의 말에 의하면 남자는 시한부 인생이고 그가 감정이 많이 격앙되어 있기 때문에 그에게 그의 상태에 대해 얘기하지 않았다고 한다.

남성도가 목회자와 얘기하고 싶다고 부탁하지만, 의사는 당신이 그의 상태에 대해서 얘기할 때는 조심하라고 충고한다. 당신이 환자인 남성도의 방에 들어가자마자 그는 당신에게 얘기한다. "여쭤 보고 싶은 게 있습니다. 목사님, 제가 죽나요? 목사님은 아시지요? 제발 사실대로 좀 말해 주십시오. 제가 죽나요?"

당신이라면 어떻게 느끼겠는가? 당신이라면 어떻게 행동하겠는가?

**사례3**

9·11 사태가 있은 지 한 달 후 뉴욕 현장 사태 보고와 수습을 주도하며 강의를 할 때 일이다. 필리핀 출신 한 자매님과 약속을 하고 만난 적이 있다. 그녀는 도움을 받기 위해 학술대회 다음날 나를 찾아왔다. 그녀는 워크샵에서 새로운 사실 하나를 깨달았다. 바로 과거에 해결하지 못한 비통함이 현재에까지 영향을 끼쳐 상실을 경험할 때마다 함께 찾아온다는 것이다.

그녀가 여섯 살 때, 일본군이 필리핀을 침공했다. 그녀는 마을에 가해졌던 비행기 폭격과 상상조차 하기 힘든 잔학행위에 대해서도 묘사했다. 그녀와 사람들은 산으로 도망쳐 동굴에 숨어 살았다. 그녀 주변 사람들은 살해당하고 고문당했다. 그녀는 계속 이야기하면서 과거 사례들을 현재와 연결하면서 실례들을 서술했다.

예를 들면, 그녀의 많은 친구들이 침략자들에게 손톱이 뽑히는 고문을 당했다. 그 경험 때문에 그녀는 자신의 손톱이 특정한 방식으로 스쳐지면 아주 민감하게 반응했다. 그녀가 직접 당한 일은 아니었지만 그녀 안에는 어린 시절 받은 충격이 생생히 살아 있었던 것이다.

그녀는 9·11 사태 당시 두 번째 건물에 비행기가 충돌하는 것을 목격했다. 그런데 그 장면을 본 순간, 고향 상공을 나르던 폭격기들의 이미지가 떠올랐다. 물론 세월이 흐르면서 그런 이미지들은 점점 약화되어 갔지만, 그래도 그녀는 이런 기억들에서 완전히 자유로워지고 싶어 했다.

당신이라면 어떻게 느끼겠는가? 그녀를 돕기 위해 어떤 말과 행동을 하겠는가?

**사례4**

당신 교회의 지도 장로 가운데 한 사람이 사무실에 들어온다. 그는 울고 있다. 그는 고통스런 표정으로 이렇게 울부짖는다. "아내가 떠났습니다. 오늘 집에 돌아와 보니 아내가 없었습니다! 왜죠? 왜 아내가 절 떠났습니까? 우리 결혼생활에는 아무런 문제도 없었습니다. 그런데 아내가 떠났습니다. 아내는 저를 더 이상 사랑하지 않는다고 말했습니다. 그러면서 다른 남자와 같이 살 거라고 했습니다. 왜? 왜? 왜?"

당신이라면 어떻게 느끼겠는가? 그리고 무슨 말과 행동을 하겠는가?

**사례5**

30대 여성이 상담을 위해 나를 찾아왔다. 그녀 얼굴 전체에 트라우마라고 쓰여 있었다. 그녀의 이야기는 다음과 같다. "저는 80층에 있는 사무실 창가 옆 책상에 앉아 있었습니다. 그런데 느닷없이 커다란 호루라기 같은 소란스러운 소리가 들려왔습니다. 직장 상사는 무언가를 보며 두 손으로 머리를 잡고는 '어머나 세상에! 어머나 세상에!' 하며 얼굴이 하얗게 질려 있었습니다. 직장 상사의 시선을 따라가 보니 창 밖으로 비행기의 양 날개가 보였습니다. 비행기가 나를 향해 돌진해 오는가 싶더니 이어서 비행기가 옆 건물에 곤두박질쳤습니다. 비행기 양 날개가 마치 건물에 달린 날개인 양 건물 한가운데가 박혔습니다.

그런 다음 거대한 폭음이 들려왔고, 사방에서 파편더미가 불타올랐습니다. 저는 돌아서서 고함을 쳤습니다. '뛰어요. 모두 피해요!'

우리는 모두 달렸습니다. 옆 건물 파편들이 튀어와 우리 건물 유리창이 깨지는 소리가 들렸습니다. 저는 가장 가까운 비상구로 달려갔습니다. 그 계단은 건물 전체에서 유일하게 1층까지 끊어지지 않고 연결된 계단이었습니다. 하나님께서 저를 인도하신 것이지요. 다른 모든 계단들은 중간층으로 연결되어 있었고 그러면 다른 문을 통과해야만 더 낮은 층으로 갈 수 있었습니다. 제가 만일 다른 계단으로 내려왔다면 저는 아마 죽었을 것입니다.

36층 가까이 왔을 때 '이제 곧 죽겠구나' 하는 생각이 들었습니다. 그런데 안내방송이 들려왔습니다. 모든 일이 잘 되어 가고 있으니 각자 사무실로 모두 복귀하라는 것이었습니다. 그 말에 돌아서 올라가려는데, 동료가 제 손을 붙잡았습니다. 잠시 실랑이를 하는데, 갑자기 건물이 한 방향으로 '휘청' 하더니 뒤이어 흔들렸습니다. 벽에 거대한 균열이 생기기 시작했습니다. 두 번째 비행기가 우리 건물을 강타한 것입니다.

저는 두려움으로 얼어붙어 한 발짝도 뗄 수 없었지요. 동료가 소리쳤던 말이 기억납니다. '넌 움직여야 해. 남편과 세 아이가 널 기다리고 있단 말야.'

그 동료의 도움으로 한 발 한 발 움직여 끝도 없을 것 같은 계단을 모두 내려왔습니다. 우리는 마침내 1층까지 내려왔고, 무작정 앞으로만 내달렸습니다. 그리고 잠시 뒤 건물이 내려앉았습니다.

그날 이후 저는 엉망진창입니다. 원래 저는 사교적인 사람이고, 제 가족은 저와 함께 시간을 보내고 싶어 합니다. 그런데 이제 저는 대부분의 시간을 혼자 보내고 싶습니다. 교회에 가도 맨 뒷자리에 앉아 있습니다. 며칠 전에는 자욱한 연기가 바람에 날렸는데, 반사적으로 막 달렸습니다. 자신을 가누지 못하고 다른 방으로 가서 흐느꼈습니다. 제 자신을 추스를 수가 없습니다.

여덟 살짜리 아들이 돌진해 오는 비행기들을 마주 대하고 있는 고층건물 그림을 그렸는데, 건물 주변에 눈에 보이지 않는 방어막을 쳐 놓고 비행기들을 자유자재로 건물 위로 가게 하거나 아래로 내려가게 할 수 있었습니다. 제 아이들은 제가 그 사태에 대해 더 이상 얘기하는 것을 원치 않습니다. 아이들은 제가 정상이 되기를 원하지요. 그건 저도 너무너무 바라는 바입니다."

당신이라면 어떻게 느끼겠는가? 이 여인에게 무슨 말을 할 수 있었겠는가? 그녀를 위해 어떻게 기도했겠는가?

**사례6**

교회 사무실에 앉아 있는데 전화벨이 울린다. 전화를 받자 수화기 저편의 한 남자 성도가 이야기를 하고 싶다고 한다. 그는 이름을 밝히지도 않고, 신원을 짐작할 만한 어떤 정보도 나누려고 하지 않는다.

그저 최근에 그의 아내와 이혼했다고만 밝힌다. 그의 아내는 지금 다른 남자와 살고, 그와의 사이에서 벌써 아이를 낳았다고 한다. 그는 성경은 자살에 대해 어떻게 얘기하는지 궁금하다고 묻는다. 그가 그의 생명을 마감하는 것을 주저하는 단 한 가지 이유는 그가 스스로 목숨을 끊으면 지옥에 갈 게 걱정돼서라고 말한다. 그렇지만 그는 이렇게 사느니 차라리 생을 마감하는 것이 나을 것이라고도 한다. 그는 그의 자녀들이 '사악한' 아내와 함께 사는 것을 원치 않고 자녀들이 그가 이 땅에서 경험한 것을 겪지 않기를 원한다. 그러면서 간접적으로 덧붙여 말하기를, 그가 어디를 가든지 아이들을 함께 데려가겠다고 얘기한다.

당신이라면 어떻게 느끼고, 무슨 말을 하겠는가?

### 사례7

한 여성도가 당신을 만나기 위해 약속을 했다. 당신은 이 사람이 교회 다른 성도가 귀띔해 준 바로 그 사람인 것을 깨닫는다. 그녀는 최근 아주 끔찍한 사고를 통해 열다섯 살짜리 아들을 잃었다. 이 아들은 소형 트럭 뒷자리에서 도로에 머리를 부딪치며 떨어졌다. 어머니는 혼수상태인 아들 곁을 한시도 떠나지 않고 지키며 아들의 회복을 위해 금식하고 기도했다. 7일째 되던 날, 드디어 아들이 반응하기 시작했다. 그러다 느닷없이 다음날 사망하고 말았다.

그녀가 당신 사무실에 와서 이렇게 질문한다. "이 힘든 시간 동안 하나님은 어디 계신 거죠? 왜 그분은 저를 이런 식으로 벌주시는 겁니까? 아들이 회복될 것이라는 소망을 주신 후에 제 아들을 데려가셨습니다. 저는 결코 회복되지 못할 거예요. 제가 제 아들을 만나 함께하게 될 때까지 저는 죽은 거나 마찬가지예요."

당신이라면 어떻게 느끼고, 무슨 말을 하겠는가?

### 사례8

휴가를 마치고 집으로 들어서자마자 전화벨이 울렸다. 우리 집에서 페인트를 칠해 주는 사람이었다. 그가 떨리는 목소리로 말한다. "선생님이 아드님을 잃으신 것을 알고 있습니다. 그런데 제 딸이 지금 어린 아들 둘을 잃었습니다. 제 딸을 좀 도와주시겠습니까?"

이 젊은 엄마는 우리를 찾아와 최선을 다해 이야기를 들려주었다. 그녀의 남편은 우울증을 앓았고 때로 자살 충동을 느끼기도 했다고 한다. 그는 정신과의사와 심리학자 두 사람의 치료를 받았다. 그는 주의력결핍 과잉행동장애(Attention Deficit Hyperactivity Disorder, ADHD)를 치료하기 위해 약물을 복용 중이었으나 나중에 알고 보니 그는 사실 양극성 장애(bipolar : 조울증)를 앓고 있었다고 했다.

며칠 전, 그는 심하게 우울증 증세를 보였다. 그러더니 두 아들을 해변에 데려가고 싶다고 하면서 아내에게도 함께 가자고 말했다. 하지만 그녀는 5개월 된 아기와 집에 있는 것이 낫겠다 싶어 다섯 살, 그리고 여섯 살 난 아들 둘을 남편에게 딸려 보냈다. 그런데 남편은 아이들을 해변으로 데려가서는 권총을 꺼내서 두 아이를 죽인 후 자살을 시도했으나 자신은 실패했다.

그녀에게 그 소식을 처음 알려 준 사람은 방송인이었다. 그는 그녀의 얼굴에 마이크를 들이대고는 이렇게 질문했다. "남편이 아이들을 살해했는데, 지금 심정이 어떠십니까?"

당신이라면 어떻게 느꼈겠는가? 그리고 무슨 행동을 하고 무슨 말을 했겠는가?

이 상황은 우리가 감당하기 가장 힘들고 고통스러운 경우였다. 우리는 2년간 그녀를 상담했다. 상담이 끝나면 그녀의 고통 때문에 그리고 다시 한 번 되살아나는 우리의 고통 때문에 나와 아내는 함께 울곤 했다.

지역사회 전체가 그녀를 지원하는 데 동참했다. 그녀의 두 아들이 출석하던 유아원의 엄마 31명이 다음 1년 동안 그녀와 그녀의 어린 아들에게 매일 저녁 식사를 만들어 주었다. 이것이야말로 예수님의 이름으로 사역하는 것이 어떤 것인지 보여 주는 좋은 사례다.

이런 상황들은 당신이 이미 삶에서 경험했거나 또는 비슷한 일일 수 있다. 우리는 살면서 겪는 많은 경험과 이런 사건들을 타인을 위한 사역에 활용할 수 있다.

> 찬송하리로다 그는 우리 주 예수 그리스도의 하나님이시요 자비의 아버지시요 모든 위로의 하나님이시며 우리의 모든 환난 중에서 우리를 위로하사 우리로 하여금 하나님께 받는 위로로써 모든 환난 중에 있는 자들을 능히 위로하게 하시는 이시로다(고후 1:3-4).

인생에서 일어나는 상실과 위기는 끝이 없다. 그리고 어떤 상실과 위기는 설명할 수 없는 트라우마들로 가족 전체에게 영향을 미친다.

해고, 친구 또는 지지자의 상실, 명예와 존경을 부여하던 직위 상실, 무기력하게 만드는 질병, 수술 또는 사고, 부모나 친구, 배우자 또는 자녀의 죽음, 당신이 불치병에 걸렸다는 정보, 자녀의 약물복용 또는 자녀가 동성애자라는 것을 발견하게 되는 것, 당신 자신 또는 가족 구성원의 신체장애 발견, 낙태 또는 원치 않는 임신, 유산 또는 미숙아 탄생, 지진 또는 태풍과 같은 자연재해, 자살 시도, 별거 또는 이혼, 자녀양육권 싸움, 군입대 또는 제대, 당신의 자녀가 사이비종교의 일원임을 알게 되는 것, 법정 소송을 경험하는 것, 부모님을 양로원에 모시는 것, 중년의 위기를 경험하는 배우자와 함께 사는 것, 만성적으로 우울한 사람과 함께 사는 것, 당신 또는 배우자가 치매에 걸린 것을 알게 되는 것, 심장마비와 바이패스 형성수술로 말미암아 갓 결혼해서 만난 당신의 신랑 또는 신부가 기억상실을 경험하는 것…….

이 목록은 결코 끝이 없다.

내가 언급한 상황들은 그 어떤 것도 가공의 상황이 아니다. 모든 상황들은 실제 상황이다. 그리고 당신과 나는 이런 상황에 처한 실제 인물들에게서 사역 요청을 받을 수 있다.

이 책은 전문 상담가들뿐만 아니라 교회 내 목회자, 상담가 그리고 평신도 상담자들을 위해 쓴 책이다. 이 책은 독특한 종류의 위기 상황에 대처하기 위한 세부적인 조언뿐만 아니라 상실, 위기 및 트라우마 상담시 필요한 일반적인 지침 같은 성경적인 원칙들을 제공한다.

마지막으로 당신보다 더 전문성을 갖춘 사람에게 내담자를 언제 의뢰할지 그때를 분별하는 방법을 알려 줄 것이다. 이는 어떻게 상담해야 하는지 아는 것에 견줄 수 있을 만큼 중요한 문제다.

Crisis & Trauma
Counseling

# 01

## 성경적 관점에서
## 바라본 위기 상담
Crisis Counseling from a Biblical Perspective

 

 

모든 종류의 기독교 상담을 할 때는 성경적인 해결 방법에 대한 지식을 갖추고 있어야 한다. 우선 예수님의 삶, 그리고 예수님이 다른 사람들과 어떻게 관계하셨는지 공부한다. 예수님이 다른 사람들에게 사역하신 방법은 다른 사람들을 도우려 하는 우리들에게 좋은 모범이 된다.

상담에서 예수님이 사용하신 접근법의 특징을 살펴보면, 기술만 있어서는 효과적인 상담을 할 수 없다는 것을 알 수 있다. 예수님식 문제 해결 방법의 근간은, 그가 사역을 베풀었던 사람들과 누렸던 관계다.

상담을 받기 위해 찾아오는 이들이 꼭 알아야 하는 것은 당신이 그들에게 관심이 있다는 것이다. 그들에게 이것을 전달할 수 있는 방법은 그들의 마음을 이해하고, 따뜻하게 대하며, 그들이 성숙하고 변화할 수 있다고 그들의 능력을 믿는다는 것을 보여 주면 된다.

## 최고의 상담자 예수 그리스도

예수님이 사람들을 대상으로 한 사역은 하나의 과정이었다. 예수님은 사람들을 한번 만나 상담한 뒤 그들에 대해 잊어버리지 않으셨다. 그들 삶의 어려움들을 잘 개척해 나가도록 시간을 투자하셨고 철저하게 도와주셨다. 예수님은 그들의 문제를 넘어서서 그들의 잠재력과 소망을 보셨다.

### 예수님은 사람들을 긍휼히 여기셨다

예수님식 접근 방법의 기본적인 특성은 타인을 향한 그분의 긍휼함이었다. 신약성경에 그의 긍휼함이 잘 나타난다. "내가 무리를 불쌍히 여기노라 그들이 나와 함께 있은 지 이미 사흘이 지났으나 먹을 것이 없도다"(막 8:2). "예수께서 나오사 큰 무리를 보시고 그 목자 없는 양 같음으로 인하여 불쌍히 여기사 이에 여러 가지로 가르치시더라"(막 6:34).

그분의 주된 관심은 사람들의 고통을 경감시키고, 그들의 필요를 채워 주는 것이었다.

### 예수님은 사람들을 용납하셨다

예수님은 사람들을 있는 모습 그대로 용납하셨다. 예수님은 그들을 신뢰하셨고 변화될 그들의 모습도 신뢰하셨다. 그 용납함의 특성이 신약 전반에 나타난다. 예수님께서 우물가 여인을 만나셨을 때도 정죄하지 않고 그녀를 있는 모습 그대로 받아들이셨다(요 4:1-26 참조). 그분은 간음하다 잡힌 여인도(요 8:1-11 참조) 부정직한 세리 삭개오도 용납하셨다(눅 19:1-10 참조).

### 예수님은 사람들에게 가치를 부여하셨다

예수님에게 사람은 최우선 순위였다. 그분은 종교적인 지도자들이 구성해 놓은 법과 규칙보다 사람들의 필요를 우선으로 여기심으로써 사람에게 가치를 부여하셨다. 그는 죄인 중에 괴수라고 여겨지는 사람들의 삶에 적극적으로 개입하셨고, 사람들이 필요로 하는 바로 그 자리에서 그들을 만나 주셨다. 그렇게 하심으로 그들의 자존감이 회복되도록 도와주셨다. 이것은 위기 상담에서 아주 중요한 단계다.

예수님께서 사람들에게 가치를 부여하신 방법 가운데 하나는 하나님 보시기에 그들이 얼마나 존귀한 자들인지 보여 주는 것이었다. 이를 위해 그들을 향한 하나님의 관심과 다른 피조물들을 향한 하나님의 관심을 비교하셨다. "참새 두 마리가 한 앗사리온에 팔리지 않느냐 그러나 너희 아버지께서 허락하지 아니하시면 그 하나도 땅에 떨어지지 아니하리라"(마 10:29).

사람들이 맞닥뜨리는 문제의 중심에는 낮은 자존감 또는 자존감의 결핍이 있다. 하나님이 누구신지 그리고 자신들을 위해 하나님이 무엇을 하셨는지 발견하도록 돕는 것은 개인이 안정감을 갖는 데 크게 도움이 된다.

**예수님은 사람들의 필요를 채우셨다**

예수님은 사람들의 필요를 간파하고 그 필요에 대해 직접 말씀하셨다.

니고데모는 한밤중에 예수님을 찾아왔다. 그 시간에 예수님과 얘기하고 싶어 했던 니고데모의 진의가 무엇이었든지 간에 예수님은 그의 문제의 실체를 파악하셨고 거듭나야 할 그의 필요를 직시하셨다(요 3:1-21 참조).

또한 사람들의 필요를 채우실 때 예수님은 모든 사람들에게 동일한 해결 방법을 사용하지 않으셨다. 게리 콜린스는 「다른 사람을 돕는 방법」(*How to Be a People Helper*)이라는 그의 책에서 이 점을 잘 설명한다.

> 예수님은 사람들을 다양한 방법으로 대하셨을 뿐 아니라, 다양한 수준의 깊이 또는 친밀도에 따라 관계를 맺으셨다. 베드로와 야고보, 요한은 최측근 그룹으로 그들과는 특별한 관계를 가지셨다. 그중에서도 요한은 예수님의 사랑을 받은 제자요, 아마도 주 예수 그리스도의 가장 절친한 친구였던 것 같다. 최측근 세 사람만큼 가깝지는 않았다 하더라도 다른 사도들은 그리스

도의 동반자였고, 열두 제자는 그리스도가 떠나신 후에 일을 계속해서 감당하도록 예수님이 직접 선별하신 자들이었다.

누가복음 10장에 보면 예수님이 특별히 훈련하신 70명의 사람들에 대한 이야기가 나온다. 부활 후에 예수님은 500명이라는 더 큰 무리의 사람들에게 나타나셨다. 그 다음에는 군중들이 있었는데, 때로는 수천 명에 달하기도 했고, 대다수 그들은 아마도 먼발치에서 그리스도를 한 번 정도만 보았을 것이다.[1]

상실, 위기 또는 트라우마의 때에 당신을 찾는 한 사람 한 사람은 저마다 간절한 도움을 필요로 한다는 것을 기억하라.

### 예수님은 정확하게 말씀하셨다

예수님은 때로는 직설적으로, 때로는 매우 모질게 말씀하셨다. 물론 부드럽게 말씀하신 때도 있고, 때로는 비언어적으로 자신의 감정을 전달하기도 하셨다. "그들의 마음이 완악함을 탄식하사 노하심으로 그들을 둘러보시고 그 사람에게 이르시되 네 손을 내밀라 하시니 내밀매 그 손이 회복되었더라"(막 3:5).

예수님은 항상 무슨 말을 해야 하고 어떤 목소리 톤을 사용할지는 당시 상황에 근거해 선택하셨다.

### 예수님은 의로운 행동을 강조하셨다

예수님은 간음하다 붙잡혀 온 여인에게 말씀하셨다. "가서 다시는 죄를 범하지 말라 하시니라"(요 8:11).

예수님은 그를 찾는 자들이 그들이 걷던 잘못된 길에서 돌이키기를 바라셨다. 예수님은 "내게 나아와 내 말을 듣고 행하는 자마다 …… 반석 위에"(눅 6:47-48) 깊은 기초를 둔 집을 짓는 것이라고 말씀하시며 2가지 다른 기초로 집을 짓는 두 건축자를 비교하셨다. 그분은 모래 위에 기초를 두고 사는 죄로 가득한 삶이 아니라 반석 위에 기초를 두고 사는 의로운 삶을 강조하셨다.

### 예수님은 사람들이 책임지도록 격려하셨다

요한복음 5장에서 예수님은 베데스다 연못에 있던 남자에게 질문하셨다. "네가 낫고자 하느냐?"(6절)

이와 같은 질문을 던지신 것은, 아픈 상태로 머무는 것 또는 몸이 낫는 것에 대해 그 남자가 책임감을 받아들이도록 하기 위한 시도였다. 다른 경우 예수님은 눈먼 자에게 질문하셨다. "네게 무엇을 하여 주기를 원하느냐?"(막 10:51)

위기 상담에서 한 개인, 부부 또는 가족들은 그 상태에 그대로 머무르기 위해서 또는 변화하고 성장하기 위해서는 반드시 선택해야 한다는 것을 깨달아야 한다. 그들이 직접 선택하지 않으면 많이 좋아질 수 없다. 위기 상담의 목표는, 어려움에 처한 개인이 책임감을 수용하고 받아들이도록 도와주는 것이다.

### 예수님은 사람들에게 소망을 주셨다

많은 사람들에게 예수님은 소망을 주셨다. "제자들이 매우 놀라 서로 말하되 그런즉 누가 구원을 얻을 수 있는가 하니 예수께서 그들을 보시며 이르시되 사람으로는 할 수 없으되 하나님으로는 그렇지 아니하니 하나님으로서는 다 하실 수 있느니라"(막 10:26-27).

예수님은 아주 칠흑같이 어두운 세상에 빛이셨다. 그분은 오직 하나님의 도우심이 있어야만 사람들은 자신들이 가진 잠재력을 모두 발휘할 수 있다고 담대하게 선포하셨다.

### 예수님은 사람들을 격려하셨다

격려는 내담자에게 변화에 대한 소망과 갈망을 제공한다. 내담자는 당신이 그들을 신뢰한다는 것을 알아야 한다.

예수님은 정기적으로 그리고 일상적으로 주변 사람들을 격려하셨다. "수고하고 무거운 짐 진 자들아 다 내게로 오라 내가 너희를 쉬게 하리라 나는 마음이 온유하고 겸손하니 나의 멍에를 메고 내게 배우라 그리하면 너희 마음이 쉼을 얻으리니 이는 내 멍에는 쉽고 내 짐은 가벼움이라 하시니라"(마 11:28-30).

### 예수님은 마음의 평강을 강조하셨다

"평안을 너희에게 끼치노니 곧 나의 평안을 너희에게 주노라 내가 너희에게 주는 것은 세상이 주는 것과 같지 아니하니라 너희는 마음에 근심하지도 말고 두려워하지도 말라"(요 4:27).

위기에 직면한 사람은 마음의 평강을 유지하기가 어렵다. 그런데 예수님이 그 소망을 주셨다. 우리의 숙제는 다른 사람들이 그것을 발견하도록 돕는 것이다. 예수님은 사람들이 새로운 사고의 틀을 갖거나(reshape), 아니면 생각을 아주 개조(refashion)하도록 도우셨다. 예수님은 중요하지 않은 것들에 집중하는 사람들의 관심이 중요한 것들로 재전환되도록 도우셨다(눅 5:22-25; 12:22-27 참조). 그분은 땅에 있는 보화가 아니라 하늘의 보물에 초점을 맞출 때 마음에 기쁨이 충만해질 것이라고 가르치셨다(마 6:19-21 참조).

### 예수님은 사람들을 가르치셨다

가르침은 상담의 확실한 한 가지 영역으로, 예수님은 계속해서 가르치셨다. 예수님은 그분의 가르침에서 명백한 표현을 사용하셨다. "안식일에 예수께서 한 바리새인 지도자의 집에 떡 잡수시러 들어가시니 그들이 엿보고 있더라 주의 앞에 수종병 든 한 사람이 있는지라 예수께서 대답하여 율법교사들과 바리새인들에게 이르시되 안식일에 병 고쳐 주는 것이 합당하냐 아니하냐 그들이 잠잠하거늘 예수께서 그 사람을 데려다가 고쳐 보내시고 또 그들에게 이르시되 너희 중에 누가 그 아들이나 소가 우물에 빠졌으면 안식일에라도 곧 끌어내지 않겠느냐 하시니 그들이 이에 대하여 대답하지 못하니라"(눅 14:1-6).

누가복음 6장 39-42절도 보라. 당신의 양육 스타일을 어떻게 요약하겠는가? 당신은 다양한 접근 방식을 시도해 보는가, 아니면 능률적인 한 가지 접근 방식만 고집하는가?

### 예수님은 권위 있게 말씀하셨다

예수님은 주저하거나 주춤하거나 부끄러워하지 않으셨다. 그분에게는 권위가 있으셨다. "이는 그 가르치시는 것이 권위 있는 자와 같고 그들의 서기관들과 같지 아니함일러라"(마 7:29).

예수님은 그분의 권위를 잘 아셨다. 그리스도를 알고 상담을 통해 돕는 사역으로 부르심 받은 사람들의 배후에는 하나님 말씀의 권위가 있다.

단, 성경말씀을 권위 있게 사용하는 것과 권위적인 것에는 차이가 있다. 어떤 상담자는 상대방이 겪는 어려움을 다 들어 보지도 않고, 또 그 얘기를 나눈 시점이 성경말씀이 필요한 때인지도 분별하지 않은 채 성경구절을 적용한다. 또 어떤 상담자는 자신의 삶에서 일어나는 문제들을 돌아보지 않거나 혹은 살펴보기는 하나 올바로 보지 못한다. 그런 사람들이 타인을 상담하고, 성경말씀의 권위를 사용하면 그들 자신의 해결되지 않은 어려움 때문에 성경말씀을 오용하거나 왜곡할 수 있다.

위기에 처한 개인을 상담할 때 꼭 짚고 넘어가라. 당신이 사역자로서 갖고 있는 권위를 어떻게 활용할지, 그리고 어떻게 하면 그 권위를 오용하지 않을지 생각해 보라.

### 예수님은 충고하고 대면하셨다

예수님은 필요에 따라 사람들을 충고하고 대면하셨다. "예수께서 이르시되

어찌하여 무서워하느냐 믿음이 작은 자들아 하시고 곧 일어나사 바람과 바다를 꾸짖으시니 아주 잔잔하게 되거늘"(마 8:26). "네 형제가 죄를 범하거든 가서 너와 그 사람과만 상대하여 권고하라 만일 들으면 네가 네 형제를 얻은 것이요"(마 18:15).

예수님이 권고하시고 대면하신 예는 요한복음 8장 3-9절에도 나온다. "서기관들과 바리새인들이 음행중에 잡힌 여자를 끌고 와서 가운데 세우고 예수께 말하되 선생이여 이 여자가 간음하다가 현장에서 잡혔나이다 모세는 율법에 이러한 여자를 돌로 치라 명하였거니와 선생은 어떻게 말하겠나이까 그들이 이렇게 말함은 고발할 조건을 얻고자 하여 예수를 시험함이러라 예수께서 몸을 굽히사 손가락으로 땅에 쓰시니 그들이 묻기를 마지 아니하는지라 이에 일어나 이르시되 너희 중에 죄 없는 자가 먼저 돌로 치라 하시고 다시 몸을 굽혀 손가락으로 땅에 쓰시니 그들이 이 말씀을 듣고 양심에 가책을 느껴 어른으로 시작하여 젊은이까지 하나씩 하나씩 나가고 오직 예수와 그 가운데 섰는 여자만 남았더라."

때로 내담자를 직접 마주하고 내담자의 문제를 지적하는 것도 필요하다.

## 예수님처럼

예수님의 사역은 사람들이 삶의 충만함까지 성취하도록 돕고 그들이 인생에서 경험하는 문제, 갈등과 부담을 다룰 수 있는 능력을 개발하도록 돕는 것이었다. 전문 상담가든 평신도 상담가든 실제적으로 상담가에게 중요한 것은 예수님은 어떻게 그분의 사역을 그토록 효과적으로 완수하셨는지 생각해 보는 일이다. 그분 개인의 삶을 조명해 보면 대답은 명확해진다.

### 순종의 삶

예수님이 개인적인 삶에서 최우선으로 삼으셨던 것은 하나님께 순종하는 것이었다. 예수님과 그의 아버지와의 관계는 예수님의 삶의 버팀목이 되었던 하나님을 향한 예수님의 순종을 중심으로 이루어졌다.

"내가 내 자의로 말한 것이 아니요 나를 보내신 아버지께서 내가 말할 것과 이를 것을 친히 명령하여 주셨으니"(요 12:49).

"아버지께서 내게 하라고 주신 일을 내가 이루어 아버지를 이 세상에서 영화롭게 하였사오니"(요 17:4).

### 믿음의 삶

예수님 사역이 효과적이었던 또 다른 이유는 그분께서 믿음의 삶을 사셨기 때문이다. 그 결과 하나님의 시각으로 모든 것을 봄으로써 사물들이 제자리를 찾아가게 하셨다.

회당장 딸의 죽음과 그녀의 사망 소식을 접한 예수님의 반응에서 그분의 믿음을 볼 수 있다. "두려워하지 말고 믿기만 하라"(막 5:36).

예수님은 지금 막 자식을 잃은 부모의 귀에 이 말씀을 하셨다. 예수님은 이 아이가 살아날 것이라는 강한 믿음이 있으셨다.

### 기도의 삶

예수님께서 효과적으로 사역하신 또 다른 이유는 그분의 기도생활에서 나오는 능력에 있다. 그분의 예를 통해 개인의 사역에서 기도가 얼마나 중요한 요소인지 알 수 있다. "예수의 소문이 더욱 퍼지매 수많은 무리가 말씀도 듣고 자기 병도 고침을 받고자 하여 모여 오되 예수는 물러가사 한적한 곳에서 기도하시니라"(눅 5:15-16). "이때에 예수께서 기도하시러 산으로 가사 밤이 새도록 하나님께 기도하시고 밝으매 그 제자들을 부르사 그중에서 열둘을 택하여 사도라 칭하셨으니"(눅 6:12-13).

어떤 상담가들은 상담 시간 초반부나 상담이 끝날 때 기도하는 것이 유익하다고 여긴다. 한편 다른 상담가들은 상담 시간 동안은 기도하지 않지만 기도가 상담 사역에서 매우 중요한 부분을 차지한다. 어떤 상담가들은 내담자를 위해 매일 구체적으로 기도하고 그들이 내담자를 위해 기도한다는 것을 알린다. 어떤 상담가들은 그들이 사역할 때 하나님께서 지혜와 통찰력을 주시도록 내담자들에게 기도를 요청하기도 한다.

어떤 목사님은 상담 시간에 완전히 속수무책이 되어 진도가 나가지 않을 때에는 내담자에게 이 사실을 솔직하게 인정해 왔다고 했다. 그러고는 잠시 멈추고 다음 순서로 무엇을 해야 할지, 무슨 말을 해야 할지 그리고 어떤 방향으로 나아가야 할지 하나님께서 보여 주시도록 간구한다고 한다. 이 목사님은 많은 경우에 그가 기도를 끝내고 나면 즉시 다음 순서로 무엇을 해야 하고 무슨 말을 해야 할지 아주 명확해진다고 말했다.

### 직접 참여하는 삶

예수님은 제자들과 또 다른 사람들과 더불어 자신의 사역에 직접 개입하셨다. 그분은 냉담하지 않으셨다. 그분은 인격적이셨고 민감하고 친절했다.

### 성령의 권능을 입은 삶

어떤 사람들은 성령의 능력을 성령의 기름 부으심이라고 부르기도 했다. 예수님이 성령의 권능을 받으셨을 때 어떻게 그의 사역이 시작되었는지 알 수 있다. "백성이 다 세례를 받을새 예수도 세례를 받으시고 기도하실 때에 하늘이 열리며 성령이 비둘기 같은 형체로 그의 위에 강림하시더니 하늘로부터 소리가 나기를 너는 내 사랑하는 아들이라 내가 너를 기뻐하노라 하시니라"(눅 3:21-22).

다음 말씀은 예수님이 성령으로 충만하셨고, 성령의 인도함을 받으셨고, 성령이 그분께 임했음을 보여 준다. 주님의 권능이 예수님과 함께하셨던 이유 가운데 하나는 그분이 치유하실 수 있도록 하기 위해서였다. "하루는 가르치실 때에 갈릴리의 각 마을과 유대와 예루살렘에서 온 바리새인과 율법교사들이 앉았는데 병을 고치는 주의 능력이 예수와 함께하더라"(눅 5:17).

윌리암 크래인(William Crane)은 「하나님이 임하실 때 : 거룩한 그분이 함께 하시는 상담」(*Where God Comes In : The Divine Plus in Counseling*)에서 상담자와 내담자 각자의 삶에서 성령님이 어떤 사역을 하시는지 이야기한다.

성령님은 심리치료사들이 알고 사용하는 모든 자료를 갖고 계신다. 더불어 그분은 상담자 내면에 깃든 생각과 감정에 직접 접근할 수 있다. 상담자는 최고의 상담자이신 그분 앞에서 내담자가 되어 솔직한 꾸지람과 교정을 받으려 하고 성령님의 약속해 주시는 의로움으로 훈련받는 것을 진심으로 찾는다면, 마침내 찾을 것이다. 많은 사람들이 그렇게 찾았다.[2]

우리 모두는 우리가 누구를 대표하는지 반드시 기억해야 한다. 유럽의 한 작은 동네 마을 광장에는 특별한 조각상이 있었다. 예수님의 조각상으로, 이는 마을 사람들에게 자랑과 기쁨이었다. 그러나 제2차세계대전이 일어나면서 마을에 폭탄이 투하됐다. 어느 날 조각상도 폭격을 받고 산산조각이 나 버렸다. 주민들은 모든 조각들을 모아 더디지만 최선을 다해 조각상을 다시 만들었다. 하지만 그들이 재구성한 조각상에는 예수님의 두 손이 없었다. 그래서 그들은 조각상 하단에 간판을 붙여 이렇게 기록했다.

"이제 우리가 예수님의 바로 그 두 손입니다."

우리 주변 사람들을 향한 우리의 부르심도 이런 것이 아닐까? 우리는 예수님의 두 손 역할을 기꺼이 감당해야 한다.

Crisis & Trauma
Counseling

# 02

# 성경적 원칙의 적용 I
Applications of Biblical Principles I

　수년간 훈련받고 경험했으면서도 목회자들과 상담가들은 매주 돌아오는 상담 시간마다 무슨 말을 하고 무슨 행동을 해야 할지 고민한다. 나 또한 40년 넘게 상담을 하면서도 아직도 어떤 방향으로 상담을 해 가야 할지 분명하지 않을 때가 있다. 이런 경우에는 주님께 여쭈어야 한다. "주님, 지금 제가 무엇을 해야 합니까? 이 사람이 필요로 하는 것이 무엇입니까?"

　만일 주님께 의지하지 않고, 우리 힘으로 사람들을 돕기 시작하면 결국 실수를 저지르고 만다. 그러므로 하나님의 지혜와 능력에 매달려야 한다.

　잠언에서 주님은 지시하셨다. "네 마음을 다해 여호와를 믿고 네 지식을 의지하지 마라. 네가 하는 모든 일에서 그분을 인정하여라. 그러면 그분이 네 갈 길을 알려 줄 것이다"(3:5-6, 우리말성경).

　비슷한 생각이 잠언 15장 28절에 나타나 있다. "의인은 대답할 때 깊이 생각하며 말하지만 악인의 입은 악한 것을 쏟아 낸다"(우리말성경).

## 귀 기울여 듣기

우리 모두가 겪는 문제는 바로 언제 경청해야 할지 또 언제 침묵해야 할지 모르는 것이다. 많은 목회자들과 평신도 상담가들은 성경말씀을 인용해 얘기하고 조언하고 권면하고 싶어 한다. 그렇지만 만일 당신이 매번 대화에서 25퍼센트 이상을 얘기한다면, 너무 많이 얘기하는 것이니 좀 침묵해야 할 필요가 있다. 조언하고 권고하는 일도 필요하지만 먼저 듣지 않고서는 그에게 무슨 말을 할지 어떻게 알 수 있겠는가? 그만큼 경청하기는 상담에서 결정적인 부분이다.

경청의 본보기이신 하나님을 성경을 통해 살펴보자(시 34:15-18; 116:1-2, 렘 33:3 참조). 성경말씀은 경청의 중요함에 대해 많이 얘기한다. 야고보서 1장 19절은 우리 각자는 '준비된 경청자'가 되어야 한다고 말한다. 잠언 15장 31절은 이렇게 말한다. "만일 당신의 삶을 개선하기 위해 경청한다면 당신은 지혜로운 자들 가운데서 살게 될 것이다"(잠 18:13, 15; 21:28 참조, NCV).

경청하는 것은 타인의 감정을 이해하려고 노력하는 것을 의미하고, 내담자를 위해서 그렇게 하고 있음을 의미한다.

### 온전한 경청

진정한 경청 자세를 갖추었다면, 내담자가 잠시 말을 끊더라도 얼른 끼어들지 말아야 한다. 무슨 대답을 해 줘야 할까 생각에 잠겨서도 안 된다. 오직 현재 내담자가 하는 말에만 집중해야 한다.

경청하기란 내담자가 하는 말이나 내담자가 말하는 방식을 판단하지 않고 지금 들은 말을 모두 있는 그대로 받아들인다는 뜻이다. 만일 내담자의 목소리 톤이 싫고 내담자가 하는 행동을 묵과할 수 없어서 그 자리에서 발끈했다가는 내담자가 하는 말의 진의를 놓칠 수도 있다. 설혹 내담자가 가장 최선의 방식으로 표현하지 못한다 해도 그냥 경청하라.

왜냐하면 그 사람은 무척 아픈 사람일 수 있기 때문이다. 수용한다는 것은 내담자가 하는 말에 동의한다는 의미는 아니다. 다만 내담자가 하는 모든 말은 내담자가 느끼는 대로 말하는 것이라고 인정하고 이해하는 것을 의미한다. 이런 생각을 갖고 있으면 다른 사람을 돕기가 훨씬 쉽다.

경청은 또한 내담자가 한 말을 반복해서 말하고 당신에게 얘기할 때 내담자가 느꼈다고 생각되는 것을 표현하는 것을 의미한다.

한 개인이 나누는 모든 메시지는 세 부분으로 나뉜다. 실제 내용과 목소리 톤, 그리고 비언어적 의사소통이다. 동일한 단어, 진술문 또는 질문을 사용하면서도 단순히 목소리 톤 또는 몸동작을 바꿔서 다른 메시지를 표현하는 것이 가능하다. 비언어적 의사소통은 얼굴 표정, 몸 자세 그리고 몸짓 또는 행동을 포함한다.

성공적인 대화는 7퍼센트의 내용, 38퍼센트의 목소리 톤, 그리고 55퍼센트 비언어적 대화로 이루어진다. 대개 우리가 하는 말의 내용은 알지만 우리의 목소리 톤에 대해서는 잘 모른다. 우리는 단순히 톤만 바꿔서 한 문장의 내용을 갖고 12가지 다른 의미를 부여할 수 있다.

정신 발육이 늦어 단어를 구사하지 못했던 우리 아들 매튜로 인해 나는 두 눈으로 경청하는 법을 배웠다. 나는 매튜가 보내는 비언어적 신호에서 메시지를 읽어 냈다. 이것은 나아가 나를 찾아온 내담자들이 말로 표현할 수 없는 것들을 경청해 내는 기술로 변환되었다. 나는 메시지 뒤에 있는 상처, 통증, 좌절, 절망감, 거절의 두려움, 배신감, 기쁨, 즐거움 그리고 변화의 약속과 같은 메시지를 경청할 수 있다.

나는 내담자의 얼굴과 그들의 몸 자세, 걸음걸이와 보폭을 통해 깊이 생각하는 것 또한 배웠다. 그런 다음 내가 본 것을 내담자와 나눈다. 이렇게 하면 내담자에게 자신들이 생각하고 느낀 것을 더 설명하는 기회를 제공한다. 또한 내담자는 내가 그들에게 집중하고 있다는 것을 알게 된다.

내담자가 당신이 그들과 일치하고 있음을 느낄 수 있어야 한다. 내담자가 말로 표현할 수 없는 것들을 당신의 두 눈으로 경청하라.

## 경청하는 법을 배우라

목회자 또는 평신도 상담가는 경청한 내용을 해석하는 데 영향을 주는 개인적인 요소에 어떤 것이 있는지 알아야 한다.

### 연령

연령 그룹에 따라 사물에 반응하는 방식도 서로 다르다. 다른 연령 그룹이나 세대는 각기 다른 가치를 지향하고, 그것은 결국 더 큰 불화와 충돌(대립)로 이어진다. 당신의 조부모님들이 갖는 가치와 신념은 당신이나 당신 자녀들이 고수하는 가치와 신념과는 다를 수밖에 없는 것이다.

### 성별

남자와 여자는 다르게 듣고 반응하도록 사회화 과정을 통해 훈련받아 왔다. 듣기와 대화하기에 존재하는 성별간 차이를 이해하는 힘이 부족하면 문제가 발생하고 만다.

여자는 언어적인 반응을 더 사용해서 담화자를 격려하려 한다. 여성들은 남성들보다 '음, 으흠'과 같은 수신신호(listening signals)를 더 사용하고, 또 '네'라고 말해 그들이 경청한다는 것을 나타내려 한다. 하지만 남자는 대개 여자가 하는 말에 동의할 때에만 이런 반응을 사용한다.

결과가 어떨지 불 보듯 뻔하지 않은가! 남자는 여자가 듣기 반응(listening responses)을 하면 그녀가 동의한다는 신호로 해석한다. 그러다 나중에 그는 그녀가 전혀 자신과 뜻이 같지 않음을 발견한다. 그녀는 단순히 그가 하는 말에 흥미를 나타내고 대화의 맥을 끊지 않기 위해 계속 '으흠'과 '네' 소리를 낸 것이라는 걸 그는 모르는 것이다.

한편 남자는 여자처럼 들은 것에 대해 듣기 반응을 하지 않기 때문에 여자는 무시 받는 느낌이 들고 실망할 수 있다. 그녀는 그의 침묵을 경청하지 않는 것으로 해석한다. 이런 일은 직장에서 항상 일어난다.

남자는 대화할 때 여자보다는 더 많이 자신의 의견을 표출하지만, 여자는 그런 코멘트를 방해라고 해석할 수 있다. 그렇기 때문에 많은 여자들은 이렇게 불평한다. "남자들은 항상 방해해요." "그들은 여자 말을 절대로 경청하지 않아요."

반대 성별의 사람을 상담할 때는 이런 차이를 염두에 두어야 한다.

### 교육

정신역동에 전문가이자 박사학위 소지자인 심리학자는 복음주의 신학교에서 공부한 목사와는 듣는 것이 많이 다를 것이다.

### 과거 경험

상담가가 살면서 겪은 다양한 경험과 고통과 어려움의 정도에 따라 내담자가 토로하는 내용에 공감적(empathetic) 반응을 나타내는 수준과 능력이 달라진다.

### 미래에 대한 기대와 목표 인식

상담자가 자신들의 미래에 대해 낙관적이냐 비관적이냐가 중요하다. 상담가는 내담자들의 기대와 목표를 제공할 때도 이와 동일한 태도를 취한다.

### 내담자에 대한 개인적인 감정

연구에 따르면 상담가들은 그들이 좋아하는 내담자들에게는 주의를 집중하고, 열려 있으며 긍정적으로 반응한다. 하지만 그들이 싫어하는 내담자들에게는 덜 협조적이고, 닫혀 있고 부정적으로 반응하는 것으로 나타났다. 내담자로 인해 위협감을 느끼거나 그 사람에 의해 주도되는 것을 두려워하면, 아무래도 그렇지 않은 상담가보다는 다르게 듣게 될 것이다.

냉소적인 사람보다는 오히려 잔뜩 화가 난 사람 얘기를 듣는 것이 훨씬 쉬울 수 있다. 어떤 목소리 톤이나 말투는 들을 때 즐겁지만, 다른 경우는 짜증이 날 수도 있다. 또 의식하지 못하고 반복적으로 사용하는 문구에 거부감이 생길 수도 있다. 이 부분은 평소 그렇지 않던 사람들도 혼란스럽거나 짓눌리게 되면 거듭해서 말하게 된다는 것을 염두에 두라. 두 손을 사용해서 얘기하거나 두 팔을 저으면서 말하는 것 같은 심한 몸짓도 몹시 주의를 산만하게 할 수 있다.

### 현재의 정서적 · 신체적 감정

상담자가 우울함을 느끼거나, 두통이 있거나 전날 밤 잠을 거의 자지 못했다면, 내담자가 하는 말을 부정적인 방향으로 들을 수 있다. 하지만 당신이 행복하고 에너지가 넘치는 상담가라면 내담자의 말을 긍정적인 방향으로 들을 것이다.[1]

듣기 기술은 노력 여하에 따라 습득 가능한 기술이다. 사람들은 중요한 의미를 놓치지 않고 보통 사람이 말하는 속도의 3배를 들을 수 있다. 다양한 속도로 말하는 사람들의 얘기를 들어 보라. 그리고 어떤 사람이 말할 때 자신이 가장 잘 반응하는지 알아보라.

## 듣기와 경청은 다르다

듣기(hearing)는 자신을 위해 정보를 얻는 것인 반면, 경청(listening)은 내담자에게 관심을 가져 주고 공감하는 것이다. 경청할 때는 내담자의 감정을 이해하려고 애쓴다. 내담자를 위해서 듣는 것이다. 경청의 질은 내가 주의를 집중함으로써 내담자가 마음으로 어떻게 느끼고 내담자의 마음이 어떻게 변화하느냐로 판가름할 수 있다. 그러나 듣기는 이야기를 들을 때 나의 내면에 일어나는 느낌과 변화로 가늠할 수 있다.

경청할 때는 우리가 들은 것을 해석하고 이해하려고 한다. 폴 윌크작(Paul F. Wilczak)은 이렇게 말한다.

> '마음'(heart)은 총체적인 정서적 반응으로써, 다양한 인식들(perceptions)을 전면적이면서 개인적인 접촉으로 통합한다. 이는 지금 우리에게 참 시급한 일이다. 우리는 우리의 머리로 들을 수 있다. 내담자의 메시지를 들으며 생각의 내용을 이해할 수 있고 서로 주고받은 내용을 조직적으로 분석할 수 있다. 이것은 인지적인 공감으로, 손쉽게 학습이 가능하다.
> 그러나 인지적 공감에는 심각한 한계가 있다. 명백하게 언급하지 않은 그 이상의 의미 영역은 놓친다는 것이다. 말없이 전달되는 감정과 경험을 간과하고 만다. 이런 다른 종류의 메시지들은 한 개인 경험의 중심이라고 할 수 있는 마음에서 우러나온다.[2]

경청하기는 상대가 내담자이든, 혹은 친구나 가족 구성원이든지 간에 당신이 상대에게 줄 수 있는 사랑 가득한 선물 가운데 하나다.

> 경청할 때 일은 일어난다.
> 단지 두 귀로만이 아닌 두 눈으로 들어야 한다.
> 잠잠히 기다리면 일은 일어난다.
> 그렇게 고요히 비통해하는 자의 말들을 끄집어내라.
> 우리의 보살핌을 표현할 때 일은 일어난다.
> 다만 차분히 행하라.
> 미처 그것이 녹녹치 않은 상황일 때에도,
> 약속을 지킬 때 일은 일어난다.
> 일은 일어난다.
> 우리가 주의를 집중하여 비통해하는 자의 질문을 대하며

값싼 대답을 건네주지 않을 때.
우리의 심령들이 만져질 때 일은 일어난다.
우리가 기억할 때 일은 일어난다.
예수님의 약속들을 항상 기억하라.
'두 사람이나 세 사람이 모이는 곳에 나도 그곳에 있을 것이다.'
일은 일어난다. 조력자가 비통을 함께 나누는 자가 될 때.³

## 말해야 할 때와 침묵해야 할 때

전도서 3장 7절은 성경적 상담의 다음 원칙을 강조한다. '언제 말하고 언제 침묵해야 하는지 아는 것이다.'

잠언 10장 19절은 더 나아가 이것을 강조한다. "말이 많으면 죄를 짓기 쉽지만 말을 조심하는 사람은 지혜롭다"(우리말성경).

리빙바이블역(LB)은 무척 실감나게 묘사한다. "너무 많이 얘기하지 마십시오. 당신은 발을 계속해서 입에 넣고 있습니다(곤경에 처하고 맙니다). 분별하여 이런 경향을 단절하십시오!"

만일 내담자의 문제를 이해한다면, 상담자는 말을 잘 선택할 것이다.

"지식이 있는 사람은 말을 아끼고 통찰력 있는 사람은 성급해하지 않는다. 어리석은 사람도 조용히 하면 지혜롭게 보이고 입을 다물고 있으며 슬기로워 보인다"(잠 17:27-28, 우리말성경).

잠언 29장 20절은 이 원칙에 적용할 수 있는 또 다른 본문이다. "당신은 너무 조급하게 말하는 사람을 보았습니까? 그런 사람들보다는 미련한 사람들에게 더 소망이 있습니다"(NCV).

성급하다 함은 내담자에게 미칠 영향을 생각해 보지 않고 상담자의 생각을 토해 내는 것이다. 충격적인 말을 하는 사람에게 사역할 때에는 그 사람에게 당장 반응해야 한다고 느끼지 말라. 잠시 생각하고 할 말을 주십사 하고 주님께 간구하라. 그런 후에는 하고 싶은 말을 명확히 하도록 하라.

### 질문하기

만일 무슨 말을 해야 할지 모른다면, 다음과 같은 표현을 동원해 더 많은 정보를 얻기 위해 질문하라. '그것에 대해 좀 더 말해 주시지요' 또는 '제게 더 많은 배경정보를 주세요.' 이렇게 하면 생각할 시간이 생긴다.

당장 얘기하지 않아도 된다. 내담자에게 솔직하게 말하라. "몇 분 정도 제게 시간을 주십시오. 그동안 당신이 말한 것을 점검하고 이제 어떻게 반응해야 할지 생각할 시간이 필요합니다."

이렇게 함으로써 당신과 내담자에게서 압박감을 제거할 수 있다.

### 진심 어린 관심과 사랑을 보여 주라

상담자는 내담자의 이야기를 경청하고 어떻게 상담해야 할지 하나님의 능력에 의뢰할 수 있으나 내담자에게 진심 어린 관심을 갖거나 내담자를 사랑함 없이 성취할 수 있는 것은 거의 없다. 때때로 상담가나 목회자는 내담자의 필요나 그들의 문제 해결에 도움이 되지 않는 즉흥적이고도 피상적인 반응을 줄 때도 있다. 우리 모두는 자신에게 질문해야 한다. "나를 만나기 위해 오는 이 사람을 나는 정말 어떻게 느끼는가? 나는 정말 관심이 있는가?"

### 적당한 시간에 적절한 말을 하라

적절한 대답, 올바른 대답은 '적절한 순간에 하는 말'이다.

"적절한 대답은 사람을 기쁘게 하니 때맞춰 하는 말이 얼마나 좋은지!"(잠 15:23, 우리말성경)

### 비밀 지키키

비밀 지키기는 신뢰 형성의 기본이요, 신뢰할 수 있는 사람의 특성이다.

"소문을 퍼뜨리는 사람은 남의 비밀을 드러내고 믿을 만한 사람은 그 일을 감춰 둔다"(잠 11:13, 우리말성경).

상담 상황에서 상담자에게 털어놓은 이야기는 단 한 마디도 상담자의 입을 떠나서는 안 된다.

> 입과 혀를 지키는 사람은 자시 자신을 재앙으로부터 지킨다(잠 21:23, 우리말성경).[4]

### 예의를 갖추어 말하라

한 개인이 위기에 처하거나 트라우마를 입으면, 우리가 내놓는 말이나 목소리 톤, 각종 제안들이 인생의 그 어느 때보다 훨씬 더 큰 영향력을 갖는다. 무심코 내뱉는 의견까지도 영향력이 있다. 무엇이든지 우리가 하는 말은 2가지 가운데 한 가지 영향력을 가질 수 있다. 치유하거나 혹은 해를 끼치는 것이다.

트라우마를 입은 사람을 마주했을 때는 항상 조심해야 한다. 상담가의 말 한마디 한마디에 내담자는 혈압을 진정시킬 수도 있고, 불안을 더 느낄 수도 있기 때문이다. 무슨 말을 해야 할지 모를 때에는 차라리 말하지 말라! 어색함을 말로 채우는 것보다는 아무 말도 하지 않는 것이 낫다.[5]

잠언 25장 20절은 기록한다. "마음이 무거운 사람에게 노래를 불러 주는 것은 추운 날에 겉옷을 빼앗거나 소다에 식초를 붓는 것과 같다"(우리말성경).

깊은 상처를 경험한 사람 주변에서 쾌활하게 행동하는 것은 적절치 못하다. "오, 그렇게 느껴서는 안 돼요. 그건 잘못 생각하고 받아들인 거예요. 이것 봐요, 제가 들은 이 이야기를 들려 드릴게요."

이와 같은 코멘트는 그 사람에게 더 상처를 입힐 수 있다. 물론 어떤 경우에는 형식에 매이지 않고 오히려 상황을 벗어난 대화가 한 사람의 기운을 북돋아 줄 때도 있다. 하지만 깊은 상처를 입은 사람 앞에서는 그리 좋은 방법이 못 된다.

내담자는 위로하기보다는 상처를 주고, 위로보다는 방해하고, 고통을 해소시켜 주기보다는 지연시키는 말을 하는 사람들을 상대해야 한다. 그러므로 상담자로서 내담자에게 하는 말은 모두 응원하고 도움이 되는 말이어야 한다.

"만약 나를 모욕한 사람이 적이었다면 내가 참았을 것입니다. 만약 나를 보고 우쭐대는 사람이 나를 미워했던 사람이라면 내가 그냥 숨고 말았을 것입니다. 그런데 바로 너라니! 가깝게 지내던 내 동료 내 친구라니! 우리가 즐겁게 어울리며 하나님의 집에서 무리 지어 다녔었는데"(시 55:12-14, 우리말성경).

"내가 믿던 가까운 친구, 내 빵을 나눠 먹던 그 친구조차 나를 대적해 발꿈치를 들었습니다"(시 41:9, 우리말성경).

이런 사람들은 내담자들에게 상처를 주는 이차적인 가해자들이다. 그들은 부적절하게 적용한 말씀을 전해 줄 뿐만 아니라 원치 않았던 해로운 충고를 하기 때문이다. 그들은 교회를 포함한 모든 곳에 포진해 있다. 당신의 내담자만 이런 일을 처음으로 경험하는 이는 아닐 것이다. 욥을 기억하는가?

> [욥]에게는 의도는 좋았으나 밉살스러운 네 명의 친구들이 그를 격려하기 위해 찾아왔고 [그의 고통]을 설명하려 시도했다. 그들은 비를 피할 만한 정도의 분별력이 있는 사람이면 하나님이 공의로우신 것을 안다고 말했다. 그들은 자신의 이름을 또박또박 알 만큼만 되어도 하나님이 공의로우신 것을 알며, 나쁜 일들은 나쁜 사람들에게 그리고 좋은 일은 착한 사람들에게 일어난다고 했다. 그들은 나쁜 일이 욥에게 일어났고, 그러므로 실상 그가 무엇인가 나쁜 일을 행한 것이 틀림없다는 것을 알아차리는 데 굳이 명문대 졸업장까지 필요없지 않겠느냐고 얘기했다. 그러나 욥은 악한 일을 행하지 않았으며, 그는 그렇게 얘기했다. 그리고 덧붙여 말했다. "자네들은 모두 쓸모없는 의사들일세." "자네들이 모두 입 좀 다물고 있었으면 좋겠군! 그게 차라리 지혜롭겠어!"(욥 13:4-5, 우리말성경)

그들은 돌팔이 신학자들이었고, 그들이 할 수 있는 가장 현명한 일은 입을 다무는 것이었다. 그러나 그들은 설명하느라 너무 바빠서 경청하지 못했다.[6]

이렇게 상처를 주는 이들에게는 누군가가 솔직하게 지적해야 한다. "그건 그렇지 않아요. 그리고 제게 전혀 도움이 되지 않습니다. 만일 저를 돕고 싶으시다면 차라리 당신이 …… 해 주신다면 정말 감사하겠습니다."

사람들은 때로 그들이 하는 문제투성이 말을 좋은 의미로 한 것일 거라고 용납하며 참아 준다. 하지만 그들이 그렇게 하는 것은, 그들의 불안이나 두려움 또는 그들 인생에서 이런 문제들을 다루어 보지 못했기 때문에 그런 반응을 보이는 것뿐이다. 기억하라! 그들이 하는 말은 절대 전문가가 하는 말이 아니다. 그들이 듣고 싶어 하지 않는다 해도 잘못 말한다면 솔직하게 지적해야 한다. 그것이 오히려 그들에게 유익하다. 하지만 내담자들은 자신을 매섭게 지적하는 이차 가해자들에게 자신 있게 대꾸하지 못하는데, 이는 그들이 비통 또는 트라우마 상태를 겪고 있기 때문이다.

**절제해서 조언하라**

상담자는 해결해야 하는 문제나 눈앞에 닥친 결정을 어떻게 해야 할지 방향을 제시하고 조언해야 할 때가 있다. 때로는 어떻게 하면 갈등을 잘 풀 수 있는지도 상담해 주어야 한다. 이때 반드시 염두에 두어야 하는 것은, 과도하게 가르쳐서는 안 된다는 것이다. 내담자가 잘 수용할 때만 그렇게 하라.

이 원칙은 꼭 따라야 한다. 내담자가 혼자 힘으로 새 정보를 습득하는 것이 힘들 때, 그때만 가르치는 기술(teaching technique)을 사용하라. 그들이 이미 이 정보를 알고 있는지 또는 알게 될 가능성이 있는지 알아보라. 내담자가 알고 있는 것을 기술하도록 격려하라. 당신이 하는 말을 내담자가 잘 들을 준비가 되어 있는지 확인하라.

충고하기는 가르침의 형태로, 잘못 사용하면 그리 효과를 거두지 못한다.

자칫 부모나 친구 입장이 되어 내담자를 충고하는 것은 상담자로서의 역할을 벗어나는 것이다. 물론 적절한 태도로 건네는 충고는 좋은 상담의 한 부분이 된다. 상담에서 제안을 할 때는, 내담자로부터 그것을 끄집어내거나 혹은 선택의 형태로 제시하라.

"만일 당신이 …… 했다면 어떻겠습니까?"

" …… 을 고려해 본 적이 있으세요?"

"당신이 생각해 낸 가능성에는 어떤 것들이 있습니까?"

다음과 같은 표현은 삼가라. "반드시 이렇게 하셔야만 합니다."

이렇게 말한 경우에는 상담자가 문제 해결에 대한 책임을 져야 한다. 만일 상담자가 내놓은 제안으로 효과를 보지 못했을 경우 내담자가 찾아와 이렇게 말할 수 있다. "당신은 정말 제게 바보 같은 충고를 하셨습니다. 그렇게 했더니 무엇 하나 좋아진 게 없어요. 이렇게 된 건 다 당신 탓이에요."

대신 상담가에게도 안전하고, 내담자가 충분히 고찰하는 데도 도움이 될 만한 시험적인 제안을 제시하라. 대부분의 사람들은 그들의 문제를 해결할 수 있는 능력이 있다. 그들은 그저 그렇게 할 수 있도록 격려가 필요할 뿐이다. 상담자는 다시 한 번 내담자의 능력을 믿어야 한다.

내담자가 충고를 원하는 경우는 어떻게 해야 하는가? 그럴 때 상담자는 자신에게 질문하라. "이런 요청을 하는 이유는 무엇일까?"

상담자가 신경 써서 보살핀다는 확신을 내담자가 갖고 싶어서일 수도 있다. 아니면 상담자가 내담자 자신의 불안을 직접 경험해 봤으면 하는 마음에 그렇게 하는 것일 수 있다. 내담자가 상담자를 기적을 일구어 내는 사람으로 간주해서일 수도 있다. 또는 단순히 해결책이 있다는 소망을 원해서 그러는 것일 수도 있다. 어떤 경우든지 간에 각각의 상황을 신중하게 고찰해 보는 것이 중요하다.

충고 말고 다른 반응이 더 유익할 수 있다. 바로 가르침으로, 가르침이 내담자가 독립심을 키우고 성숙하는 데 도움이 된다면 효과적인 도구가 될 수 있다. 또한 이 가르침은 8장에서 다룰 위기의 적응 국면에서 많은 도움을 준다.

## 적절한 질문의 힘

상담에서 가장 많이 사용하는 기술은 질문하기다. 성경을 보면 예수님도 질문을 자주 사용하셨다. 인턴들과 목회자들과 사역할 때 나는 그들이 상담하는 내용을 녹음하고 그런 다음에는 질문의 숫자를 진술문의 숫자와 비교해 표로 만들 것을 요청해 오곤 했다. 많은 이들이 내담자들의 대답에 질문으로 반응했다. 이 접근법으로, 많은 내담자들은 결국 목회자가 어떤 질문을 할지 예상할 수 있었다. 상황이 이렇다 보니 내담자들은 목회자들을 심문자로 간주하게 되었다. 어떤 이들은 이렇게 말했다. "제가 목사님을 뵈러 가면 그는 제게 질문을 하고 저는 대답을 합니다. 대답을 다 하고 나면 저는 목사님의 다음 질문을 기다립니다."

질문하기는 상담을 갓 시작한 사람들이 남용하기 쉽다. 왜냐하면 정보를 축적하면서 편안함을 느낄 수 있기 때문이다. 더불어 상담자는 그다지 개입할 필요가 없고 또는 다른 반응들과 씨름할 때처럼 그리 열심히 애쓸 필요가 없기 때문이다. 또한 질문하기는 비교적 안전하고 쉽게 사용이 가능하다.

나는 과도한 질문하기를 고치기 위해 주로 인턴들이나 목회자들의 인터뷰를 녹음해 다시 들어 보고 각 질문을 적어 보고 그 다음에는 그것들을 질문이 아닌 진술문 형태로 다시 기록해 볼 것을 권유한다. 이렇게 하면 그들은 다양한 방법으로 반응하는 것을 배우고, 그들의 대답을 더 자각할 수 있다.

### 왜 그렇게 질문하는지 알고 질문하라

목적이 무엇인가? 그 질문은 필요했는가? 이 기술을 사용하는 것은 당신은 무엇에 대해 의논해야 하는지 내담자보다 더 잘 알고 있음을 가정한다는 것을 보여 준다.

질문을 할 때는 내담자가 자유롭고 편안하게 답할 수 있고, 쉽게 답할 수 있는 열린 질문들을 하라. '네' 또는 '아니오'로만 대답할 수 있는 질문은 두 사람 모두에게 유익하지 않다. 또 한 가지 주의해야 할 것이 있다. 목소리 톤이나 비언어적 메시지, 말의 억양에 조금이라도 판단이나 의심이 실려 있어서는 안 된다는 것이다.

질문하기는 상담의 여러 다양한 단계나 위기 국면에서 유익할 수 있다. 그러나 내담자가 이미 정보를 제공했다면 굳이 질문하기를 다시 거칠 필요는 없다. 위기의 마지막 국면에서는 질문하기는 필요가 없다.

**필요하다면 더 이야기를 나누라**
상황이나 쟁점에 대해 추가로 토의가 필요할 때는 약간의 조사를 더 실행하라. 그러나 이때는 조심스런 태도로, 겸손한 방법으로 진행하는 것이 좋다. 내담자는 토의된 것에 대해서는 책임감을 가져야 한다.

**내담자 도와주기**
갈라디아서 6장 2절은 서로의 짐을 나누어 짐으로 격려하고 도우라고 가르친다. "여러분은 서로의 짐과 곤란한 도덕적인 결함을 나눠 지고(견디고, 나르고), 그렇게 할 때 여러분은 그리스도(메시야)의 법을 완벽하게 지키고 [당신이 그것을 순종하는 데 있어서] 부족한 부분을 온전하게 합니다"(AMP).

로마서 14장 19절은 기록한다. "그러니 우리 이제 조화를 이루고 서로 서로를 세워 주는 것(격려와 개발)을 확실하게 목표로 하고 그것을 열심을 다해 추구하도록 합시다"(AMP).

돕는 것의 하나인 '권면하다'(edify)라는 단어는 기독교적 지혜, 은혜, 선과 거룩함을 귀히 여기거나 그것들의 성장을 도모하는 것을 의미한다.[7] 권면은 상담에서 빼놓을 수 없는 항목이다.

돕는다는 것은 한 개인이 누군가의 복지를 위해 무엇인가를 하도록 지원하는 것을 의미한다. 우리 자신에게 물어야 한다. "내가 이 사람과 하는 이것이 그가 회복하고 그리스도인의 삶이 자라고 강건해지도록 도움이 될 것인가?"

어떤 사람이 당신에게 찾아와 이렇게 말할 수 있다. "저를 좀 도와주시면 좋겠습니다."

그러나 그가 정말 하는 말은 자신의 관점에 동의해 주기를 원한다는 뜻이다. 만일 그것이 결혼생활의 갈등이라면 그 사람은 당신이 편을 들어 줄 것을 원할 것이다. 다만, 편을 들어야 할 때는 우리 입장이 어려워진다. 또 달리 다른 사람들을 도울 수 있는 것은 그들을 격려하는 것이다.

"마음속의 근심은 자신을 가라앉게 하지만 친절한 말은 그 마음을 상쾌하게 한다"(잠 12:25, 우리말성경).

"그러므로 지금 하고 있는 그대로 서로 격려하고(충고하고, 간곡히 타이르고) 서로 권면하십시오(강건케 하고 세워 주십시오)"(살전 5:11, AMP).

격려하는 것은 경청하기와 더불어 위기에 처한 사람을 돕는(살전 5:14 참조) 가장 중요한 기술이다. 격려한다는 것은 앞으로 전진하도록 촉구하는 것이고, 한 개인이 해야 할 일을 자극하는 것이다.

그에게 이렇게 얘기하는 것이다. "나는 당신을 한 개인으로 믿습니다. 당신에게는 이것을 해낼 수 있는 능력이 충분히 있고, 나는 그 잠재력을 믿습니다."

한 개인을 격려하여 그 사람만의 개인적인 가치를 믿도록 하는 것은 상담의 목표 가운데 하나다.

## 내담자를 안심시키라

상담이 내담자에게 도움이 되는 만큼 한편으로는 고통스러울 수도 있다. 그러므로 상담의 다양한 단계들을 통해 내담자를 안심시키는 것도 잊어서는 안 된다.

'괜찮을 거예요' 또는 '모든 것이 다 잘될 거예요'라고 말하라는 의미가 아니다. 신중하라는 말이다. 언제 그리고 어떻게 하나님의 말씀을 통해 확신을 주어야 할지 때를 신중하게 가려야 한다. 내담자가 자신의 감정을 솔직히 이야기할 때, 당신이 경청한다는 것을 확신하면 그들의 마음은 하나님 말씀에서 나오는 지지와 위로에 활짝 열린다.

다음은 위기에 처한 내담자의 마음을 안심시키는 8가지 방법이다.

1. 내담자의 문제가 아주 일반적이라는 것을 인지하면 안심한다.
2. 내담자가 당면한 문제에는 이미 알려진 원인이 있고, 그래서 그것을 위한 해결책 또한 자연히 있음을 말해 주면 안심한다.
3. 여러 증상으로 내담자가 아무리 힘들더라도 실제로는 그것이 그리 큰 위협이 아니라는 것을 인지하면 안심한다. 우리의 목표는 그들이 경험하는 것을 표준화해 주는 것이다.
4. 사용 가능한 특정한 치료 방법이 있다는 것을 알면 내담자는 안심한다.
5. 문제 해결이 가능하다는 희망을 심어 주면 안심한다.
6. 내담자는 자신이 정신질환으로까지 이어지지 않을 것이라는 진단을 원한다.
7. 재발할 수는 있지만 그렇다고 상태가 악화되는 것을 암시하는 것이 아니라는 안도감이 필요할 수 있다.
8. 적절한 때를 기다려 내담자들의 문제가 죄악에 가득 찬 행동 때문이 아니라는 것을 말함으로써 안심시켜야 한다.[8]

위기에 처한 사람들을 상담할 때는 그들이 자족하도록 도와야 한다. 그렇게 하기 위해서는 내담자들이 당신의 통찰력, 도움과 상담으로부터 홀로 설 수 있도록 도와야만 한다. 그리고 그런 때가 왔을 때 내담자와 함께 기뻐해 주는 것이다.

Crisis & Trauma
Counseling

# 03

## 성경적 원칙의 적용 II
Applications of Biblical Principles II

공감(empathy : 감정이입)은 효과적인 상담을 위해 매우 중요한 필수품 가운데 하나다. 그러나 불행하게도 '공감'이라는 단어는 다른 단어들과 함께 사람에 따라 다른 의미를 갖는다. 상담 관계에서 '공감'이 의미하는 것은 무엇인가? 이 말은 독일 단어 '*einfuhlung*'에서 유래한 것으로 'to feel unto' 또는 'to feel with'를 의미한다. 이것은 마치 우리가 다른 사람과 함께 운전석에 앉아 있는 것과 같은 것으로, 상대방과 함께 느끼고 감지하는 것이다. 그 사람의 눈으로 상황을 바라보는 것이고, 상대방이 느끼듯 느끼는 것이다. 히브리서 저자는 이렇게 말했다. "너희도 함께 갇힌 것같이 갇힌 자를 생각하고 너희도 몸을 가졌은즉 학대 받는 자를 생각하라"(13:3).

갈라디아서 6장 2절과 로마서 12장 15절은 서로의 짐을 지고, 기뻐하는 사람과 더불어 기뻐하고 우는 사람과 함께 울 것을 권면한다. 감정이입을 하는 것이다.

공감은 또한 구별한다(discrimination)는 뜻을 내포하며, 이것은 다른 사람의 내면으로 들어가서 그 사람의 관점으로 세상을 바라보고 그 사람의 세상은 어떤지 느껴 보는 것을 말한다. 이것은 이런 이해를 상대방과 서로 소통함으로써 상담자가 내담자의 감정과 행동 양식을 감지했음을 알 수 있도록 할 수 있는 능력뿐만 아니라, 구별(discriminate)할 수 있는 능력을 포함한다. 이것은 다른 사람의 기쁨을 볼 수 있는 능력이며, 그 기쁨에는 무엇이 내재되어 있는지 이해하는 것이며 또한 이런 이해를 그 사람에게 의사소통할 수 있음을 말한다.[1]

공감하기 위해서는 사실적인 지식을 넘어서서 내담자의 감정의 세계에 적극적으로 개입할 수 있는 능력이 필요하다. 이때 상담자는 내담자가 겪은 것을 개인적으로 경험하지 않고도 해 낼 수 있어야 한다. 물론 내담자와 똑같은 정서를 경험할 수는 없다. 그렇게 한다면 그것은 과도한 개입이다. 감정이입하는 반응은 상대방이 표현하는 감정에만 집중하는 것이다. 동정적인 반응은 상대방을 위로하기 위해 당신의 보살핌과 긍휼함을 표현하려고 집중하는 것이다.

> 때로 상담자-내담자 관계에서 동정심은 마치 수영할 줄 모르는 두 사람이 서로 상대방을 구하려고 하는 것과 같다. 그런 경우 서로를 의지하고 맞잡는 대신 그들은 둘 다 익사하고 말 것이다. 내담자의 감정과 경험을 이해하는 대신 상담자는 내담자를 동정심으로 압도하게 될 것이다.
> 상담에서 동정심이 나쁘거나 잘못되었다는 말이 아니다. 동정심은 나름대로 그 역할이 있고 상담 관계에서 중요한 부분이 될 수 있다. 로마서를 보면, 바울은 우리가 동정심을 갖고 "즐거워하는 자들과 함께 즐거워하고 우는 자들과 함께"(12:15) 우는 것이 중요하다고 이야기한다. 동정심은 진심으로 마음을 다해 보살피는 것이다. 머리로 사랑하는 것은 분석하는 것이고, 과도하게 객관적이고 무심해질 수 있다. 동정심은 마음과 머리를 다 사용해 사랑할 수 있는 능력이다.[2]

### 공감 능력 테스트

다음 가상의 상황에서 사람들에게 공감(감정이입)할 수 있는 능력을 테스트해 보라.

한 내담자가 속이 잔뜩 상해 당신을 찾아왔다. "저는 제 상관의 맘에 들려고 최선을 다했습니다. 그런데 도저히 그를 만족시킬 수 없을 것 같아요. 그는 심술궂고 제가 조금이라도 실수를 하면 어찌나 퉁명스럽게 하는지. 어제만 해도 문서 작성을 좀 잘못했더니 그는 저를 빤히 쳐다보며 나보다 문법과 문체가 뛰어난 사람이 있었으면 좋겠다고 하지 뭡니까."

이때 당신은 아래 반응 가운데 어떤 것을 사용하겠는가?

그는 아주 불합리한 사람이군요. 그에게 당신이 최선을 다하고 있고, 또 세상 어디에도 완벽한 사람은 없다고 얘기해 보는 건 어떨까요?

이것은 충고 제공(advice-giving)식 반응으로, 상대방의 감정이 어떤지 전혀 헤아리지 않은 반응이다. 아마도 그렇게 하면 내담자는 더 이상 자신의 감정을 털어놓지 않을 것이다.

당신은 아주 힘든 사람 밑에서 일하고 있군요.

이것은 그녀의 감정에 관한 간접적인 언급으로, 실제로는 상관에게 집중하는 것이다.

제가 느끼기에 당신은 어떻게 해야 당신의 상관을 만족시킬 수 있을지에 너무 압도되어 있습니다. 그 문제 때문에 늘 당황해하고요. 게다가 이런 상황이 절망적인 상황으로 이어질까 고민하고 계신 것은 아닌지. 당신은 혹시 일을 계속할 수 없게 될까 봐 걱정하며 이런 생각을 하는 것은 아닙니까?

'이제 난 뭘 하지?'

이런 종류의 반응은 곤란에 처한 내담자의 감정과 그 상황에서 경험했음직한 절망감을 반영한다. 마지막 문장은 행동에 대한 진술을 포함하고 있고, 그녀가 가능한 대안을 더 알아보도록 도와줄 것이다.

## 공감을 나타내는 표현법을 익혀 두라

당신이 보살피고, 섬세하고 공감하는 사람처럼 보이기 위해서는 이런 감정을 전달할 수 있는 언어를 사용해야 한다. 그러므로 상황에 적절하게 도입 가능한 표현들을 준비해 두어야 한다. 이때 상황과 별 상관 없이 반복되는 문구는 피해야 한다.

아래에 가능한 공감의 반응을 유도하는 표현들이 있다. 이 목록을 한 달 동안 하루에 한 번씩 소리내어 큰소리로 읽어 보라. 그러면 사람들을 상담할 때 쉽게 떠오를 것이다. 목회자들과 상담자뿐만 아니라 학생들도 수년간 이것을 활용해 오고 있다.

| 공감적 반응을 유도하는 표현 |
|---|

"……와 같은 느낌."
"…… 류의 느낌."
"제가 이해하기로는 당신은 ……하게 느끼셨군요."
"당신이 ……함을 느낄 수 있습니다."
"……한 것과 같은 감정을 갖습니다."
"제가 당신 말을 정확하게 들은 것이라면……."
"제게는 당신이 마치 이렇게 얘기하는 것처럼 들려요. 저는 ……."
"듣고 보니 아마도 당신이……하다고 말하고 계신 것 같은데 ……."
"당신이 ……하게 느끼도록 만들었군요(만드는군요)."

"당신이 지금 느끼기에 가장 올바른 것은 ……와 같은 것이군요."
"그래서 당신은 ……하게 느끼는군요."
"제가 듣기에 당신이 하시는 말씀은 ……입니다."
"당신이 ……로 간주하시기 때문에."
"제가 이해하기로는, 당신은 …… 말씀을 하시는 것이네요."
"짐작컨대 제가 지금 듣고 있는 내용은 ……입니다."
"제가 당신을 잘 이해하고 있는지 확실하지는 않지만……."
"아무래도 당신이 느끼시는 것이 ……는 아닐까 하는 생각이 듭니다."
"당신은 ……을 느끼시는군요."
"당신이 ……라고 말씀하신다고 제 귀에는 확실히 들립니다."
"당신이 ……에 대한 걱정을 표현하시는 것은 아닌가 하는 생각이 듭니다."
"당신이 마치 ……함을 표시하는 것은 아닌지 …… 그렇게 들리는군요."
"당신이 ……하게 말씀하시는 것은 아닌지 생각하게 됩니다."
"당신은 ……에 큰 가치를 두시는군요."
"당신에게는 ……한 것처럼 여겨지십니다."
"지금 마치 ……한 것처럼."
"당신은 자주 ……을 느낍니다."
"당신은 아마도 ……할 것이라고 느낍니다."
"당신은 ……을 느끼는 것처럼 보입니다."
"제가 듣기에 당신은 ……합니다."
"그러니까 당신이 처한 위치에서……."
"지금 당신이 느끼는 것은 ……입니다."
"때때로 당신은 ……."
"당신은 ……하게 느꼈음에 틀림없어요."
"제가 감지하기에 당신은 ……을 느끼는군요."
"아주 강하게 ……게 느낍니다."
"당신의 메시지는 나는 ……하다고 느껴집니다."
"당신은 보기에 ……."
"당신 얘기를 들어 보니, 마치 ……한 것같이 여겨집니다. 제가 정보를 모아 본 결과……."
"그러니까 당신의 세계는 당신이 ……하는 장소군요."
"당신은 ……감을 전하는 거군요."[3]

공감을 표현할 수 있는 진술문은 내담자의 표면적인 감정에 반응하게 된다. 상대방이 표현하지 않거나 당시에 인식하지 못하는 깊은 감정들에도 집중할 수 있어 좋다. 또한 내담자가 자주 분노를 표현할 때는 그가 감정적으로 상해서다. 당신은 이 2가지 감정에 대응해야 한다.

이 문구를 추가적인 공감적 반응이라고 부르기도 한다. 내담자가 깊은 감정을 말로 표현할 수 있도록 돕기 때문이다. 그렇지만 이 문구에는 상담자의 추론이 필요하다. 확실한 사실처럼 진술해서는 안 되고 시험 삼아 매우 잠정적인 태도로 표현해야 한다. 이렇게 할 때 내담자가 진술문의 가능성을 받아들이거나 혹은 거절할 수 있다. 또한 질문을 통해 그가 당신 반응이 부분적으로는 맞지만 일부는 틀렸다는 것을 알고 상담가에게 말할 수 있다. 다음은 추가적인 공감적 반응을 유도하는 표현들이다.

---

**추가적인 공감적 반응을 유도하는 표현들**

"마치 ……한 것처럼 들립니다."
"혹시 당신이 하시는 말씀이 ……인가 생각해 봅니다."
"어쩌면 ……."
"아마도 ……."
"……이 가능한지요(……일 수도 있는지요)?"
"당신은 ……라고 가정하고 있습니까?"

---

## 정서적 전염을 대비하라

우리 누구도 면역력이 없기 때문에 다른 사람들을 상담하는 일에 깊이 관련되기 전에 반드시 알아 두어야 할 문제가 있다. 바로 정서적 전염의 경우로, 동정심 피로증(compassion fatigue), 조력자 종료(helper shutdown), 또는 조력자 탈진(helper burnout)이라 부른다. 당신이 돕는 사람 또는 사람들의 장애에 결국 당신도 똑같이 걸리는 것을 가리켜 하는 말이다. 이런 경우 너무 많이 보살핀 탓에 스스로도 정서적으로 고갈되어서 그렇다. 당신이 그들에게 사역하기 위해 노력하고 애쓰고 나면 그들은 마음이 좋아져서 떠난다. 하지만 남은 당신은 생각이며 감정까지 온통 그들의 문제에 열중하게 된다.

이런 일이 일어나는 데는 여러 가지 이유가 있다. 만일 상처받는 사람을 여러 명 돕고 있다면, 자칫 과부하가 될 수 있다. 타인을 돕기 원하는 갈망은 선한 것이다. 하지만 힘들어하는 모든 사람에게 도움을 줄 수는 없는 노릇이다. 그중 어떤 사람들은 변화를 위한 과정을 밟지 않으려고 하는 사람들도 있기 때문이다.

아니면 당신은 '불발된 사명'이라고 부르거나 '그들을 충분히 돕지 못했다'는 생각으로 결국 끝나 버릴까 봐 두려울 수도 있다. 하지만 그 문제는 전혀 그렇게 생각하지 않아도 된다. 왜냐하면 유일하게 변화를 가져오시는 분은 주님이시기 때문이다. 그분의 돌보심에 다른 사람들을 내어드리라. 다른 사람을 위해 당신이 할 수 있는 일은 그들 곁에서 그들에게 유익한 지침을 주는 것이다. 그들이 얼마나 잘 반응하는가로 당신의 효율성을 평가하지 말라.

상담 일을 해 오다 보면 어떨 때는 상담 이후 내담자가 변화되는 모습을 확인하지 못할 때도 있다. 이런 경우 만일 당신이 강하게 공감하는 편이고, 내담자의 감정을 과도하게 느낀다면 아마도 그들의 짐을 계속해서 벗어 버리지 못할 것이다.

만일 삶에 아직 해결되지 않은 트라우마가 있다면, 유사한 트라우마를 경험한 사람들과 사역할 때 그것이 작동할 수도 있으니 그것에 대비해야 한다. 그들이 내뱉은 한마디에 폐부를 찔리는 듯한 고통을 겪을 것이다.

한편, 트라우마를 경험한 아동들을 도울 때도 강한 영향력을 경험한다. 가장 경험이 많은 전문 상담자도 이 부분에서는 거의 영향을 받는다.

당신이 할 수 있는 것은 무엇인가? 무엇보다 당신 삶의 균형을 확실히 유지해야 한다. 그러기 위해서는 말씀을 가까이 하고 건강한 교우관계를 유지하며, 적절한 운동과 오락도 필요하다. 경건을 위한 도서도 많이 읽고, 많이 웃고, 필요에 따라서는 타인에게 보살핌도 받을 줄 알아야 한다. 상담자에게도 이처럼 자신을 돌보고 자신에게 양분을 공급하기 위한 시간이 꼭 필요하다.

## 내담자의 언어로 말하기

공감과 공감관계(rapport : '라포'라고도 많이 부르며 붙어다. 영어로는 'relationship'으로 공감이 전제된 인간관계를 의미할 때 사용한다. 관계에서 라포가 형성되었다 함은 서로의 생각이나 감정을 잘 이해할 수 있는 좋은 관계를 갖고 있다는 뜻이다 - 옮긴이주) 발생에 어떤 원칙보다 우선해서 이행되어야 하는 한 가지 원칙이 있다. 바로 내담자의 언어로 말하는 것이다.

내가 처음 만나 상담하면서 갖는 개인적인 목표 가운데 하나는 내담자의 대화 스타일을 발견해서 내담자와 동일한 말투로 대화하는 것이다. 내가 내담자의 언어로 말하면, 진정한 경청과 변화가 가능하다. 나는 상대방이 시각 지향적인지, 청각 지향적인지 아니면 감각(느낌) 지향적인지 알아내려고 노력한다. 또한 내담자가 사용하는 목소리 톤, 음량과 표현들을 경청한다. 비언어적 대화를 연구하는 것이다.

어떤 사람들은 큰소리, 풍부한 표현과 몸짓을 많이 사용한다. 다른 사람들은 대체로 조용하고, 말수가 적고 매우 예의 바르게 말하며 단어를 신중하게 선택한다. 세심히 살핀 다음 나는 그들의 대화 스타일을 따라한다. 이는 라포(공감관계), 신뢰 그리고 마침내 그들이 내 말에 기꺼이 귀 기울이고자 하는 자발성을 구축하는 데 도움이 된다.

상담가에게는 여러 화체를 어렵지 않게 사용할 수 있는 융통성이 필요하다. 이런 변환을 잘하려면 먼저 어휘를 풍부하게 습득하기 위해 훈련해야 한다.

### 라포 형성

상담 첫 시간에 라포를 형성하기 위해서는 내담자의 입장이 되어 그들과 만나야 한다. 또한 내담자가 당신의 말을 받아들이는지 아니면 거부하는지 감지해야 한다. 이것은 상대방의 언어적 그리고 비언어적인 언어와 당신을 향한 내담자의 반응을 판독함으로써 알 수 있다. 만일 당신이 효과적으로 대화하고 있다면 그리 많이 조정하지 않아도 된다. 하지만 만일 그렇지 않다면 융통성을 발휘해 달라져야 한다.

만일 내담자가 변하기 원하면 상담자의 반응부터 먼저 고쳐라. 내담자는 대개 당신에게서 내담자가 지각하는 변화에 반응하여 변화할 것이다. 좀 더 융통성 있게 됨으로써 당신은 다른 사람들에게 더 많은 영향력과 강한 감화를 줄 수 있다.

### 반응의 영역 넓히기

관계에서는 반응의 영역을 가장 폭넓게 소유한 사람이 최대한의 영향력과 통제력을 갖는다. 그런데 너무도 많은 상담가들이 이 중요한 사실을 소홀히 할 뿐 아니라, 오히려 내담자들이 자신들의 사고방식과 대화 방식에 맞춰 주기를 기대한다. 그렇게 되면 그들은 결국 서로서로를 완전히 놓치는 것으로 끝을 맺고 만다.

만일 당신은 큰소리로 말하고, 풍부한 표현으로 명확하게 말하는데 반해 내담자는 조용하고, 말수가 적고 오히려 수줍어하는 사람이라면 어떤 일이 일어날까? 아니면 반대 경우라면 어떨까?

또 상담할 때 당신은 확장자(expander)라 무슨 말을 하든지 세부 사항을 많이 얘기하는 데 반해 내담자는 심하게 줄여서 말하는 농축자(condenser)일 경우 무슨 일이 일어나는가? 이 경우도 반대로 바꿔 놓고 생각할 수 있다.

또한 만일 당신이 우뇌 지향적이라 정서적으로 풍요롭고 당신의 내담자는 매우 인지적이고 좌뇌 지향적인 사람일 때 무슨 일이 일어나는가? 아니면 반대 경우는 어떤가?

만일 당신이 전형적인 선형적 사고가(linear thinker)여서 A에서 B, C, D까지 이동하는 데 반해 내담자는 이야기에서 잘 벗어나고 문장 중간에서 방향을 바꾸고 몇 문장이 지나서야 시작했던 문장을 마치기 위해 돌아온다. 그런 다음에는 그렇지 않을 수도 있겠지만 또 반복해서 그렇게 한다면 무슨 일이 일어나겠는가? 당신은 그런 사람을 따라가며 적응할 수 있겠는가? 그리고 역시 반대 경우라면 어떻게 하겠는가?

만일 당신의 성격이 듣는 것을 힘들어하며, 생각하기 위해 큰소리로 이야기하고 또 사람들과 함께 있을 때 에너지가 생기는 외향성인데 반해, 내담자는 내향성이라면 어떻게 하겠는가? 당신은 차이점을 이해하는가? 내향적인 사람들은 한 가지 질문에 대답하기까지 평균 7초 정도가 걸린다. 그들은 주목 받거나 주의가 자신에게 집중되는 것을 좋아하지 않는다. 그들은 사람들과 너무 오래 있으면 에너지가 고갈된다.

외향적인 사람들은 내향적인 사람에게 질문을 퍼붓는다. 그러고는 그들이 1초나 2초 안에 대답하지 않으면 재차 질문하는데, 이는 내향적인 사람의 사고 과정을 방해한다. 심하게는 자신이 묻고는 상대의 생각을 혼자 가늠해 자신이 대답해 버린다. 하지만 외향적인 사람 가운데 지혜로운 사람은 내향적인 사람과 일하면서 이렇게 말한다. "한 1분 정도 이것에 대해 생각해 보셨으면 합니다. 당신의 대답을 꼭 듣고 싶군요." 그런 다음 인내하며 대답을 기다린다. 이렇게 하는 것이 훨씬 더 생산적이다.[4]

핵심은 바로 내담자에게 맞추는 것이다. 말하는 스타일과 속도를 내담자에게 맞추라. 내담자가 심한 상실, 위기와 트라우마 상태에서 당신을 찾아올 경우에는 개인의 독특한 패턴과 스타일을 발견하는 데 시간이 오래 걸리고 매우 힘들 수 있다. 그러나 충분히 시간이 지나면 얼마든지 가능하며, 이는 반드시 필요한 일이다.

## 대면의 기술

'대면'이라는 단어는 상담 기술을 토론할 때 자주 언급된다. 교회에서 너무나도 많은 사람들이 상담을 대면과 동등하게 대해 왔다. 상담자는 상담 과정에서 이것을 좀 제한해서 사용해야 한다. 특히 상실이나 위기 또는 트라우마를 경험했을 때 제한해서 사용해야 한다.

상담에서 정의하는 대면은, 내담자의 관점과 현실을 간주하는 태도 사이의 모순을 상담가가 지적하는 행위를 말한다. 대면은 사실 일상생활의 한 부분으로, 타인을 도울 때 꽤 효과적인 방법이다. 대면은 다른 사람을 '그 자신을 위해' 공격하는 것이 아니다. 그런 부정적이고 징벌적인 공격은 내담자에게 해롭다. 윌리엄 크래인은 이렇게 말한다.

> 성급한 판단하에 대면을 했다가는 그 길로 상담이 끝나 버릴 수도 있다. 내담자는 이미 죄책감과 수치감을 느끼는데, 이해받고 용납되기보다 오히려 상담자에게서 판단 받고 정죄받는 것은, 완전한 거절감과 다름없는 것이다. 죄책감에 짓눌린 사람은 이미 옳고 정의로운 것을 상징하는 것들에 의해 거절감과 단절감을 느낀다. 내담자는 도움을 받기 위해 찾아간 상담자에게서 정죄받을 필요는 전혀 없는 것이다.[5]

대면을 적절하게 작용하면 상담 상황은 발전하고 정확한 공감의 연장이 될 수 있다. 내담자의 감정, 경험과 행동을 깊이 이해하는 것에 기초를 둔 반응이다. 그런 반응은 내담자가 자신의 생각을 드러내고 행동을 하도록 도전한다.[6]

윌리엄 크래인은 말한다. "공감이 형성되었을 때에만 의뢰인은 대면할 준비를 한다. 그러기 전까지 대면은 지혜롭지도 않고 유익하지도 않다."[7]

대면과 공감 사이의 관계는 매우 중요하나 많은 상담가들은 그것을 보지 못한다. 도움이 되는 지표들을 살펴보자.

대면은 은혜의 행동(acts of grace)이라 불린다. 대면을 '내담자가 자기 이해와 건설적인 행동 변화를 피하기 위해 사용하는 연막, 모순, 왜곡, 게임(속셈)을 책임감 있게 드러내는 것'으로 정의하기도 한다.[8]

대면은 내담자 안에 있는 미개발되고, 저개발되고, 사용되지 않고 오용되어 온 잠재된 기술과 자원을 도전하여 행동 프로그램에 사용하기 위해 검토하고 이해하여 사용하는 것을 수반한다.

상담자가 대면하는 목적은 내담자가 자신들을 위해 더 나은 결정을 하고, 그들 자신을 더 용납하고 그들의 삶에서 더 생산적으로 되고 덜 파괴적이 되도록 돕는 것이다. 전문가들과 비전문가들이 동일하게 대면하는 것을 꺼릴 때가 있는데 그것은 결단(commitment : 헌신)을 요구하기 때문이다. 거기에는 또한 상담자가 틀릴 가능성과 또는 상대방이 오해하거나 거절감을 느낄 가능성도 있다. 또한 아무리 타당한 의도로 대면했다 하더라도 이것이 내담자가 성취하려고 시도하는 것에 역행하지 않도록 신중해야 한다.

**대면의 적절성**

앞서 언급했듯이 공감은 관계의 한 부분이 되어야 한다. 상담자와 내담자 관계의 질은 매우 중요하다. 일반적으로 관계가 강건할수록 대면은 더 능력 있고 강렬해진다. 대면은 내담자를 보살피려는 마음에서 자연스레 일어나야 한다. 내담자의 상태가 좋아지기를 바라는 마음과 내담자를 돌보는 마음이 없을 때 하는 대면은 오히려 내담자에게 해롭다.

대면에서 또 하나 중요한 요소가 있는데, 바로 내담자가 상담자가 하는 말을 알아들어야 한다는 것이다. 내담자는 대면을 용납할 수 있는가? 내담자는 당신이 제안하는 것을 끝까지 실행할 수 있는가?

대면은 적절한 때를 봐서 다음과 같은 진술문을 사용해 제시할 수 있다.

"혹시 ······한 것은 아닌지요?"

이런 질문을 사용해도 좋다.

"그가 혹시 ……한 것은 아닐까요?" " ……이 가능한가요?" "당신에게 ……한 것은 이해가 되십니까?" "……라는 깨달음에 당신은 어떻게 반응하십니까?"

많은 상담자들이 대면하는 것을 즐겨하지 않는다. 그리고 내담자들 역시 대면을 그리 달가워하지 않는다. 어떤 사람들은 그것을 되받아쳐 상담자를 다음과 같이 역으로 도전하려 할 수도 있다.

- 상담자를 무력화하거나(neutralizing) 불신하기(discrediting).
- 사물에 대한 상담자의 관점을 바꾸기 위해 상담자를 설득하려 시도하기.
- 쟁점의 중요성을 평가절하하거나(devaluing) 잊게 하기(dismissing).
- 도전받은 쟁점들을 위한 지지를 다른 곳에서 구축하려 하기.
- 당시에는 상담자의 비유를 맞추려고 하거나 동의하기(그러고 난 다음에 나중에 그것에 대해서 어떤 행동도 취하지 않기).

당신은 어떻게 이것을 극복하는가? 먼저 신뢰 관계를 형성해야 한다. 그렇게 함으로써 내담자는 대면의 내용을 듣고, 고려하고 수용할 준비를 갖추게 된다.[9]

## 신뢰를 쌓는 접근법

### 적응력

내담자에게 매번 동일한 접근법을 사용할 수는 없다. 무엇보다 그들의 필요에 따라 반응해야 한다. 적응력의 필요는 데살로니가전서 5장 14절에 기록되어 있다.

"형제들이여, 우리는 부적절한 여러분들을[게으름뱅이들, 무질서한 자들 그리고 다루기 힘든 자들을] 권면합니다(경고하고 심각하게 충고합니다). 소심하고 겁많은 분들을 격려하고 연약한 영혼들을 돕고 지지하고, [그리고] 모든 사람에게 [항상 냉정을 잃지 말고] 인내하십시오"(AMP).

잘못된 행동을 대면했을 때는 개인에 따라 다양한 접근법을 시도해야 한다. 요한복음 5장 6절에서 예수님은 연못가에 있던 남자에게 질문하셨다. '네 병이 낫기를 원하느냐?'

예수님은 그 남자가 변화하기를 진심으로 갈망하는지 알고 싶어 하신 것이다. 나도 내담자들을 대할 때마다 그와 같은 질문을 한다. 이때 상담자가 어떻게 말하느냐에 따라 모든 것이 달라진다. 상담자의 관심이 상담자의 말, 목소리 톤과 신체언어를 통해 잘 드러나면 내담자는 상담자의 메시지를 받아들인다. 요한복음 8장 11절을 보면, 예수님은 간음하다 잡힌 여인에게 이렇게 말씀하셨다. "너의 길을 가서 이제부터는 더 이상 죄를 짓지 말라"(AMP).

### 정직과 용납

정직과 용납은 모든 상담 실습에서 따라야 하는 원칙이다. 잠언 28장 23절은 말한다. "결국에는 사람들은 아첨보다 솔직함을 더 고맙게 생각한다"(TLB).

잠언 27장 5절에는 이렇게 기록되어 있다. "숨은 사랑보다 공개적으로 꾸짖는 것이 더 낫다!"(TLB)

갈라디아서 6장 1절은 기록한다. "형제들이여, 어떤 사람이 무슨 범죄한 일이 드러나거든 영의 사람인 여러분은 온유한 마음으로 그런 사람을 바로잡아 주고 자기를 살펴 유혹에 빠지지 않도록 하십시오"(우리말성경).

그리고 요한복음 8장 7절은 말한다. "그들이 계속 질문을 퍼붓자 예수께서 일어나서 그들에게 말씀하셨습니다. '너희 가운데 죄 없는 사람이 먼저 이 여인에게 돌을 던지라'"(우리말성경).

## 상담을 파괴하는 접근법

효과적인 상담의 원칙을 따르는데도, 상담을 진행하면서 내담자를 상담자가 원치 않는 방향으로 끌고 갈 수도 있다. 이런 일은 상담 과정에 파괴적인 요소가 개입되었을 때 일어난다.

### 수동성

목회자나 상담자가 수동적인 태도를 보이면 내담자는 좌절할 수밖에 없다. 비언어적인 격려로 경청하고 반응하는 것도 중요하지만, 언어적인 활동이 거의 없으면 내담자는 상담자가 어떤 생각을 하는지 궁금해한다. 만일 내담자가 불안한 상태이거나 의존적인 상황이라면 내담자는 상담자의 수동적인 자세를 자신을 보살피려는 마음이 없어서라거나 또는 자신을 거절한다고까지 느낄 수 있다. 내담자에 따라 상담자는 언어를 변화 있게 구사해야 한다. 또한 말해야 하는 시간과 침묵해야 하는 시간, 민감하게 경청할 시간을 잘 구별해야 한다.

### 상담가 주도

상담가의 주도는 수동성의 반대로, 사역하는 사람들 사이에서 빈번히 일어난다. 주도적인 상담가나 목회자는 내담자의 경험과 사고 세계에 들어가지 않는다. 대신 잘못된 결론을 내리고는 독단적인 선언이나 해석을 한다. 상담자는 내담자의 삶의 내면으로부터가 아닌 외부적인 준거 체계로부터 반응한다. 그래서 마치 상담가는 자신이 모든 것을 알고 절대 오류가 없는 것처럼 행동한다. 이런 상황에서는 상담을 통해 누구의 필요가 채워졌을까? 분명히 내담자의 필요는 아니다. 오히려 내담자를 희생하여 상담을 진행하는 사람의 필요를 채웠다고 할 수 있다.

상담가가 주도한다는 것은 어떻게 알 수 있을까? 잦은 방해나 조급함, 주제 변화, 상대방을 설득하려는 시도와 훈계들과 같은 증상이 여기에 포함된다. 어떤 의존적인 사람들은 이런 접근법을 환영할 수 있으나, 이 방법은 사실 그들에게 별 도움이 되지 않는다.

### 지나친 자기 개방

또 다른 비효과적인 접근법은 부적절한 자기 개방이다. 상담자 자신과 상담자 자신의 갈등, 감정, 가족, 성공 또는 실패에 대해 과도하게 얘기하는 것은 좋지 않다. 내담자는 상담자 개인의 이야기가 내담자의 문제와 어떤 관계가 있는지 어리둥절해할 것이다. 결국 내담자의 필요는 채워지지 않는다. 상담자 자신의 경험 묘사가 내담자에게 유익한 경우도 있지만, 절제하여 사용하라.

### 심문

부적절한 질문은 심문 또는 취조의 범주에 들어간다. 내담자의 감정에 접근하거나 정보를 얻기 위해서는 질문하기보다는 다른 방법을 사용하는 것이 좋다. 진술문 만들기, 격려와 경청을 통해 필요한 정보와 감정을 얻을 수 있다. 상담자의 반응을 바탕으로 형성된 내담자의 위로 수준은 내담자가 상담자에게 마음을 계속해서 열 수 있게 도와준다. 상담 초기 단계에서는 너무 많은 질문들로 부담을 주지 않는 것이 좋다. 마음이 상한 사람이 먼저 털어놓거나 그냥 편하게 잠잠히 앉아서 생각하게 하라.

### 부적절한 반응의 패턴

부적절한 반응의 패턴은 상담자와 내담자 사이에 거리감을 형성한다. 내담자를 거리를 두고 대하면 진정한 보살핌, 신뢰와 개방성은 좀처럼 발전하지 못한다. 이 패턴들은 상담가를 의뢰인의 삶에 깊이 연루된 정서인 상담자 자신의 불편함, 두려움 또는 불안에서 보호한다.

거리감을 형성하는 것 가운데 하나는 내담자가 우는 행위를 금지하는 것이다. 상담자가 내담자를 울지 못하게 하면, 내담자는 우는 것이 연약함의 신호라고 느낀다. 하지만 내담자에게는 눈물이 제공하는 카타르시스가 필요하다. 흐르는 눈물을 억지로 참는 것은 해롭다.

정서 표출이나 자기 개방을 수반하지 않는 안전한 주제들로만 토론을 제한하는 것도 거리감을 형성한다. 이렇게 하면 상담가는 매우 개인적이고 고통스럽거나 매우 감정적인 주제와 연루되는 위험 부담을 피할 수 있다. 하지만 내담자를 위해서는 좋지 않은 접근법이다.

### 거짓 안도감

거짓 안도감은 내담자에게도 위험하다. 너무 조급하게 안도감을 주거나 정당한 이유 없이 안도감을 부여하면, 목회자가 분노나 절망, 우울증, 불안 또는 절망감 같은 내담자의 내밀한 감정, 학대나 근친상간 같은 불편한 주제를 피하도록 도와준다.

물론 명확한 근거가 있을 때에는 안도감을 주는 것이 좋다. 그렇지만 안도감을 과도하게 사용하면 의존을 조장한다. 그래서 자칫 아직 더 상담이 필요한데도 내담자 스스로는 더 이상 상담을 원하지 않게 될 수도 있다.

### 정서적 분리

정서적 분리는 어느 정도는 수동성과 동일한 문제들을 만들어 낸다. 이는 무관심한 기술전문가의 역할을 자처함으로써 드러난다. 지성화는 상담자인 목회자가 실제적 참여를 막는 분리의 형태다. 쟁점에 대해 이론화하는 것은 흥미로울 수 있다. 그러나 그것이 생산적인가? 신학에 대해 토론하거나 강의하는 것은 재미있을 수 있겠지만 상담이 있을 자리가 그런 곳인가? 만약 내담자가 방어하기 위해 지성화하는 경향이 있다면 동일한 방식으로 반응하지 않도록 주의하라.

### 판단

목회자를 적극적으로 찾는 사람들이라면 도덕적으로 설명하고 충고하거나 판단해 주는 것을 기대할 수도 있다. 사실, 그들은 이런 것이 필요할지도 모르겠다. 그러나 이런 식의 반응으로는 내담자를 진정으로 변화시킬 수 없다. 많은 내담자들은 그들이 어떻게 사는지 충분히 잘 알고, 그들이 알아서 자신들의 가치 판단을 내리도록 시간을 주는 것이 가장 좋다. 위기에 처한 사람들에게 그런 반응들은 위기 국면을 통과해서 나가도록 돕는 것이 아니라, 오히려 특정 지점에서 정체되어 있게 할 수 있다.

### 부적절한 대면

대면을 과도하게 활용하는 목회자나 상담가는 가능한 한 빨리 이 문제를 해결해야 한다.

### 압박술

압박술 또한 거리감을 조성한다. 내담자들에게 압력을 가하여 좀 더 빨리 나아지라고 재촉하고, 과도하게 과제물을 할당하고, 호통치고, 내담자들이 반응하지 않으면 부정적인 결과를 예측하고 그들 동기의 진실성을 의심하는 것 모두 이 범주에 해당한다. 이런 전술들은 상대방의 감정을 무시한 징계로 인식된다.

어떤 사람에게는 변화가 매우 더디게 찾아올 수 있다. 그들이 변화하기 위해서는 우리의 격려와 믿음이 필요하다. 어떤 내담자들은 믿음과 소망이 없다. 그렇기 때문에 그들만의 믿음과 소망이 세워지고 그들이 그들 내면의 힘에 의지할 수 있을 때까지 그들을 잡아 주기 위해 우리가 주님 안에서 누리는 믿음과 소망이 필요하다.

Crisis & Trauma
Counseling

# 04

# 상실의 상처로부터 회복하도록 돕는 법 I

Helping Others Recover from Their Losses in Life I

'상실'이라고 하면, 사랑하는 사람과의 사별을 떠올린다. 그러나 우리 삶에서 상실은 이보다 훨씬 더 많은 것을 포함하는 주제다. 왜냐하면 죽음을 통해서만 상실을 경험하는 것이 아니라, 떠남으로 혼자 남겨지고, 변화나 포기, 그리고 삶을 묵묵히 살아 나감으로써도 상실을 경험할 수 있기 때문이다. 처지를 바꿔 사랑하는 이를 두고 떠나야 하는 것도 상실이라 할 수 있다. 낭만적인 꿈, 성취 불가능한 기대, 자유와 권력에 대한 환상, 안전에 대한 착각, 그리고 보다 젊은 시절의 나 자신을 떠나보내는 것도 상실이다.
_주디스 바이올스트(Judith Viorst), 「상처 입은 나를 위로하라」(*Necessary Losses*, Y브릭로드 역간).

우리는 인생에서 '상실'의 문제를 간과해 왔다. 너나할 것 없이 주목하는 트라우마나 위기의 중심에는 상실이 있다. 위기와 트라우마의 중요성을 이해하고 인식하기 위해서는 상실의 다양함과 복합성을 이해해야 한다.

지난 수년간 나는 수많은 상실을 경험해 왔다. 하지만 한 개인의 삶에서 상실이 얼마나 큰 영향력을 행사하는지는 내담자들을 통해 배웠다.

12년 동안 임상적인 우울증을 앓던 사람이 있었다 그는 자기 사업체 운영 외에는 아무것도 할 수 없었다. 그러다 상담 과정에서 지난 20년 동안 그가 충분히 슬퍼할 수 없었던 5가지 거절감이 있음을 발견했다. 상담 초기에는 그가 약의 도움으로 우울의 고리를 끊을 수 있도록 의사에게 보내기도 했다. 그는 새로 출석하는 교회의 평신도 상담가와 연결되었다. 어느 날 나를 찾아온 그가 이렇게 얘기했다, "노먼 박사님, 저는 요새 새로운 교회에 다닙니다. 주일 저녁이면 집에 가족들을 놔두고 저 혼자 저녁예배에 출석합니다. 제가 왜 그렇게 하는지 아세요?"

"글쎄요."

"그 교회는 예배시간 30-40분 동안 경배와 찬양을 드립니다. 그 시간 동안 저는 한 번도 비통해하지 못한 5가지 상실을 꺼내놓으며 실컷 웁니다."

3개월 뒤, 12년 동안 계속된 그의 우울증은 말끔히 사라졌다. 그가 비통해 했고 지난 상실들을 해결했기 때문이다. 상담은 끝났다.

3개월 뒤, 성탄절에 그의 아내가 내 사무실로 책 몇 권을 가지러 왔다. "성탄절 어떻게 보냈어요?"

"아주 좋았어요."

"어떤 선물을 받으셨어요?"

그녀의 대답이 모든 것을 설명해 주었다. "제 남편요."

이 경험을 통해 나는 이후로 상담하는 모든 내담자들에게 이렇게 질문했다. "한번 생각해 보세요. 혹시 당신이 아직 충분히 비통해하지 못한 상실이 있으십니까?"

덕분에 지난 몇 년 간 나와 만난 내담자 가운데 80퍼센트가 상실을 발견하고, 그 상실을 그들 현재의 삶의 고리에서 끊어내 버렸다.

몇 년 전에 위기 상담세미나에 참석한 한 여자 분이 나에게 자신의 경험을 나눠 주었다. 그녀와 그 남편은 3년 전에 새로운 도시로 이주했다. 이사하기 전에 그들은 한 동네에서 15년을 살았다. 그들은 교회 생활에 열심히 참여했고 친구들이 아주 많았다. 그들의 자녀들도 그곳에서 다 장성했고, 아주 절친한 가정들과 함께 성탄절을 함께 보내곤 했다.

하지만 이사하면서 그 모든 것과도 이별해야 했다. 그녀의 남편은 곧 새로운 일을 시작했다. 그러나 그녀는 일의 특성상 처음부터 다시 시작해야 했고, 경력을 밑바닥부터 다시 쌓아 가야 했다. 처음 2년간, 그녀는 상당한 강도의 우울증을 경험했다. 하지만 도무지 이유를 알 수 없었다. 마침내 그녀는 상담을 받기 시작했고, 원 가족(family of origin)에 집중하기 시작하자 이유는 명백해졌다.

태어나 다섯 살이 되기까지 그녀는 엄마보다는 외할머니와 더 애착관계를 형성했다. 그런데 외할머니가 갑자기 돌아가셨다. 몇 주 안에 그녀의 가족은 도시에서 시골로 이사를 했는데, 그곳은 가장 가까운 옆집과의 거리가 1.6킬로미터나 떨어진 외딴 곳이었다. 그녀와 상담가가 얘기를 나누며 우울증의 원인이 분명해졌고 그제야 그녀는 할머니에 대해서, 그리고 유년기에 했던 이사에 대해 처음으로 충분히 슬퍼할 수 있었다. 오래지 않아 그녀의 우울증은 사라졌다.

## 누구나 상실을 경험한다

상실. 두 음절의 단순한 단어지만, 모든 사람들의 인생 동반자다. 전문분야의 한 작가는 이렇게 얘기했다.

> 상실은 인간 상태의 한 부분이면서 사용할 수 없는 인생의 비품이다. 상실을 피할 수 없다고 해서 우리가 이런 종류의 스트레스에 잘 대처하도록 준비되었다는 것을 뜻하지는 않는다. 인생에서 경험하는 커다란 상실은 극도의

부정적인 감정이나 일상생활의 와해를 일으키고, 해결하기까지 꽤 오랜 시간이 필요하다.[1]

누구도 상실에 대해서는 자주 언급하지 않는다. 마치 상실에 대해서는 다른 사람들과 얘기하지 않기로 암묵적인 동의를 한 것처럼 말이다. 그럼에도 불구하고 모든 상실에는 긍정적인 묘사와 소망의 단어들을 포함해 변화와 성장, 새로운 통찰력, 이해와 연단이라는 의미가 잠재되어 있다. 하지만 그런 것들은 주로 나중에 결과적으로 따라오는 것들이고 슬픔의 한복판에서는 그런 것들을 보지 못한다.

**상실했다고 해서 실패자는 아니다**

지는 것을 즐기는 사람은 없다. 상실이 발생하면, 무엇인가 문제가 생긴 것을 의미한다. 그러나 인생은 승자들로 가득 차야 하는 것이 아닌가? 스포츠면 헤드라인을 보라. 영예는 패자가 아닌 승자에게 주어진다. 잃는 것은 아프다. 날카로운 끝으로 신경을 찌르고 통증을 가한다. 작은 상실이건 큰 상실이건 아프긴 매한가지다. 아무도 상실을 기대하지 않을뿐더러 대부분 상실에 대처하는 방법을 미리 배우지 못했기 때문에 더 아프다.

승자가 되고, 성공을 꿈꾸는 우리는 인생을 통제하고 싶어 한다. 그래서 주변에 벽을 쌓고 '상실 접근금지'와 같은 표지판을 붙여 놓는다. 그렇게 했는데도 상실이 일어나면 침해받은 느낌에 불쾌하다.

주변 사람들도 우리의 상실에 대해 별로 듣고 싶어 하지 않는다. 한 치료사가 이 문제를 지적하였다.

우리 문화는 고통에 그리 관대하지 못하다. 그래서 상실을 경험한 사람 스스로 최대한 신속히 그들의 삶을 추스르기를 기다린다. 종종 주요 상실의 충격을 최소화하고, 반응이 심한 사람들은 병리학적으로 구분하고, 참혹한 사건에도 비교적 영향을 받지 않는 사람에게는 박수 갈채를 보내면서 스스로에게 괜찮다고 격려하며 슬퍼하는 일을 금지한다.²

무엇인가 잘못되었다는 상실의 개념이 삶의 전 영역에 파고든다. 다음 생각들이 이 개념을 반영해 준다.

- 그가 그녀를 떠난 걸 보면 그녀가 그다지 좋은 아내는 아니었던 게 분명해.
- 그들은 부모로서는 실패했어. 좋은 부모였다면 아이가 교회를 떠나지 않았을 것이고, 그런 애들하고 어울리지도 않았을 텐데.
- 그가 실직했대. 도대체 뭘 잘못했기에 그렇게 된 거야?
- 그들이 그리스도인으로서 삶을 살았다면 이런 일은 일어나지 않았을 거야.

타인에 대해 이런 생각을 가져 본 적이 있는가? 아니면 자신에 대해서라도 이런 생각을 한 적이 있는가? 혹은 자신을 찾아온 내담자에 대해 이렇게 생각해 본 적이 있는가?

분명히 말하는데, 이것은 비난의 표현이다. 그런데 우리는 오랫동안 이런 태도를 가져왔다. 제자들은 시각장애인에 대한 유사한 생각을 예수님께 표현했다. "예수께서 길을 가시다가 날 때부터 눈먼 사람을 만나셨습니다. 제자들이 예수께 물었습니다. '랍비여, 이 사람이 눈먼 사람으로 태어난 것이 누구의 죄 때문입니까? 이 사람의 죄 때문입니까, 부모의 죄 때문입니까?' 예수께서 대답하셨습니다. '이 사람의 죄도 그 부모의 죄도 아니다. 다만 하나님께서 하시는 일들을 그에게서 드러내시려는 것이다'"(요 9:1-3, NASB).

### 실체를 파악하라

문을 열고 들어서는 내담자를 보면서 그가 어떤 상실을 겪었을지 궁금해하는가? 그렇다면 그런 의문을 염두에 두고 상담을 시작하라. 그러면 그들이 직면한 어려움의 원인을 발견할 수 있을 것이다. 예를 들어, 우리는 삶에서 이미 많은 상실을 경험했다. 어떤 상실은 우리가 의식하지도 못하는 것들이거나 또는 우리가 겪은 것이 사실 상실이라는 것을 깨닫지 못한 것일 수도 있다. 어떤 상실은 24시간 내에 해결되는가 하면, 어떤 것들은 몇 년 동안 지속된다. 우리가 그것들에 어떻게 반응하고 무엇을 하느냐 혹은 상실에 얼마나 힘을 실어 주느냐에 따라 나머지 인생이 영향을 받는다.

상실은 피할 수 없다. 하지만 많이들 피해 보려고 애를 쓴다. 상실은 그 자체가 적이 아니고 상실의 존재를 대면하지 않는 것이 우리의 적이다. 불행하게도 많은 사람들이 인생의 상실을 대면하고 용인하기보다는 상실을 능숙하게 부인하는 것을 더 개발해 왔다. 내담자의 삶을 보면 잘 알 수 있다. 하나의 심각한 상실이 위기를 발생시키기도 하고 또 상황에 따라서는 트라우마를 촉발할 수 있다. 연속적으로 일어나는 작은 상실이 위기를 초래할 수 있다.

상실을 무시하려고 해도 상실을 통해 얻은 감정적인 경험은 마음과 생각에 각인돼 어떤 지우개로도 지울 수 없다. 어떤 종류의 애착이 형성되었다가 끊어질 때면 상실을 피할 수 없다. 인생은 사람들과 맺은 관계들, 물건들, 그리고 꿈으로 충만하며 그것들은 깨어진다. 그러고 나면 새로운 애착이 일어난다. 각각의 변화가 일어날 때마다 함께 따라오는 비통함 또한 경험해야만 한다. 다른 사람을 돕기 전에 우리 자신이 겪은 상실을 검토해 보는 것이 매우 중요하다. 다른 사람의 상실이 우리 자신의 상실을 생각나게 할지 누가 아는가?

**상실은 쉽게 대체되지 않는다**

상실의 강도가 얼마나 큰가는 상실한 그것을 대체할 만한 것이 어떤가와 밀접한 관련이 있다. 애지중지하는 운동 장비가 망가지거나 아끼는 값비싼 차를 도난당하는 일은, 무척 속은 상하긴 해도 며칠 혹은 몇 주가 지나면 괜찮아지게 마련이다. 하지만 자녀나 배우자를 잃은 슬픔은 다르다. 재혼하거

나 다른 아이를 낳을 수도 있지만, 결코 처음 그 사람을 대신할 수는 없다.[3]

## 내 인생의 상실 찾아내기

내담자와 상실에 대해 논의할 수 있는 방법은 다양하다. 다음과 같은 직접적인 질문을 할 수 있다. "10대에 경험한 가장 중요한 상실은 어떤 것이죠? 어떤 상실이었는지 설명해 보세요. 그때 당신은 몇 살이었죠?" 아니면 이렇게 질문할 수도 있다. "당신이 경험한 최악의 상실은 어떤 것입니까?"

### 상실 연대표를 만들라

상실을 찾아내는 유용한 접근 가운데 하나는 상실 연대표(도표1 참조)를 구성해 보는 것이다.

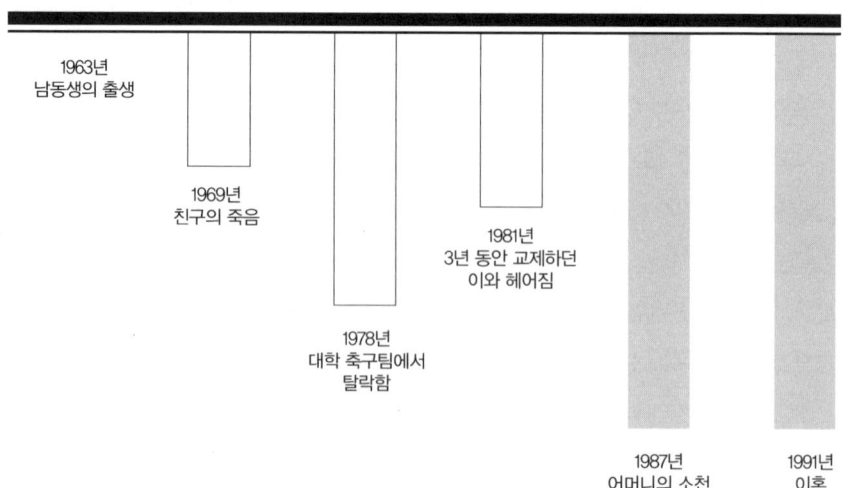

출처 존 제임스 외, 「슬픔이 내게 말을 거네」(*The Grief Recovery Handbook*, 북하우스 역간)

내담자들에게 수평선을 긋게 하라. 왼편에 의식으로 자각 가능한 첫 번째 기억을 표시하게 하라. 도표1에 나오는 이의 경우는 남동생의 출생이었고, 그때 그는 세 살이었다. 내담자들이 계속해서 기억할 수 있는 상실을 모두 확인케 하고 그런 다음 각각의 상실이 발생한 날짜와 상실에 대해 간략한 묘사를 기록하게 하라.

상실의 강도는 수직선의 길이로 표시하도록 하라. 도표1에서 보이는 것처럼, 어머니의 사망과 자신의 이혼이 가장 강렬한 2가지 상실이다. 음영을 준 부분은 아직도 상실이 마무리되지 않았다는 표시로 슬픔이 아직 존재하는 것이다.

이런 연대기를 작성하면, 내담자는 자기 안의 상실을 확인할 수 있고, 더불어 아직 마무리하지 못한 슬픔을 끝맺는 작업도 시작할 수 있다. 나는 지속적인 상실들로 빼곡히 채워진 연대표를 종종 보아 왔다. 많은 내담자들은 이미 해결되었다고 생각했던 상실들이 아직도 자신들에게 영향을 미치는 것을 발견하고는 다들 놀랐다.

이 도표는 그들이 해결점을 찾는 데 도움을 주었다. 때로 각 사람이 경험한 축복을 찾아내 상실과 균형을 맞춰 보는 것도 유익하다. 동일한 연대 도표를 사용하여 각자 모든 축복의 경험을 날짜와 함께 수직선으로 표시할 수 있다. 축복의 강도는 수직선의 길이를 사용하여 나타내라.

## 일상에서 경험하는 상실들

인생은 실패와 승리, 상실과 획득의 복합체다. 창조에서 상실은 성숙의 요소다. 어려서 유치를 뺄 때면 한바탕 난리를 치른다. 어떤 치아들은 느슨해져 흔들리다가 쉽게 빠지는가 하면, 어떤 치아는 여러 차례 아픔을 겪은 뒤에야 빠진다. 그 치아들이 사라진 덕분에 영구치가 나올 공간을 마련한 것이다. 때로는 영구치도 빼내고 그 자리를 의치로 대신해야 할 때도 있다.

반대로 고등학교 졸업식은 신분이나 친구, 그리고 오랜 익숙함의 상실을 의미하지만 누가 그것을 눈치 채기나 하는가? 대부분은 졸업식을 학수고대한다. 왜냐하면 졸업식은 각자의 삶을 향해 전진해 나가는 것을 의미했기 때문이다.

대부분의 이런 초기 상실들은 성장 발달에 아주 필요하며, 그런 상실들은 아주 쉽게 받아들인다. 하지만 일반적으로 무엇인가를 얻기 위해서는 일련의 상실이 뒤따른다는 것을 기억하지 못하고 획득하는 것에만 초점을 맞춘다. 이처럼 변화는 한때 사물이 유지되었던 모양의 상실을 수반한다.

상실을 생각하면 무슨 생각이 떠오르는가? 주로 아끼는 누군가의 죽음이다. 상실은 누군가 죽었기 때문에 생기는 것이 아니라, 누군가를 떠남으로써 또는 떠난 사람으로 인해 남겨짐으로써, 한 장소에 머무는 것이나 또는 이동함으로써 일어난다. 사람들은 살면서 누군가의 사망으로 얼마나 많은 상실을 경험할까? 10번, 아니면 20번? 그것 말고도 전 생애를 통해 발생하는 상실은 수백 개에 달한다. 상실은 삶에서 피할 수 없는 비품이다.

상실을 동반한 사건이 많이 일어나지만 인식되지 않거나 전혀 언급되지 않곤 한다. 어떤 사건이든지 간에 한 개인에게 삶의 의미를 파괴하는 것일 때에는 상실로 느낀다. 신념과 기대감이 공격을 받기 때문이다. '어떻게 그들이 그런 일을 할 수 있었을까?'와 같은 질문이 이 혼란을 잘 표현해 준다.

미국에 오는 모든 이민자들을 생각해 보라. 이들은 주요한 문화적 상실을 경험한다. 일상적이고 익숙한 것들, 그들 삶에 의미를 부여하던 도로 표지판이나 돈, 언어, 친근한 얼굴들, 역할 패턴, 음식과 맺은 관계는 다 사라졌다.

새로운 현장에서 사역하기 위해 이주한 선교사들도 주요한 적응의 시간과 상실을 직면한다. 그러고 나면 또 몇 년 뒤 모국으로 돌아가 새로운 상실과 맞닥뜨리는데, 자국의 경제나 가치 그리고 생활양식이 급속하게 변화하기 때문이다. 한 목회자가 다른 교회에 부임하기 위해 한 교회를 떠날 때 발생하는 상실은 어떤가? 떠나는 목회자의 가정만큼이나 회중들도 상실을 경험한다.

요즘은 경제적 상실이 빈번하게 일어난다. 회사들이 파업하거나 감원한다.

주식회사들은 투자자들을 기만하고 퇴직금을 소탕한다. 주유소 기름 인상이나 인플레이션도 상실의 한 종류지만, 대부분은 그것이 상실인지 모른다.

이처럼 우리에게 영향을 미치는데도, 미처 감지하지 못하는 상실들이 있다. 어떤 경험을 통해 고통을 느끼지만 그것을 상실로 인식하지는 않는다. 예를 들어, 사소한 실수거나 사회적으로 실수를 저지를 때 당황하게 되고 수치심을 느끼고 실망한다. 흔히들 말하는 '체면 깎인다'는 표현을 '상실'했다는 의미로 볼 수 있다.

죽음이나 이혼으로 사랑하는 사람을 잃는 것, 차를 도난당하는 것, 집이 파손당하거나 불법침입을 받는 일 등은 명확한 상실이다. 반면 직장을 바꾸거나 학교에서 나쁜 성적을 받는 것, 누군가로부터 기대 이하의 인상을 받는 것, 이사, 병드는 것, 학기 중간에 새로 부임한 선생님이 되는 것, 창문이 있는 사무실에서 창문이 없는 사무실로 바꾸는 것, 성공하거나 성취하지 못하는 것, 아들 또는 딸이 학교를 가기 위해 떠나는 것, 아니면 이상, 꿈 또는 평생의 목표를 상실하는 것과 같은 그다지 확실하지 않은 상실들도 있다.

불행한 것은 정신적으로는 상실을 경험하면서도 인지적으로는 그 사건을 상실로 깨닫지 못한다는 것이다. 그래서 시간과 에너지를 투자해 그 상실들을 해결하지 않는다.

## 상실의 다양한 모습들

인생에서 경험하는 많은 상실은 나이 드는 것과 연관이 있다. 나이를 먹어감에 따라 어린 시절의 꿈과 신념은 무너지고 변화한다.

모든 유년기와 사춘기 낭만은 상실로 점철되어 있다. 어떤 것은 매일, 매시간 진행된다. 학교를 옮기는 것, 한 학년을 낙제하는 것, 영재 반으로 가느라 잠시 친구들과 헤어지는 것, 아니면 친구들은 모두 영재 반으로 가는데 본인만 남는 것, 학교 중퇴, 대학 가느라 집을 떠난 것 아니면 그냥 집에서 독립해

도표 2

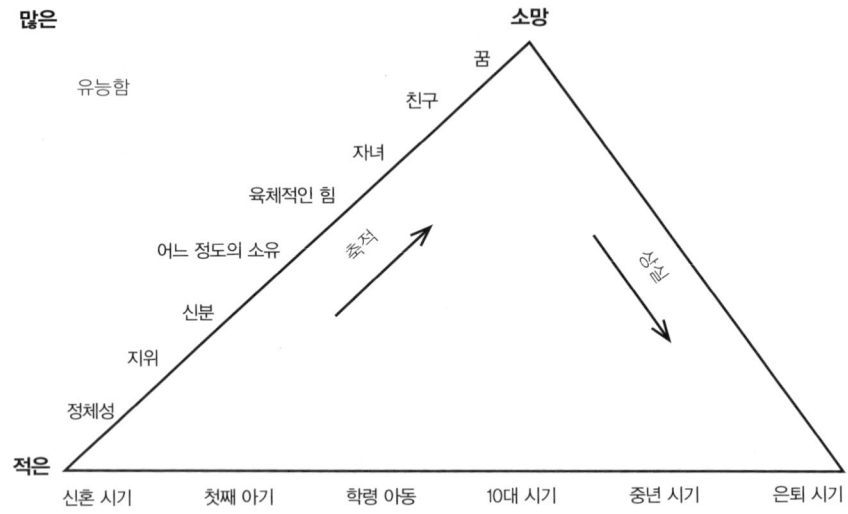

서 나온 것 등이 있다. 계획을 미리 세우고 일어난 변화라 해도 상실의 요소에 포함된다.

도표2에서 가족 변천 주기를 보면서 패턴을 눈여겨보라. 첫째로 축적의 패턴에 들어가게 되고 이것이 일생 동안 지속될 것이라고 가정한다. 그러나 이 축적의 시간에도 몇몇 상실을 경험한다.

**감추어진 상실**

이런 축적의 패턴이 나타나는 때에도 말로 표현할 수는 없지만 상실이 발생하며, 또한 그것에 대해서 얘기하지 않는다. 임신 상태를 상실하는 것이 가장 큰 예다. 해마다 미국에서 6백 5십만 명의 임산부 가운데 89만 명이 유산이나 사산한다. 그리고 다른 1백 5십만 명은 낙태로 마감된다.[4] 1년이라는 짧은 시간 동안 거의 2백 5십만 명의 사람들이 이런 저런 종류의 임신 가운데 상실로 영향을 받는 것이다.

유산, 낙태 그리고 불임은 매우 파괴적이면서도 겉으로는 잘 드러나지 않는 상실이다. 왜냐하면 이러한 상실은 아주 개인적인 사건들인 데다 상황 자체가 수치심을 조장하거나 자책감과 더불어 망각하고픈 갈망이기 때문이다.[5] 어쨌든 피해자가 비통의 과정을 잘 통과하기 위해 필요한 지속적인 후원자들이 부재한 그런 종류의 상실들이다.

또한 고용시장에서는 거절감이 일어남에 따라 상실도 배가한다. 다른 누군가가 임금인상 또는 승진, 거래성사, 결산일에 보상을 받는다. 경제가 주춤하면 직장이 아무리 장래가 없어 보여도 그대로 거기 머물 수밖에 없다.

육체적인 상실도 있다. 가장 주요한 육체적 상실로는 체중이 증가하고 허리 둘레가 늘어나는 것이다. 젊음을 잃고, 아름다움, 매끈한 피부, 긴장된 근육, 몸매, 모발, 시력, 청력, 성적인 능력 또는 흥미 등 끝없는 상실을 경험한다. 중년에 접어들면, 상실은 다른 묘미를 준다. 상실의 횟수는 더 빈번해지고 영구적이며, 많은 경우 부정적으로 여겨진다. 머리카락 숫자가 줄고 이가 빠지고 두터운 돋보기안경을 쓰는 단계로 접어드는 것을 누가 즐기겠는가? 이런 변화를 일반적으로 성장 경험이라고 부르지는 않는다. 마치 상실을 토대로 또 다른 상실이 세워지는 것 같다.[6]

### 빈번한 상실

상실의 빈도도 고려해야 한다. 인생 초기보다는 인생 후반기로 접어들면서 서서히 많은 친구를 잃는다. 오래 살수록 더 많은 친구, 친척들과 이별해야 한다.

사람은 건축가다. 중년기(35-55세)는 세우는 데 보낸다. 가족, 경력, 신분, 집, 감정의 결속, 기억 등 목록은 끝이 없다. 이것이 인생 전반전에 해당된다. 나머지 반은 그동안 세운 것들이 점진적으로 줄어들고 해체되는 시기다.

그리고 그것을 떠나보내는데, 이는 참 힘든 일이다.

사별의 형태 가운데 가장 일반적인 형태는 부모님을 상실하는 것이다. 만약 부모님이 중년이거나 노년이면, 다른 경우보다는 그 죽음에서 오는 상실의 정도가 약하다. 「인생 후반에 경험하는 상실」(Losses in Later Life)의 저자는 그 문제를 이렇게 묘사한다.

> 많은 성인들이 부모의 상실을 힘겨워하는 이유는 우리 사회에서 그 슬픔을 과소평가하기 때문이다. 그래서 부모님이 돌아가시면 슬픔을 잘 드러내지 못한다. 해마다 수백만의 성인들이 이 숨겨진 고통을 안고 살아간다.[7]

### 점진적 상실

성년이 된 자녀가 일가를 이뤄 집을 떠나는 상실은 매우 자연스러운 듯 보이지만, 사실 그렇게 단순하지 않다. 어떤 부모들에게는 부모로서의 정체성 상실, 자녀에 대한 영향력 상실, 자녀가 부모의 기대에 부합하지 않을 경우 꿈 또는 성취감 상실을 수반한다. 또한 자녀가 두 부부 사이에 매개체 역할을 했다면 결혼생활의 상실을 의미하기도 한다.

자녀의 상실은 점진적으로 진행된다. 자녀들은 그들의 삶에서 점점 부모를 제외하고, 부모를 위해 시간 내는 것을 힘들어하거나 부모와 함께 있는 것을 별로 즐거워하지 않는다. 또 부모의 충고에 귀를 기울이지도 않는다.

그런가 하면 부모 세대에 가졌던 가치와 신념을 상실할 때도 온다. 왜냐하면 자녀들은 새로운 세대에 맞는 기준을 개발하기 때문이다.

### 축적된 상실

젊었을 때 겪는 신체적인 어려움은 한두 가지 정도에 불과하다. 하지만 그것도 대개는 교정이 가능했다. 그러나 나이가 들수록 이런 것들도 축적된다. 근육의 움직임이 자유롭지도 못하고, 상처를 입으면 회복이 느려진다. 누군가

물으면 대답하기까지 시간도 더 오래 걸리고, 안경도 더 자주 갈아야 하고, 어느 날부턴가는 사람들이 너무 작은 소리로 얘기하는 것처럼 느껴진다.

상실의 빈도가 드물게 일어나면 상실에 대해 최선을 다해 대처한다. 중년 이후가 되면 축적된 상실의 시간대로 진입한다. 아직 현재의 상실에서 여전히 회복이 필요한 상태라면 다음에 찾아오는 상실을 다루기가 힘들다. 대처하는 기술도 한계점에 다다라 잘 처리해 내지 못할 수 있고, 만약 극복하는 기술을 충분히 개발하지 못한 상태라면 이러한 상실은 상당한 타격을 가할 수 있다.

**최종적 상실**

또 다른 상실의 어려움은 그것이 과연 마지막인가 하는 것이다. 27세에 실직하면 다른 직장을 찾으면 된다. 그러나 만약 30년 다닌 회사를 57세에 실직하면 어떻겠는가? 할 줄 아는 일이라곤 그게 전부인데, 더 이상 자신이 가진 기술을 찾는 사람이 없다고 하면 이제 무엇을 하겠는가?

나이 들어 배우자를 상실하는 것도 문제가 된다. 젊어서 이혼을 하거나 배우자와 사별하면 나이 들었을 때보다는 다른 배우자를 찾는 것이 쉽다. 게다가 여자라면 상황은 같은 나이 남자보다 좀 더 어렵다. 50세 이후에 사별하는 대부분의 여성은 재혼하지 않는다.[8]

'상실'이라는 단어를 언급할 때면, 흔히 죽음과 이혼을 떠올린다. 그런데 병명 진단의 충격은 어떤가? "의사 선생님이 암이나 루게릭병, 아니면 파킨슨병이라고 했어요."

이런 아픔은 평생을 따라다니며 만성적인 슬픔을 낳는다. 머지않아 한 개인과 그 사람의 상태를 더 이상 구분하지 않고, 그 사람의 상태에 따라 개인을 다음과 같이 언급할 것이다. '뇌성마비' 또는 '다발성 경화증' 이렇게 부르는 것이다.[9]

**정체성 상실**

남녀 모두에게 정체성 상실은 전반적인 인생을 통해 주기적으로 나타난다. 많은 사람에게 이 상실이 힘든 이유는 막연하기 때문이다. 하지만 이러한 종류의 상실은 실제적이고, 또한 파괴적이 되거나 놀라운 성장을 가능케 하는 잠재력을 갖고 있다.

**위협적인 상실**

가장 견디기 힘든 상실 가운데 하나는 임박한 상실이다. 불행하게도 이런 상실이 발생할 가능성은 이미 존재한다. 그리고 그 상황을 바꾸기 위해 할 수 있는 일은 거의 없다. 예를 들어, 한 회사에서 19년간 일을 했다고 하자. 20년을 채우면 누릴 수 있는 모든 특혜를 보장받는다. 그런데 회사가 불경기로 거래를 잃으면서 회사 직원의 40퍼센트를 월말에 감원한다고 통보한다. 그리고 장기간 근무경력은 회사에 잔류할 수 있는 평가의 척도가 될 수 없다고 한다. 당신이 그 40퍼센트에 포함될까?

인생에는 아래와 같은 다른 많은 위협적인 상실들이 있다.

- 병원진료소에서 조직검사 결과를 기다릴 때.
- 배우자가 '당신과 이혼할 생각이에요'라고 얘기할 때.
- 사업에 투자한 것이 승산이 없어 보일 때.
- 화가 난 고용인이나 고객으로부터 고소당했을 때.
- 외국에서 그 나라 정부가 모든 사람을 인질로 억류하겠다고 협박할 때.
- 친구가 당신 아들이 나쁜 친구들과 어울려 다니는 것 같다고 의심하며 얘기할 때.

위의 상황들은 모두 잠재적 상실로 발생 가능한 일들이다. 당신이 그 상황을 바꾸기 위해 할 수 있는 일은 거의 없다. 그저 일이 발생하기 전부터 상실을 감지하고는 무력감을 느낄 뿐이다.

## 상실의 8가지 범주

살면서 경험하는 상실은 7가지 주요 범주로 나눌 수 있다. 이는 상담자와 내담자 모두에게 영향을 미칠 수 있다.

### 물질적 상실

물질적인 상실이 발생하는 때는 누군가 실제적인 물건이나 익숙한 환경에 중요한 애착을 가질 때다. 대부분의 사람들은 물질에 집착하면서도 물질적으로 보일까 봐 그것을 인정하지 않으려 한다. 어린이들에게 일어나는 첫 번째 상실이 주로 이 물질적 애착에서다. 장난감이 부서지는 것이 바로 그런 예다. 게다가 상실을 다른 것으로 대체할 수 있을 때는 슬픔을 위장하기도 한다. 다음 2가지 질문을 해 보라.

"당신이 경험한 가장 의미심장한 물질적인 상실은 어떤 것인가?"
"당신이 가장 최근에 경험한 물질적인 상실은 어떤 것인가?"

### 관계 상실

관계 상실은 다른 사람과 관계할 수 있는 기회를 마감하는 것을 말한다. 상대방과 더 이상 얘기할 수 없고, 경험을 나누고, 신체적인 접촉을 하고, 협상하고, 충돌하기도 하는 등 다른 사람의 감정적이고 신체적인 실제를 더 이상 경험하지 못하는 것이다. 이 상실은 이사, 이혼, 사망 또는 단순한 성장을 통해 일어날 수 있다. 다음과 같은 질문들을 해 보자.

"당신이 경험한 것 중에 가장 의미심장한 관계의 상실은 어떤 것인가?"
"당신의 가장 최근에 경험한 관계의 상실은 어떤 것인가?"

**심리적 상실**

심리 내적인 상실은 내담자가 변화를 겪으면서 그들 자신을 바라보는 관점에서 상실을 경험하는 것이다. 이루고자 한 일이 좌절되면서 자기 자신에 대한 감정적으로 중요한 이미지를 상실한다. 개인적으로 계획을 수정하는 것 또는 오랜 시간 꿈꿔 왔던 일을 포기할 때 심리적인 상실을 경험한다.

아니면 기대감을 상실할 수도 있다. 누군가 용기, 믿음 또는 소망을 잃는다면 바로 이 범주에 해당한다. 이런 종류의 상실은 타인에게 잘 얘기하지 않기 때문에 비밀로 남는다. 다음과 같은 질문들을 해 보자.

"최근 당신 자신을 바라보는 관점이 바뀌었는가?"
"당신이 가졌던 꿈이나 어떤 계획을 중도에 포기했는가?"

**신체 기능 상실**

근육이나 신경 기능을 상실하는 등의 신체적인 상실은 아주 잘 인식한다. 이와 같은 상실은 나이가 들면서 또 인생 전반에 걸쳐 발생한다. 노인들에게 기억 상실은 치명적일 수 있다. 신체 기능의 상실은 몇 가지가 동시에 오기도 하지만 청력 감퇴 같은 여러 종류의 상실은 수년간에 걸쳐 진행되기도 한다. 게다가 이런 상실은 또 하나의 매우 의미심장한 상실인 자율성의 상실로까지 이어진다.

'내가 감당할 수 있는' 능력이 점진적으로 감소한다. 물질적인 상실은 대체할 수 있을지 몰라도 신체 기능 상실은 대체할 수 없다. 적응하는 것을 배우거나 조정해 보려 하지만 한쪽 가슴을 잃거나, 사지의 일부 또는 눈 한쪽을 상실한 경우에는 감당하기 아주 힘들 수 있다. 다음과 같은 질문을 해 보자.

"최근 5년간 발생한 신체적 변화 가운데 당신에게 중요한 상실은 어떤 것인가?"

**역할 상실**

역할 상실은 모두가 경험한다. 이 상실의 중요도는 한 개인의 정체성이 그 역할을 통해서 얼마나 많이 영향을 받았느냐에 따라 달라진다. 승진 또는 강등, 배우자 상실, 직업을 바꾸는 것, 더 이상 학생 신분이 아닌 것, 그리고 퇴직하는 것이 다 이 범주에 속한다. 한 개인이 이런 상실을 경험하면, 당장 '모임에 가면 어떻게 처신하지' 하고 고민하기 시작한다. 한 작가는 이렇게 얘기했다. "그 역할이 사라지면, 우리는 문자 그대로 우리가 연기할 역할이 없어지는 것이고 어쩌면 정말 '대사'를 모르게 되는 것이다."[10]

다음과 같은 질문을 해 보자.

"인생에서 당신의 역할이 어떻게 구체적으로 변화되었나?"

"이 변화가 당신의 삶에, 또 당신이 자신을 바라보는 관점에 어떤 변화를 주었는가?"

**조직적인 상실**

조직적인 상실은 역할 상실과는 조금 다른 것으로 대개 한 개인이 어떤 조직을 떠날 때 발생한다. 어느 날 갑자기 쾌활한 직장동료가 사표를 던지고 회사를 떠날 수 있다. 이때 조직의 균형에 균열이 생긴다. 왜냐하면 그의 유쾌함과 유머가 더 이상 그곳에 존재하지 않기 때문이다. 자녀가 집을 떠나는 것도 조직적인 상실이 될 수 있다. 한 아버지는 이렇게 얘기했다.

> 첫 학기 시작에 맞춰 딸을 대학 기숙사에 데려다 주고 집으로 오는 동안, 큰 상실의 감정을 경험했다. 그 아이가 이제 가족의 울타리를 벗어났고, 우리 가족은 결코 예전 같을 수는 없었기 때문이다. 처음으로 아이들 가운데 하나가 대학 갈 나이가 된 것이다. 나는 머리로는 이 상황을 받아들일 준비를 했지만 감정적으로는 잘 되지 않았다.[11]

다음과 같은 질문을 해 보자.
"당신에게 중요한 사람이 당신의 삶 또는 당신의 공동체에서 떠났는가?"

### 모호한 상실

아주 어려우면서도 잘 인식되지 않는 상실이 모호한 상실이다. 모호한 상실에는 2가지 종류가 있다. 첫 번째는 가족 구성원이 그 사람의 육체적인 부재를 인정하지만 심리적으로 여전히 존재하는 경우다. 왜냐하면 그들의 생사가 확실하지 않기 때문이다. 행방불명된 군인들과 유괴된 어린이들이 이런 상실의 가장 심각한 예다. 9·11테러 때 사랑하는 사람을 잃은 이들은 계속해서 시신이나 실종된 사람의 소지품이라도 찾기를 간절히 염원했다. 그 어떤 것도 확인되지 않으면 그 일을 그만두지 못할 것이다.

두 번째 종류의 모호한 상실은 한 개인이 육체적으로는 함께 존재하지만 심리적으로 부재할 경우다. 치매, 중독, 그리고 다른 만성적인 정신질환을 앓는 사람들이 여기에 해당한다.

개인의 관계에서 경험하는 모든 상실 중에서 모호한 상실이 가장 파괴적이다. 왜냐하면 명확하지 않고 애매한 상태로 지속되기 때문이다. 사랑하는 사람이 육체적으로는 부재하지만 함께한다고 여기는 것이나 사랑하는 사람이 신체적으로는 늘 함께 있지만 없는 것처럼 인식될 때 사람은 무기력감을 느낄 수 있다. 그럴 때 사람들은 쉽게 우울, 불안을 느끼고 관계에서도 갈등을 겪다가 복합적인 슬픔으로 발전한다. 재혼해서 함께하는 자녀들은 친부모가 가정 대소사에서 제외되는 것을 감당하기가 힘들다. 또한 아내나 남편이 뇌 손상을 입어 다섯 살 아이처럼 행동할 때 그런 배우자를 끊임없이 상대하는 것도 쉽지는 않다. 왜 모호한 상실이 이렇게 힘든 걸까?

첫째, 상실 자체가 혼란스러워서 사람들은 좌절하고 꼼짝도 할 수 없다. 그들은 이 상황을 어떻게 이해해야 할지 감을 잡지 못한 채 문제를 해결할 수도 없다. 왜냐하면 이 상실이 확정적인 것인지 일시적인 것인지 아직 모르기 때문이다.

둘째, 모호한 상실의 특성 때문에 사람들은 상황을 조정할 수 없다. 커플과 가족 관계는 그 상태에서 동결된다. 이것을 가리켜 '동결된 비통의 반응' (frozen-grief response)이라고 부른다. 모호한 상실은 실제로 9·11테러 이후, 아프가니스탄에 배치된 군인들과 그들 가족들에게 일어났다. 불확실함이 존재했던 이유는 군인들이 어디로 배치되는지 또 언제 돌아올지 가족들은 확신할 수 없었기 때문이다.

셋째, 일반적으로 죽음 뒤에는 장례식과 같은 의식이 있다. 그러나 모호한 상실을 경험하는 사람들은 상실을 인정하고 마감하기 위해 필요한 어떤 의식도 행할 수 없다.[12]

다음과 같은 질문을 해 보자.

"당신이 경험한 상실 중에서 도무지 이해할 수 없거나 도저히 이 상실은 마무리할 수 없다고 여기는 것이 있는가?"

### 박탈당한 슬픔

이상 7가지 범주에 최근 새로운 범주의 슬픔 하나가 정해졌다. 박탈당한 슬픔이다. 사람들이 드러내놓고 인정할 수 없고, 공개적으로 애통해할 수 없고, 사회적인 지지를 받을 수 없는 그런 상실을 당했을 때 경험하는 슬픔의 감정이다.[13]

박탈당한 슬픔에는 세 종류가 있다. 첫 번째 종류는 인정된 관계가 아닐 때다. 예를 들면 혈연으로 맺어지지 않은 연인, 친구, 이웃, 양부모, 전문직 동료, 시댁 또는 처가 식구, 새엄마, 재혼해서 만난 부모님과 자녀들, 돌봐주는 사람들, 상담가, 룸메이트 관계다. 또한 사회적으로 인정받지 못한 관계도 포함되는데 불륜, 동거 그리고 동성애 관계다. 일반적으로 가족 구성원의 상실만 애통해해야 한다는 일종의 신념이 있지만 비혈연관계들이 더 끈끈할 수가 있다. 우정은 가장 섬세하고 심오한 관계 가운데 하나다. 그런데 우리 사회에서는 친구를 위해서는 그렇게 많이 비통해하지 않기 때문에 도움을 받는 데 한계가 있다.

두 번째 종류는 사회적으로 중요하게 정의하지 않기 때문에 상실이 인정되지 않을 때다. 도카(Kenneth Doka) 박사가 열거한 예로 낙태, 애완동물의 상실, 그리고 혼수상태에서 기인하는 심리적 사망이 있다.

세 번째 종류는 비통해하는 자가 인정받지 못할 때로, 한 개인이 사회적으로 비통해할 능력이 없는 사람으로 한정될 때다. 도카 박사는 아주 어린 아이, 노인, 정신 장애자 그리고 정신 지체자를 예로 든다.[14]

인정받지 못한 상실은 끝이 없다. 관계에서 정열을 상실하는 것, 다민족 부부들로 인해 초래된 상실, 당신이 돌보는 사람이기 때문에 일어나는 상실, 또 당신이 그 역할을 더 이상 감당하지 않기 때문에 생기는 상실, 당신이 몸무게를 줄일 수 없을 때 발생하는 상실 또는 당신에게 집이 없을 때 생기는 상실 등이 있다.[15]

## '예상치 못한 상실'을 겪을 때

상실이 언제, 어떻게 일어나느냐에 따라 내담자들에게 영향을 미친다. 예상한 상실이거나 천천히 진행된 상실에 비해 갑작스럽고 예상치 못한 상실은 영향력이 더 크다. 갑작스런 상실 또는 죽음은 대개 생존자에게 실제 상황이 아닌 것 같은 비현실감을 남기며, 그것은 오래 지속될 수 있다. 다음과 같은 질문을 해 보자. "당신은 이건 실제 상황이 아닌 듯한 느낌, 아니면 악몽을 꾼 것 같은 느낌이 드셨습니까?"

갑작스런 상실 또는 죽음은 정상 이상의 죄책감을 조장하고, 이는 '만약 ……하기만 했어도'라고 되뇌게 한다. 다음과 같은 질문을 할 수 있다.

"당신은 혹시 '만약 ……하기만 했어도'로 시작하는 질문을 머릿속에 하고 있습니까?"

예상치 못한 상실의 경우, 벌어진 상황에 대해 누군가를 원망하고 싶어진다. 다음과 같은 질문을 할 수 있다.

"대개 이런 일이 발생할 경우, 우리는 누군가 또는 무엇인가를 원망하려 합니다. 이렇게 원망하고 싶은 마음이 일어났습니까?"

갑작스런 상실 또는 죽음은 종종 의료계나 법조계의 권위 있는 인물의 도움을 필요로 한다. 다음과 같은 질문을 해 보자.

"의료계나 법조계의 도움이 필요하신가요?"

갑작스런 상실 또는 죽음은 생존자에게 무기력감을 유발한다. 다음과 같은 질문을 해 볼 수 있다.

"혹시 무기력감을 느꼈거나 누군가 와서 나 대신 책임을 맡아 일을 처리해 주길 바라는 마음이 들었습니까?"

갑작스런 상실 또는 죽음은 생존자에게 많은 후회와 일이 아직 해결되지 않은 느낌을 준다. 다음과 같은 질문을 해 보자.

"주로 이런 상황이 벌어지면, 후회를 하거나 무엇인가 아직 해결되지 않은 듯한 느낌이 듭니다. 당신도 그런 느낌이 드십니까?"

갑작스런 상실 또는 죽음이 발생했을 때, 왜 그런 일이 일어났는지 알려고 한다. 이런 원인을 찾을 뿐만 아니라 누군가 원망할 대상도 필요하다. 때때로 하나님만이 우리가 원망할 수 있는 유일한 대상이지만 누군가는 '난 하나님이 싫어'라고 절규하기도 한다. 다음과 같은 질문을 해 보자.

"지금까지 당신이 했던 '왜'로 시작하는 질문에는 어떤 것들이 있습니까?"

지금까지 열거한 질문은 내담자가 경험하는 것을 표준화하기 위한 것들로, 내담자가 어려운 상황과 정면으로 대면할 수 있도록 돕는다.

## 두려움에 대처하는 법

사람마다 조금씩 차이가 있지만 모든 사람은 어느 정도의 두려움을 안고 살아간다. 상실에 대한 두려움은 우리 모두의 내면에 깊이 뿌리박혀 있다. 우리가 갓난아기 때부터 경험하는 모든 상실은 우리 내면에 깊은 두려움의 늪을 만든다. 간혹 사람들은 불운으로부터 자신을 보호하기 위해 그들의 목에 장신구나 부적을 착용하는데 이때 불운이란 '상실'과 같은 의미로 쓰인다.

우리 사회는 불운을 두려워한다. 어떤 사람들은 상실을 당한 사람을 피하기까지 하는데 그것이 전염이라도 될까 봐 염려해서다. 그렇지만 야속하게도 우리 모두는 상실의 경험이 있고 또 상실을 경험할 것이다.

상실이 발생할 때는 언제나 이것을 인생 전반에 걸쳐 발생하는 많은 경험 가운데 하나로 보는 것이 중요하다. 그렇게 할 때 상실에서 오는 충격의 전체 그림을 이해할 수 있다. 내담자의 사고에 충격을 준 현재의 상실뿐만 아니라 동반되어 발생하는 상실은 언젠가 그들을 돕는다. 지금 잘 배워 두면 미래에 상실을 대할 때, 보다 효과적으로 대처할 수 있을 것이다.

상실을 경험하는 동안 내면에 깊이 자리를 잡고 표면으로 드러나지 않는 숨겨진 질문이 있는데 어느 시점이 되면 이 질문을 다뤄야 한다. 다음 질문을 할 수 있다.

- 당신이 이 상실에서 회복되리라고 생각할 때가 있습니까? 아니면 당신은 단순히 하루하루 살아가는 것에 의미를 둘 것입니까?
- 당신이 상실한 사람이나 상실한 대상 없이 삶을 계속 살아가도 괜찮은지 고민할 때가 있습니까?
- 당신이 상실한 것을 알고 또한 당신의 삶이 달라질 것을 아는 지금, 또 다시 행복하고 만족스러운 삶을 살 수 있을지 고민하십니까?

상실의 원칙과 내담자가 자신의 상실을 슬퍼하도록 돕는 절차는 5장과 6장에서 다루도록 하겠다.

Crisis & Trauma
Counseling

# 05
# 상실의 상처로부터
# 회복하도록 돕는 법 Ⅱ
Helping Others Recover from Their Losses in Life Ⅱ

　우리는 삶에서 중요한 2가지 즉, 상실과 비통(grief)을 무시하고 회피하는 사회와 문화권에서 살아간다. 그렇기 때문에 상담을 하는 많은 이들은 비통에 대해 교육받아야 할 뿐 아니라 비통의 단계를 안내받고 통과하는 경험을 해야 한다. 어떤 사람들은 이 과정이 다른 이들에 비해 더 쉬울 수 있다. 다른 사람의 회복을 도우려고 시도할 때에는 당신이 비통의 절차에 대해 가능한 한 풍부한 지식을 가지고 있어야 한다.

　누구든지 비통에 빠지면, 어두움의 골짜기에 들어가는 것이다. 비통에게 영웅적이거나 고상한 것은 하나도 없다. 그저 고통스러울 따름이다. 그 과정은 감당해야 할 일이요, 오래 걸린다. 그러나 이 과정은 모든 상실에 반드시 필요하다. 강렬한 정신적인 괴로움부터 살을 에는 듯한 슬픔, 깊은 양심의 가책까지 이 모든 것들이 비통이다.

　창세기 6장 6절은 이렇게 말한다. "땅 위에 사람 지으셨음을 한탄하사 마음에 근심하시고"(개역한글).

이것은 누구에 대한 이야기인가? 하나님 당신 자신도 비통을 경험하셨다. 그분은 비통이 어떤 것인지 아신다.

## 비통은 복받쳐 오르는 감정이다

비통의 단계에는 수많은 감정이 동반된다. 쓴 마음, 공허감, 냉담함, 사랑, 분노, 죄책감, 두려움, 자기연민 그리고 무기력감 등이다. 도저히 통제 불가능한 이 감정들이 서로 대치한 것처럼 여겨진다.

한 젊은 부부가 입양을 계획했다. 그런데 입양하기로 한 아기의 친모가 아기를 키우기로 다시 결정해서 입양이 거부되었다. 그때 아기를 기다리던 그녀는 이렇게 말했다. "마치 내 속에서 무엇인가가 찢겨져 나간 것 같은 느낌입니다. 너무 아픕니다. 속이 텅 빈 것 같습니다."

이런 것이 비통이다.

이혼한 한 아버지가 얘기했다. "지난 13년 동안 아들은 주말을 저와 보내기 위해 왔습니다. 그러나 일요일 저녁이 되면 다시 그 아이를 엄마에게 데려다 주어야 했습니다. 저는 그러면 또다시 비통해하기 시작합니다. 강렬한 고통이 동일한 강도로 저를 찾아옵니다. 여전히 칼로 도려내는 것과 같습니다."

이것 또한 비통이다.

비통은 한 개인의 삶을 마음대로 들락날락한다. 그것은 매우 자연스럽고 정상적인 반응이다. 그보다 비통의 부재야말로 비정상적이라 할 수 있다. 비통은 한 개인만의 사적인 경험이다. 상실을 겪을 때 개인은 비통을 경험하고 표현한다. 이를 위해 타인에게 이해를 구하거나 확인받을 필요가 없다.[1]

비통을 강렬한 감정적인 고통으로 정의한다. 이것은 살을 에는 듯 통렬한 슬픔 또는 깊은 슬픔이다. 단어 '비통'(grief)은 원래 라틴어 동사 '짐을 지우다, 적재하다'에서 유래했다. 많은 사람들은 매우 무거운 짐을 지고 가는 것처럼 느껴지기 때문에 한 발 한 발 천천히 걸을 수밖에 없다. 비통은 질병이 아니지만 마치 병에 걸린 것 같은 느낌이 들 수 있다. 심장이나 숨통이 죄어 오고 가슴이 두근거리고 입 안이 마르고 숨이 차고 가슴이 텅 빈 듯 느낀다. 잠도 잘못 자고, 식사 패턴도 균형을 잃는다.[2]

애통(Mourning)은 슬픔의 표현이다. '애통'은 라틴어 동사에서 유래한 것으로 '불안해하다'라는 뜻이다. 애통은 상실에 대해 기억하고 생각해 보는 것인데 이럴 때 사람은 불안해하거나 언짢아진다.

애통해하는 것은 비통의 한 과정이기 때문에, 애통은 통과해야 할 일련의 과정이다. 비통을 주제로 책을 집필한 많은 저자들은 비통을 9-12단계로 정리해 왔다. 이러한 단계에 따른 접근법의 어려움은 사람들이 단계들을 순차적으로 경험하지 않는다는 것이다.

어떤 사람들은 '단계'를 '국면'(phase)으로 표현하는데 단계로 구분했을 때처럼 다양한 국면 간에는 중복이 일어나기도 한다. 그래서 명확하게 구분 짓기는 어렵다. 혹자는 치러내야 하는 '작업'(task)으로 표현하기도 하는데 치러내야 할 비통을 생각할 때 훨씬 더 조화로운 표현이다. '작업'이라는 용어는 애통해하는 자가 취해야 할 행동과 해야 할 일이 있는 것을 암시한다.

분명히 비통에는 명확한 요소가 있다. 그러나 사별은 아마 가장 복잡하고, 가장 강렬하고 또 가장 오래 지속되는 인간의 감정일 것이다. 절대 정확한 과학은 아니다. 경이로울 만큼 포괄적인 책 「애통 안내서」(*The Mourning Handbook*)를 쓴 헬렌 피츠제럴드(Helen Fitzgerald)는 슬픔을 '인생의 다른 경험들과는 어울리지 않는' 경험으로 부른다. 그것 자체로 정글이며, 당신 안에 있는 모든 것은 야만적이고 뒤얽혀 있다. 감정은 날카롭게 비명을 질러 대고 행동은 독을 뿜어낸다. 사람이 다녔음직한 어떤 길도 눈에 들어오지 않는다. 그리고 당신이 내일은 탈출하는 날이 될 것이라고 생각하는 순간 정글의 모든 것들은 밤새 다시 무성하게 빨리 자라 버린다.[3]

그 누구도 비통의 이론, 각 단계나 국면에 정확하게 맞아떨어지는 사람은 없을 것이다. 해롤드 이반 스미스(Harold Ivan Smith)는 얘기했다.

> 소위 '정상적인' 비통의 패턴을 활용해서 개인이 어떤 단계에 속하는지 상태를 확인하는 것은 한 개인의 독특하고도 철저하게 비통해할 수 있는 자유를 침해하는 일이다.[4]

당신이 돕는 내담자들은 이런 말을 듣는 때가 올 것이다.

"당신이 그리스도인이라면, 그렇게 비통해할 필요가 없습니다. 그리스도인들은 달라야 하니까요."

어떻게 이런 생각이 다음의 성경 내용과 조화를 이룰 수 있는가?

"그는 베드로와 세베대의 두 아들들을 데리고 가시면서 그가 얼마나 마음에 비통해하고 고통스러움을 나타내시며 깊이 우울해하셨다. 그리고 나서 그는 그들에게 말씀하셨다. 내 영혼이 매우 슬프고 깊이 비통함에 빠져, 슬픔으로 거의 죽을 지경이 되었다. 이곳에 나와 함께 있으며 깨어 나와 함께 살피도록 하여라"(마 26:37-38, AMP).

그런 부주의한 말을 하는 사람은 성경말씀을 꼼꼼하게 살펴보지 않았기 때문이다. 성경이야말로 비통으로 빼곡히 채워진 책이라는 사실을 명심하라. 당신은 내담자들과 다음 도표를 나누고 싶을지도 모르겠다(도표3 참조).

## 비통에는 목적이 있다

왜 비통에 빠지는가? 우리는 왜 이 경험을 통과해야만 하는가? 그 목적은 무엇인가? 비통의 반응은 기본적으로 3가지를 표현한다.

1. 상실에 대한 느낌이다.

**도표 3**

### 〈비통을 이해하기 위한 성경적인 통찰력〉

성경에 비통은 상실에 대한 하나님이 주신
치유적인 반응이라고 정의한다.

**하나님은 비통해하신다.**

하나님 아버지는 노아 시대 사람들의 악함 때문에 비통해하셨다(창 6:6 참조).
아들 예수님은 나사로의 죽음을 비통해하셨다(요 11:35-38 참조).
성령님은 신자들의 죄 때문에 비통해하신다(엡 4:30 참조).

**하나님은 우리의 비통에 반응하신다.**

우리의 눈물을 계수하신다(시 56:8 참조).
우리의 연약함을 이해하신다(히 4:15-16 참조).
우리의 비통을 결국 없애 주실 것이다(사 65:19, 계 21:4 참조).

**비통은 관계에서 일어나는 결속의 정도를 측정한다.**

친구들을 향한 우리의 결속(요 11:36 참조).
가족을 향한 우리의 결속(창 50:1 참조).

**비통은 삶의 일상에 균열을 가져올 수도 있다.**

애통하는 자의 식욕을 사라지게 한다(삼하 12:17 참조).
애통하는 자가 죽음을 갈망하도록 동기를 유발한다(삼하 18:33 참조).
애통하는 자의 질병을 늘리고 죽음에 이르게 하기도 한다(삼하 4:18-22 참조).

**비통은 오랜 기간 동안 연장될 수 있다.**

7일간(창 50:10 참조).
30일간(민 20:29 참조).
70일간(창 50:3 참조).

**비통은 다양한 방법으로 표현될 수 있다.**

상실을 앞두고(마 26:37-38 참조).
충격, 무감각함 또는 부인함으로(막 8:31-32 참조).
분노함으로(욥 10:9 참조).
협상을 통하여(사 38:1-22 참조).
우울증으로(삼하 12:16-18 참조).
용납함으로(빌 1:12, 21-24; 4:11-13 참조).

**비통은 다양한 표현을 사용해 도움을 받는다.**

노래(삼하 1:17-27 참조).
시가(애 1-5 참조).

2. 이미 벌어진 상황을 바꾸려 하고 정확한 현실로 받아들이지 않으려는 갈망이며 상실에 대한 항변이다.
3. 상실의 파괴적인 충격에서 오는 부작용이다.[5]

당신은 내담자에게 그들이 갖고 있는 비통에 대한 신념과 목적에 대한 의견을 물어볼 수 있다. 만일 그들의 의견이 확실하지 않다면 그들과 다음 이유들을 얘기해 보도록 하라.

첫 번째, 상실을 두고 비통해하는 목적은 사람의 무의식적인 반응을 넘어서서 상실을 대면하고 적극적으로 그것에 적응하기 위해서다. 알 마틴즈(Al Martinez)라는 작가는 비통에 대해 다음과 같이 언급했다.

한 친구가 비통은 달에 드리우는 그림자로, 밤을 전혀 감당할 수 없는 암흑으로 만든다고 말하곤 했다. 빛이 회복되기 전, 그리고 주변을 맴돌고 떠나지 못하는 기억들 때문에 밤이 누그러들기 전에 그림자는 서서히 달 표면을 통과해야 한다.[6]

제랄드 메이(Gerald May) 박사는 이렇게 말했다. "비통은 풀어야 할 문제도 아니고 극복해야 할 문제도 아니다. 그것은 신성한 슬픔……, 사랑의 신성한 표현이다."

비통의 탈출구는 그것을 통과하고, 그것과 담대히 대면하는 것을 뜻한다.

두 번째, 사람들이 겪어 내는 비통의 단계는 정상적인 것으로, 즉각적으로 나타날 수도 있고 천천히 진행될 수도 있다. 그러나 기본 원칙은 비통을 통과할 수 있도록 격려 받아야 한다는 것이다.

어떤 사람들은 비통의 단계를 지연하는 바람에 우울증에 걸린다. 슬픔을 내보이지 않는 대신 냉담해 보이고 무감각해 보인다. 불행하게도 어떤 교회들은 그리스도인이라면 늘 긍정적으로 사고해야 하며, 자신의 삶을 통제하고 주도권을 잡아야 한다고 가르친다. 이런 가르침은 유족에게 도움이 되지 않는다.

비통을 부인하는 것은 유감스러운 반응이다. 사람들은 그들만의 '작은 죽음들'의 골짜기를 통과하도록 격려하거나 허용하지 않는다. 자신의 상처를 무시함으로써 자신이 상처받은 것을 인정하지 않는다. 스스로 상실을 애통해 하는 것을 거절하는 것이다. 하지만 비통은 결국 표면화될 수밖에 없다. 이처럼 비통을 해결하지 않고 계속 끌고 가는 사람들은 불안, 갈등과 지속적인 우울증으로 고통당할 것이다.[7]

뒤늦게라도 이 분노를 인정하고, 확인하고 표현해야만 한다. 상담자는 내담자에게 이렇게 얘기할 수 있다. "제가 만약 당신과 같은 상황에 처했다면 저는 무척 화가 날 거예요."

내담자가 분노를 처리할 수 있도록 도와주고 또한 내담자가 그 분노를 정상적인 것으로 수용하도록 도와주라. 그렇지 않으면 내담자는 화를 낸 것에 대해 지나친 죄책감을 느낄 수도 있다.

해결하지 못한 채 남아 있는 비통에 대한 로이 페어차일드(Roy Fairchild)의 진술은 매우 통찰력 있다.

> 애통하기를 거부하는 것은 사랑하는 사람, 장소, 놓친 기회, 활력, 그리고 무엇이든지 빼앗긴 것에 대해 작별인사를 안 하려는 것이다. 종교를 가진 많은 사람들이 이와 같은 방식으로 그들의 상실을 바라본다. 상실에 대한 애통 과정을 거부할 때 정죄감이 생기고 롯의 아내에게 일어난 것처럼 심령이 굳어진다. 진정한 비통은 깊은 슬픔과 통곡이며 이렇게 함으로써 상실에 대해 아무것도 할 수 없다는 무력감을 받아들이는 것이다. 놓아주는 것, 포기하는 것의 시작이다. 죽음은 부활에 앞서 일어나는 자연스런 과정이다. 슬픔은 우리가 그동안 무엇에 투자하고 있었는지 보여 주는 것이다. 죽음을 애통해함으로써 산산조각 나고 손실된 헌신을 보여 주는 것이다.[8]

세 번째로, 최악의 비통은 자신만 그런 경우를 경험할 때다. 내담자들에게 다른 사람과 자신을 비교하지 말라고 제안하라.

네 번째로, 비통은 힘든 일이다. 비통의 단계를 혼자 힘으로 통과할 수는 없다. 내담자 주변에서 그들을 도울 수 있는 사람을 누구든지 찾도록 하라.[9]

> 비통에 빠진 자들은 비통이라고 불리는 그들의 저수지에서 자신을 구출해 낼 수 없다. 그들에게는 밧줄이 필요하다. 비통을 경험하는 자들은 반대쪽에서 그들을 끌어 줄 누군가가 필요하다. 그러나 정작 그들에게 필요한 것은 밧줄을 잡을 때 손을 보호할 푹신푹신한 천 받침을 대어 줄 사람들이다. 능숙한 대답이나 영적으로 상투적인 문구 또는 성경의 약속들만 건네주는 것은 삼가야 한다.[10]

마지막으로 비통의 목적은 내담자들이 필요한 변화를 시도할 수 있도록 그 시점까지 이끄는 것이다. 그래서 그들이 상실을 포용하고 건강한 방식으로 살아갈 수 있도록 하는 것이다. 이런 질문으로 시작하는 것이 중요하다. "왜? 왜 이런 일이 나에게 일어났는가?"

그 다음에는 새로운 질문으로 넘어간다. "내가 이 경험을 통해서 어떻게 배울 수 있는가?" '어떻게'라는 질문이 '왜'라는 질문을 대체할 때 내담자는 상실의 현실을 살아내기 시작했다 할 수 있다. '왜?'로 시작하는 질문은 상실에서 의미와 목적을 찾는 것을 반영하고 '어떻게'로 시작하는 질문은 상실에 적응하는 방법을 모색하는 것을 반영한다.[11]

## 변화를 시도하라

필요한 변화를 끌어내는 시점까지 도달하기 위해 내담자는 무엇을 해야 하는가? 대부분의 상실은 다음 4단계를 따른다.

**관계에 변화 주기**

첫째, 무엇을 상실했든지 간에 관계에 변화를 주어야 한다. 상실의 대상이 사람일 경우에 그 사람이 죽은 것, 그리고 더 이상 남편이나 아내가 아닌 것, 다시는 그를 만나 마음을 나눌 수 없다는 것을 인식해야 한다. 유족들은 변화를 인식하고 고인이 된 그 사람과 관계를 맺는 새로운 방법을 개발해야 한다.[12] 한때 그 사람과 함께 살아가는 방법을 체득했다면 이젠 그 사람 없이 존재하는 것도 배워야 한다. 긍정적인 기억은 물론이고 부정적인 기억까지 모두 그들에게 남을 것이다. 그들은 무엇이든지 그리고 누구든지 상실의 대상과 작별인사를 해야만 한다. 이것은 곧 상실을 인정하고 이해하는 단계다.

상실을 몇 번 겪으면 새로운 관계를 개발하는 것은 비교적 쉽고 편안해진다. 왜냐하면 곧 상실에서 발생하는 감정적인 영향력이 줄어들기 때문이다. 놓친 기회, 직장, 경쟁, 애완동물, 부서진 자동차나 도난당한 지갑은 다른 경험들과 같은 그런 동일한 강도로 지속적인 영향력을 미치지는 못할 것이다. 가장 어려운 상실 상황 가운데 하나는 아이들이 관련되어 있는 이혼으로, 배우자 가운데 한 사람은 이혼을 원하지 않을 때다. 자녀들 때문에 앞으로도 관계는 계속되고 과거, 현재 그리고 미래에 걸쳐 끊임없이 상실을 반복하여 경험하게 만든다.

**삶을 계속 살아가기**

두 번째로 내담자는 삶을 계속해서 살아나가야 한다. 그러기 위해서는 몇 가지 단계가 필요하고 어떤 단계는 예고 없이 찾아올 것이다. 이 논의의 편의를 위해 죽음과 이혼을 모두 상실로 간주하자.

우선 건강하고 적절한 방법으로 사랑하는 사람을 기억 속에 살아 있게 하는 것이다. 또 다른 단계는 그 사람의 존재 없이 당신 삶에 새로운 정체성을 형성하는 것이다.

이러한 단계들이 진행 중이고 비통의 단계를 통과할 때 상실의 대상에게 투자했던 감정의 에너지가 이제 자유케 되어 다른 사람들, 다른 활동들과 소망에 재투자할 수 있다. 이것이 가능해질 때 다시 한 번 감정적인 만족감을 얻는다.

### 새로운 관계 개발하기

세 번째로 이 질문을 꼭 해야 한다. "상실해서 없는 사람과 어떻게 새로운 관계를 개발할 수 있는가?"

그들이 어떤 사람이었는지, 그들의 업적과 사회에 미친 영향력에 대해 회고함으로써 우리 사회에서 그들에 대한 관심을 이어 간다. 많은 사람들이 이런 질문을 한다. "그가 살아 있다면 지금 무슨 생각을 할까요?" "이 모든 것을 본다면 그가 놀라지 않을까요?"

사람들은 특정한 상황에서 사별한 그들의 배우자가 어떻게 행동할지 곰곰이 생각한다. 사별한 사람은 자신의 행동이나 사물을 바라보는 관점이 고인과 동일해야 한다고 느끼는데, 이는 옳지 않다. 때로 이혼한 경우 압박을 가하던 배우자의 기억이 이혼 후에도 자신의 삶을 지배하도록 허용하기도 한다. 이제 남이 되어 버린 이에게 감정적인 투자를 계속하는 것 또한 옳지 않다.

### 사실적으로 재검토하기

네 번째로, 내담자들이 깨달아야 하는 것은 때로 그들의 삶에 의미심장한 부분을 담당하던 어떤 것을 상실하면 그 물건이나 그 사람에 대한 기억은 왜곡된다는 점이다. 사람을 상실할 경우, 일반적인 반응은 긍정적인 면만 기억한다. 그러나 어느 정도 시간이 지나면, 좋고 나빴던 기억들, 긍정적이고 부정적인 생각들, 기쁨을 준 상황들, 그리고 일어나지 않았으면 했던 일까지 모두 사실적으로 재검토해야 한다. 이렇게 함으로써 균형 있고 사실적이고 정확한 '기억의 연못'(pool of memories)을 구축한다. 이런 사실적인 이미지들은 상실한 그 사람과 새로운 관계를 개발하는 데 필요한 그림들이다. 이 이미지들은 '상실한' 그 사람이 더 이상 그들과 함께하지 못한다고 깨달을 즈음에 일련의 동반 감정들을 유발할 것이다.[13]

## 관계 상실

내담자에게 상실한 사람(죽음 또는 이혼을 겪은 배우자)에 대한 관계 그래프를 그려 보도록 제안해 보라. 그런 후에 관계의 긍정적인 것과 부정적인 것들을 찾아본다. 도표4를 예로 참조하라.

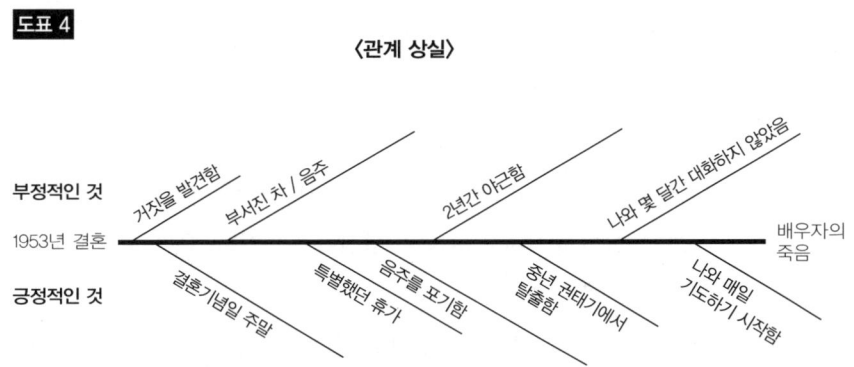

### 1단계

그래프 아랫부분에는 긍정적인 사건과 경험이 적혀 있다. 내담자들은 먼저 5-15가지의 다른 사건들을 목록으로 만들어 보는 것이 좋다. 수직선의 길이는 그 사건이 그 사람에게 얼마나 중요했는지 표시해 준다. 선 윗부분에 부정적이고 마음에 동요를 일으키거나 상처받은 경험들을 적어 본다. 그리고 마찬가지로 수직선의 길이로 그 사건의 강도를 표시한다.

### 2단계

내담자가 그들의 그래프를 대략 그린 다음에는 긍정적인 사건과 부정적인 사건을 포함해 각각의 사건에 대해 가능한 묘사를 한 단락으로 해 보도록 제안한다. 이때 중요한 것은 그들 자신의 감정을 떠올리도록 허용하는 것이다. 그들의 감정 묘사에는 후회 또는 '만일 이렇게만 했더라면'으로 시작하는 문장들이 들어 있을 것이다.

다음은 한 내담자의 묘사에서 나타난 몇 가지 감정들이다.

- 제 감정들은 모두 뒤섞여 있습니다. 감정들이 좀 더 명확했으면 좋겠어요.
- 우리가 함께 기도한 시간을 결코 잊지 못할 거예요. 제게 참 소중했어요.
- 우리가 결혼기념일에 함께 찍은 사진과 비디오가 있어서 무척 다행이에요.
- 전 아직도 술 때문에 마음이 아파요. 우리 결혼에서 그 부분이 결코 일어나지 않았으면 좋았을 거예요.
- 저의 분노에 찬 폭발들을 유감으로 생각해요.
- 당신이 너무 젊은 나이에 죽어서 화가 납니다. 배신당한 느낌이에요. 우리 결혼생활이 좋아지고 있을 때 당신이 죽었어요. 우리는 시간이 좀 더 필요했어요.
- 좀 더 많은 얘기를 나눴으면 좋았을 거예요. 당신에게 해 주고 싶은 말이 얼마나 많은지 몰라요.

이러한 문장은 '상황이 좀 달랐으면', '상황이 좀 더 나았더라면', '우리가 더 많은 시간을 함께 보냈다면', '만일 ……했더라면 무슨 일이 일어났을까?'와 같은 생각들을 머릿속에 떠올리게 한다.

내담자에게 이렇게 질문하는 것이 유익하다. "배우자와의 관계에서 후회가 되는 일이나 '만일 그렇게만 했더라면'으로 시작하는 문장을 생각해 낼 수 있습니까?"

다음은 한 내담자의 후회 목록과 '만일 그렇게만 했더라면'으로 시작하는 문장들이다.

- 나는 당신에 대해 쓰디쓴 마음을 갖게 된 것을 후회합니다.
- 나는 내가 당신을 얼마나 아끼는지 얘기하지 않은 것을 후회합니다.
- 나는 바쁘다는 핑계로 따로따로 지냈던 삶을 후회합니다.
- 당신이 죽기 바로 전날 우리가 싸우지만 않았어도……。
- 서로 즐기는 것을 함께하기 위해 우리가 시간을 더 보냈더라면.
- 지난 몇 년간 당신이 그렇게 지나치게 일하지 않았더라면.

이러한 진술은 벌어진 상황과 벌어지지 않은 상황, 그리고 고인이 된 그 사람이 한 행동 심지어는 그가 하지 않은 행동에까지 비판적인 태도를 갖게 만든다. 한 개인이 이런 비판적인 단계에 이르면 관계에서 가졌던 부정확한 기억들이 수면으로 떠오르기 시작한다. 이런 일이 더 많이 생길수록 비통의 단계를 통과하는 게 더 힘들어진다.

그러므로 내담자들이 후회하는 각각의 내용을 함께 이야기하라. 예를 들면 다음과 같이 대화해 보라. "만일 ……했더라면 당신의 삶이 어떻게 달라졌을까요?" "당신이 더 선호했을 행동을 얘기해 보세요" "이 상실된 기회를 극복하기 위해 우리가 지금 무엇을 할 수 있을까요?"

내담자는 이 대화에서 발견하는 내용을 통해 무의식적으로 부인하고 있었던 것을 찾아낼 수 있고 자신을 회복하는 데 도움이 된다. 고통이 너무 심하거나 불필요하게 여겨질 수도 있으나 새로운 관계를 정립하는 데 그것은 매우 중요하다.[14]

**3단계**

고인이 어떻게 죽었는지 회상해 보는 것은 어떤가? 그것은 필요한가? 또는 정상적인 것인가? 계속해서 재검토하는 것은 내담자에게 유익하다. 왜냐하면 그들의 필요, 소망, 기대, 그리고 고인과 계속 함께하고자 하는 꿈이 성취되지 않을 것이라는 사실을 깨닫게 해 주기 때문이다. 그것이 죽음으로 초래된 상실이건 이혼이건 마찬가지다.

만일 죽음으로 인한 상실이라면, 내담자가 죽음과 관련된 사건들을 회고할 때마다 그 사람의 죽음에 대해 더 깊이 이해하게 될 것이고 더 많은 의미를 부여할 수 있다. 내담자는 이러한 회상을 거부하려고 할 수도 있는데, 왜냐하면 기억을 떠올리면 고통스럽기 때문이다. 그러나 내담자는 죽음을 회상할 때마다 생각했던 것보다 더 많은 기억을 통제하는 자신을 발견할 것이다.[15]

### 4단계

다음 단계는 내담자들이 자기 자신과 삶을 개발해서 상실로 인한 변화를 받아들이고 곰곰이 생각하게 하는 것이다. 상실이 직장, 기회, 관계, 부모 또는 배우자가 관련된 것인지에 따라 양상은 다양하게 나타날 수 있다.

### 5단계

다섯 번째 단계는 상실된 것이 무엇이건 간에 그것 없이 존재하고 기능하는 새로운 일들을 발견하고 도전해 보는 것이다. 이것은 새로운 정체성 찾기도 포함한다. 그러나 상실한 물건이나 사람을 완전히 망각해야 하는 것은 아니다. 어떤 사람들은 상실한 것을 절대 포기하지 못하는 듯 보인다. 그들이 전혀 소유하지 않았던 것이나 그들이 상실하지 않은 것에도 집착하고 머무른다. 불행하게도 이것이 그들 전체 인생을 지배한다. 그들은 자주 쓰디쓴 마음을 갖는다. 자녀의 죽음 후에 어떤 부모들은 제단(enshrinement)을 만든다. 자녀 방을 아들이나 딸이 살았을 때와 동일한 상태로 보존하여 자녀들이 살아있는 것처럼 유지하는 것이다. 이와 같은 행동은 비통의 단계를 오래 지연시킨다.

또 어떤 사람들은 정반대 반응을 한다. 상실이 발생한 후에 그들은 마치 그것이 존재하지 않았던 것처럼 행동한다. 기억에서 그 존재를 차단하려 하고 빨리 전진하려 한다. 이 2가지 접근 모두 건강한 반응은 아니다. 균형이 있어야 한다. 사랑했던 사람을 생생하게 기억하는 건강한 방법이 있다.

상담가로서 내담자에게 이렇게 말할 수 있다. "첫 번째로 해야 할 일은, 그 사람은 사라졌고 당신은 아직 살아 있음을 인정하는 것입니다. 물론 처음에는 당신이 이렇게 멀쩡하게 살아 있는데도 그것을 느끼지 못할 수 있습니다."

때로 내담자들은 계속 살아갈 수 없다거나 그 사람 없이는 살고 싶지 않다고 말한다. 그렇지만 감정적으로 그 사람을 떠나보내야 하는 시간이 오고 새롭게 인생에 재투자를 하는 시간이 올 것이다.

### 6단계

다음 단계는 그 사람과 함께 살았던 때처럼 계속 유지할 수 있는 것, 그렇게 유지되어야만 하는 것이 무엇인지 결정하는 일이다. 다시 말해 어떤 것을 유지해야 건강할지 결정하는 일이다. 배우자를 상실한 경우에는 계속해서 물어봐야 한다.

- 동일한 커피숍에 가서 차를 마실 것인가?
- 저녁이면 공원 주위를 산책하러 나가겠는가?
- 그와 함께 만들거나 구매한 특별한 물건을 진열해 놓을 것인가?
- 두 사람이 함께 매일 또는 낮동안 함께했던 일상을 유지할 것인가?

하나 더 물어보아야 할 질문이 있다. "당신의 배우자와 함께 당신의 삶에서 의도적으로 내려놓고자 하는 다른 것은 무엇인가?"

한 달에 한 번씩 참석했던 부부 성경 공부와 '파트럭 저녁'(potluck dinner : 각자가 음식을 만들어 와서 나눠 먹는 저녁식사)은 계속 유지할 수 없을 것이다. 누군가가 참석하라고 격려한다 해도 한두 번 나가는 것이 고작이다. 어떤 사람들에게는 이런 모임이 너무 고통스러울 수 있다. 그렇지만 불편함을 감수하고 계속 참석하는 사람들 얘기도 들었다. 어찌되었든 부부가 함께했던 활동은 줄어들 것이다.

건강한 방법으로 내담자가 고인이 된 사람과 관계를 맺기 위해 할 수 있는 일은 많다.

- 고인이 가장 좋아했던 활동이나 열중했던 일에 대해 알아볼 수 있다.
- 가정에서 찍어 둔 비디오를 보고, 고인과 즐겨 듣던 음악을 들으며 함께 나눈 이야기를 회상하거나 기억을 되살려 본다.
- 고인이 한 일들을 체험해 보기 위해 고인이 가장 좋아했던 음식을 먹어 보거나 고인이 이전에 하던 활동을 해 본다.

기억을 보존하기 위해서 고인이 유년기를 보낸 학교를 둘러보거나 직장을 방문하거나 묘지에 가 볼 수 있다. 몇몇 사람들에게 얘기한 적이 있다. "당신이 상실한 사람에 대해 얘기하는 것은 아주 정상입니다. 당신이 사랑하던 그 사람으로부터 배운 방식에 따라서 또는 그를 회상하며 일을 해 보십시오. 지금의 당신이 누구인가 하는 것, 그리고 당신이 오늘 어떻게 반응하는가는 당신이 사랑했던 그 사람과의 관계에 기초한 것입니다. 아마 그 사람은 당신에게 새로운 통찰력, 이해력, 평가 기준, 또는 가치들을 가르쳐 주었을 것입니다. 당신이 사랑했던 그 사람은 당신에게 지울 수 없는 흔적을 남겼죠. 그렇지 않습니까? 때로 당신은 사랑했던 그 사람이 그랬던 것처럼 문제를 해결하거나 반응하는 당신의 태도에 놀랄 것입니다."

그러면 그들은 대개 동의하며 고개를 끄덕인다.

이 과정에서 '우리'에서 '나'로의 정체성 변화가 생길 수 있다. 배우자 상실의 경우, 이것이야말로 가장 고통스러운 변화 가운데 하나다. 내담자들은 그들 주변 세상을 달리 보게 된다. 우정의 모습도 어느 정도 바뀔 수 있어서 여전히 이전 친구들과의 관계를 유지하지만 조정이 일어난다. 그들은 부부로서의 정체성을 가졌고 대부분 친구 관계도 부부 관계에서 맺어져 왔다. 그러나 내담자들은 이제 혼자다. 다른 부부들과 함께하는 시간은 줄어들 것이다. 그들은 '나'라는 새로운 정체성을 어느 정도 함께 나눌 수 있는 이전 관계와 새로운 관계가 모두 필요하다.

### 7단계

마지막으로 이 모든 단계들을 거친 후에, 내담자들은 상실했던 감정을 다시 투자할 새로운 길을 발견할 것이다.[16] 회복 단계에서는 만족과 성취감을 줄 수 있는 새로운 일에 감정의 에너지를 재투자해야 한다. 왜냐하면 상실된 물건이나 사람과는 더 이상 관계를 지속할 수 없기 때문이다.

그렇다고 '대체'를 얘기하는 것은 아니다. 새 고양이는 옛날 고양이를 대신할 수 없다. 새 강아지는 이전 강아지를 대신할 수 없다. 새로운 사람은 옛날 그 사람을 대신할 수 없다. 사랑하는 사람을 잃었을 때, 내담자들은 즉시 누군가 다른 사람에게 마음을 주는 것보다는 봉사기관, 사역 또는 새 직장에 재투자하는 것이 유익할 수 있다. 또는 즉각적으로 눈에 띄는 일이나 목표를 추구하는 것도 좋다.

이것은 일련의 단계요, 일이다. 해내는 것도 쉽지 않다. 고통 없이는 불가능하다. 그러나 좀 달라지긴 했어도 새로운 삶은 계속된다.

어떻게 인생이 계속 진행되는가? 어떻게 다른 삶인가? 그리고 삶에서 무엇이 새로워졌는가? 이는 모두 내담자가 비통의 단계를 얼마나 잘 감당해 내는가에 달려 있다.

이 단계들이 듣기에는 쉬울지 몰라도 실제로는 그렇지 않다. 왜냐하면 비통의 단계를 통과하려면 노력, 수고와 고통이 따르기 때문이다. 적당한 때에, 당신의 내담자와 7단계의 제안 사항들을 의논해 보라.[17]

## 비통의 과정을 충실하게 치러내라

내담자들이 그들의 상실을 인정하고 이해하도록 돕는 것은 비통의 과정을 시작하는 데 반드시 필요하다. 경중에 따라 어떤 상실은 이내 아득한 기억이 되어 버린다. 그런데 자녀와 배우자의 죽음 같은 종류의 상실은 결코 깔끔하게 정리되지 않을 수 있다. 그럼에도 이 과정에서는 내담자들이 상실을 그들의 삶에 접목시키도록 격려한다.

### 직면하기

시간이 흐르면, 내담자들은 충격과 부인을 극복하고 고통스러운 상실이 발생한 현실을 직면해야만 한다. 그 말은 곧 '네, 불행하게도 이 일이 생겼네요'라고 얘기할 수 있는 정도를 의미한다. 상실을 직면하기 위해 내담자들은 아래 행동들을 삼가야 한다.

- 고통을 연기하려는 시도.
- 실제 그 일이 일어난 것을 부인하는 것.
- 그들의 상실을 최소화하는 것.

만일 그들이 위의 사항 가운데 하나를 시도하려 한다면, 스스로 고통을 심화시키고 시간을 끌어 지연시키는 것이다. 대신 내담자는 상실을 부인하고 싶다고 인정하는 것이 오히려 유익할 수 있다. 이것은 정상적인 보호 반응으로, 일반적인 비통의 신화는 감정을 감추는 것이다.

"울지 마."
"너무 언짢게 생각하지 마. 그는 지금 주님과 함께 있잖아."
"너무 힘들어하지 마. 너는 잘 감당할 수 있어."

이와 같은 말들은 해로운 사회적 통념이다. 이러한 표현들은 상실을 경험하고 불안을 느낀 사람들이 만들어 냈는데, 그들 자신도 무슨 말을 해야 하는지 결코 배운 적이 없기 때문이다. 그러나 이런 위로는 도움이 되지 않는다. 내담자에게 이런 말들을 들을 수도 있다고 미리 경고하라. 상담가의 임무는 내담자가 상실을 직면하기 위해 8가지 국면을 경험하도록 돕는 것이다.

**제1국면.** 비통의 과정을 돕는 것으로 어느 시점에 도달하면, 내담자들이 상실로 인해 받은 영향을 목록으로 정리하도록 이끌어 준다. 이것은 내담자가 고통을 직면하게 만드는 단계다. 추가적으로 8×13센티미터 크기 카드에 아래 네 문장을 기록하게 할 수 있다. 아니면 당신이 미리 카드를 작성해 놓았다가 내담자에게 줄 수도 있다. 하루에 한 문장에만 집중하도록 부탁하라. 카드 뒷면에는 내담자가 비통의 경험에 비추어 이 문장들이 무슨 의미가 있는지 간략하게 써 넣도록 하라.

- 나는 내 비통에 목적과 끝이 있음을 믿는다.
- 나는 내 비통의 과정에 대해 책임을 질 것이다.
- 나는 두려워하지 않고 도움을 요청할 것이다.
- 나는 회복을 서두르려 하지 않을 것이다.[18]

**제2국면.** 상실과 직면할 때 취해야 할 다른 단계는 가능한 한 빨리 다른 사람들에게 상실에 대해 얘기하는 것이다. 정확한 단어를 사용해 언급하라. "저는 상실을 경험했고 지금 비통해하고 있습니다."

내담자에게 얘기한 날짜와 얘기를 들은 사람의 반응도 기록하게 하라. 어떤 내담자는 상실이 발생한 첫 일주일 안에 최소한 한두 사람에게 얘기하는 것이 유익했다. 그러나 이것은 사람마다 다르다.

내담자 입장에서는 상실을 직면해서 고통을 느끼겠다고 의식적인 결정을 하기도 한다. 이런 종류의 고통은 강렬한 감정적 고통으로 가장 잘 묘사할 수 있다. 내담자는 초대하지 않은 손님들 즉, 분노, 부인, 두려움, 광분, 우울증, 그리고 많은 다른 감정들이 기다리는 집으로 간다. 그리고 그들은 울게 될 것이다! 우는 것을 힘들어하면 계획을 세워 울어 보라고 제안하라.[19]

내담자들은 상실을 경험한 직후 무감각한 반응을 보인다. 경미한 경우에는 의기소침한 정도지만 심한 경우 마비가 된 듯하다. 그런 느낌이 없어지는 데는 대개 24-36시간이 걸린다. 감정이 맑아진 후에 고통을 대면할 수 있고 계절이 바뀌듯 감정들이 다시 밀어닥친다. 우울증, 분노, 고요, 두려움과 궁극적으로는 소망의 계절이 있다. 그러나 이 계절은 순서대로 찾아오지 않는다. 감정들은 중복되고 자주 뒤엉켜 있다. 드디어 내담자가 한 감정을 떨치고 자신을 추스를 수 있다고 생각하는 순간, 그 감정은 문을 박차고 또다시 쳐들어온다. 이는 다분히 정상적인 것이다. 그리고 놀랍게도 이럴 때 치유가 이루어진다.

스캇 설렌더(Scott Sullender)가 치유의 과정을 잘 묘사했다.

> 비통한 자의 고통은 일정하지 않다. 고통의 파도는 일시적인 안식의 고요함으로 잠잠해질 뿐이다. 물론 처음에는 살을 에는 듯한 비탄 속에서 고통의 파도는 강렬하고 빈번하다. 점점 그가 치유될수록 파도의 맹렬함은 누그러지고, 파도가 할퀴고 가는 시간과 빈도가 줄어든다. 그는 라디오 주파수처럼 고통의 파도 패턴을 상상하여 그래프로 대략 작성할 수 있다. 각각의 돌출부는 고통의 산을, 각 골짜기는 분노가 내재된 고요를 나타낸다. 초반부 봉우리들은 높고 길며 골짜기들은 좁고 짧다. 그리고 잦은 빈도로 나타난다. 점진적으로, 매우 점진적으로 폭풍우는 잠잠해진다. 그럼에도 불구하고 몇 개월 그리고 몇 년이 지나서도 파도는 여전히 해안가에 와서 이따금씩 부딪힌다. 예를 들어 감상적으로 되기 쉬운 명절에는 고인이 된 사랑하는 사람의 기억이 생생하다. 중년에 남편을 잃은 한 여인은 이렇게 얘기한다. "매년 크리스마스 때마다 모든 분주함이 끝나고 나면 저는 자리를 잡고 앉아 실컷 울지요."
> 고립된 비통의 파도가 개인 영혼의 해안에 주기적으로 철썩철썩 밀려온다.[20]

만일 상실에 트라우마의 요소가 가미된다면, 비통의 과정은 수년간 계속될 수 있다. 9·11 테러 사건의 첫 번째 추모일이 다가왔을 때, 뉴욕 시민들은 아물어 가던 상처의 딱지를 뜯어낸 것처럼 다시 한 번 아픔을 느꼈다. 모든 텔레비전 프로그램, 추모행사와 의식들은 많은 이들의 마음속 깊이 숨어 있던 상처를 다시 작동시켰다.

우리 대부분은 비통의 봉우리와 골짜기 패턴(pattern of peaks and valleys of grief)에서 발생하는 감정의 강도를 깨닫지 못한다. 도표5에 나타난 비통의 강도를 검토해 보자.

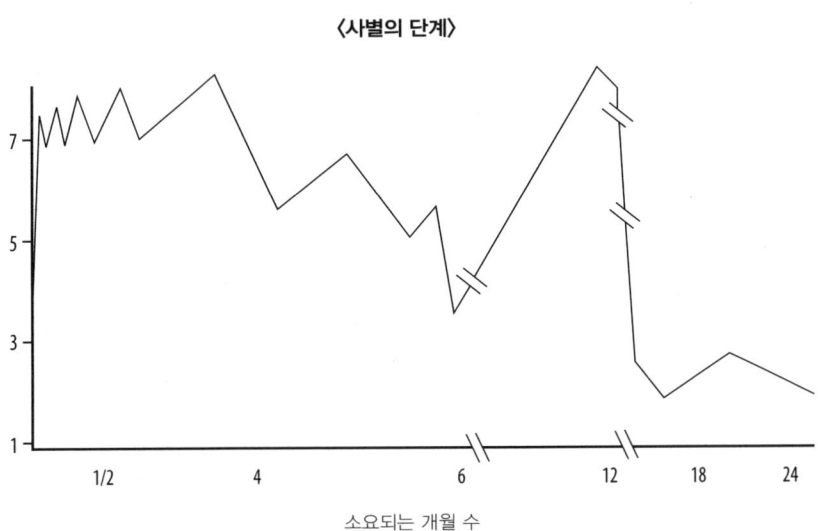

〈사별의 단계〉

소요되는 개월 수

관심
걱정
위로
도움
공감

지지

톱니바퀴 같은 봉우리들을 보라. 실제적으로 고통과 비통은 처음 3개월간 격렬하고 그 후에는 점차 줄어든다. 그렇다고 일정한 형태로 진행되는 것은 아니며, 기복이 있다. 누군가 그들에게 사랑하는 사람을 잃은 지 1년이 됐다고 상기시켜 줄 필요는 없다. 처음 상실을 경험했을 때에 뒤지지 않는 극심한 고통과 더불어 강렬한 비통이 돌진해 오기 때문이다. 가장 후원이 필요한 때에 도움의 손길이 줄어드는 것을 주의하라. 이런 시기에 누군가가 당신의 내담자에게 '지금쯤은 끝내야 한다' 또는 '기분이 나아져야만 한다'라고 말한다면 그는 속상해할 것이다. 그도 그럴 만한 것이 상실을 경험한 사람이 아니라면 비통의 과정을 잘 이해하지 못하기 때문이다. 이 표를 내담자들과 나누고 그들의 감정이 정상적인 것임을 알게 하라.[21]

**제3국면.** 사랑하는 사람을 잃었을 때 얼마나 오랫동안 비통해할 것인가? 어떤 사람으로 인해 그렇게 비통해하느냐에 답이 있다. 상실에 대한 반응은 죽은 사람을 얼마나 잘 알고 있느냐에 달렸다. 말하자면 애착의 본질에 대한 것이다. 애착의 강도에 따라 비통의 강도가 결정된다. 사랑의 관계가 강렬한 것일수록 비통의 반응 또한 심각하다. 고인이 내담자의 행복과 자존감에 영향을 미친 정도가 클수록 비통의 반응도 강렬하다. 이것을 '애착안정성'(security of the attachment)이라고 부른다.

모든 관계에는 긍정적인 감정과 부정적인 감정이 있다. 대개 긍정적인 감정이 부정적인 감정을 현저하게 넘어선다. 그렇지만 고도의 양가감정이 존재하는(부정적인 감정이 모든 긍정적인 감정에 똑같은 양으로 공존하는) 관계에서는 비통의 반응은 더 맹렬할 것이다. 이러한 관계에서는 막대한 양의 죄책감이 따라다니기에 '내가 충분히 잘했는가?'라고 자책하는 사람들이 많다. 홀로 남았다는 강한 분노가 있을 수도 있다. 갈등의 역사와 더불어 최근 의견이 불일치했던 사건들은 비통의 반응에서 중요하고도 결정적인 요소가 될 것이다.

**제4국면.** 한 개인이 어떻게 죽었느냐는 유족이 어떻게 비통해해야 할지에 대해 시사하는 바가 있다. 전통적으로 사망은 'NASH' 즉, 자연(**N**atural), 사고(Accidental), 자살(Suicidal), 살인(Homicidal)으로 분류되어 왔다. 사고로 죽은 어린아이에 대해서는 나이 든 사람의 자연사와는 다른 모습으로 비통해한다. 가까운 곳인가, 먼 곳인가 하는 죽음의 장소 또한 어떤 비통의 반응을 나타내야 할지 결정하는 요인으로 작용한다. 또 중요한 요인 하나는 사전 경고 여부다. 조금이라도 경고가 있었는지 아니면 전혀 예상치 못한 죽음인가에 따라 비통의 강도가 다르다. 연구 결과에 따르면 갑자기 사망한 사람의 유족 특히 유족이 젊은 경우는 미리 경고를 받은 사람들보다 1~2년 후에 더 힘든 시간을 보낸다고 한다.

어머니는 남편을 두 번 잃었다. 첫 번째 남편은 직장에서 사망했다. 그때 어머니 나이는 33세였다. 어머니는 시내로 가기 위해 운전 중이셨는데 차 한 대가 어머니 차 가까이 다가오더니 창문 밖으로 상체를 내밀고 이렇게 소리 질렀다. "당신 남편 폴이 죽었어요."

27년 후에는 경찰이 어머니 집 현관문 앞에 와서 두 번째 남편인 내 아버지가 퇴근하시던 중 자동차 사고로 돌아가셨다고 알려 주었다. 어머니의 비통은 두 번의 죽음으로 인해 수년간 지속되었다.

**제5국면.** 죽음을 둘러싼 환경은 어떤가? 특히 사고사의 경우, 환경적으로 생존자들이 그들의 분노와 원망을 표현하기가 쉽다. 사고 또는 살인으로 고인을 떠나보낸 상황에서는 생존자들의 죄책감이 상실을 대하는 핵심 요소가 된다.

비통에 빠진 사람들에게 사역할 때는 그들의 과거에 대해 많이 알수록 그들을 더 효과적으로 도울 수 있다. 한 개인이 어떻게 비통해할지 예상 가능하게 해 주는 핵심 요인들이 있다. 당신은 그들이 이전에 누군가를 잃은 경험이 있는지 그리고 그들이 어떻게 비통해했는지 알 필요가 있다. 과거 상실들에 대해 적절한 비통의 과정이 있었는지, 아니면 새로운 상실에 이전의 해결되지 않은 비통함을 가져오는 것은 아닌지 알아야 한다. 한 개인의 이전 정신심리력(prior mental history)도 고려하는 것이 중요하다. 이것은 특별히 우울증 경험이 있는 사람들에게 해당된다. 과거에 우울증을 앓은 사람은 그렇지 않은 사람보다 비통해하는 것을 더 어려워할 수 있다.

**제6국면.** 지난 6-12개월 사이에 일어난 일 가운데 인생을 바꿀 만한 사건이 있었는지 아는 것은 매우 중요하다. 이렇게 변화가 삶에 끼친 영향을 스스로 평가해 보는 것은 그가 상실에 대해 어떻게 반응할지 결정하는 중요한 요인이다.

상담가가 비통 가운데 있는 사람들을 도와줄 때, 상실에 대한 그들의 반응을 이해하기 위해 고려해야 할 여러 요인이 있다. 우선 나이와 성별이다. 그러고 나서 그들이 감정을 얼마나 억제하는지, 불안함에 얼마나 잘 대처하는지, 스트레스를 주는 상황을 어떻게 처리하는지, 얼마나 의존적인지, 관계 형성하는 일을 얼마나 어려워하는지 알아야 한다. 또한 경계선 성격장애(borderline personality disorder)나 자기애 인격장애(narcissistic personality disorder)를 갖고 있는지 알아보는 것도 도움이 된다.[22]

그뿐 아니라 상담자는 내담자 개인이 속한 사회구조를 알아야 한다. 이 구조는 하위문화 형태로 존재하며 개인의 행동양식에 대한 지침을 제공해 준다. 그러므로 한 개인이 어떻게 비통해할지 가늠하기 위해서는 그들의 사회적, 인종적 그리고 영적인 배경을 알아야 한다.

다른 사람들로부터 제공받을 수 있는 감정적이고 사회적인 지지가 어느 정도인가? 이것은 가족 내부와 외부 사람들을 포함한다. 이러한 종류의 후원은 사별 과정에서 의미심장해질 수 있다. 그리고 얼마나 많은 도움을 받느냐가 중요한 것이 아니라 비통 가운데 있는 사람 입장에서 이 도움을 어떻게 인식하느냐 하는 것이다. 대부분의 연구 결과에 따르면 순조로운 회복을 경험하지 못하는 사람은 적절하지 못한 지지를 받았거나 갈등이 있는 사회의 지지를 받았을 경우라고 한다.

**제7국면.** 어떤 이들은 비통의 과정에서 유익한 점을 찾아내기도 한다. 생존자는 비통의 기간 동안 그들의 개인 네트워크를 통한 후원을 충분히 활용할 수 있다. 그리고 이 지지의 정도는 비통의 기간이 얼마나 길어질지에 영향을 미친다.

**제8국면.** 이 시기에 발생할 수 있는 다른 스트레스 요인은 무엇인가? 비통의 회복에 영향을 미칠 스트레스 요인은 죽음과 동시에 일어나는 변화들과 죽음 이후에 발생하는 위기들이다. 어떤 변화는 피할 수 없긴 하지만, 때로 내담자 개인과 가족들은 엄청난 혼란을 경험한다. 여기에는 심각한 경제적 위기도 포함된다.[23]

### 도움 요청하기

내담자들은 그들의 삶에서, 특히 지금 이 시기에 그들에게 무엇이 필요한지, 그렇지 않은지를 다른 사람들에게 알리는 것이 바람직하다. 조력자로서 상담자의 임무는 그들이 그렇게 할 수 있도록 허락해 주는 것이다. 그렇다고 해서 주변 사람들이 무리 없이 따라 줄 것이라는 뜻은 아니지만 내담자들은 시도해 볼 수 있다. 힘들겠지만 내담자들은 비통에 대해서는 그들 주변 사람들을 교육해야 할 필요가 있다. 다른 사람들에게 자신의 안부를 묻기 위해 전화해 달라고 부탁할 수 있고, 자신이 눈물 흘리거나 화내더라도 당황하지 말고 연락해 달라고 부탁할 수 있다.

상실을 경험한 사람들은 주변 사람들이 자신을 어떻게 대해 주면 좋을지 직접 일련의 지시 사항을 편지로 써서 다른 사람에게 건네면 좋다. 만일 그들이 자신의 상실에 대해 매일 여러 사람에게 반복해서 설명해야 한다면 피곤할 뿐만 아니라 고통스럽기 때문이다. 주변 사람들이 자기도 모르고 실수하거나 상처 주는 말을 할 때도 그렇지만, 침묵 또한 고통을 가중시킬 것이다. 편지에 3가지는 꼭 쓰는 것이 좋다.

1. 자신이 겪은 일.
2. 자신이 기대하는 반응.

3. 자신을 돕기 위해 주변 사람들이 해 줄 수 있는 것.

이것은 주변 사람들이 어떻게 반응하면 좋을지 도와주는 지도 역할을 한다.[24]

친애하는 벗에게,

최근에 저는 기가 막힌 상실을 경험했습니다. 저는 너무 슬픕니다. 그리고 이 비통의 시간은 아마 몇 달은 걸릴 것이고 상실을 다 회복하려면 몇 년이 걸릴 수도 있을 것 같습니다. 그래서 어쩌면 자주 울지도 모르겠습니다. 제 눈물을 변명하고 싶지는 않습니다. 왜냐하면 약해서 또는 믿음이 없어서가 아니니까요. 눈물은 제가 경험한 상실의 깊이를 표현해 주는 하나님의 선물이고, 또 제가 회복되고 있다는 신호이기도 하니까요.

별다른 이유 없이 제가 화를 내는 모습을 종종 보게 될 것입니다. 어떨 때는 저도 제가 왜 그러는지 모르겠습니다. 다만 제가 아는 것이라곤 비통한 마음 때문에 제 감정이 격해진다는 것입니다. 만일 제가 이해가 안 가는 행동을 하면 제발 절 용서해 주고 인내해 주십시오. 그리고 제가 반복해서 그런 행동을 하더라도 저를 정상으로 받아 주십시오.

무엇보다도 저는 당신의 이해와 당신이 나와 함께해 주는 것이 필요합니다. 딱히 무슨 말을 하지 않아도 됩니다. 아니, 무슨 말을 해야 될지 모를 때에는 그냥 아무 말이나 해 주십시오. 당신이 그냥 함께 시간을 보내 주는 것, 그리고 당신의 손길이나 포옹은 얼마나 저를 아껴 주는지 알게 합니다. 제발 제가 전화할 때까지 기다리지 마십시오. 왜냐하면 어떨 때는 제가 너무 피곤하고 눈물이 너무 나서 못 하는 거니까요. 제가 당신을 피하는 것 같아 보여도 제가 그렇게 하도록 놔두지 마세요. 제게 먼저 손을 뻗어 주십시오. 앞으로 몇 달간은 말입니다.

제가 이 상실을 통해 언젠가는 의미를 발견하도록 또 하나님의 위로와 사랑을 알게 되도록 기도해 주십시오.

당신도 비슷한 상실을 경험한 적이 있다면, 제게 언제든지 나눠 주십시오. 제가 더 비참하게 느끼기보다는 도움을 받는다고 느낄 것입니다. 제가 울기 시작하더라도 중단하지 말고 얘기해 주십시오. 괜찮습니다. 얘기 나누며 당신이 울더라도 괜찮습니다.

이 상실은 너무 고통스럽습니다. 아마 이보다 더 힘든 일은 일어날 수 없을 것 같습니다. 그러나 저는 살아남을 것이고 결국 회복할 것입니다. 그것을 믿습니다. 늘 지금 같지는 않을 것입니다. 언젠가는 웃음과 기쁨이 다시 찾아올 것입니다.

저를 아껴 주셔서 감사합니다. 제 얘기에 귀 기울여 주시고 기도해 주셔서 감사합니다. 제게 관심을 가져 주시는 것이 위로가 되고 이 은혜를 항상 감사하게 생각할 것입니다.[25]

## 고통을 거부하기 위한 방어법

때로 내담자들은 그들이 경험하는 고통을 거부하기 위해 다양한 방법을 찾아낸다.

### 부인

그중 한 가지가 부인하는 것이다. 상실의 원인이 거절, 버림받음, 또는 죽음일 경우 일반적인 방어의 형태로 부인을 한다. "아니야! 말도 안 돼. 그럴 리가 없어!"

부인은 상실에 흔히 동반된다. 불행하게도 어떤 사람들은 대부분의 삶을 부인의 세계에서 살아간다. 원만한 가정에서 자라지 못한 사람이 이런 경향이 강하다. 그들이 부인하는 이유는 이미 발생한 상실이나 앞으로 일어날 상실을 감정적으로 피하기 위해서다. 가장 심각한 종류의 부인은 상실이 발생한 현실 자체를 부인하는 것뿐만 아니라 상실의 영향도 부인하는 것이다. 이릴 때는 그 사람의 마음에 있는 모든 것이 덮여 가려져 있다.

비통해하는 것은 몇 번에 걸친 부인의 단계를 통과하는 것이다. 각 단계는 상실의 실재감을 조금씩 더 절실히 그리고 더 고통스럽게 느끼게 한다. 첫 번째, 우리는 머리로 그것을 받아들인다. 두 번째, 감정으로 받아들인다. 마지막으로 달라진 현실을 반영하도록 삶의 패턴을 조정한다. 그럼에도 부인이 지속되면 치러야 하는 대가가 있다. 계속 부인하기 위해 소비한 에너지가 우리를 고갈시킨다. 시간이 흐르면 감정에 손상을 입고 결과적으로 회복이 지체되는 것이다.

### 합리화

합리화는 상실에 대한 또 다른 방어다. "그렇게까지 아프지 않았어요. 세상에 나가면 더 좋은 남자들이 많아요. 사실 저 그 남자 사귄 시간이 2년밖에 안 돼요."

또 이런 대답을 할 수도 있다. "그 직장이 제게 최선은 아니었어요." "BMW가 필요한 사람이 있겠어요?" "글쎄요. 그분은 장수하셨고 이제 더 이상 고통받을 필요는 없지요."

이런 말들은 상실의 고통을 감당하도록 돕는다. 그렇지만 내담자들이 합리화를 오랜 기간 하면, 그들은 그것을 믿기 시작할 것이다.

### 이상화

사람들이 상실을 방어하는 세 번째 방법은 이상화다. 상실된 것을 이상화하여 현실을 왜곡하는 것이다. 이 현상이 나타날 때는 상실의 부정적인 성격이나 양상이 무시당할 때다. 그것이 실직, 가족의 죽음 또는 원치 않았던 이혼, 무엇이었든 간에 말이다.

## 실전 연습

비통에 저항하고, 비통과 싸우고 싶어 하는 사람들이 있다. 이것 또한 정상이다. 심장 수술의 경우처럼, 비통 바이패스(bypass: 우회술) 시술을 원하는 사람들이다.

두 사람, 혹은 소그룹이 함께 각자의 비통에 대해 이야기하는 것도 좋다. 이렇게 함으로써 비통에 빠진 사람이 자신의 비통을 책임질 수 있다.[26] 비통은 머리가 6개 달린 괴물이며 당신이 그 이름을 부르기만 해도 당신을 해치우리라는 통념을 떨쳐 버리게 한다. 여기서 당신의 임무는 비통이 마치 인격체인 것처럼 비통과 대화하는 것이다. 당신의 비통에게 이야기하고, 비통의 말을 경청하라.

편지를 두 개 쓰라. 편지지는 친구나 가족에게 쓸 때 사용하는 종이를 사용하라. 첫 번째 편지는 당신이 비통에게 쓰는 것이다. 다음 형식에 맞춰 쓰라.

날짜: _____  시간: _____
비통에게:


진심으로,


편지를 쓰기 전에 자신에게 질문하라. 내가 생각하고 느끼는 것을 비통에게 얘기할 수 있다면 무슨 말을 할까? 내 인생에 비통이 끼친 영향력이 무엇인지 비통에게 알리고 싶은가? 가능한 한 진솔하게 털어놓아라. 편지를 다 쓰고 나면 서명하라.

두 번째 편지는 대략 24시간 정도 지난 뒤에 쓰는 것이 좋다. 이 편지는 비통이 당신에게 쓰는 편지가 될 것이다. 처음 편지와 동일한 형식을 따르되 수취인을 당신으로 하고 '진심으로, 비통으로부터'라고 서명하라. 쓰기 전에 스스로에게 질문하라. 내 비통이 내게 무슨 말을 하고 있다고 생각하는가? 비통이 내게서 원하는 것은 무엇인가? 가능한 한 솔직히 비통을 대신해 당신 자신에게 편지를 쓰라.

두 편지는 하루나 이틀 정도 치워 두라. 그런 다음 조용한 시간을 따로 마련해 편지 두 통을 당신 자신에게 큰소리로 읽어 주라. 비통의 경험을 대하는 당신의 태도는 편지에 어떻게 나타나 있는가? 편지를 통해 당신 자신에 대해 새롭게 알게 된 것은 무엇인가?

이제 편지는 내용을 나눌 수 있는 누군가를 찾아 당신이 발견한 것들을 얘기해 보라. 당신이 지원그룹(support group)에 속해 있다면 서로 함께 나눌 수 있는 탁월한 활동이다.

다음은 첫 번째 편지의 예다.

친애하는 비통에게,

너는 악당이야. 너는 우리 에너지를 가져가고, 우리의 관리하는 능력, 두뇌를 앗아가 버려. 나는 내 배우자를 잃고 난 직후에 있을 상실감과 비통에 대해서는 준비되어 있었어. 그렇지만 게으름, 바닥난 에너지, 스트레스에는 잘 대처하지 못했어.

이 모든 것을 참기가 너무 힘들어. 너는 우리에게서 너무나도 많은 것을 가져가 버려. 꼭 우리가 일을 제대로 해 내야 할 때 특히 더 그래. 난 정말 이해할 수가 없어.

고백할 게 있는데 그건 네가 나에게 좋은 일을 많이 해 주었다는 거야. 나는 더 긍휼이 넘치고 더 이해심이 생기고 더 포용력 있는 사람이 되었어. 너는 나에게 더 잘 섬길 수 있는 새로운 방법을 알려 주었고 하나님은 그 방법들을 알려 주실 거야. 아마 내가 이 다음에 더 시간이 지나서 회고할 때는 너에 대해 다르게 느낄 것 같아. 그러나 지금 당장은 너는 내가 가장 좋아하는 친구는 아니야. 그래도 나는 너로 인해 더 나은 사람이 되었고 난 그것을 잊으면 안 돼.

진심을 담아.

아이린이

하루가 지난 다음, 아이린은 비통의 입장이 되어 그녀 자신에게 아래와 같은 편지를 썼다.

친애하는 아이린에게,

내가 널 그렇게 고통스럽게 했다니 미안해. 너희 교회 목사님이 장례식에서 하신 말씀을 기억해 봐. "비통은 모든 감정 중에 가장 고귀한 것이다."

네가 남편에게 마지막으로 줄 수 있는 진정한 사랑의 선물이야. 그러니 정상적으로 이것을 체험하렴. 원래 그렇게 했던 대로 일상을 살아. 네가 지금 삶에서 이 단계를 통과하기 위해 열심히 애쓰는 걸 알아. 그런 널 칭찬해 주고 싶구나.

그런데 이 말도 꼭 해 주고 싶어. "놓아주고 하나님이 하시게 해."

그저 하나님의 손에 놓아 드려. 나는 네가 성경에서 죽음에 대해 말하는 부분을 읽었으면 해. 네 성경 첫 페이지부터 마지막 페이지 사이에서 소망의 원자탄이 폭발하기 위해 기다린다는 걸 기억해. 성경말씀을 찾으며 너는 흥분할 거야. 네가 찾은 것들을 보고 감탄하게 될지도 몰라.

네 시간을 좀 더 지혜롭게 사용하도록 해. 일주일에 한두 번은 잠을 보충해서 자. 그럼 곧 괜찮아질 거야. 에너지도 곧 회복될 거야. 어쩌면 네가 그토록 줄이고 싶어 하던 몸무게를 줄일 수도 있을 거야. 시간이 지나면 넌 곧 발걸음이 가벼워질 거야. 앉는 것도 홀가분해질 거야. 기분도 좋아질 거고.

난 너의 친구요, 네 인생의 한 부분이야. 나에겐 목적이 있단다. 너도 알게 될 거야.

진심을 담아.

비통으로부터[27]

## 지름길은 없다

비통 가운데 있는 누군가를 돕기 위해 상담자는 제일 먼저 내담자가 무엇을 예상해야 할지 이해시켜야 한다. 그러기 위해서 예상되는 기대감들의 목록 샘플을 사용하라. 이 목록을 하나씩 내담자와 점검하거나 내담자가 숙제로 집에 가져가서 읽어 보고 다음 토론 시간에 다시 가져오도록 하라.

상담자는 다음과 같은 목록을 예상할 수 있다.

- 당신의 비통은 대부분 사람들이 생각하는 것보다 시간이 더 걸릴 것이다.
- 당신의 비통은 상상을 훨씬 초월해 더 많은 에너지를 고갈시킬 것이다.
- 당신의 비통은 많은 변화를 가져오고 비통은 지속적으로 개발될 것이다.
- 당신의 비통은 당신의 삶 전 영역에 걸쳐 영향을 미칠 것이다.
- 당신의 비통은 당신이 상실을 어떻게 인식하느냐에 좌우될 것이다.
- 당신은 단순히 죽음뿐만 아니라 상징적이고도 실제적인 것들로 인해 비통해할 것이다.
- 당신은 지금까지 상실한 것들로 인해 비통해할 뿐만 아니라 미래에 발생할 상실에 대해서도 비통해할 것이다.
- 당신의 비통은 현재 상실한 그 사람뿐만 아니라 그 사람과 함께 공유하고자 했거나 그 사람을 위해 가졌던 소망, 꿈, 실현되지 않은 기대감으로 애통해하는 것을 수반할 것이다.
- 당신의 비통은 흔히 비통을 떠올리면 자주 묘사되는 우울증과 슬픔뿐만 아니라 광범위하고 다양한 감정과 반응을 수반할 것이다.
- 당신의 상실은 과거부터 있었던 오래된 문제, 감정 그리고 미결된 갈등을 부활시킬 것이다.
- 당신은 분노와 우울증, 예컨대 과민함, 좌절감, 짜증과 옹졸함 등의 결합을 경험할 것이다.
- 당신은 분노와 죄책감에 시달리거나 적어도 이런 감정이 쌓여 갈 조짐을

느낄 것이다.
- 당신은 비통의 경련(발작적이고 충동적인 비통), 즉 경고 없이 갑자기 솟구치는 강렬한 비통을 경험할 것이다.
- 당신은 기억을 떠올리는 것, 조직적인 임무 실행, 지적인 사고와 결정하는 것이 어려워질 것이다.
- 당신은 마치 실성할 것 같은 느낌이 들 것이다.
- 당신은 죽음에 집착하게 되고 고인에 몰입할 것이다.
- 당신은 사회적으로 이전과는 다른 방식으로 행동하는 자신을 발견할 것이다.
- 당신은 여러 가지 신체적인 반응을 경험할 것이다.
- 다른 사람들은 비통에 빠진 당신에게 비현실적인 기대를 할 것이고, 부적절하게 반응할 수 있다.

위에서 언급한 여러 가지 요소들이 어떻게 복합되어 나타나느냐에 따라 다르겠지만, 비통에 동반되는 어마어마한 감정 표현에 당신 자신과 주변 사람들은 놀랄 것이다. 우리 대부분은 상실에 대해 전면적으로 대처할 준비는 하지 못했다. 우리는 지나치게 비현실적으로 기대하는 경향이 있고 친구나 사회로부터도 충분히 지원받지 못한다.[28]

기억하라! 비통에는 지름길이 없다. 그러나 비통해하는 내담자는 상담자의 도움으로 훨씬 수월하게 감당해 낼 것이다.

Crisis & Trauma
Counseling

# 06

## 비통 회복의
## 마지막 단계

Helping a Grieving Person Recover and Say Good-Bye

한 개인이 상실을 회복하도록 도울 수 있는 많은 긍정적인 단계들이 있다. 4장과 5장에서 이미 몇 가지 단계들을 살펴보았고 이 장에서는 이별을 고하는 마지막 단계에 집중하도록 하겠다.

한 개인이 삶을 다시 진행할 수 있도록 어떻게 도울 수 있을까? 일반적인 접근은 그들이 자신의 감정을 확인하고 표현하도록 하는 것이다. 어떤 사람에게는 이것이 쉽다. 또 어떤 사람들은 그것에 대해 말하는 것뿐 아니라 그들이 지금 경험하는 것이 무엇인지 알아내기 위해 갈등한다. 그럼에도 많은 내담자들은 비통을 시각적으로 정의한 것에 도움을 받았다.

이 비통의 공(도표6 참조)은 아주 편리하다. 이 공을 사용해서 내담자가 경험하는 감정을 확인하게 하라. 이 그림에서 사용한 감정들은 대부분의 사람들이 경험하는 것들이다. 이런 감정을 느끼는 것은 아주 정상적이다.[1]

도표 6

〈비통-얽힌 감정의 공(Grief-A Tangled Ball of Emotions)〉

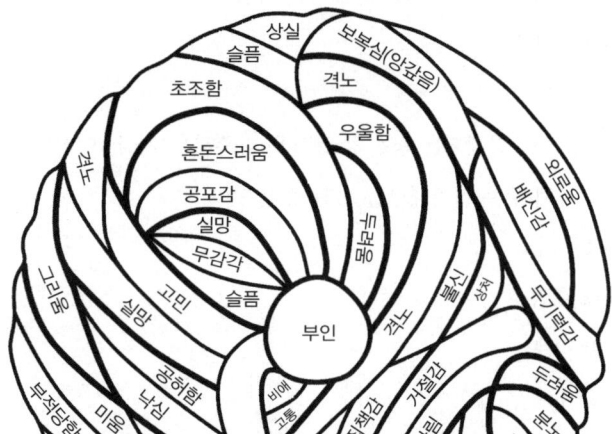

## 감정을 자세히 평가하라

때로 내담자들에게 감정을 자세히 살펴보게 해서 심각한 정도를 가늠하게 하고 감정을 묘사하게 하라.

### 우울증

다음 3가지 질문을 통해 우울증을 점검해 보라.

1. 당신이 우울해질 때와 유사한 느낌은 어떤 것인가?
   □ 우중충한 오후

- ☐ 부슬부슬 내리는 차가운 비
- ☐ 숨 막히게 덥고 습한 날
- ☐ 매서운 바람이 불어 얼음같이 추운 아침
- ☐ 음산한 잿빛 하늘

2. 나선형으로 진행되는 당신의 상실을 마주하는 지금, 당신의 상태를 가장 잘 묘사해 주는 일기예보는 어떤 것인가?
- ☐ 폭풍주의보
- ☐ 한때 흐림
- ☐ 심한 강우
- ☐ 해빙기
- ☐ 연이어 추운 날들
- ☐ 며칠 후면 해맑은 날씨 예상됨
- ☐ 부드러운 봄바람이 불고 있음

3. 당신의 비통 단계가 이 눈금에서 어디라고 생각되는가?

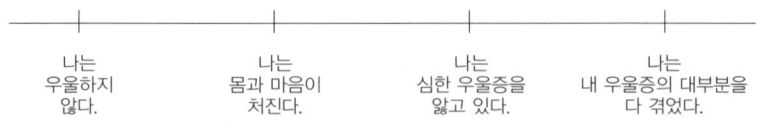

## 분노

물건이나 사람을 잃으면 화가 난다. 화가 나는 많은 이유가 있다. 사랑했던 사람을 상실한 그 사실 자체뿐 아니라 하룻밤 사이에 바뀐 그들의 인생을 떠올리며 갖게 되는 분노와 격노는 일반적인 반응이다. 사람들이 그렇게 화를 내는 구체적인 이유는 다음과 같다.

- 그들은 고인에게 화가 나 있을 것이다. 왜냐하면 그가 법적으로 해결해야 할 많은 일들과 외로움을 남겨 두고 떠났기 때문이다.
- 그들은 충분히 무엇인가를 하지 않는 그들 자신에게 화가 나 있을 것이다.
- 그들은 생활양식에 변화가 생겼기 때문에 화가 나 있을 것이다.
- 그들은 가족 내에서의 역할 변화 때문에 화가 나 있을 것이다.
- 그들은 삶을 통제한다고 여겼는데 그것을 상실한 것 같아 화가 나 있을 것이다.
- 그들은 가족이나 친구들이 일상으로 돌아가 삶을 살고 그들의 비통함에 대해 더 생각하지 않는 것에 화가 나 있을 것이다.
- 그들은 나머지 세상이 아무 일도 없었다는 듯 잘 돌아가는 것에 화가 나 있을 것이다.
- 그들은 하나님께 화가 나 있을 것이다.

비통 가운데 있는 사람을 상담하는 초기에는 이런 질문을 하라. " …… 때문에 좀 화가 나지는 않으십니까?"(위에서 제시한 이유 가운데 당신이 적절하다고 여기는 하나를 사용하여 문장을 완성하라)

분노는 경고 표시다. 그러나 여러 감정 가운데 분노를 첫 번째로 경험하는 경우는 드물다. 분노를 느끼기 전 가장 빈번하게 선행하는 감정은 두려움, 상처, 좌절감이다. 이 감정들은 고통스러울 뿐만 아니라 한 개인의 에너지를 고갈시키고 그의 마음을 심약하게 만든다.

내담자들은 분노가 비통의 초기 단계에서 고통스러운 여러 감정들로부터 주의를 빼앗아 간다는 사실을 눈치 챘을 것이다. 분노는 고통을 위장할 수 있다. 아니면 적어도 고통을 최소화할 수 있다. 어쩌면 분노의 근원에 영향을 미치거나 바꿀 수 있을 것이다. 오래지 않아 사람들은 고통을 느끼는 것보다 분노를 느끼는 것이 더 쉽다는 사실을 배운다. 분노는 에너지를 상승시키고 연약한 느낌을 감소시킨다. 내담자가 스스로에게 이런 질문을 하도록 도우라. "내 분노 뒤에 있는 고통은 어떤 것인가?" "내가 분노를 어떻게 대해야 할까?" "어떻게 하면 분노를 사라지게 할 뿐 아니라 분노를 다룰 수 있을까?" 한 남자는 자신을 위해 아주 유익한 행동을 했다.

내가 분노에 계속 붙잡혀 있다면 날 피해자로 만든다는 것을 결국 깨달았다. 누군가 대가를 치르기 원하는 만큼, 그 일이 일어나지 않을 것을 알았다. 그래서 나는 90일 계획을 세우기로 결심했다. 나는 완벽하지 못한 '인간'이기에 10퍼센트의 분노만 유지하기로 자신에게 허락했다. 90일 동안 날마다 내 분노의 1퍼센트씩만 포기하는 것이다.

목적이 있고 또 계획을 만들어 낸 사실이 나의 회복에 정말 격려가 되었다. 매일 나는 15-20분간 내가 복수하고 싶은 사람이 누구며 어떻게 할 것인지 생각했다. 매번 그것을 기록했고 그 다음에는 간략한 편지 형태로 만들어 냈다. 방에 서서 편지를 큰소리로 읽었다. 어떨 때는 보기 좋지 않았다. 때로는 친구에게도 읽어 주었다. 누군가 실제 청중이 있는 것이 도움이 되었기 때문이다.

매일 나는 이 구절을 적었다.

"나는 당신이 내게 _____한 것을 용서합니다."

그러고 나서 내가 용서할 수 없는 첫 번째 이유를 적었다. 마치 나는 용서할 수 없는 이유로 가득 찬 사람 같았다.

아침 일과는 찬양하는 내용의 시편 한 편을 꼭 소리 내어 읽는 것으로 마무리했다. 그 후에 두 손을 주님께 높이 들고 그날의 분노를 올려 드렸다. 나는 쓴 마음을 느꼈지만 그가 하시는 일을 그분께 감사드렸다. 그렇게 하는 것이 나를 꼼짝할 수 없게 만들고 요동치 못하게 했다. 나는 용서하고 싶지 않았다. 그들은 용서 받을 가치가 없었다.

그러나 나는 계속해 나갔다. 30일까지는 3퍼센트라도 진보를 이룬 것인지 장담할 수 없었다. 그러나 60일쯤 되었을 때 나는 진도표를 앞서가는 느낌이었다. 나는 개선되어 가고 있었다. 나는 성숙하고 있었다. 나는 좋아지고 있었다. 물론 이따금씩 분노와 비통이 내게 언제 그랬느냐는 듯이 일격을 가했다. 나는 그것이 평생 내 인생을 따라다닌다고 해도 이제는 감당할 수 있다. 내가 완전히 회복된 느낌이 여러 날 또는 몇 주간 지속되기도 한다. 이렇게 해 주신 하나님을 찬양한다.

분노를 긍정적이고 창의적으로 사용할 수도 있다. 다음은 분노를 긍정적으로 사용한 몇 가지 경우다.

- 사고를 당한 한 피해자의 친척은 갑작스런 사고를 겪고 살아남은 생존자들을 돕기 위한 개선된 새로운 절차들이 정착되도록 병원 목회팀을 설득했다.
- 한 부모는 유사한 사고사를 줄이기 위해 자신의 아들이 익사한 연못에 경고 표지판을 세우도록 건의했다.
- 한 할머니는 암 환자 지원그룹의 주소뿐만 아니라 암에 대한 자세한 정보를 담은 인쇄물을 암 환자 부모들에게 제공하도록 요청했다.
- 연로한 아버지를 잃은 한 아들은 지역 요양소를 위한 프로그램을 조직했다.
- 어린 딸을 잃은 한 젊은 엄마는 지역 소아 병동에 장난감 기증을 해 달라고 청원했다.

밑줄 친 단어들을 주의 깊게 보라. '설득했다, 건의했다, 요청했다, 조직했다' 그리고 '청원했다.' 이 단어는 사람들의 분노를 다른 방향으로 바꿨을 뿐만 아니라 그들 삶에 안도감이 찾아오고 자기 삶을 통제할 수 있다는 느낌을 주었다.[2]

## 감정 통제 방법 실행하기

상실을 경험하는 모든 사람들이 잘 대처하도록 도울 수 있는 더 많은 긍정적인 단계들이 있다.

### 처한 상황을 설명해 주는 편지 쓰기

대부분의 사람들은 누군가의 상실에 대해 어떻게 반응해야 하는지 또는 무슨 말을 해야 하는지 잘 모른다. 그렇기 때문에 상실을 경험한 사람들이 그 상황과 감정을 표현해 줄 때 도움이 된다.

다른 사람들에게 그들이 처한 상황을 창의적으로 알릴 수 있는 한 가지 방법은 전화자동응답기에 주간 정보를 녹음하는 것이다. 내가 2년간 상담한 한 남자가 이 아이디어를 알려 주었고 내게 자신의 경험도 얘기해 주었다. 그는 4년 동안 자동응답기에 메시지를 남겼고 각 메시지를 비통일지에 기록했다. 주변 사람들은 그가 출근한 후에 일부러 집에 전화를 해서 주간 소식을 듣기도 했다. 그는 이렇게 자기 소식을 알려서 다른 사람들이 그를 위해 어떻게 기도하면 좋을지 아이디어를 주었다. 이것은 또한 대답 없는 질문만 해야 하던 그의 딸이 어떤 대답을 해야 할지 도왔다. 덕분에 가족은 새로운 친밀감을 형성했다.

다음은 1997년 1월 25일 암으로 아내와 사별한 그의 메시지다.

> 1997년 3월 7일.
> 안녕하세요, 데이브입니다.
> 저는 지금 어찌할 바를 모르겠습니다. 저와 아이린이 지난 수년간 함께해 왔던 꿈들이 한순간에 사라져 심한 상실감을 느낍니다. 제 앞에 놓인 미래가 두렵기만 합니다. 저는 이런 일이 일어날 것을 준비하지 못했습니다. 우리가 잠언 3장 5-6절에 나오는 말씀대로 할 수 있도록 기도해 주십시오. "너는 마음을 다하여 여호와를 의뢰하고 네 명철을 의지하지 말라. 너는 범사에 그를

인정하라. 그리하면 네 길을 지도하시리라."

1997년 4월 19일.
아이린을 품에 꼭 안을 수 있었던 것이 5개월 전 일입니다. 그녀가 수술을 받은 후에 저는 여러 번 포옹하고 위로해 주고 싶었습니다. 그러나 제가 할 수 있는 것이라고는 그저 그녀의 손을 잡아 주거나 베개 위치를 바꿔 주는 게 다였습니다. 저는 어마어마한 상실감을 느끼고 그것 때문에 너무나도 슬픕니다.

저는 스트레스가 오는 환경이나 관계에 놓인 사람들이 있다는 것을 압니다. 혹시 그런 분들은 이름을 남겨 주신다면 제가 기도하겠습니다. 왜냐하면 이사야를 통해 하나님이 그의 백성을 위로하라고 말씀하셨기 때문입니다. "너는 알지 못하였느냐 듣지 못하였느냐 영원하신 하나님 여호와 땅 끝까지 창조하신 이는 피곤하지 않으시며 명철이 한이 없으시며 피곤한 자에게는 능력을 주시며 무능한 자에게는 힘을 더하시나니"(사 40:28-29).

1997년 8월 12일.
안녕하세요, 데이브입니다.
저는 지금 추한 생각들을 하고 있고 세상적인 감정이 들고 수치심으로 꽉 차 있습니다. 왜냐하면 이것들을 주님께 가져가고 십자가 아래에 내려놓는 것이 힘들기 때문입니다.

그래서 제 기도 제목은 우리가 시편 기자의 말씀을 기억하도록 도와 달라는 것입니다. "여호와는 은혜로우시며 긍휼이 많으시며 노하기를 더디 하시며 인자하심이 크시도다 여호와께서는 만유를 선대하시며 그 지으신 모든 것에 긍휼을 베푸시는도다"(시 145:8-9).

### 우는 시간 정해 놓기

당신에게 누군가는 와서 이렇게 말할 것이다. "눈물을 그칠 수가 없어요. 어떻게 하면 좋죠?"

어떤 사람들은 눈물을 흘리고 우느라 하루를 다 보낸다. 만약 그런 내담자가 있다면 시간을 정하여 울도록 하라. 예를 들어 30분 정도 앉아서 고통과 상실을 떠올리며 실컷 울게 하고 그런 다음에는 생산적인 활동을 하도록 하라.

다시 눈물이 난다면 울지 않으려고 최선을 다해서 노력하고 내일 또 울 기회가 있음을 상기시키도록 하라. 다음 날 동일한 시간에 29분만 울게 하라. 그 다음 날도 똑같이 하되 시간을 28분으로 줄인다. 그렇게 30일간 계속하며 우는 시간을 1분씩 줄여 가게 하라. 30일이 지나면 대부분의 사람들은 그들의 삶이 눈물에 지배당하는 느낌은 없어지고 좀 더 균형을 갖게 된다.

### 기억 목록 만들기

상실을 겪는 사람들이 힘들어하는 이유 가운데 하나는 그들이 사랑했던 사람의 세밀한 부분을 기억하지 못한다는 것이다. 그렇다면 유족들은 그를 위해 한 줄로 된 문장 1,000개 모으기를 해 볼 수 있다. 기억하고 싶은 사람에 대한 어떤 생각이 떠오를 때마다 한 줄로 적어 보라. 1,000개의 문장이 모이면, 기억하고 싶은 것은 대부분 간직할 수 있다. 기억 목록을 만들다 보면 비통해하던 마음이 한결 가벼워질 것이다.

### 비통일지 쓰기

회복을 위해 매일 일지를 기록하면 좋다. 다양한 방법으로 일지를 쓸 수 있다. 다음에 나오는 내용은 전화자동응답기에 녹음 메시지를 남긴 데이브가 밟은 단계로, 그는 한 줄 문장을 기록했다. 상담가는 내담자들에게 일지를 쓰게 할 때 아래 내용을 나누어 줘도 좋겠다.

1. 매번 날짜를 기록하라.
2. 기록하라. 그림을 그려라. 아니면 낙서라도 시작하라.
3. 정직하라.
4. 열린 마음으로 하라.
5. 위험을 감수하라. 공개할 필요가 없다는 것을 기억하라.

다음은 일지를 쓰는 20가지 유형이다. 내담자에게 더 적합한 유형을 권해 그의 회복을 도우라.

1. 포착된 순간들 : 기억이나 감정을 촉발시키는 사건 또는 장소에 대해 기록하라.
   예) 특별한 장소를 다시 찾아가기, 사랑했던 사람의 행동 또는 함께했던 것을 회고하기, 다른 사람들과 함께했던 대화 기억하기.
2. 징검다리 : 두 사람의 관계에서 있었던 한때를 기록하라.
   예) 함께했던 것, 두 사람이 만난 장소, 두 사람이 휴가를 떠난 곳, 데이트 했던 장소들, 함께 보낸 명절들.
3. 그날의 주제 : 한 페이지에 그 달의 일수를 적어 내려가라. 각각의 날짜 옆에 충분히 생각하고 기록해야 하는 주제를 써 보라.
   예) 1/1 직장, 1/2 돈, 1/3 집, 1/4 부모님 또는 자녀.
4. 인물 스케치 : 다른 사람이 나를 보듯 자신을 바라보도록 하라.
   예) 특정 성경말씀에 대해 일지를 쓰라. 예를 들면 마태복음 7장 3-5절. 당신의 눈에 있는 들보는 어떤 것들인가? 사람들(아니면 특정인물)이 어떻게 할 때 화가 나는가? 아니면 당신을 미치게 만드는가?
5. 오늘의 이정표(사건) : 요즘 벌어지는 사건에 대해 기록하라.
   예) 이사, 집 팔기, 물건 구매하기.
6. 하나님, 사별한 사람, 당신 자신, 다른 사람들에게 편지 쓰기 : 편지를 쓰

기 좋은 때는 사별한 사람과 아직 해결하지 못한 문제들이 남아서 마무리 짓고 싶을 때다. 이 편지는 발송하지 않는다. 때문에 편지는 내담자에게 안전하다는 느낌을 주고, 위협적인 분위기를 만들지 않는다.

예) 깊은 감정을 표현하는 편지 쓰기(분노, 비통, 적대감, 분개, 그리고 애정).

7. 반대 감정 기록하여 목록 만들기 : 어떤 특정한 감정을 생각할 때 떠오르는 단어 목록을 만들어 각각의 감정 아래 기록해 본다.

예)

| 기쁜 | 화나는 | 이것이 | 이것이 |
|---|---|---|---|
| 행복한 | 슬픈 | 나를 기쁘게 만든다. | 나를 슬프게 만든다. |
| + | − | | |
| 긍정적인 | 부정적인 | | |
| 최고 | 최악 | | |

8. 'KISS'의 법칙(Keep It Short and Simple) : 짧고 간단하게 표현해 본다.

예) 나는 겁이 나고 곧 무너질 것 같다.

9. 한 주간 사용할 주제 단어 : 한 주 동안 매일 사용할 단어나 주제를 선택해 본다.

예) 외로움, 혼란, 변화.

10. 손쉬운 시작 : 질문이나 진술로 시작하고 이때 떠오르는 생각이나 감정을 적어 보라. 그리고 일지의 한 페이지에 가능한 질문이나 진술문 목록을 기록하라.

예) 나는 _____에 흥분된다. 나는 외롭다. 그래서 그것은 _____. 내 비밀은 _____이다. _____한다면 얼마나 좋을까. 나는 항상 _____. 나는 절대로 _____.

11. 계기가 되는 기억들 : 앨범이나 다른 물건을 사용하여 생각, 감정 또는 기억을 유발하도록 하라. 생각나는 것들을 자유롭게 기록하라.

12. 가장 좋아하는 장소 방문하기 : 그곳에서 생각과 감정이 일어나게 하라.

**도표 7**

```
상실                                                    소망
    공허                                           평강
        두려움                                 구원
             실패                         예수님
                   하나님
                사랑
              결혼              햇살
          자녀들              푸른 하늘
       손주들                           꽃
  귀중한                                       소망
```

떠오를 때마다 기록하라. 문법, 철자나 작문법은 걱정하지 마라.

13. 군집화하기(도표7 참조) : 양쪽 뇌를 다 사용하라. 핵심 단어나 구절을 사용해 생각, 감정과 기억이 떠오르게 하라. 그러고 난 후 군집된 감정이나 생각을 기록하라. 간단하게 기록하라. 반복해도 좋다. 무의미해 보이거나 앞뒤가 맞지 않아도 좋다. 문법이 어설퍼도 상관없다. 한 번 자리를 잡고 앉았을 때 생각들을 완성해 보라. 그저 적어 내려가 보라.

14. 2차 상실들 : 처음 상실을 경험한 후 부차적으로 맞닥뜨린 상실들에 대해 기록하라.

    예) 친구들, 정체성, 수입, 집, 외부 활동.

15. 주변적인 사건들 : 상실로 치닫게 한 사건 또는 상실을 에워쌌던 사건을 기록하라.

    예) 질병, 싸움, 부족한 의사소통.

16. 카드 만들기 : 생일, 기념일, 어버이날과 같은 특별한 때를 위한 카드를 직접 써 보거나 만들어 보라.

    예) 어버이날 카드를 만들거나 사서 그들이 어떤 아버지였고, 어머니였는지 기억해서 생각나는 대로 기록해 본다.

17. 일지를 기록하는 것에 대한 당신의 느낌이나 지금 쓰는 것에 대한 느낌을 기록해 본다.

18. 연대표(시간표) : 먼저 날짜를 기록하거나 줄을 그어 표시해 본다. 예를 들어 축복 연대표를 만든다고 하면, 시간 순서대로 내가 받은 축복을 열거해 본다. 가장 먼저 받았다고 생각하는 축복부터 시작한다. 이런 형식을 사용해 상실 연대표 등 다른 주제로도 만들어 본다.

    예) 상실과 축복 연대표를 함께 만들어 보라. 상실로 시작하고 그 다음에는 축복도 포함시키도록 하라.

19. 100가지 목록 : 특정한 단어나 글쓰기를 돕는 문장을 사용해서 가능한 한 많은 목록을 만들라.

    예) _____에 대해 제가 좋아하는 점은 _____입니다. _____에 대해 제가 싫어하는 점은 _____입니다. 지금까지 변화된 것은 _____입니다. 제가 두려워하는 것은 _____입니다. _____은 축복입니다. _____에 대해 제가 기억할 수 있는 것은 _____입니다.

20. 계란 상징(Egg Symbol) : 당신의 상실을 나타내 줄 수 있는 그림을 선택하라. 시간이 경과하면서 정기적으로 그것을 다시 그려 보라.

    예) 계란을 그려 보라. 상실 초기에는 담장에서 떨어진 '험티덤티'(Humpty Dumoty : 미국 동요집에 나오는 커다란 계란. 담장에서 떨어져 깨진다)처럼 1,000개의 조각으로 깨어져 있을 것이다. 시간이 흐르면 때때로 이 많은 조각들이 다시 잘 붙은 것처럼 보이고, 어떨 때는 1,000개보다 더 많은 조각으로 깨어져 보일 것이다.[3]

앞에 열거한 모든 제안은 내담자가 안녕이라고 이별을 고할 수 있도록 돕는 과정의 한 부분이다.

**미리 안녕이라고 말하기**

비통에 빠진 사람들은 작별인사를 할 수 있을 때 마무리하는 느낌을 더 갖는다. 또한 상실 이후 위축된 그들의 삶과 상황을 지배하고 있던 감정들을 제자리로 돌려보낼 수 있다.⁴

상실의 대상과 작별인사를 하는 것은 그와 삶을 더 이상 공유할 수 없음을 인정하는 것이다. 기억 속에서는 계속 살아 있겠지만 지금 이별을 고함으로써 그들이 상실한 그 대상 없이 살아갈 것을 받아들인다.

작별인사는 비통의 과정을 통과하는 데 도움을 준다. 물론 어떤 사람에게는 그다지 의미가 없을 수도 있다. 태아를 유산한 어떤 부모는 특별히 이별을 고할 필요를 느끼지 못하고 그들의 삶을 계속해서 잘 살아가는 반면 어떤 사람은 추모 예배를 드린다. 모든 것이 개인에 따라 차이가 있고, 그들이 비통에 어떻게 대처하는가에 따라 다르다.

카렌 브라운스타인(Karen Brownstein)은 「브레인스토밍」(*Brainstorm*)이라는 책에서 뇌수술을 받았을 때의 힘든 경험을 묘사해 놓았다. 간호사가 수술을 준비하기 위해 그녀 머리의 한 부분을 면도하기 전, 카렌은 욕실 거울 앞에 서서 자신의 긴 머리카락을 쓰다듬으며 머리카락에게 작별인사를 건넸다. 나중에 악성종양 때문에 방사선 치료를 하면서 머리가 다 빠졌는데 이 상실을 받아들이는 것이 비교적 쉬웠던 이유는 간소한 고별식을 미리 했기 때문이다.

어떤 사람들은 이전 직장이 있는 건물 앞으로 가서 작별을 고하기도 했다. 때로 그들의 작별인사는 긍정적인 기억창고에서 나오기도 하고 때로 분노에서 비롯되기도 했다.

당신의 내담자에게 질문해 보라. "당신 삶에서 작별인사를 한 사람이나 물건이 있습니까?" 그리고 물어보라. "당신 삶에서 작별인사를 해야 하는 사람이나 물건이 있습니까?"

최근에 나는 31년간의 추억이 담긴 집에 작별을 고했다. 그것은 긍정적인 결정이었고 작별인사를 하는 것이 연결고리를 끊는 데 도움을 주었다.

**글쓰기**

다양한 종류의 상실에 작별인사를 하는 더 좋은 방법 가운데 하나는 글로 쓰는 것이다. 편지를 쓰면 작별을 고할 뿐만 아니라 상실의 강렬한 감정을 표현할 수도 있다. 화를 잔뜩 풀어낸 편지이거나 기쁨과 슬픔으로 충만한 편지일 수도 있다.

- 한 사람이 암을 앓는 죽음이 임박한 친구에게 큰 감사의 마음을 표현하는 글을 썼다.
- 또 한 사람은 그녀의 초등학교 선생님께 작별을 고하는 편지를 썼다. 그녀는 선생님이 자신의 자녀들을 가르쳐 주기를 기대했으나 선생님은 지금 은퇴하고 안 계셨다.
- 과거에 중독자였던 한 사람이 그의 약물에게 작별을 고하는 편지를 썼는데 그 편지에 약물이 얼마나 그에게 큰 문제를 안겨 주었는지 묘사했다.
- 유방 절제술을 받는 대부분의 여성은 절제해 낼 가슴 한쪽에 수술 전이나 수술 후에 작별편지를 쓰곤 했다. 특히 젊은 여성은 편지 쓰기를 통해 상당한 트라우마를 가져오는 상실에 대처할 수 있는 도움을 받았다. 이런 상실은 대개 오랜 기간 동안 우울증과 애통함을 동반하는 것이다.
- 지난 수년간 수많은 사람들이 고인이 된 친구, 배우자, 자녀, 부모, 형제, 자매 또는 다른 중요한 사람에게 편지를 쓰곤 했다.[5] 편지는 그 사람이 사라진 현실을 절실히 느낄 수 있도록 하기 때문에 유익하다.
- 인생에서 중요한 변화의 시기를 맞아 의미심장한 사람에게 작별을 고하는 편지를 쓰는 것이 될 수도 있다.

작별을 고하는 것은 불건전하거나 병적이거나 히스테리의 징후도 아니고 통제를 벗어난 행동도 아니다. 건강한 방법으로 삶의 다음 단계로 옮겨 가는 것이다.

## 작별을 고하는 단계를 밟으라

상담자는 내담자에게 질문하라. 먼저 내담자가 작별을 고할 때 표현하고 싶은 것이 무엇인지 알아내도록 도와주라. 그들은 무슨 말을 하기 원하는가? 어떤 말들이 감사와 후회를 표현하는 말들인가? 또 어떤 말들을 했을 때 상실로 마무리 짓지 못했던 그 무엇인가를 끝맺도록 해 줄 것인가?

내담자가 작별편지를 써서 상실한 대상에게 큰소리로 얘기하게 하라. 한 이혼녀는 그녀의 결혼에게 편지를 썼고 실제 사람인 것처럼 편지를 보냈다.

내담자들은 상실한 꿈, 상실한 소망, 상실한 사업, 아니면 상실한 직업에도 작별편지를 보낼 수 있다. 더 후회스러울수록 '만약 이렇게만 했어도'라는 생각을 더 많이 할수록 편지가 중요하다. 이는 한 번도 언어화하지 못했던 것을 표현할 수 있는 기회가 되기 때문이다.

편지를 쓰고 하루가 지난 후에 자신에게 또는 신뢰하는 친구에게 그 편지를 읽게 하라.

작별편지를 쓸 때는 최대한 정직해야 한다. 상담가는 내담자에게 이 편지의 의도가 그가 상실한 물건이나 사람과의 감정적인 관계를 잘 마무리하는 것임을 상기시켜야 한다. 타이밍도 매우 중요하다. 너무 서두르지 않아야 한다. 상실로 인해 여전히 분노한 감정이 자리 잡고 있다면 분노를 확인하고 가라앉히도록 해야 한다.

편지를 쓰기 전에 미결 사항을 확인하는 것이 유익하다는 것을 내담자들에게 알려라. 그것은 다음을 포함한다.

- 고쳐야 될 것 바로잡기.
- 용서하기.
- 중요한 감정을 문장으로 표현하기.

### 바로잡기

내담자가 사랑하는 사람의 죽음을 극복하도록 돕는 첫 번째 단계는 그들이 어떻게 바로잡을 수 있는지 알아내게 하는 것이다. 바로잡는 것은 미안하다고 얘기하는 것이며 그들의 반응도 바꾸는 것이다. 이 질문을 하라. "긍정적인 것이든 부정적인 것이든 당신이 바로잡지 않은 사건이나 상황들이 있습니까? 당신이 한 어떤 행동 때문에 미안할 수 있고 당신이 하지 않았으면 좋았을 말 때문에 속상할 수 있습니다. 지금 이 시점에서 생각나는 일이 있습니까? 당신이 진작 바꿨으면 하고, 생각하던 어떤 부정적인 행동이 있다면 그 행동에 대해 어떤 조처를 했습니까?"

한 남성은 이렇게 얘기했다. "제가 덜 부정적이고 비판적이기를 바라고 좀 더 긍정적으로 인정하는 언어를 사용했으면 좋겠습니다. 지금은 비판을 한 마디 할 때 긍정적인 인정이나 칭찬의 말을 두세 개는 꼭 합니다."

한 여성은 이렇게 얘기했다. "당신이 내게 얼마나 특별한 사람이었는지 당신에게 더 자주 얘기했으면 얼마나 좋았을까요. 적어도 다른 사람들에게는 그렇게 하기 시작했답니다."

### 용서하기

두 번째 단계는 용서가 필요한 영역을 확인하는 것이다. 사람들은 용서하지 못하는 수많은 이유를 갖고 있다.

왜 용서하지 못하는지 그 이유를 알아보는 것이 중요하다. 내담자에게 종이 한 장을 꺼내서 제일 위에 용서하지 못하는 사람의 이름을 적게 하라. 그런 다음 이름 아래에는 인사를 쓰게 하라. 인사 밑에는 '나는 ……한 당신을 용서합니다'라고 적고 그 다음에는 지난 수년간 그들을 괴롭게 한 모든 것들을 적어 내려가 문장을 완성하게 하라. 용서의 진술문을 쓴 다음에 즉시 떠오르는 생각을 놓치지 말고 기록하도록 격려하라. 흔히 그 내용은 그 사람을 왜 용서할 수 없는지 반박하는 것이다.

그때 다시 '나는 당신을 용서합니다'라고 쓰게 하라. 모순이 된다 하더라도 즉시 떠오르는 생각을 적고 바로 뒤이어 '나는 당신을 용서합니다'라고 쓰며 진술문을 계속해서 연습하도록 하라. 그들의 저항과 분노의 주머니가 다 비워질 때까지 이 과정을 반복하라. 그들이 반대나 반박 없이 '나는 ……을 용서합니다'라고 여러 번 쓸 수 있으면 용서가 이루어지는 것이다.

### 감정 표현하기

마지막 단계에는 감정적인 진술문이 필요한데 대개 내담자가 그 사람에게 하기 원했던 말들을 포함한다. 마치 그 사람과 마지막으로 한 번 더 대화하는 것과 같다. 내담자들에게 아래 문장과 같이 쓰기 시작하라고 제안해 보라. "만약 당신이 이런 진술문들을 마무리한다면 그 사람에게 어떻게 얘기하겠습니까?"

- _____때문에 당신께 감사드립니다.
- 나는 _____때문에 당신이 너무 자랑스러웠어요.
- _____는 제게 너무나도 깊은 의미가 있답니다.
- _____으로 인해 감사합니다.
- 당신은 _____에 참 탁월했어요.

어떤 사람들에게는 사랑하는 사람과의 마지막 대화를 기억해 내서 그것을 최대한 나누는 것이 유익했다.

마지막으로 내담자가 작별을 고하도록 제안하라. 이때 내담자는 감정적·

육체적으로 불완전한 모든 것과 작별하는 것이다. 아래와 같이 '놓아주기' 기도를 쓰는 것도 한 가지 방법이다.

친애하는 벗에게,

당신의 죽음은 내 삶과 마음에 빈 공간을 남겼습니다. 이 공허함은 결코 채울 수도 없습니다. 나는 당신의 음성을, 당신의 웃음소리를, 당신의 익살스럽고 사랑스러운 행동을, 그리고 내가 당신에게 노발대발 화를 내던 순간들을 그리워합니다. 당신을 위해 가졌던 꿈과, 당신과 함께 나누었던 꿈들이 그립습니다. 우리가 결코 함께할 수 없는 미래를 그리워하고 아무리 긴 시간을 함께했더라도 충분치 않았을 과거를 그리워합니다.

나 자신뿐만 아니라 당신을 위해 저는 울었습니다. 당신에게, 하나님께, 세상에, 그리고 아무것에나 화가 나 격노했습니다. 왜 당신이 더 이상 저와 함께할 수 없는지, 왜 당신 없이 이 세상에서 갈등하며 살아야 하는지 이해하려 애썼습니다.

어떤 사람들은 저를 돕기 위해 먼저 손을 내밀었습니다. 어떤 사람들은 내가 고통스러워하는 것을 차마 감당할 수가 없어 돌아섰습니다. 저는 그들이 저의 고통을 공유해 달라고 부탁하는 것이 아닙니다. 그저 내가 얘기하고 눈물지을 때 경청해 달라는 것입니다. 저는 어두움 속에서 당신이 좀 더 편안하고 안전한 장소에 있다는 어떤 징조를 기다렸습니다. 그리고 제가 그 응답을 받았다고 할지라도 당신과 함께 있지 못한다면 어떻게 그곳이 더 좋은 곳인지 질문할 수밖에 없습니다. 저는 외로움이 압도해 올 때마다 당신과 함께 있고 싶었습니다.

이 모든 혼란과 의심을 통과해 지금까지 왔습니다. 저는 아직 제 목표를 다 이루지는 못했지만 적어도 회복을 향한 길 위에 서 있음을 압니다. 당신 없이 제가 어떻게 살아갈지 막막합니다. 아무리 소중한 사람들이 곁에 있다 할지라도 당신이 제 삶에서 차지한 특별한 자리를 대신할 수 없습니다. 제 곁에 없는 당신을 상상하는 것도 힘듭니다.

  친구이자 사랑하는 동반자로 제 곁을 동행하겠습니까? 지금은 제가 당신에게 갈 수 없지만 하나님의 사랑과 긍휼함 가운데 우리가 다시 만날 것을 저는 믿습니다. 그러나 나의 삶은 지속되어야만 합니다. 이제 제 자신과 다른 사람들을 위해 제 인생을 살아야 할 때가 되었습니다. 당신을 놓아주기로 하는 지금 당신 또한 저를 놓아 달라고 부탁해야겠습니다. 저의 새로운 삶이 제게 생소하게 느껴지는 것처럼 당신의 새 삶도 당신에게 그럴 것입니다. 그래도 당신과의 추억이 제게 위로가 되는 것처럼 저에 대한 기억이 당신에게도 위로가 될 것입니다. 그러니 우리는 타인을 사슬로 속박해서가 아니라 사랑으로 열린 두 손으로 이끄는 것임을 이해하면서 이제 새로운 현실의 반경들을 탐험해 보기로 합시다.

  나의 소중한 사람이여, 당신을 보내 드립니다. 내가 절대로 당신 곁을 떠날 수 없듯 당신도 결코 내 곁을 떠나지 않을 것을 압니다. 우리가 함께했던 멋지고 특별한 관계에 감사드립니다. 우리가 다시 한 번 만날 때 당신과 이 새로운 경험을 나눌 것을 기대합니다. 당신을 사랑합니다. 당신을 그리워합니다. 당신을 절대로 잊지 않을 것입니다.[6]

  작별을 고하는 또 다른 방법들도 있다. 교회나 자선단체에 그 사람 이름으로 기부금을 보내는 것도 감사 표시가 될 수 있다. 어떤 사람은 장학금이나 그림을 기부하고, 정원에 꽃이나 나무를 심고, 기념패를 만드는 것으로 영속하는 기념비를 세운다. 캘리포니아에 위치한 기독교 연맹 부지에서는 사랑하는 사람의 이름으로 나무를 기증하는 것이 가능하다. 그들은 또한 하나님께 자신이 상실을 얼마나 힘들어하는지 얘기할 수 있고, 그들이 작별인사로 무슨 말을 하기 원하는지 하나님과 나눌 수 있다.

## 큰 슬픔에 잠긴 이들을 돌아보라

비통에 빠진 사람들은 집 없는 부랑자들처럼 표류한다. 우리는 믿음이 있는 사람들로서 비통의 징후들에 대해, 그리고 비통으로 이끄는 삶의 상황들에 대해 촉각을 세우고 있어야만 한다. 사람들이 우리에게 올 때까지 기다려서는 안 된다. 우리가 그들에게 다가가야만 한다. 그들은 누구인가? 다음을 고려해 보라.

- 고정으로 출석하는 교회가 없는 사람들.
- 회중의 상황이나 갈등 때문에 교회 다니는 것을 중단한 사람들.
- 우리나라 말을 제대로 구사하지 못하는 사람들.
- 사랑하는 사람이 가정이 있는 공동체에서가 아니라 사업상 출장 중이거나 휴가 중 타지에서 죽음을 맞이한 사람들.
- 사랑하는 사람이 다른 도시에 있는 특별한 의료센터에서 치료를 받는 사람들.
- 최근에 새로운 장소로 옮기거나 과도기에 있는 사람들.
- 조직화된 종교단체에서 학대 당한 경험이 있는 사람들.
- 극도로 역기능적인 가정에 속한 사람들.
- 사회에서 소외된 사람들.
- 건강의 이유나 장애로 교회에 참여할 수 없는 사람들.
- 정신질환과 정신 장애를 가진 사람들.
- 어린아이들.
- 이전 배우자 또는 현재 배우자의 친인척들.[7]

그리스도인들은 곤경에 처한 사람들을 계속해서 찾아보아야 한다. 우리는 우리의 힘이 아닌 하나님의 힘에서 나오는 은혜와 도움을 베풀며 살아야만 한다.

Crisis & Trauma
Counseling

# 07
# 위기란 무엇인가
What Is a Crisis?

'위기'라는 단어를 들으면 어떤 그림이나 말이 떠오르는가? '긴급한, 속상한, 무기력한, 제대로 작동하지 않는, 절망적인, 근심하는, 무감각한' 같은 말이 떠오르는가? 어쩌면 이 단어를 모두 합해도 될지 모른다.

하나님의 말씀은 위기에 처한 많은 사람들의 상황을 묘사한다. 바울의 얘기도 그 가운데 하나다.

"사울이 주의 제자들을 대하여 여전히 위협과 살기가 등등하여 대제사장에게 가서 다메섹 여러 회당에 가져갈 공문을 청하니 이는 만일 그 도를 따르는 사람을 만나면 남녀를 막론하고 결박하여 예루살렘으로 잡아오려 함이라 사울이 길을 가다가 다메섹에 가까이 이르더니 홀연히 하늘로부터 빛이 그를 둘러 비추는지라 땅에 엎드러져 들으매 소리가 있어 이르시되 사울아 사울아 네가 어찌하여 나를 박해하느냐 하시거늘 대답하되 주여 누구시니이까 이르시되 나는 네가 박해하는 예수라 너는 일어나 시내로 들어가라 네가 행할 것을 네게 이를 자가 있느니라 하시니 같이 가던 사람들은 소리만 듣고 아무도 보지 못하여 말을 못하고 서 있더라 사울이 땅에서 일어나 눈은 떴으나 아무 것도 보지 못하고 사람의 손에 끌려 다메섹으로 들어가서 사흘 동안 보지 못하고 먹지도 마시지도 아니하니라"(행 9:1-9).

이것은 갑작스런 종교적 회심을 다룬 유명한 이야기 가운데 하나다. 이 이야기는 위기의 특성 몇 가지를 묘사하는 탁월한 예화다. 위기는 바울에게 여러 면으로 영향을 미쳤다. 첫째, 그는 신체적으로 볼 수 없게 되었고 도시까지 누군가의 손에 의지해야 했다. 둘째, 그는 영적으로 변화해 신자가 되었으며 그리스도인을 대하는 태도가 완전히 바뀌었다. 셋째, 그는 정신적으로 그리고 감정적으로 영향을 받아서 3일간 먹지도 마시지도 못했다. 그는 위기를 통해 긍정적인 방향으로 전환했다.

상담자와 목회자는 제대로 사역하기 위해 '위기'라는 단어의 뜻을 이해하고 있어야 한다. 웹스터 사전은 위기를 '결정적인 시간' 그리고 '진행 중에 있는 어떤 것의 전환점'이라고 정의한다.[1] 외부의 위험에 한 개인이 내적으로 반응하는 것을 표현하기 위해 이 용어를 자주 사용했다.

위기는 한 개인이 움직이는 기준선을 뒤집는다. 위기는 평탄한 삶에 균열을 만든다. 위기는 근심, 우울함, 긴장을 증가시킨다.[2] 위기는 대개 일시적으로 대처하는 능력을 상실케 한다. 만약 위기에 효과적으로 잘 대처하면 그 사람은 원래 자리로 돌아올 수 있다.

한자로 위기(危機)라는 글자는 2가지 상징으로 만들어졌는데 한 글자는 '절망'을 뜻하고 다른 한 글자는 '기회'를 뜻한다. 의사들이 '위기'라고 말할 때는 질병의 병세가 호전되거나 악화되어 변화가 발생하는 순간이다. 어떤 상담가가 결혼 위기에 대해 얘기한다면 내담자의 결혼이 두 방향으로 진행될 수 있는 전환점을 조언하는 것이다. 결혼 위기는 전환점으로, 내담자가 성장하거나 풍요로움을 경험하거나 개선을 경험하는 쪽으로 갈 수도 있고 아니면 불만, 고통, 붕괴를 경험하는 쪽으로 진행될 수도 있다.

사람들은 잇달아 일어나는 사건으로 평정을 잃을 때 위기를 경험한다. '스트레스'와 '위기'는 서로 바꾸어 사용할 수 있긴 하지만 같은 표현은 아니다.

위기의 밑바탕에는 상실이 자리 잡고 있다. 위기와 상실은 나란히 함께 간다. 위기가 닥치는 데는 한 가지 이상의 요인이 있다. 자녀의 죽음처럼 너무 심각하거나 감당하기 힘든 문제 때문일 수 있다. 또한 특별히 연약해져 있는 순간이나 준비가 안 돼 있을 때 문제가 닥쳐오면 감당할 수 없는 위기를 느낀다. 보통 사람들은 별 문제없이 막힌 개수대를 고칠 수 있으나 아플 때 이런 일이 생기면 많이 힘들어한다. 한 개인의 대처 기능이 제대로 작동하지 않을 때, 그리고 한 개인이 필요한 지원을 받지 못할 때도 위기가 닥칠 수 있다. 위기는 트라우마 바로 전 단계다.

위기가 항상 나쁘기만 한 것은 아니다. 오히려 위기는 개인의 삶에서 중추적인 시점을 나타낸다. 그러므로 위험뿐만 아니라 기회를 가져다줄 수 있다. 사람들은 위기에 대처하는 과정에서 파괴로 치닫는 길을 선택할 수도 있으나 그들은 좀 더 새롭고 나은 방법을 발견할 가능성도 있다.

## 위기의 4가지 요소

### 위험한 사건

위험한 사건이란 위기를 정점에 이르게 하는 사건이다. 예를 들어, 7년간 취업을 위해 준비하던 젊은 아내가 임신한 것을 알게 된다. 졸업 후 프로팀에 선발되기 위해 대학 시절 내내 미식축구에 전념해 온 4학년 학생이 등산하다가 발목을 심하게 다쳤다. 전문직에 종사하며 5명의 어린아이를 키우던 한 홀아비가 실직했다.

위기에 처한 사람을 돕는 사람이나 상담가는 위기로 치닫는 사건이 어떤 것인지 찾아내야 한다. 위기의 특성을 읽어 보면서 위기 상담의 요소들과 목적에 대해 생각해 보도록 하라. 제인(Jane Crisp)은 말한다.

위기 중재란 한 개인의 즉각적인 위기 반응을 중단시키거나 그것에 긍정적으로 영향을 미치는 과정이다. 때로 '감정적인 응급처치'라고도 불리며, 위기를 경험하는 사람들과 언어적이고 비언어적인 의사소통을 통해 격려하고 힘을 실어 주고 자신감을 세워 주는 것을 꾀한다.[3]

### 연약해진 상태

개인에게 위기가 발생할 때는 그가 매우 약해졌을 때다. 평상시라면 어려움 없이 대처할 수 있지만, 이틀 밤만 제대로 잠을 못 자도 어떤 사람은 무기력함을 느낀다. 아프거나 우울할 때도 대처 기능이 떨어진다. 최근에 임박한 상실 때문에 우울해하는 한 여성과 대화를 나누었다. 그녀는 임시로 맡아 키우던 아이를 포기하고 중요한 자선모금행사를 취소하고 사업도 그만두고 싶어 했다. 나는 그녀에게 우울증을 앓는 시점에서는 어떤 결정도 내리지 말 것을 부탁했다. 왜냐하면 나중에 후회할 게 분명하기 때문이다.

### 촉진 요인

촉진 요인은 낙타의 등을 부러지게 만든 짚 한 오라기 같은 것이다(아랍속담으로 아주 사소한 추가로 엄청난 실패를 겪는 과정을 설명할 때 사용하는 표현이다. 모든 사람에게는 참을 수 있는 한계점이 있음을 시사하는 표현이다 – 옮긴이주). 어떤 사람은 극단적인 상실이나 비탄에는 잘 버티다가 깨진 그릇이나 바닥에 떨어진 유리컵에 무너지기도 한다. 이렇듯 경미한 사건들이 마지막 지푸라기들이고 이때 드러나는 반응과 눈물은 매우 심각하다.

### 위기가 활발하게 작동하는 사람의 상태

개인이 더 이상 상황을 감당할 수 없을 때, 위기는 더욱 역동적으로 진행된다. 다음은 그런 상태를 보여 주는 4가지 징후들이다.

1. 심리적이거나 신체적인 아니면 2가지 모두를 동반한 스트레스 증상 : 이런 증상은 우울증, 두통, 염려, 출혈성 궤양 등을 동반할 수 있다. 극단적인 불편함이 어떤 형태로든 항상 존재한다.
2. 패닉(갑작스런 공포) 또는 패배자의 태도 : 사람들은 모든 것을 다 시도해 봤지만 아무것도 제대로 되지 않는 듯한 느낌이 든다. 그렇기 때문에 그들은 자신을 패배자라고 여기며 패배감, 중압감, 무기력감에 시달린다. 소망이 전혀 없다. 이때 그들은 2가지로 반응한다. 동요되어 비생산적인 행동을 한다(예 : 서성거리기, 음주, 약물복용, 과속 또는 싸움). 그렇지 않으면 냉담해진다. 그 예로 잠을 지나치게 많이 잔다.
3. 구조되는 것에 집중하기 : '나를 이 상황에서 구해 주세요!'라는 말은 관심을 가져 달라는 울부짖음이다. 그들의 감정은 "하나님이여 내게 은혜를 베푸소서 내게 은혜를 베푸소서 내 영혼이 주께로 피하되 주의 날개 그늘 아래에서 이 재앙들이 지나기까지 피하리이다"(시 57:1)라고 말한 시편 기자와 비슷하다. 그들은 스트레스의 고통에서 벗어나기 원한다. 그들은 이성적으로 문제를 다룰 수 없는 상황에 있다. 때로 위기에 처한 사람들은 멍한 상태이거나 기상천외한 반응을 하기도 한다. 그들은 필사적으로 노력하고 다른 사람들에게 도움을 요청할 것이다. 또한 궁지에서 벗어나기 위해 지나치게 의존적일 수도 있다.
4. 능률이 저하되는 시기 : 위기에 빠진 사람은 계속해서 정상적으로 대처할 수 있으나 100퍼센트 반응하는 대신 60퍼센트의 반응만 보일 수도 있다. 사람이 그 상황을 평가해서 감지되는 위협이 크면 클수록 대처하는 수단도 줄어든다. 그들이 이 사실을 인식하면 더욱 낙담한다. 어떤 상황이든지 이 평가는 위기의 연쇄 작용에서 중요한 부분이다.

평가는 사람들이 한 사건을 어떻게 생각하느냐 하는 것이다. 사람들은 저마다 자신만의 방법으로 사건을 인식한다. 그 사람의 신념, 생각, 기대감, 인식 능력이 이때에 총망라되어 상황을 위기 또는 비위기로 평가 내리는 것이다. 이 시기에 상담가는 자신의 시각이 아닌 내담자의 눈으로 사건을 바라보도록 도와주는 것이 중요하다. 예를 들어 친한 친구의 죽음은 다양한 각도로 평가할 수 있다. 그 관계가 얼마나 친밀했는지, 얼마나 자주 서로 연락을 주고받았는지, 그가 다른 상실에 어떻게 반응했는지, 최근까지 얼마나 많은 상실을 경험했는가에 따라 다를 수 있다. 남편의 삶에 깊이 개입되어 있던 미망인은 남편의 친한 친구나, 사업 파트너, 5년에 한 번씩 만나던 그의 삼촌과는 다른 관점으로 그녀의 상실을 인식한다.

## 삶의 균형을 이루는 요소들

위기를 경험한 사람들은 대부분 그들에게 중요한 어떤 것의 상실을 인식한다. 직장에서 승진하는 것도 위기를 촉발하는 상실감을 초래할 수 있다. 아래 예를 보라.

존은 자동차 대리점에서 다른 세일즈맨들과 끈끈한 동료애를 나눠 왔다. 그런 후 그는 매니저로 승진했다. 승진으로 그는 지위, 더 많은 급여, 관계의 변화를 겪었다. 더 이상 그는 세일즈맨들과 동일한 선상에 서 있지 않았다. 사실 그는 이제 그들을 압박하고 재촉해서 세일즈 할당량을 달성하도록 해야 했다. 존은 이것이 싫었다. 그는 갈등을 피하기 위해 몸이 아파서 결근해야 할 것 같다고 회사에 전화하기 시작했다.

사람들은 문제가 생겨도 개인의 삶에 균형을 이루는 요소가 한 가지 이상 결여되지 않는 한 그 문제는 위기로 연결되지 않을 것이라고 느낀다.

### 적절한 인식

이것은 한 개인이 문제를 바라보는 방식이다. 예를 들어, 딸이 이혼을 할 때 그 부모는 최악의 비극이라고 여기고 자신들이 딸을 잘못 양육했다고 생각한다. 이와 반대로, 어떤 부모는 전혀 다른 것을 느낄 수도 있다.

### 적절한 네트워크

이것은 한 그룹의 친구들, 친척들 또는 대리인들(agnecies)이 문제가 있는 동안 지원해 주는 것을 의미한다. 만일 구성원들이 무언가 필요한 사람에게 어떻게 반응해야 하는지 안다면 그리스도의 몸인 교회는 활용 가능한 모임 가운데 최고의 지원을 해 줄 만한 잠재력이 있다.

### 대처 기제

사람들은 삶의 균형을 이루게 하는 대처 기제를 습득한다. 이 기제들이 제대로 작동하지 않거나 무너지면 위기를 경험하는 것이다. 이 기제들은 합리화, 부인, 새로운 지식, 기도, 성경말씀 읽기 등을 포함한다. 대처 기제가 다양하고 많은 사람일수록 위기를 경험할 가능성은 줄어든다.

### 제한된 기간

위기 상태에 너무 오래 방치되어서는 안 된다. 경험과 연구에 따르면 6주 이내에는 위기를 마무리하고 균형을 회복해야 한다는 것이다. 즉, 이 기간 동안 도움을 받을 수 있어야 한다는 말이다.

사람들은 혼자 해롭거나 비생산적인 해결책을 선택할 수도 있다. 그렇기 때문에 6주 이내에 위기를 중재해야 한다. 긍정정인 방향으로 인도하기 위해서는 적극적인 심리 치료, 사건을 재연해 보는 것, 고통을 노출시키는 것, 감정을 드러내는 것, 앞으로 할 일을 찾아 확인하는 것이 있다. 이 시간의 창이 닫히고 나면, 사람들은 스스로 적응하게 되고 은폐하고 익숙한 방어나 친근한 방식으로 돌아간다.

어떤 경우에는 효과가 있지만 다른 경우에는 그렇지 않다. 아직 준비되지 않은 내담자가 다시 친근한 방식으로 되돌아가면 상담가는 내담자의 심리적 탈보상 상태(decompensation : 이전에 활동하던 구조나 체제의 기능이 저하되는 것으로 피로, 스트레스, 질병이 발생한다. '보상'이 된다고 할 때에는 스트레스나 결함에도 불구하고 기능할 수 있다. 탈보상 상태는 이러한 결함을 상쇄할 수 있는 능력이 없음을 말한다.-옮긴이주) 과정을 멈추게 하고 대신 부적응적(maladaptive)인 반응을 제공해야 적절하다.[4] 이전에 비해 평정을 유지하는 것이 어려울 수 있지만 그래도 어느 정도의 균형이 유지된다. 위기는 변화를 위한 기회다.

모튼 바드(Morton Bard)와 단 생그리(Dawn Sangrey)에 따르면 "범죄가 일어난 직후에 섬세한 사람이 제공한 몇 분간의 능숙한 도움이 나중에 몇 시간 동안 받는 전문적인 상담보다 더 나을 수 있다."[5]

다른 말로 표현하자면, 위기 중재 기술을 활용하는 사람들은 위기에 처한 사람들에게 그들의 삶을 재건하도록 도울 수 있고 차후에 장기적이고도 심리적인 중재의 필요를 감소시킨다는 것이다.[6]

현재 위기에 처한 사람을 돕는 것이 때로는 용이하다. 마음이 극심하게 상한 사람들이야말로 그들 인생에 중대한 변화를 시도할 수 있는 동기부여가 이미 돼 있기 때문이다.[7]

## 인생의 과도기

모든 위기를 전혀 예측 할 수 없는 것은 아니다. 과도기는 '확실한 상태에서 다른 어떤 상태로 이동하는 시기인데 그 사이에는 불확실성과 변화가 동반된다.'[8]

마치 한 섬에서 다른 섬으로 여행하는 것과 같다. 우리는 움직이기 위해 단단한 지면을 떠난다. 섬과 섬 사이를 여행할 때 대개 우리는 약해진 상태다.[9] 성경은 인생 전반을 긴 순례로 간주한다.

"믿음으로 아브라함은 부르심을 받았을 때에 순종하여 장래의 유업으로 받을 땅에 나아갈새 갈 바를 알지 못하고 나아갔으며"(히 11:8).

인생을 살다 보면 위기로 변할 잠재성을 지닌 많은 과도기들을 맞이한다. 싱글에서 결혼하게 되는 것, 20대에서 30대로의 과도기 그리고 30대에서 40대로의 과도기, 부부가 자녀가 생겨 부모가 되는 과도기, 자식들이 자라서 집을 떠나 부모만 남는 과도기, 자식 없이 허전하게 지내다 조부모가 되는 과도기, 그리고 직장에서 일을 하다가 퇴직하는 과도기가 있다. 이런 사건들은 매우 자연스러운 것으로, 사람들은 이런 사건들을 대비할 수 있을 뿐만 아니라 자신에게 닥쳤을 때 어떤 행동을 할지 머릿속으로 미리 연습할 수 있다. 새로운 정보를 수집하여 과도기 과정을 도울 수도 있다. 예를 들면 다음과 같다.

10년 후 퇴직해야 하는 한 교사가 그의 관심 분야를 확장하기 시작했다. 그는 지역 대학에서 은퇴 후 즐길 만한 과목을 수강했다. 그가 선택한 것은 사진이었다. 그는 이전에 전혀 관심이 없던 분야의 책들을 읽기 시작했다. 그는 은퇴하면 건강과 재정이 허락하는 대로 도전해 보고 싶은 계획의 목록을 만들어 나갔다. 곧 삶에서 직장과 생계라는 심각한 상실을 경험할 일이 예상되었기에 그는 미리 다양한 대체물들을 계획했고 어느 정도의 상실감을 미리 다루어 보기도 했다. 미리 예상해 봄으로써 이 과도기가 위기로 바뀔 가능성을 제거한 것이다.

인생의 다양한 단계를 통과하는 것이 순조롭고 모든 것이 예측 가능하다면 대부분의 성숙한 사람들에게 인생은 아주 쉬울 것이다. 그러나 2가지 요소를 고려해야만 한다. 첫 번째는 많은 사람들이 그렇게 성숙하지 않고, 아니면 책임을 지지 못한다. 왜냐하면 발달 초기 단계에서 정체되어 있기 때문이다. 두 번째로 많은 변화는 그렇게 예측 가능하지 않고 우리가 계획한 시간에 일어나지도 않는다.

인생을 살아가면서 일어날 수 있는 여러 변화에 대해 잠시만 생각해 보자.

우리는 주부가 될 수도 있다. 자녀들을 키우면서 수양 부모(foster parents)가 될 수도 있다. 혹은 이혼해서 배우자를 포기해야 할 수도 있다. 학교를 졸업하고 번듯한 회사의 직장인이 될 수도 있다.

한편 우리는 자기 역할들을 포기하고 다른 것으로 그 역할들을 대체하지 않는다. 이것은 퇴직 후에 성취감을 줄 수 있는 역할을 찾아보지 않는 것, 배우자를 잃어도 재혼하지 않는 것, 자녀가 장성해서 떠난 후 부모 역할을 포기한 후 바깥에서 일을 찾아보지 않거나 조부모가 되지 못하는 것을 포함한다.

지리적인 변화도 경험할 수 있다. 예를 들면 한 나라에서 다른 나라로, 전원풍의 남부에서 도회풍의 동부 해안으로, 또는 도시에서 교외로 이동하는 것과 같은 변화들이다.

사회경제적인 변화는 저소득층에서 중산층으로, 또는 상류층에서 저소득층으로의 변동을 포함한다.

신체적인 변화는 귀가 잘 들리던 사람에서 귀가 안 들리는 사람이 되는 것, 휠체어에 갇혀 수년간을 지낸 사람이 다시 걷게 되는 것, 뚱뚱한 사람이 홀쭉해지는 것 등을 말한다.

기억해야 할 것은 변화는 신속하게 또는 점진적으로 일어나며 긍정적이거나 파괴적인 영향을 줄 수 있다는 것이다. 모든 변화는 사람에 따라 위기가 될 잠재력이 있다. 배우자가 그리스도인이 되는 변화도 어떤 가정에서는 위기를 가져오는 기폭제가 되었다.

중년은 파괴적인 변화 가운데 하나다. 인생의 중년기는 추억, 성장, 도전과 기쁨의 시간이 되거나 고통, 좌절, 분노에 사로잡혀 보내는 시간이 될 수도 있다. 중년 남성의 위기에 대해 기록한 책을 여러 권 읽고 나면 모든 중년 남성에게 위기는 피할 수 없는 것처럼 믿게 된다. 그러나 사실은 다르다. 대부분의 남성은 삶의 정상적인 과정으로, 중년이라는 과도기를 경험하며 오직 소수의 남성들만 중년의 위기를 경험한다.

'중년 남성의 위기'라는 단어는 문자적으로 남성의 성격에 생기는 변화를 의미한다. 이 변화는 주로 급속하게 일어나기 때문에 드라마틱하고 트라우마 경향을 띤 것처럼 보인다. 이때 남자는 그가 어떻게 신체적으로, 정신적으로 변화하는지 깨닫는다. 그는 이런 변화에 다른 변화로 반응한다. 그리스도인에게 이런 변화는 그의 믿음을 한층 더 성숙하게 발전시키는 기회가 된다.

중년은 인생이 소진되는 때가 아니며 오히려 수확과 새로운 시작의 때요, 풍요와 안정의 때다. 인생을 어떻게 해석하느냐에 따라 사건들은 변화될 수 있다. 기대가 충족되지 않았을 때 오는 낙담과 절망은 현실적인 수용으로 전환이 가능하다. 과거에서 배움으로써 미래는 달라질 수 있다.

데이빗 몰리(David C. Morley)는 이렇게 말했다.

> 그리스도인에게 중년의 변화는 다른 의미를 갖는다. 불신자에게 그렇게 위협적인 변화는 그리스도인에게 그의 믿음을 연습하고 진정한 그리스도인으로 성숙을 경험할 수 있는 기회인 것이다. 성숙한 신자는 변화를 감당할 수 있는 사람이다. 그는 삶의 모든 우여곡절을 용납할 수 있고 그것들을 부인하거나 불평하지 않는다.

그는 변화를 하나님의 명백한 사랑 표시로 간주한다. 하나님이 나를 사랑하신다면 삶을 더 윤택하게 하고 그분의 뜻에 더 가까워질 수 있는 경험을 제공해 주실 것이다. "우리가 알거니와 하나님을 사랑하는 자 곧 그의 뜻대로 부르심을 입은 자들에게는 모든 것이 합력하여 선을 이루느니라"(롬 8:28).

> 얼마나 자주 우리는 이 말씀이 인용된 것을 듣는가. 그리고 얼마나 적게 이 구절이 실제 삶의 경험에 적용된 것을 보는가. 하나님이 하시는 말씀은 우리 인생에 일어나는 승리나 실패, 부함이나 가난함, 질병이나 죽음, 모든 인생 설계에 대한 그분의 관심이라는 생각으로 우리를 위로해야 한다. 하나님이 우리에게 병을 주신다면 그분께 더 온전히 돌이킬 수 있는 기회를 주신 것에

기뻐해야 한다. 더없이 건강할 때 우리에게 건강을 주신 하나님을 기억하는 것을 잊는다. 우리가 연약할 때 우리는 그분의 힘을 더 인정하는 경향이 있고, 우리 앞길의 구체적인 행보를 더 여쭙는다.[10]

그리스도인이라면 중년의 변화에 긍정적으로 반응할 수 있어야 한다. 그러나 유감스럽게도 항상 그렇게 되지는 않는다. 왜? 대부분의 경우는 교회에 다니는 많은 사람들이 특별히 중년과 같은 삶의 다양한 과도기들을 모르기 때문이다. 그들은 위기에 대처할 수 있도록 이런 과도기를 맞이할 준비를 못해 왔다. 아래와 같은 방법으로 중년을 준비한다면 위기를 피할 수 있다.

1. 회사에서 얼마나 유능한 사람인지는 한 사람의 정체성을 세우는 데 중요하지 않다. 견고한 기초에 근거해 그의 정체성을 세워라.
2. 감정을 경험하고, 용납하고, 표현함으로써 더 온전한 사람이 되어라.
3. 다른 남자들과 강력하고 친밀한 우정의 관계들을 개발하라.
4. 하나님의 말씀을 삶에 통합시켜 인생의 변화와 위기에 대비하라.

인생에서 경험하는 위기를 줄이려면 교회 사역을 통해 그들이 경험할 변화에 대비해 회중을 미리 준비시키라. 삶의 단계들과 그들이 통과할 과도기에 대해 회중을 교육시키는 것이다. 성도들이 예측 가능한 인생의 변화뿐만 아니라 급작스런 인생의 변화에도 잘 대처하도록 하나님의 말씀을 적용하는 데 교회의 도움이 필요하다.

## 위기 경험의 유익

위기의 순간에 상담가를 찾은 사람들은 무엇을 원할까? 사람들의 필요는 실로 다양하다. 그들이 쏟아놓는 수많은 요청을 듣고 놀라지 마라. 많은 경우, 사람들은 기적을 행하기를 기대한다. 우리가 그들이 원하는 것을 이뤄 주지 못할 때 그들이 실망하거나 화를 내더라도 놀라지 마라. 그들의 필요를 어느 정도 채울 수 있는 다른 방법을 동원해서 도울 수 있을 것이다.

**내담자의 유형**

상담가를 찾는 내담자들은 어떤 유형의 사람들인가? 아론 라자르(Aaron Lazare)와 그의 동료들은 예약 없이도 방문이 가능한 정신과 병원을 찾는 환자들의 유형을 통계 냈다. 그 결과 위기 중재 사역이 필요한 14가지 유형을 분리해 낼 수 있었다.

1. 강력한 누군가가 자신을 보호해 주고 통제해 주기 원하는 사람들 : "제발 저 대신 해결해 주세요."
2. 현실과의 접촉을 유지하도록 도와줄 누군가를 필요로 하는 사람들 : "제가 실재함을 알게 도와주세요."
3. 몹시 공허함을 느끼고 애정이 필요한 사람들 : "절 보살펴 주세요."
4. 안정감을 느끼기 위해 상담가가 상담을 해 주기 원하는 사람들 : "항상 거기 있어 주세요."
5. 비정상일 정도의 죄책감으로 고통 받고 있기 때문에 그것을 고백하려 하는 사람들 : "제 죄책감을 가져가 주세요."
6. 속에 쌓인 것을 긴급하게 말로 토해 내야 하는 사람들 : "마음에 있는 것을 털어놓게 해 주세요."
7. 절박한 문제에 대한 조언을 원하는 사람들 : "무엇을 해야 할지 말해 주세요."
8. 그들이 갖고 있는 상반되는 생각들을 해결해 주기 원하는 사람들 : "제가 균형 잡힌 견해를 갖도록 도와주세요."
9. 자신을 이해하고 그들이 당면한 문제에 대한 통찰력을 갖기 원하는 사람

들 : "전 상담을 원합니다."
10. 그들이 경험하는 불편함은 의학적인 문제이기 때문에 의사의 치료가 필요하다고 간주하는 사람들 : "전 의사가 필요해요."
11. 경제적인 지원 또는 머물 장소 같은 실제적인 도움을 원하는 사람들 : "전 구체적인 지원이 필요해요."
12. 현재의 어려움은 어그러진 관계 때문이니 상담자가 중재해 주기 원하는 사람들 : "저를 위해 대신해 주세요."
13. 어디에서 그들의 다양한 필요를 채울 수 있는지 정보를 원하는 사람들 : "제가 필요로 하는 공동체의 지원을 어디서 받을 수 있는지 말해 주세요."
14. 이렇다 할 동기부여가 되지 않았고 정신이상이 있는 사람들로 그들의 의지와는 상관없이 상담자에게 보내진 사람들 : "전 아무것도 원하지 않아요."[11]

상담가의 도움을 찾는 내담자 중에는 위기에 꽤 유연하게 대처하는 사람도 있고, 매우 서투르게 대처하는 사람도 있다. 어떤 이유로 그렇게 다르게 반응하는 것일까?

**감정적으로 연약함.** 위기를 경험하기 전에 감정적으로 연약한 사람은 사태가 악화되도록 내버려 둔다. 그러나 그의 생각에는 최고로 효과적인 일을 하고 있는 것이다. 그는 이미 감정적으로 상해 있기 때문이다.

**열악한 신체조건.** 육체적인 장애나 지병이 있는 사람들은 위기의 시간에 의존할 수 있는 재원이 적다. 어려운 시간에 대처하는 기술이 부족하다고 감지되면 건강검진을 권유하는 것이 중요하다.

**현실 부인.** 현실을 부인하는 사람들은 위기가 닥쳤을 때 고통과 분노를 회피하려 든다. 그들이 심각하게 아프거나 경제적으로 파산했거나 자녀가 불치병에 걸린 것을 부인할 수 있다. 교육을 잘 받은 사람들이나 전문직에 종사하는 사람들도 종종 이런 식으로 반응한다.

**입의 마술.** 하버드 정신과 의사인 랄프 헐쇼비츠(Ralph Hirschowitz)는 네 번째 특징에 해당하는 용어를 창조해 냈다. 그는 입의 마술이라고 부른다. 지나치게 먹고 마시고 담배 피우고 얘기하려는 경향을 일컫는다. 삶에 어려움이 찾아오면, 그들은 유아적 행동 양식으로 퇴행하려고 하는데, 그들의 퇴행을 입이 주도한다는 것이다. 그들은 입으로 무엇인가 하고 있지 않으면 불안하다. 이것은 위기가 종결된 후에 실제적인 문제와 대면하지 않으려는 시도다. 그들은 사실 추가적인 위기를 만들어 내는 것이다.

**시간에 비현실적으로 접근함.** 이 대처법을 사용하는 사람들은 지금 당장 문제를 해결하기 원하거나 아니면 문제를 연기하고 또 연기한다. 시간을 지체하는 것은 현실의 불편함을 잠시 피하는 것일 뿐 문제는 점점 더 커진다.

**과도한 죄책감.** 이런 사람은 위기를 불러왔다는 죄책감 때문에 자신을 비난한다. 비난의 강도와 빈도는 늘어나며 그는 자신을 더 고착시킨다.

**비난.** 이런 사람은 문제 대신 문제를 일으킨 사람들에게 집중한다. 이런 접근은 실제 또는 가상의 원수를 찾아서 그들에게 비난을 투사한다.

**지나친 의존 또는 독립.** 이런 사람은 남에게 심하게 의존하거나 혹은 정반대로 도움의 손길을 외면한다. 의존형인 사람은 상담가를 숨 막히게 한다. 한편, 지나친 독립형은 사람들이 내미는 도움의 손길을 죄다 피한다. 재앙을 향한 언덕을 미끄러져 내려가면서도 도와 달라고 외치지 않는다. 그러고는 막상 재앙이 닥치면, 그 사실을 부인하거나 다른 사람을 원망한다.

**신학.** 신학은 사람들이 위기에 어떻게 대처하는가에 영향을 미친다. 우리 삶은 우리의 신학에 기초하는데, 많은 사람들은 이 단어에 겁을 먹는다. 하나님 안에 있는 우리의 믿음과 우리가 하나님을 어떻게 바라보는가 하는 것은 우리의 신학을 반영한다. 하나님의 주권과 하나님의 보살피시는 속성을 믿는 사람들은 보다 나은 기초에서 인생을 바라본다.

내게 영향을 미친 책은 루이스 스미즈(Lewis Smedes)의 「삶의 모든 잘못된 순간에도 어떻게 행복할 수 있을까?」(How Can It Be All Right When Everything Is All Wrong?, 사랑플러스 역간)이다. 인생의 위기들을 보는 그의 통찰력과 섬세함, 그리고 하나님의 임재와 간섭하심은 우리의 수많은 질문에 대답을 해 줄 수 있다. 그는 우리의 신학이 어떻게 삶의 변화를 통과해 나가도록 돕는지 경험을 통해 이야기한다.

지난 밤, 잠자리에 들면서 나는 내 삶에서 가장 행복했던 순간을 떠올리며 재미있어 했다. 나는 내 생각이 원하는 곳에서 뛰고 춤추도록 했다. 난 헛간 서까래에서 새롭게 베어 낸 향기롭고 푹신한 깊은 건초더미로 뛰어내리는 상상을 했다. 굉장히 행복한 순간이었다.

그러나 웬일인지 내 생각은 내 삶에서 가장 고통스러웠던 몇 년 전의 장면으로 끌려갔다. 내가 하나님이라고 부르고 싶지 않았던, 내겐 너무도 변덕스럽게 여겨졌던 어떤 신이 우리 손에서 첫 아이를 빼앗아 갔다. 우주적인 사기꾼에게 속은 느낌이었다. 그리고 얼마 동안 나는 다시는 미소 지을 수 없을 것이라고 생각했다.

그런데 이상하고 표현할 수 없는 느낌이 찾아왔다. 그것은 내 인생, 우리의 삶이 아직 선하다는 것이며 인생이 좋은 이유는 우리에게 주어진 것이고, 인생의 가능성들은 여전히 헤아릴 수 없기 때문이다. 고통의 잔재를 느끼는 갈라진 틈의 깊은 그곳에서 그 어떤 말로 설명할 수 없는 베풂을 받았다는 느낌이 찾아왔다. 그분이 주신 달콤한 선물에 억제할 수 없는 축복을 드리고 싶은 충동이 마음에서 우러나왔다. 그리고 그것은 기쁨이었다.

뒤돌아보면 나는 그토록 예리하고 격렬하고 구속적인 감사의 느낌과 그토록 심오하고 정직한 기쁨을 또다시 깨달은 적은 없다.[12]

척 스윈돌(Chuck Swindol)은 인생의 위기에 대해 항상 실제적이고 희망적으로 얘기한다.

위기는 눌러 부숩니다. 눌러 부수는 과정에서 자주 정제되고 순화됩니다. 오늘 당신은 낙담할 수 있는데 왜냐하면 눌러 부수는 것이 포기하는 것으로 아직 이어지지 않았기 때문입니다. 저는 많은 죽음의 과정에 함께했고 너무 깨어지고 상한 자들에게 사역해 보았기 때문에 눌러 부수는 것 자체가 목적이 될 수 없음을 믿게 되었습니다. 그러나 불행하게도 대개 잔인한 고통이 강타하고 지나가야 강퍅한 심령이 부드러워집니다. 그런 충격과 고통이 아무리 부당해 보여도 말입니다.[13]

알렉산더 솔제니친의 고백도 기억하자.

감옥 안에서 썩어 가는 짚단 위에 누워서야 나는 내 안에서 처음으로 선한 것이 꿈틀거리는 것을 감지했다. 차차 드러난 선과 악에서 '선'은 높은 신분을 통과하는 것도 아니고, 계층 간, 정치적인 정당 간도 아니고, 인간의 심령들을 직접 관통한다는 것이었다. 그래서 내 삶을 함께해 온 감옥, 당신을 축복한다.[14]

위의 말들은 시편 기자의 지침에 완벽한 예시를 제공해 준다. "고난 당하기 전에는 내가 그릇 행하였더니 이제는 주의 말씀을 지키나이다 고난 당한 것이 내게 유익이라 이로 말미암아 내가 주의 율례를 배우게 되었나이다"(시 119:67, 71).

위기가 눌러 부순 후에 하나님은 위로하시고 가르쳐 주시기 위해 개입하신다.[15]

그분은 가르치신다. 너는 어떤가? 너의 인생에서 경험한 위기는 어떤 것들인가? 당신은 위기에 어떤 반응을 보여 왔는가? 다른 사람들을 도울 수 있도록 당신은 위기 경험들을 통해 그동안 무엇을 배워 왔는가? 결국 위기 경험들을 통해 우리는 유익함을 얻을 수 있다.

우리 모두는 기억해야 한다.

"주님은 그의 백성이 도움을 부르짖을 때 들으시고 그들을 모든 환난에서 건지십니다. 주님은 마음이 상한 자에게 가까이 하시고 영이 눌러 부서진 자를 구원하시는도다"(시 34:17-18, NLT).

Crisis & Trauma
Counseling

# 08
# 위기의 국면 알아보기
The Phases of a Crisis

때로 비통의 모델을 사용해 충격, 부인, 해체와 재구성 같은 위기의 단계들을 설명한다. 조앤 조셉스키는 피닉스 현상(Jason Aronson, 1999)에서 비통의 5가지 국면인 충격기, 혼란기, 조정(적응)기, 평정 그리고 전환을 찾아냈다. '피닉스'(Phoenix)는 불사조라는 뜻으로, 불사조는 타서 재로 되면 다시 더 강력하고 아름다운 형태로 다시 태어난다는 신비로운 새다. 조앤에 의하면 비통해하는 사람들은 불사조와 같이 비극을 겪은 후에 더 강해지고 더 나은 사람이 된다. 비통의 길을 통과하면서 한 개인이 전면적인 변화를 경험한다는 것이다.

비통 가운데 있는 사람들은 사랑하는 사람을 잃었고 비통의 전 범위를 모두 경험한 사람들로 비통해하는 다른 사람들에게 충고와 함께 통찰력을 나눠 줄 수 있다. 조셉스키의 모델은 이 책에서 다룰 단계들도 포함해서 위기의 단계나 국면을 묘사하기 위해 다른 모델들도 반영한다.

다음에 나오는 위기 시기들을 나타낸 표는 「스트레스와 함께 살기」(Living

**도표 8**

## 〈정상적인 위기의 패턴(The Normal Crisis Pattern)〉

```
제1기          제2기           제3기            제4기
충격           후퇴-혼란        조정(적응)       재구성 / 화해
```

감정의 단계 / 시간

| | 몇 시간에서 며칠 동안 | 며칠에서 몇 주 동안 | 몇 주에서 몇 달 동안 | 몇 달 동안 |
|---|---|---|---|---|
| 반응 | 가만히 있으며 그것을 대면할까 아니면 후퇴할까? | 강렬한 감정을 느낍니까, 아니면 기진맥진한 느낌입니까? 화나고, 두렵고, 걱정되고, 우울하고, 슬프거나 죄책감을 느낍니까? | 강렬한 감정들과 함께 긍정적인 생각들이 돌아오기 시작한다. | 소망이 회복되었다. 더 자신감이 생겼다. |
| 생각들 | 무감각하고 감정을 잡지 못한다. 통찰력은 제한되고, 감정은 당신을 압도한다. | 사고 능력이 제한된다. 불확실하고 애매하다. | 이제 문제를 해결할 수 있다. | 생각이 더 명료해졌다. |
| 통제력을 되찾기 위해 당신이 취하는 방향 | 상실한 것을 찾는다. | 낙관적인 사고로 협상한다. 부리(이탈)가 동반된다. | 새롭게 시간과 노력을 투자해 공들일 무언인가를 찾기 시작한다. | 진보가 명백하고 의미심장한 무언가에 새로운 애착이 형성된다. |
| 추구하는 행동 | 자주 추억에 잠긴다. | 어쩔 줄 몰라한다. 일들이 명확하지 않다. | 이제 집중할 수 있고, 당신의 경험으로부터 배우기 시작한다. | 잠시 멈춰 서서 당신이 어떤 곳을 지나왔는지, 어디로 향해 가는지 평가하고 싶을 수도 있다. |

랄프 헐쇼우비츠(Ralph Hirschowitz)의 '부록'(Addendum) 레빈슨 편지(*Levinson Letter*, Cambridge, England: The Levinson Institute, n.d.), p.4의 유사 도표에 기초한 것이다.

*with Stress*)에 나오는 로이드 알렘(Llyod Ahlem)의 설명에 기초한 것이다. 이 표는 간단하고 시각적으로도 이해하기가 쉽다. 위기 상태에 있는 많은 사람들이 유용하게 사용하고 있다.

## 충격기

위기의 첫 시기는 충격의 시기로 대개는 아주 짧다. 어떤 사람들은 마치 둔기로 머리를 한 대 맞은 것과 같다고 한다. 보통 이 시기에 위기를 인식하고 그 충격으로 아찔해진다.

이 시기는 사건과 관련된 사람에 따라 몇 시간에서 며칠이 소요된다. 심각한 상실의 경우에는 즉시 눈물을 흘리거나 며칠 뒤에 눈물이 나오기도 한다. 위기나 상실이 더 심각할수록 충격이 더 크고 무기력해지고 무감각해지는정도가 크다.

충격기는 이혼 절차처럼 계속 지체될 수도 있다. 이 기간 동안 개인은 버티고 서서 문제를 해결할 때까지 분투할 것인지 아니면 달아나서 문제를 무시할 것인지 결정해야 한다. 심리학자들은 이것을 싸움–도피 패턴(fight or flight pattern)이라고 부른다. 이 충격 단계에서 일상적으로 삶의 문제들을 대처하던 경향이 드러난다. 문제를 회피하는 경향이 있었다면, 아마도 그렇게 행동할 것이다.

위기가 한창 진행 중일 때 주도권을 잡으려고 분투하는 것은 더 건전한 반응이라 할 수 있다. 도피는 위기를 더 오래 끌게 하기 때문이다. 각각의 후속단계는 이전 국면에서 행한 조정에 영향을 받기 때문에 현실을 피하는 것은 현명한 판단이 못 된다. 이럴 경우 고통은 해결되지 못하고 연장된다.

### 사고 능력의 감퇴

충격의 단계에서는 사고 능력이 감퇴해 갈피를 잡지 못한다. 어떤 사람들은 마치 전체 운영체제가 꺼진 것처럼 전혀 생각하지도 느끼지도 못하는 상황이 될 수도 있다. 통찰력도 줄어들므로 충격기에 있는 사람에게는 사실적인 정보를 제공해도 제대로 인식하지 못한다. 그래서 한참 뒤에 아무 이야기도 못 들은 양 질문을 해 온다. 또한 중요한 결정을 내리거나 혹은 상황을 연기할 수 있는 선택을 할 여유 또한 없다. 이럴 때 다른 사람들이 도와줘야 하며, 부득이 제안할 일이 있을 때는 서면으로 하는 것이 좋다.

### 상실한 물건을 찾는 현상

충격 단계에 놓이면 한 개인은 실제 상징적으로 상실한 물건을 찾는다. 사고 과정이 잃어버린 것을 향하기 때문이다. 예를 들면, 사랑하는 사람과 사별한 사람이 고인이 된 상대를 떠올리게 해 주는 사진과 다른 물건들을 꺼내는 것은 흔한 일이다. 상당한 의미가 있는 것을 상실했을 때, 한동안 감정적인 애착에 매달린다. 상실한 물건이나 대체물을 찾는 것은 아주 정상적인 행위로, 무슨 일이 일어나는지 모를 때 이 탐색은 더욱 강렬해진다.

그 물건이나 사람의 가치에 비례해서 상실한 것을 추억한다. 위기의 시점에 있는 사람의 말은 모두 경청해야 하고, 그의 감정을 잘 받아 주어야 한다. 만약 감정을 거절당하면 문제 해결이 더 늦어진다.

내담자는 자신의 감정을 거절당할 경우 자신이 경험하는 감정과 생각이 이상하다 느낀다. 이런 상태에서는 다른 사람들이 쏟아내는 부정적인 의견은 전혀 도움이 되지 않는다. 만약 위기에 처한 개인을 상담할 때 자신이 좀 불편하다면, 왜 불편한지 이유를 먼저 찾아야 한다. 그렇게 하면 자신의 삶에 더 잘 반응할 수 있게 되고, 더 효과적으로 다른 사람을 도울 수 있다.

### 죄책감에 시달리다

죄책감에는 언제나 변화와 위기가 뒤따른다. 사람들은 실패에서 성공으로 가기까지 많은 이유로 죄책감을 느낀다. 많은 사람들은 성공을 다루는 것을 힘들어한다. 그들이 그럴 자격이 있는지 생각하게 되고, 아니면 성공하지 못한 사람들을 볼 때는 감정이입을 해서 자신들의 성공에 대해 죄책감을 느낀다. 이혼한 부모를 둔 자녀는, 부모들의 결별이 마치 자신들의 책임인 듯 죄책감을 느낀다. 사고나 재난을 목격한 사람들도 죄책감을 갖는다. "왜 나는 그것을 면했을까?" "왜 내가 아니고 내 아이가 죽었을까?"

죄책감을 경험하는 사람들은 죄책감을 덜기 위해 몇 가지 선택을 한다. 합리화해서 죄책감에서 빠져나오거나 다른 사람들에게 원망을 표현함으로써 죄책감을 벗어 버린다. 그런가 하면 속죄하고 열심히 일해 죄책감을 덜어 보려고 시도할 수도 있다. 아니면 정말 죄를 범했고 하나님의 원칙을 범한 것에 대해서는 가능한 용서를 적용할 수도 있다.

하나님은 죄책감을 말끔히 제거하신다. 진실에 근거를 두지 않은 다른 종류의 죄책감도 있을 것이지만 말이다. 자신의 감정에 의지해 사는 사람들은 위기를 겪는 대부분의 시간 동안 다른 사람들보다 더 죄책감을 느낀다. 부정적인 패턴으로 사고하고 혼잣말을 즐겨 하는 사람들은 다른 사람들보다 더 죄책감을 보인다.

하나님이 주시는 용서는 거짓 죄책감을 위해 필요한 것이 아니다. 그러나 정말 필요한 것은 사람들이 그들의 관점을 바꾸고 혼잣말을 바꾸도록 돕는 것이다. 이는 시간이 꽤 필요한 일로 충격기 동안 성취되지 않을 수도 있다. 그렇기 때문에 우리의 역할은 내담자를 위해 그 자리를 지키는 것이다. 이 시기는 특별히 그들이 위험에 처할 수 있다고 느낀다면 사람들의 보호와 안전의 필요에 민감해야 한다. 이 시점에서 그들은 어쩌면 매일 매일의 실제적인 문제에 도움이 필요할 수 있다. 그러나 그들을 대신해 모든 결정을 내리지는 마라. 간단한 결정은 그들과 함께 논의해서 내리도록 하라.

한편 이 시기는 위기에 처한 사람들을 상담할 때 위기순서도표가 얼마나 큰 도움이 되어 왔는지 보여 줄 수 있는 시점이다. 자주 위기에 처한 사람들은 압도당한 느낌을 갖고 자신들의 반응이 정상적인 것인지 궁금해한다.

많은 경우, 나는 사람들에게 전체 도표를 보여 준 뒤 다양한 단계들을 설명해 주고 그들이 도표에서 어디에 해당하는지 짚어 보라고 묻는다. 내담자는 먼저 그들에게 해당되는 단계를 찾아 말해 주고 그 다음에는 '당신은 내 반응이 정상이라 말하는 건가요?'라고 말할 것이다. 내담자의 반응이 정상이라는 것을 발견하면 그들은 안도한다. 그런 다음 내담자가 어디를 향해 가는지 볼 수 있게 되고, 그들의 근심도 더 줄어든다. 나는 주로 내담자가 다음 시기에 이를 때까지 기다렸다가 앞으로 그들이 나아갈 방향에 대해 나눈다. 이때가 되면 내담자들이 더 잘 이해할 수 있기 때문이다. 이때 상담자는 내담자가 경험하는 것을 정상적인 것으로 받아들이도록 적극적으로 도와주어야 한다.

## 후퇴-혼란기

위기의 두 번째 시기는 후퇴-혼란기다.

### 극심한 감정의 소요

이 시기의 핵심요소는 감정 영역의 소요다. 어떤 내담자들은 마치 큰 냄비에서 자신의 모든 감정이 뒤섞여 들끓는 듯 느낀다. 그렇지만 대개는 충격기에 무감각해진 탓에 감정의 가마솥을 인식하지 못하는 경우가 많다. 한 가지 분명한 것은, 개개인은 그들이 죽은 것처럼 느끼지만 감정은 절대 죽지 않았다는 것이다.

두 번째 기간 동안 많은 감정을 이미 경험한 사람들은 모든 감정을 소진해 맥이 좍 빠져 있거나 혹은 우울에 시달린다. 더 이상 경험할 감정이 남아 있지 않은 것이다. 위기순서도표를 다시 보면 각각의 시기가 점진적으로 길어진다. 이때 염두에 둘 것은, 다양한 시기들은 중복될 수 있으며, 한 개인은 한 시기에서 다른 시기로 왔다갔다 할 수 있다는 것이다.

이 시기에는 내담자의 감정을 부인하려는 경향이 더 강하다. 감정은 가장 추해진 상태로 작은 일에도 무섭게 분노한다. 그러다 일순간 그런 감정들을 가지는 것에 죄책감을 느끼며 괴로워한다. 그리고 나면 곧 수치심이 뒤따르고, 뒤이어 온갖 감정이 뒤섞여 혼란스러워진 내담자는 모든 감정을 억누르고 싶어 한다. 그리스도인들은 물론 비그리스도인들까지 비통의 과정을 겪고 싶어 하지 않는다. 이와 같은 상황이 길어지면 조만간 정서적, 신체적 문제를 일으키고, 곧 대인관계에서도 어려움을 겪는다.

사람들은 위기를 대면했을 때 실제로 어떻게 느끼는가? 살면서 만나는 어려움에 순응할 수 없음을 깨달을 때 감정의 범주에 무슨 일이 생기는가? 다음은 한 내담자가 일상적인 방식으로 대처할 수 없음을 알리는 9가지 분열의 모습이다.

1. 당혹감 : "나는 한 번도 이렇게 느껴 본 적이 없어요."
2. 위협감 : "너무 겁이 나요. 뭔가 끔찍한 일이 생길 것만 같아요."
3. 혼돈감 : "나는 분명하게 생각할 수가 없어요. 내 머리가 제대로 움직이는 것 같지 않아요."
4. 정체감 : "나는 곤경에 빠졌어요. 그런데 어떤것도 도움이 되는 것 같지 않아요."
5. 절망감 : "무엇이라도 해야 하는데 뭘 해야 할지 모르겠어요."
6. 냉담감 : "어떤 것도 날 도울 수 없어요. 노력해 봤자 무슨 소용이 있겠어요."
7. 무기력감 : "나 혼자 감당할 수가 없어요. 제발 좀 도와주세요."
8. 위기감 : "난 지금 도움이 필요해요."
9. 불편함(언짢음) : "난 너무나도 비참하고 불행한 느낌이 들어요."[1]

이런 감정을 알면 내담자에게 다가가는 데 도움이 된다. 상담자는 이런 질문 또는 진술을 해 볼 수 있다.

- 혹시 명확하게 생각할 수 없고 마치 당신의 머리가 작동하지 않는 것처럼 느껴지세요?
- 혹시 곤경에 빠진 것 같고 당신이 어떤 것을 해도 도움이 되지 않는 것처럼 느껴지세요?
- 아마도 당신은 움직일 수 없는 느낌이고 이런 생각이 들 겁니다. '시도해 봤자 뭐해?' 내가 뭘 하든지 전혀 도움이 되는 것 같지 않아.

감정을 친구에게 얘기했더니 친구들이 충격을 받거나 걱정을 하면 다음부터는 감정 표출을 머뭇거린다. 그러나 하나님께는 숨길 필요가 없다. 하나님은 모두 이해하시며, 뿐만 아니라 우리의 감정 상태를 온전히 용납하신다. 감정은 표현해야 한다. 그러기 위해서는 친구나 친척들 또는 다른 종류의 사회적 지원체제가 잘 갖추어져 있어야 한다.

그런데 불행하게도 내담자의 필요와 친구나 친척이 도움을 줄 수 있는 상황이 잘 들어맞지 않는 게 현실이다. 충격의 국면과 후퇴-혼란의 국면 초기에는 음식, 선물, 카드, 시간 그리고 기도가 제공된다. 하지만 이 지원체제는 몇 주 안에 점점 줄어든다. 그런데 바로 이 시기가 도움이 가장 필요한 때다.

### 별도의 지원이 절실하다

지난 몇 년간 사랑하는 사람과 사별을 경험하는 사람들을 위해 지속적인 사역을 개발해 온 교회들과 접촉해 오고 있다. 다행히도 이런 교회는 계속 수를 더해 간다. 이런 교회에서는 몇 가정이 모여 2년 동안 사별한 사람에게 매주 어떤 방식으로든 사역하도록 마련한다. 이 과정에서 회중의 많은 사람들이 참여할 수 있고, 사별을 경험한 사람을 오랫동안 도울 수 있다.

내 위기 세미나 가운데 하나에 참석했던 한 목회자는 장례식이나 추도 예배 후에는 그 가족의 이름을 자신의 달력에 석 달에 한 번씩 향후 2년 간 기록해서 그 기간 동안 그들에게 연락하고 사역할 것을 자신에게 상기시킨다고 얘기해 주었다.

이 국면을 겪는 사람들은 영적이고 심리학적인 통찰력이나 가르침 같은 도움을 받아들이지 못한다. 왜냐하면 감정에 분노와 우울이 가득해 그 상태로는 정보를 받아들일 수 없기 때문이다. 그러므로 이때에 상담자는 새로운 것을 제공하기보다는 내담자가 이미 배운 것을 떠올리게 하는 것이 좋다.

### 삶의 체계화를 도우라

이 시기에 처한 사람들을 도울 수 있는 방법 가운데 하나는 그들이 삶을 잘 정돈하도록 돕는 것이다. 그들은 약속을 정하고 집을 깔끔하게 유지하고 또 다른 일상적인 의무들을 감당하는 데 도움이 필요하다. 이런 일까지 도와야 하는 이유는, 어쩌면 의지가 마비돼 힘들어할 수도 있기 때문이다.

제1기 또는 제2기에 있는 사람들과 일할 때에는 유지기술(sustainment techniques)을 사용하라. 경청하기(listening), 안심시키기(reassurance), 격려하기(encouragement) 그리고 곰곰이 생각하기(reflection)로, 아주 기본적이고 단순한 기술이다. 이런 접근법은 개인의 불안감, 죄책감과 긴장감을 줄이는 데 도움이 되고 감정적인 지원을 제공한다. 그렇게 해서 상담자는 내담자가 평정을 회복하도록 도와야 한다.

### 자기 연민을 조심하라

이 시기의 또 다른 경향은 자기 연민이다. 무척 혼란스러워하면서 어떤 일을 시작하거나 사람들에게 접근하려다가 자꾸만 물러나고 만다. 상실한 것을 대체하기 위해 새로운 사람이나 상황에 망설임없이 가까이 갔다가도 곧 물러나 생각에 잠긴다. 새로운 배우자를 찾아 결혼하는 등 상실한 것을 대체하기 위해 이 시기 동안 결정을 내리는 것은 그다지 좋은 생각이 아니다. 왜냐하면 잃어버린 물건이나 대상을 내담자 내면에서 충분히 떠나 보내지 못했기 때문이다.

### 위기 중재를 훈련하라

위기 상담은 치료 요법이 아니다. 위기 상담은 숙련된 중재로 정해진 양식을 따라야 한다. 그렇기 때문에 전문상담가, 목회자와 훈련된 평신도 사역자 모두가 위기의 때에 사람들을 효과적으로 도울 수 있는 것이다.

제2기뿐만 아니라 제1기에서는 다음 2가지 지침이 위기에 처한 사람에게 유익하다.

1. 질문은 짧게 진술은 간결하게 하라. 한 번에 한 가지 질문만 하라. 구체적이고 실제적인 정보가 필요한 것이 아니라면 개방형 질문이 가장 좋다. 무슨 일이 일어났는지 기억나는 대로 묘사하게 하라. 예를 들면 그들이 어디에 있었는지, 그들이 본 것, 냄새 맡은 것, 들은 것이 무엇인지 말하게 하고 특히 내담자 스스로 자신의 이야기를 털어놓게 하라.[2]
2. 상담자는 자기 인생에 어떤 스트레스, 압박감 또는 긴장이 있다면 반드시 그것들을 먼저 해결해야 한다. 침착할 때만이 안정감을 줄 수 있다. 상담자는 침착하고 차분한 방법으로 틀을 제공하고 한도를 설정하고 결과를 유도해 내야 한다. 단, 생각이 산만한 사람에게는 질문과 진술문을 반복해서 하는 것이 좋다.

### 말의 힘

사람이 위기를 당하거나 트라우마를 입었을때, 우리의 말, 목소리 톤과 제안들은 인생의 어떤 때보다 강력한 영향력을 준다. 즉흥적인 발언조차도 영향을 줄 수 있다. 당신이 무슨 말을 하느냐에 따라 위기와 트라우마에 빠진 사람은 차분해지고 혈압이 내려갈 수도 있고 혹은 불안이 더 증폭될 수도 있다. 상담자로서 무슨 말을 해야 할지 모를 때에는 차라리 말하지 말라! 공허한 말로 어색함을 채우기보다는 아예 아무 말도 하지 않는 것이 낫다.[3]

「최악의 상황은 끝났습니다 : 모든 순간이 중요할 때 이런 말을 하라」(The

*Worst Is Over: What to Say When Every Moment Counts*)의 저자들은 언어 응급처치에 대해 다음과 같이 말한다. 좋은 의약품을 대신하려는 과정이 아니라 좋은 약의 효과를 높이기 위한 것이다.

> 어떻게 하면 용기를 북돋아 의사소통을 시작하도록 도울 수 있을까? 어떻게 하면 아픔을 덜어 줄 수 있는 제안들을 해서 그것이 실제로 몸의 치유를 돕는 화학물질을 생산해 내도록 할 수 있을까? 그리고 어떻게 하면 두려움을 소망으로, 고통을 침착함으로 바꿀 수 있도록 도와주는 환경을 창출해 낼 수 있을까?[4]

위기나 응급상황에 요청을 받았을 때 주로 무엇을 하는가? 주로 그 상황을 진정시키기 위해 절망한 사람에게 이렇게 말한다. "모두 괜찮아질 거예요."

그것은 거짓 안도감으로, 상담자에 대한 신뢰를 흔들리게 할 수도 있다. 이 사람들에게는 '모두 괜찮아'지지 않고, 이미 좋지 않은 일 또는 끔찍한 일이 벌어졌다. 그런 내담자에게 우리가 할 수 있는 말은 '최악의 상황은 끝났다'라거나 '지금 당장은 제일 힘든 일을 치러 냈다고 생각하라'는 것이다. 이와 같은 말은 몸에서 일어나는 화학적 작용에 영향을 주어 패닉(panic : 돌연한 공포 – 옮긴이주)과 두려움을 감소시키고 안도감을 줄 수 있다. 치유를 가능케 하는 제안이기도 하다.[5]

더치 쉬츠(Dutch Sheets)는 최근 저술한 소망에 관한 심장개심술(open-heart surgery) 과정을 참관할 수 있었던 그의 남동생 팀의 이야기를 기록했다. 그는 의사들과 의대생들이 참관할 수 있는 곳에 함께 앉아 수술을 지켜보았다. 수술을 하는 동안 환자의 심장은 맥박을 멈추었다. 심장 박동을 재가동할 때가 되었을 때, 의사는 심장을 쓰다듬고 만져 보았지만 아무 일도 일어나지 않았다. 계속 반복해서 시도해 보았고 다른 의례적인 방법도 동원해 보았지만 심장은 다시 뛰지 않았다. 그들의 불안과 걱정이 한눈에 다 보였다. 결국 환자는 의식을 잃었다. 이때 의사가 환자에게 몸을 숙이고 환자의 귀에 이렇게 얘기했다. "우리는 당신의 도움이 필요합니다. 우리는 지금 심장을 다시 뛰게 할 수가 없습니다. 당신 심장에게 박동하기 시작하라고 말하세요."

믿기지 않겠지만, 그 환자의 심장은 즉시 다시 뛰기 시작했다.[6]

다른 사람들 앞에서 무언가 말을 할 때에는 매우 신중해야 한다. '그들에게 이건 너무 힘들 거야' 또는 '아마 당신은 몇 주 안에 곧 우울증에 시달릴 것입니다'와 같은 진술문은 제안에서 그치지 않고, 정말 그렇게 되고 마는 부정적인 예언이 될 수도 있기 때문이다. 때로 생각(mind)은 당신이 하는 말 주변을 둘러싸고, 당신의 말은 현실이 된다. 그러므로 목회자나 상담자는 무슨 말을 하기 전에 먼저 깊이 생각하고 기도해야 한다. 또 기꺼이 배우려는 자세를 가져야 하고 이전 접근 방식 가운데 몇 가지는 바꾸어야 한다.

1. 내담자가 침묵으로 일관한다면 내담자를 조용한 가운데 생각하게 두라. 위기에 처한 사람들은 느리게 반응한다. 질문에 대답할 수 있는 능력이 상처를 입었기 때문이다. 더욱이 내담자가 본래 내향적이라면, 명확한 대답을 하기 위해서 조용히 혼자 생각할 시간이 필요하다.
2. 위기에 처한 사람이 계속 두서없이 횡설수설할 때에는 필요에 따라 부드럽게 중단시키는 것도 괜찮다. 온화한 목소리로 이렇게 이야기하라. "제가 당신 말을 정확하게 잘 듣고 있는지 확인하고 싶었습니다."
3. 귀뿐만 아니라 당신의 눈으로도 경청하라. 이렇게 하면 더 많은 정보를 얻을 수 있고, 아니면 지금 말하는 것과 모순되는 것을 눈으로 확인할 수도 있다.
4. 만일 내담자가 당신에게 쏟아놓고 발산하더라도 개인적 차원의 일로 받아들이지 마라. 어쩌면 당신은 내담자가 얼마 동안 만난 사람 가운데 처음으로 안심할 수 있다고 여겨 그리 행동했을 수도 있기 때문이다.
5. 경청하면서 종이에 적을 뿐 아니라 머릿속에 문제의 우선순위를 매겨 보

라. 위기 때문에 그들의 삶이 방해받는 것은 아닌지 그들이 깨닫도록 하라.
6. 그 사람이 대안들을 생각해 내게 하라.
7. 다음 사항들을 즉시 이용할 수 있도록 하라.
   (1) 다양한 문제들을 다루는 책들과 자원들, 책과 카세트 테이프 등 내담자들이 필요로 하는 것들을 판매하는지 여부가 불확실한 서점으로 보내지 말고 내담자들이 사무실에서 구매할 수 있도록 자료들을 비치하여 판매하도록 하라. 만약 사람들이 자료를 구매한다면 아마도 끝까지 마무리하기 위해 책을 읽거나 자료들을 들을 것이다.
   (2) 연락 가능한 지역 또는 국내 기관들 전화번호를 확보하라.
   (3) 활용 가능한 다양한 지원그룹 목록을 확보하라.
8. 다시 만나야 할 경우 내담자가 다음 약속시간을 어떻게 지킬 수 있을지 의논해 보라. 내담자에게 교통수단이 있는지, 아니면 데려다 줄 만한 친구들이 있는지 확인하라.
9. 내담자에게 어떤 대안이 효과적일지 함께 작업하라. 그것이 소용 있는 것이라고 내담자가 생각하는지 확인하라. 그것이 중요하다.
10. 당신과 그를 위해 계획을 기록하라. 그들이 무엇을 할 것인지 내담자가 말로 설명하도록 하라.
11. 자살 또는 살인을 암시하는 것이나 그런 잠재성이 있는가?[7]

### BASIC 평가법

위기에 처한 사람들과 일할 때, 위기사건 이전에 비해 그들이 얼마나 잘 감당하는지 확인하는 것이 중요하다. 이전에 가졌던 대처방식과 미처 해결하지 못한 개인 갈등이 있는지에 집중하라. 이런 것들을 이해하면 한 사건이 어떻게 위기까지 갔는지 아는 데 도움이 된다.

이것을 마치면, 당신이 평가를 내려야 하는 5가지 영역이 있다. 이 영역을 두고 5가지 기본 범주(five BASIC modalities)라고 정의한다.

B는 위기에 처한 사람들의 행동양식(Behavior pattern)을 언급한다. 우리가 유념해서 살펴야 하는 것은 무엇인가? 위기로 인해 내담자가 일하는 것, 먹는 것과 수면하는 것이 어떻게 영향을 받아 왔는가?

상담자가 알아내야 하는 것은 지금의 패턴이 이전과 어떻게 다른가 하는 것이다. 내담자가 "이번에는 잠을 잘 이룰 수 없었어요"라고 말하면 상담자는 "이 일이 일어나기 전과 비교해서 어떻게 다른가요?"라고 질문해야 한다.

A는 정서적인(Affective) 기능이다. 그들이 경험한 감정이나 내면의 반응은 무엇인가? 어떤 사람들은 정서를 표현하는 감정 어휘(feeling vocabulary)를 갖고 있지 않기 때문에 이때는 비통의 공에 열거된 것(6장 참조)과 같은 감정을 묘사하는 단어들을 활용하는 것이 유익하다. 하지만 어떤 사람들에게는 감정을 단어와 결부시켜 생각하는 것이 힘든 시기일 수도 있음을 기억하라. 어떤 감정인지 확인되면, 행동으로 어떻게 옮겨져 나타나고 있었는지 찾아보라.

S는 위기에 대한 반응으로 생긴 신체적인 증상(physical Symptoms)을 뜻한다. 새로운 신체 증상이 있는가, 혹은 이미 지닌 증상이 강화되었는가?

I는 대인관계(Interpersonal) 범주에서의 기능을 가리킨다. 지금의 위기가 이 사람의 세계에서 다른 사람들에게 어떤 영향(충격)을 주었는가? 그 사람은 어떤 종류의 지원체제를 소유하고 있는가?

C는 인식(Cognition)을 뜻한다. 어떤 생각, 해야 할 것과 하지 말아야 할 것, 꿈, 사고 왜곡(thought distortion) 또는 파괴적인 환상들(destructive fantasies)인가?

우리가 이런 정보를 소유하면, 그가 전진하도록 더 잘 도와줄 수 있을 것이다.[8]

## 조정(적응)기

위기의 제3기는 다른 시기보다 긴 시간을 요하는 조정기다. 이 시기에 나타나는 감정적 반응은 희망적이다. 일련의 우울증이 잔류하거나 찾아오고 사라지기도 하지만 긍정적인 태도가 시작된 것이다. 사태는 호조를 보인다.

사람들은 희망적으로 새로운 직장이나 새 장소를 즐기는 것, 화재로 파괴된 집을 재건하는 것 또는 재혼을 고려하는 것과 같은 미래의 가능성들에 대해 이야기한다. 내담자들은 이제 상실한 것에서 이제 막 분리(detachment : 이탈)를 마쳤고, 그들이 새롭게 애착을 형성할 수 있는 어떤 것을 찾아나선다.

### 깊은 골짜기를 빠져나오다

내담자의 세계에서 일어나는 일들이 다시 중요하게 다가오기 시작한다. 내담자는 그동안 골짜기의 깊은 곳들을 통과해 왔고 지금 그곳을 빠져나오고 있다. 제3자는 동일한 의미를 부여할 수 없고 새로운 직장, 새로운 집이나 새로운 동반자를 선택하는 것은 실수하는 것이라고 느낄 수도 있다.

하지만 내담자가 애착을 형성하기 시작하는 것은 특별한 의미를 갖는다. 내담자가 상담자를 찾는 것은 상담자 기준의 비평을 듣기 위해서가 아니다. 왜냐하면 내담자는 상담자와는 전혀 다른 관점으로 세상을 보고 세상에 반응하기 때문이다. 그러므로 상담자는 자신의 눈이 아닌 그들의 눈을 통해 인생을 볼 줄 알아야 한다.

물론 새로운 동반자를 선택하는 일에 대해서는 내담자에게 충고가 필요하다. 왜냐하면 이 국면에서는 너무 이른 감이 있기 때문이다. 나는 이혼을 경험한 사람들에게 이혼하고 다시 데이트하기까지 최소 1년은 기다리라고 격려한다. 먼저 회복되어야 하기 때문이다. 그렇지 않으면 그들이 나약해진 시점에 새 파트너를 선택할 것이기 때문에 이전 관계에서 가져오는 보따리가 새로운 관계에 걸림돌이 되고 만다.

### 희망을 찾다

이 시기 사람들은 희망적이다. 그러나 일관된 소망감은 아니다. 희망의 감정은 불안정하고 의기소침해질 때도 있을 것이다. 그들은 여전히 누군가 가까이서 도와줄 사람이 필요하다. 왜냐하면 통찰력이 회복되고 있고, 일어났던 상황에 대해 객관적으로 반응할 수 있고, 이제는 새로운 정보와 제안들을 소화해 낼 수 있기 때문이다. 이 시점에서 내담자는 새로운 영적인 통찰력을 얻을 수 있고 그들의 가치, 목표와 신념이 달라지고 더 한층 깊어진다.

## 재구성기

위기의 제4기는 재구성기다.

### 거침없이 소망을 표현하다

이 시기의 특징은 소망을 거침없이 표현한다는 것이다. 자신감이 넘쳐 수많은 계획을 쏟아놓는다. 의심과 자기 연민은 사라졌다. 더 이상 그런 것에 자신을 소모하지 않기로 합리적인 결정을 내렸기 때문이다. 내담자는 자진하여 발전을 도모하고, 재애착이 발생한다.

이제는 새로운 사람들, 새로운 장소들, 새로운 활동들, 새로운 직장과 새로운 영적인 반응들과 깊이가 존재한다. 다른 사람들을 향한 분노와 원망이 있었거나 관계들이 깨어졌다면 지금이 화해하기 좋은 때다. 유익한 제스처(gesture : 의사 표시로서의 행위, 몸짓, 언사를 나타낸다 – 옮긴이주)들, 짧은 편지, 식사를 함께 나누거나 다른 사람들을 위해 도움이 되는 행동을 하는 것이 화해의 모습이 될 수 있다.

### 새로운 것에 대해 생각하다

위기의 마지막 결론은 내담자의 새로워짐이다. 위기는 내담자가 새로운 힘, 인생에 대한 새로운 관점, 새로운 감사, 새로운 가치 또 인생에 접근하는 새로운 방식을 얻는 기회다. 나는 내 삶에서 이 4가지 시기를 모두 경험했다. 이 4시기를 통과하는 데 예상보다 시간이 덜 걸릴 수도 있다. 더러는 이미 경험한 상실이거나 상실 상황에서 위협을 받았을 때 한두 시기에서 시간이 더 지체될 수도 있다.

몇 년 전, 이상한 신체 증상을 경험했다. 머리 뒷부분에 현기증(vertigo)과 압박 그리고 두통이 느껴졌다. 이 증상들은 7주 정도 계속됐고, 그동안 의사들은 일련의 이론을 제시했지만 어떤 것도 구체적이지 못했다. 그렇게 되자 심리적인 불안까지 더해졌다.

결국 캣스캔(CAT scan : 컴퓨터 단층 촬영으로 엑스선 기계와 컴퓨터가 결합되어 환자의 머리나 인체의 단면영상을 촬영하여 진단하는 방법 - 옮긴이주)과 더 심도 있는 검사를 실시했는데, 신기하게도 그 검사를 하는 동안 증상들이 말끔히 사라졌다. 몸이 편안해진 뒤 가만히 생각해 보았더니 결론이 내려졌다. 중간에 회복할 시간도 없이 감기와 고도 변화까지 겹친 상태에서 강도 높은 세미나를 너무 많이 진행한 탓이었다. 신체를 너무 혹독하게 다룬 것이 가장 큰 원인이었다. 그러나 47세에 한 이 경험으로 나를 재평가하게 되었고 변화를 고려하게 만들었다. 힘든 시기였지만, 그 일로 나는 성장했고, 삶에 쉼의 시간이 필요하다는 것을 깨달았다.

위기와 시련은 도약을 북돋우는 성장의 도구가 될 수 있다. 나는 윌리엄 프루잇(William Pruitt)과 그가 극복한 그의 신체 문제에 대한 그의 반응에 항상 감명을 받는다. 그의 책 「창백한 조랑말을 보면 도망하라」(Run from the Pale Pony)에서 프루잇은 그의 삶에 일어난 일을 묘사하기 위해 유추법을 사용한다.

> 30년쯤 전에 내가 소년으로 누렸던 기쁨 가운데 하나는 흰색 조랑말 프린스를 타는 것이었다. 그 잘나고 힘찬 종마는 내가 원하는 곳이면 어느 곳이나 내가 원하는 속도로 날 데려다 주었다. 말을 탈 줄 아는 사람이라면, 내가 느꼈던 힘이나 그렇게 강력한 동물을 제어하는 데서 오는 권위감을 따로 말하지 않아도 다 알 것이다. 내가 프린스를 타고 전속력으로 질주했을 때 느꼈던 흥분감이나 로데오를 하는 것처럼 나선 모양으로 빙빙 돌아 꺾어 지나

가게 했을 때 느꼈던 은근한 자랑에 대해서도 더 부연설명을 할 필요가 없다. 프린스는 나의 것이었고 나는 그를 훈련시켰다. 그런 경험들은 내 유산의 일부인 셈이다.

내가 아끼는 흰 말은 사라졌고 15년 후에는 거의 기억하지 않았다. 바로 그런 즈음에 나는 전혀 다른 종류의 말을 만났다. 내가 요괴 같은 조랑말을 처음으로 인식했을 때 그것의 모습은 너무 희미해서 알아보기가 어려웠다. 그저 그런 것을 전혀 본 적이 없다는 것은 확실했다. 또 아는 것은 나는 그런 피조물을 갈망한 적이 없다는 것인데 그럼에도 어떤 특이한 것, 내가 어디를 가든 날 따라다녔고 그림자는 좀처럼 사라지지 않았다. 나는 자신에게 말했다. "정말 지금 너는 너무 바빠서 너의 마음을 휘저어 놓기로 작정한 그것을 손 볼 시간이 없다는 거군. 그걸 처리하도록 해."

그리고 난 그것을 없애 버리려고 작정하기도 했다. 하지만 내가 무엇을 하든지 간에 그 망령은 나의 일거수일투족을 따라다녔다. 게다가 내가 그것을 떼내어 버리려고 안간힘을 쓸수록 그 피조물의 형태는 더욱 분명해졌다.

이 원치 않았던 그림자가 자신만의 의지를 갖고 있다는 것을 깨달았을 때, 내 염려는 더욱 깊어졌다. 나를 혼자 내버려 두지 않을 작정이라는 것을 이해했을 때 두려움으로 오싹해졌다. 더 이상 경고도 없이, 어느 날 공개적으로 그것은 내게 얘기하기 시작했다. 악의에 찬 거친 목소리로 막무가내로 이렇게 내뱉었다. "너는 더 이상 네가 원하는 곳을 네가 원하는 때에 네가 정하는 속도로 갈 수 없어. 그게 맞아. 왜냐하면 나는 너에게 원기 대신 연약함을 줄 거야. 흥분과 자랑? 다시는 절대로 너는 이전처럼 그런 것들을 누릴 수 없을 거야. 너를 위한 내 계획은 감금과 장애야. 그리고 나는 너의 지속적인 동반자가 될 거야. 내 이름은 '만성적인 질병'이야."

그것이 그런 얘기를 하는 동안, 나는 그것을 실지로 마주보지 않으려고 뒤로 주춤했다. 그것은 이름이 '건강'인 내 하얀 말이 주는 기쁨과 반대되는 비참함에 대해 말했고, 쓰라린 운명은 심술궂은 피조물의 형태에 반영되어 나타났다. 만성적인 질병은 발육부진이고 기형인 조랑말 모습이었다. 그것의 텁수룩한 털은 색이 창백했고 오랫동안 쌓인 어두운 절망의 줄무늬가 그려져 있었다. 그러나 의심할 나위없이 그 동물의 가장 섬뜩한 특징은 그것이 압도적으로 노려보는 눈초리였다. 뚫어지게 노려보는 눈은 나를 무기력하게 만들었다. 조랑말의 길들여지지 않은 두 눈은 끊임없이 이쪽 끝에서 저쪽 끝으로 응시했다. 그러면서도 눈 하나 깜짝 않았다. 조랑말의 파리한 얼굴을 마주 대한 사람들을 위해 이 책을 썼다.[9]

이 창백한 조랑말은 수많은 형태로 찾아올 수 있다. 몇 가지 예를 들자면 심각한 신체 또는 정신질환, 전쟁이나 다른 원인으로 부상을 입는 것 등이 있다. 조랑말이 어떤 형태이든 간에 결과는 유사할 것이다.

윌리엄 프루잇의 창백한 조랑말은 '다발성 경화증'이었다. 그는 이 병이 그의 삶에 점점 더 영향을 미치는 것을 느꼈으나 그의 이야기는 소망으로 가득하다. 그는 완전히 불구가 되기까지는 몇 년이 더 남아 있음을 알게 되었다. 그는 그때껏 하던 일을 계속해서 할 수 없으리라는 것을 감지하고 휠체어를 타고 대학으로 돌아가서 경제학 박사학위를 취득하고 대학생들을 가르치기 시작했다.

프루잇의 책은 포기하는 것에 대한 책이 아니다. 투쟁하여 승리하는 것에 대한 책이다. 이 책은 아주 정직한 책으로, 고통, 상처와 내적소요에 대해 얘기한다. 그럼에도 이 책이 강조하는 것은 바로 믿음과 소망이다.

엄청난 위기를 경험하고 나서도 그것을 바탕으로 얼마든지 성장해 갈 수 있다. 하지만 많은 이들이 그보다는 깊이 절망해 삶에서 무기력해지고 만다. 이 둘 사이를 결정하는 것은 무엇인가? 바로 우리의 자세다.

눈앞에 닥친 위기를 통과하는 많은 사람들은 다른 사람들에게 훨씬 더 효과적으로 사역할 수 있다. 어려움을 잘 이겨 냄으로써 다른 사람들과 함께 느낄 수 있고 새로운 방식으로 그들의 시련에 함께 동행할 수 있다.

## 추가 질문들

위기순서도표를 다시 보고 아래 질문에 대답해 보라.

- 어떤 국면에서 위기에 빠진 사람과 기도하겠는가?
- 어떤 국면에서 성경말씀을 위기에 처한 사람과 나누겠는가? 각 국면마다 나누고 싶은 성경말씀 본문을 찾아보라. 각각의 본문을 나누는 당신의 목적은 무엇인가?
- 만약 충격의 국면에서 기도를 한다면, 그때 기도로 하고 싶은 말을 기록해 보라. 4가지 국면 모두에 이것을 실행해 보라. 이 질문들을 고려해 보고 미리 계획함으로써 상담자로서 당신의 위로 수준도 더욱 강화될 것이다.

Crisis & Trauma
Counseling

# 09
# 위기 중재의 과정
The Process of Crisis Intervention

위기에 처한 사람을 돕기 위한 몇 가지 단계가 있다. 이 단계는 다양한 종류의 위기에 적용이 가능하며, 각각의 적용마다 민감하고 융통성 있게 대처해야 한다. 또한 각각의 사람마다 걱정하는 것이 다르기 때문에 상담자는 개인별로 적응해야 한다.

더글라스(Douglas Puryear)의 「위기에 처한 사람을 돕기」(*Helping People in Crisis*)에서 각색한 위기 상담의 8단계를 살펴보자.

## 1단계. 즉각적인 중재 실행

위기 상담의 첫 단계는 즉각적인 중재다. 위기는 위험과 같으며, 연관된 사람들을 위협하고 중재 기간에는 시간 제한이 있다.

위기가 닥쳤을 때 동요하거나 약한 모습을 보이는 것은 그 사람이 충격을 받았기 때문이다. 사람마다 다른 방식으로 위기에 반응한다. 어떤 사람은 위기를 그의 필요, 안전 또는 삶의 통제권을 위협 받는 것으로 간주한다. 또 어떤 사람은 상실로 바라본다. 하지만 그래도 많은 사람들이 위기를 성장하기 위한, 지배(mastery)하기 위한, 생존하기 위한, 자기를 표현하기 위한 도전으로 본다.[1]

### 상담자의 신속한 초기 대처

모든 목회자는 자신만의 스케줄이 있다. 그래도 목회자는 상담을 위한 시간을 따로 떼어놓는다. 교회에 전화가 오면 목회자는 이 전화가 위기 상황이라 즉각적인 대응이 필요한지, 혹은 그날 정해진 일과보다 다음 차례로 넘겨도 될 사안인지 결정해야 한다.

어떤 사람들은 사고, 아동학대, 성추행, 실직 등 위기가 발생하면 일순간 무너져 버린다. 따라서 위기 상담에서 대기자 명단은 있을 수 없다. 메시지 준비, 위원회 모임, 오찬회동, 골프게임 같은 일은 즉시 중단하고 위기 중재에 나서야 한다. 상담자가 너무 바쁘면 위기에 처한 사람이 도움을 청하기 위해 다가가기가 어렵다. 상담자의 일을 방해할까 봐 망설이기 때문이다.

그런 경우 상담자는 가장 먼저 내담자가 연락한 것은 참 옳은 일이라고 안심시켜 주고, 그의 문제가 우선순위임을 알려 주어야 한다. 만일 훈련된 위기 팀이 적소에 배치되어 있다면 이것이야말로 모든 사람들이 함께 동역하기에 유리한 장소가 될 수 있다.

사람들은 장시간 동안 위기 스트레스를 견딜 수 없다. 어떻게 해서라도 그들은 6주 내에 그것을 해결해야 한다. 내담자들은 이 시간 안에는 찰흙같이 유연하지만, 6주가 지나면 굳기 시작한다. 만약 그들이 당신을 만나기 위해 기다려야 한다면 하룻밤 이상을 넘기지 않아야 한다. 그리고 기다릴 때에는 적어도 전화로 간단하게 얘기를 나눠야 한다. 왜냐하면 위기에 처한 사람들이 평정을 되찾기 위해 시도하는 방법이 건강할 수도 있고 건강하지 않을 수도 있기 때문이다. 그들은 너무 압도되어서 즉각적인 도움을 받지 못하면 자해를 할 수도 있다. 그만큼 상담자는 신속하게 행동해야 하며, 빠른 지원으로 위기를 경감시킬 수 있다.

위기 상황에서는 긴장, 절박감, 오해와 능률 저하가 따른다. 그렇기 때문에 내담자가 위기를 경감시키려고 성급히 행하는 많은 시도는 여러 모로 깊이 생각해서 나온 것들이 아니다. 그것은 오히려 문제나 위기를 악화시킬 수도 있다.

**유지 기술**

위기에 처한 사람을 돕는 초기에는 불안, 죄책감과 긴장을 줄이고 감정적인 지원을 제공하기 위해 유지 기술을 사용하는 것이 중요하다. 이 모든 노력이 평정을 회복하도록 도와줄 것이다.

**안도감 주기.** 안심시키기는 정신적 패닉 상태로 불안해하는 사람을 도울 수 있는 기술이다. 그런데 어느 정도의 불안감은 긍정적인 변화를 위해 필요하며, 적절한 불안감은 내담자가 무기력감과 절망감을 극복하도록 도와준다.

**직접적 영향력의 절차.** 직접적인 영향력의 절차들은 내담자에게 바라는 변화를 촉진시키기 위해 사용하는 또 다른 기술이다. 그 사람이 이미 하고 있던 행동을 격려해 줄 뿐 아니라 새로운 행동도 할 수 있도록 용기를 북돋아 주는 것이다.

내담자가 우울해하고, 혼돈스러워하고, 당황한 상태라면 더욱 강력한 기술이 필요할 수도 있다. 상담자는 확실한 행동방침을 주장하거나 내담자가 어떤 방식으로 행동했을 때 예상되는 구체적인 결과들을 경고해 줄 수 있다. 예를 들면 자살의 위험이 있는 사람은 직접적인 중재가 필요하다.[2]

위기에서 비롯되는 몇 가지 가장 가혹한 결과들로 자살, 살인, 가출, 신체적인 위해, 정신병, 또는 가족의 와해 등이 있다. 가족이라는 감정적인 유대관계 단절은 당사자와 가족 구성원에게 큰 재해다.

그러므로 위기 중재를 할 때 상담자의 목표 가운데 하나는 '직접적 영향력

절차'를 통해 비참한 결과를 막는 것이다.

위기의 때는 상담자가 사역할 수 있는 엄청난 기회의 시간이다. 불안정한 위기의 상태에서는 변화 역시 가능하다. 대개는 내담자가 더 개방적이고 덜 방어적이기 때문이다. 내담자는 자신만의 전형적인 대처 방식으로는 성공하지 못했으므로 십중팔구 새로운 것을 시도하는 데 마음을 열 것이다. 만일 상담자가 한 개인이나 가족에게 영향력을 미친다면 그것은 바로 위기의 때다. 그렇기 때문에 위기 상담이 사역하는 사람들에게 그토록 중요한 것이다.

앞에서 언급한 것처럼 내담자를 즉시 만날 수 없다면, 상황의 경중을 알기 위해 먼저 전화로 몇 가지 질문을 해야 한다. 내게도 몇몇 사람들이 전화를 걸어 와 비상사태 또는 위기라고 말은 했으나 실제로는 수개월간 지속된 문제인 적이 많았다.

전화상으로는 첫 미팅을 정하도록 하고 누가 참석할지 결정하도록 하라. 위기에 대한 잠정적인 견해를 수립하고 첫 미팅을 위한 간단한 계획을 세우기 위해 충분한 정보를 모으라. 또 이 위기 상황에 내담자의 지원 그룹이 될 수 있는 사람은 몇이나 되는지도 파악해야 한다.

내담자와 전화 통화를 할 때에는 상담자가 대화를 주도해야 한다. 간혹 시간을 제한해야 할 때도 있다. 만약 대화를 너무 깊이 있게 끌고 가면, 내담자는 전화만으로 문제를 해결하고 싶어 할 수도 있다. 전화했을 때 상담자에게 너무 많은 이야기를 털어놓으면, 내담자는 다시 의논하는 것을 주저할 수도 있다. 혹은 당신이 세부적인 사항까지 모두 기억해 주기를 기대할 수도 있다. 전화는 단순히 연락을 취하여 관계의 시작을 도모하는 것으로 활용하라.

혹 즉시 내담자를 만날 수 없는 상황이라면 전화 대화에서 다른 상담자를 만나도록 조정해 보라. 이런 경우를 대비해 가능하다면, 당신의 사역을 지원할 수 있게 평신도로서 돌보는 사람들의 팀을 개발해 두는 것이 좋다.

**기본 중재 절차**

어떤 위기에 처해 있든지 간에 내담자는 기본 중재 절차를 밟아야 한다. 이는 상담의 기초가 되는 것들이기 때문이다. 나는 새로운 상담법을 배울 때마다 8×12센티미터 크기의 카드에 모든 절차를 목록으로 만든 후에 코팅한다. 그걸 가지고 다니며 머릿속에 다양한 시나리오를 만들어 각 절차를 연습해 보는데, 실제 상담에 도움이 된다.

조안의 '피닉스 현상'에 등장하는 다음 반응모델은 위기에 처한 사람들과 일할 때 탁월한 지침이다. 당신이 어떤 비통이나 위기의 모델을 사용하든지 간에, 다음 원칙들은 그 모델의 각 단계나 시기에 적용할 수 있다.

**경청하기.** 머리와 두 귀만 사용하지 말고 마음과 두 눈으로도 경청하라. 상담자가 얼마나 잘 경청하느냐에 따라 내담자의 위기 대처 정도를 가늠할 수 있다. 감정적인 불안뿐 아니라 신체적인 불만의 징후에도 귀를 기울이라. 내담자가 무엇 때문에 갈등하는지, 어떻게 도전하려는지 잘 듣고 그에게 필요한 조언을 해 주라. 내담자에게 해 줄 수 있는 것이 무엇인지 찾아내기 위해 경청하라.

**평가하기.** 만날 때마다 내담자의 진보뿐만 아니라 그들의 필요도 평가하라. 평가 시, 비통이나 위기의 모델을 사용하는 것이 유용하다. 평가를 바탕으로 계속 수행해야 하는 일과 이제 그만두어도 되는 일을 결정하라.

**정상화하기.** 내담자가 위기나 비통 속에서 자신이 어디쯤 와 있는지 설명하도록 하라. 이때 그가 무엇을 경험하든지 그것이 정상이라는 것을 꼭 알려야 한다. 신체적, 감정적 그리고 영적인 갈등이 오고 갈 것이다. 그런 갈등이 정상이라는 것을 확인받으면 내담자는 안도하고 용기를 얻는다. 내담자들에게 위기 도표, 비통의 도표, 증상 목록 등 어느 것이든지 그들이 위기를 통과하는 데 도움이 되는 복사본을 나눠 준다. 또한 내담자에게 비통이 불쑥불쑥 찾아올 수도 있음을 알려 주라. 비통은 환영받지 못한 손님처럼 불시에 찾아올 것이다.

**안도감 주기.** 내담자가 안도감을 느끼지 못하더라도 이 과정을 통과할 수 있음을 알게 하라. 그와 함께 이 과정을 통과할 사람들이 있음을 확신시켜 주라. 절대로 내담자를 고립된 채로 방치하지 마라.

**응원하기.** 아무리 작은 노력일지라도 내담자가 하는 모든 노력을 지지하라. 상담자는 내담자를 위해 '성장'에 대한 정의를 새롭게 내려야 한다. 내담자가 생각해 내는 어떤 아이디어라도 긍정적으로 확인해 주어 그가 전진할 능력이 있음을 스스로 볼 수 있도록 도와주어야 한다.

**계획하기.** 상담자가 상담할 때 항상 염두에 두어야 하는 내용이다.

1. 현실적이고 달성 가능한 계획을 세워야 내담자가 질리지 않는다.
2. 가장 중요한 계획이 무엇인지 우선순위를 정해야 한다.
3. 계획은 상담자와 내담자가 함께 세우는 것이다. 상담자 혼자서 계획하지 않도록 주의하라.

**교육하기.** 적절할 때, 책이나 관련 자료를 읽도록 해서 정보를 제공하라. 내담자가 유사한 환경에서 성장한 사람들이 털어놓는 경험을 듣도록 하라.

**관찰하기.** 내담자의 분노, 우울증, 심리적 위축, 자살 충동 등을 주의해서 관찰하라. 당신의 직감에 귀 기울이고 질문해 보라. 필요에 따라 중재할 것에 대비하라. 이상한 징후가 느껴지면 좀 이른 감이 있더라도 전문가에게 의뢰하는 것이 좋다.

## 2단계. 행동 개시

위기 상담의 두 번째 단계는 행동이다. 위기에 처한 사람들은 당황해하는 경향이 있으므로, 상담자는 그들이 의미 있고, 목표 지향적인 행동을 하도록 자극해야 한다. 내담자들은 상담자가 그들을 위해 무엇인가를 했고, 덕분에 그들 자신이 무엇인가를 실행했음을 알 필요가 있다.

내담자는 상담자와의 첫 만남 때부터 이것을 느낄 수 있어야 한다. 이 시기는 내담자가 설문지에 답을 채우거나, 성격 테스트를 하거나, 개인사를 조사하거나 라포를 형성하는 시간이 아니다. 당신은 목회자 또는 상담자로서 능동적이어야 한다. 당신은 첫 번째 상담 시간에 참여하고, 기여하고 지휘해야 한다. 기억해야 할 것은 정보를 수집하는 데 경청하기가 중요하다는 것이다.

이 시기에 내담자가 위기를 이해하도록 도우라. 대개 위기는 어떤 사건과 관련되어 있지만 내담자는 이 2가지를 연결해서 생각할 능력이 없다. 내담자를 격려하여 자신의 생각과 감정을 표현하도록 하라.

**이전 위기들을 참조하라**

위기 상담은 과거 일에 크게 집중하지는 않지만 내담자가 위기 이전에 어떤 상황이었는지 아는 것은 중요하다. 체계적인 연구조사를 할 필요는 없으나 함께 대화하는 과정에서 의미심장한 정보에 귀를 기울이라.

상담자가 찾아야 하는 것은 위기 이전의 감정 상태, 행동 양식, 사고 과정, 타인과의 관계, 신체적 문제 등이다. 그렇게 함으로써 내담자에게 무슨 일이 일어났는지, 관련된 사람이 누구인지, 언제 그 일이 일어났는지 등을 알아낼 수 있다. '누가, 무엇을, 언제, 어디서, 왜, 그리고 어떻게?'라는 질문을 하라.

내담자의 장점은 무엇인가? 약점 또는 결함(예 : 저임금 직장, 건강하지 않은 자아상, 몇 안 되는 친구 등)은 무엇인가? 왜 그의 문제 해결 능력이 이 시기에 무너졌는가? 이전에 유사한 일이 발생한 적이 있는가? 이런 질문들이 필요한 이유는 위기 이론에 '위기에 연루된 대부분의 사람들은 그 위기를 촉발시키는 사건을 경험해 왔고 그게 어떤 사건인지 확인해야만 한다'는 기본적인 전제가 있기 때문이다.

내담자가 질문에 답하는 동안 당신은 그가 어떻게 느끼는지 경청하도록 하라. 이 위기가 그의 일(직장), 우정, 가정생활, 건강에 미친 영향은 무엇인가?

그의 일상은 동일한가? 아니면 달라졌는가? 그의 사고 과정은 어떤가? 그의 생각은 손상되지 않고 명료한가? 과도한 공상을 하는가? 꿈은?

누군가와 상담한다면 내담자의 장점과 약점 모두에 주목하라. 위기에 처한 사람들 가운데 그들 삶의 어떤 영역들은 전혀 영향을 받지 않기도 한다. 이와 같은 그들의 강한 영역도 찾아보라. 그의 강점과 능력을 발견하면 그 방향으로 더욱 격려할 수 있다. 예를 들어, 한 내담자는 운동프로그램에 참여하고 있었다. 그가 계속해서 규칙적으로 운동하도록 격려했다. 그는 운동하는 동안은 문제에서 벗어날 수 있었고 운동이 자신감을 회복하는 기초가 되었기 때문이다. 어떤 사람들의 경우에는 가족과 친구들이 힘의 원천이 될 수 있다. 따라서 다음 질문을 계속해 보는 것이 중요하다. 이 내담자가 도움을 받을 지원체제가 있는가? 내담자 자신에게나 다른 사람에게 위험한 행동을 할 조짐이 보이는가?

내담자의 과거를 관찰해 보는 것 외에, 그의 가족에게 닥칠 수 있는 미래의 어려움들에 대해서도 잘 살펴보라. 어떤 사람들은 부모나 자녀에게 무슨 일이 일어났는지 얘기할 때 도움이 필요할 수도 있고, 학대 받은 배우자는 머물 수 있는 안전한 장소가 필요할 것이다.

내담자의 이야기를 들으며 정보를 수집할 때, 상담자는 다음 질문에 해당하는 대답을 찾는 것이다.

- 내담자의 삶에서 즉각적인 보살핌이 필요한 문제는 무엇인가?
- 나중에 천천히 처리해도 괜찮은 문제는 무엇인가?

내담자가 위와 같이 급한 문제와 급하지 않은 문제를 선별할 때 도와주라. 왜냐하면 위기에 처한 사람들은 종종 어떤 것을 나중에 해도 되는지 그리고 어떤 것을 지금 꼭 처리해야 하는지 인식하지 못하기 때문이다. 상담자는 위기 상황을 자주 접할수록 정보를 얻어 내기 위해 질문을 나열하는 식의 접근을 거의 하지 않아도 된다. 내담자는 대부분의 정보를 자원해서 말할 것이다. 그렇지만 상담자가 내담자와 지금 처한 상황을 의논할 때는 이 모든 질문과 문제를 염두에 두어야 한다.³

### 대화기술 고려하기

내담자가 얼마나 민첩한지 대화 능력은 어느 정도인지 파악하라. 질문하고 답변하는 과정을 통해 위기의 원인을 알아낸다. 예들 들면 이런 것들이다. "무슨 일 때문에 그렇게 속상해하세요?" "당신이 왜 그렇게 속상한지 얘기해 줄 수 있습니까? 당신의 이야기를 듣고 싶어요." "무슨 일이 있었는지 듣고 싶습니다"(이런 경우에는 11장에 있는 '위기 상황 스트레스 해소 활동' 형태를 사용해도 좋겠다).

위기에 처한 사람들은 때로 말하고 싶은 바를 명확하게 표현해 내지 못한다. 그러므로 상담자는 오래 인내할 줄 알아야 한다. 언어적 또는 비언어적으로 성급해하고 불편해하는 표시를 조금이라도 해서 내담자를 서두르도록 재촉하는 것은 좋지 않다. 여러 번 대화가 중단되더라도 차분하게 있으라. 위기의 충격 국면에서는 누구나 혼돈스러워하며 방향감을 상실해 정신적 능력이 보통 때처럼 기능하지 않음을 기억하라. 고통이 너무나도 극심해서 말이 제대로 나오지 않을 때도 있다.

내담자가 말할 때는 내담자가 요점을 표현하는지 주의해서 살펴라. 대개 반복된 말이나 격앙된 어조로 하는 말에 요점이 있으며, 요점은 내담자의 스트레스 포인트(point of stress)를 찾아내는 단서들이다.

**여과하라.** 경우에 따라서는 대화의 방향을 돌려야 할 때도 있다. 어떤 위기 상황은 당장 행동을 취해야 할 필요가 있다. 급박한 상황에서 내담자가 위기와 관련된 이야기가 아닌 과거 이야기나 중요하지 않은 주변 이야기를 두서 없이 할 때는 상담자가 이야기를 끊어야 한다. "당신이 지금 얘기한 것들은 당신에게 중요한 얘기로 들립니다. 그러나 지금 고민하는 일과는 직접적인 관련이 있는 것 같지 않군요. 그 이야기는 나중에 하도록 합시다."

이처럼 상담자는 위기에 부적절한 다른 요소들을 걸러 내야 한다.

**명확하게 하라.** 내담자의 말이 무슨 말인지 잘 모를 때는 주저하지 말고 설명을 요청하라. 내담자가 생각하는 바를 잘 표현할 때는, 상황에 대처하기 위해 가능한 다른 대안을 찾아보도록 도와주라. 유용한 질문은 이런 것이다. "이때에 또 할 수 있는 일은 무엇이 있을까요?"

배우자, 부모, 친구, 직장동료 또는 고립되어 있는 사람을 지원하기 위해 훈련해 온 교회 지체들까지 동원해서 이 내담자에게 가능한 지원체제를 찾아보라. 어쩌면 당신이 상담한 내담자는 이 동네에 이사 온 지 얼마 안 돼서 주변에 아는 사람이 전혀 없거나 기반이 전혀 없는 사람일 수도 있다. 그렇다면 특히 상담자는 개인적으로 제공할 수 있는 모든 것과 더불어 이 내담자가 새로운 지원체제 안에 들어올 수 있도록 도움을 줘야 한다.

### 내담자의 인식 참작하기(Consider Perception)

위기에 처한 사람은 자신이 처한 환경을 혼자서는 도저히 어쩔 수 없다고 생각한다. 그러므로 상담자는 혼란스러워하는 내담자에게 한층 더 정돈된 느낌을 부여해야 한다. 만약 당신이 차분함과 안정감을 갖도록 일조할 수 있다면, 내담자를 아주 많이 돕는 것이다. 내담자는 자신만의 공간과 고요함이 필요할 수도 있다. 때로 도움을 주려는 사람들이 오히려 부적절한 시도를 하는 바람에 위기에 처한 사람에게 혼란을 더하기도 한다.

내담자가 이야기할 때, 그 이야기를 평가하고 당신이 문제를 바라보는 관점과 비교해 보라. 위기는 어떤 문제를 개인이 어떻게 인식하느냐에 따라 촉발된다. 때때로 내담자가 과잉 반응하는 것처럼 느낄 때도 있는데, 내담자가 과잉 반응하는 그것이 주요 문제가 아닐 수도 있음을 기억하라. 어떤 사람들은 아주 보잘것없는 사건에 무너지기도 한다. 그러고는 결정적인 문제에 대해서는 폐쇄적인 반응을 보이거나 나중에야 반응을 보일 수도 있다.

한 엄마가 대형 자동차 사고를 당했는데 상대편 운전자는 사망하고, 자기 아들은 치명적인 부상을 입었다. 사고 후 그녀는 엄마로서 잘 대처해 나갔다. 그런데 어느 날 부엌에서 설거지를 하다가 그릇을 하나 깨뜨렸는데 즉시 그녀는 무너져 버렸다. 그녀는 이성을 잃고 통곡하기도 하고 강렬한 분노를 느끼기도 했다. 그 집을 방문했던 친척은 단순히 그릇을 깬 것에 이렇게 반응하는 그녀를 이해할 수가 없었다. 하지만 그날 늦게 그녀를 만나 상담한 목회자는 모든 요소들을 종합적으로 이해할 수 있었다.

목회자들이나 평신도 상담자들은 이런 질문을 자주 한다. "어디까지 행동을 취해야 할지 어떻게 압니까?"

경험으로 터득한 규칙은 이것이다. 내담자가 위기를 헤쳐 나갈 능력이 상황적으로 심하게 제한될 때만 전폭적인 행동을 취하도록 하라. 당신이 행동을 취하게 되더라도 가능한 한 빨리 그가 자립해서 역할을 감당하도록 격려해야 한다.

### 촉진자 또는 지시자의 역할 고려하기

위기에 대처하는 사람을 돕기 위해 상담자는 촉매 역할과 지시하는 역할 가운데 하나를 선택해야 한다.

만약 위기가 내담자나 다른 사람에게 위험을 야기하고, 내담자가 감정적으로 압도당해서 제대로 사고할 능력이 없거나 자신을 돌볼 수 없고, 약물이나 알코올 중독이고, 부상을 당했다면 당신은 지시자의 역할을 택해야 한다.

반면 내담자가 다른 사람 또는 자신에게 위험하지 않고, 전화를 걸 수 있고, 간단한 용무는 스스로 처리할 수 있고, 운전할 수 있고, 자신을 돌볼 능력이 있을 때에는 상담자는 촉진자 역할을 감당해야 한다. 내담자와 상담자가 계획을 함께 세울 수 있다면, 내담자는 그 계획들을 실행할 것이다. 계획을 어떻게 수행해야 하는지 세부 사항을 열거하여 내담자와 계약서를 작성해 볼 수도 있다.

상담자와 내담자가 함께 동의한 계획에는 친구, 배우자, 부모, 자녀, 대리인(아동 보호소에서 나온 사람이나 정부에서 파견한 요원 등이 될 수 있다 – 옮긴이주), 또는 교회 집사를 포함시킬 수 있다. 내담자가 그를 지원하는 사람들의 도움으로 계획을 제대로 실행할 때까지 상담자는 행보를 함께해야 한다.

당신이 지시자든 촉진자든 경청하기와 격려하기는 첫째가는 도구다. '충고'는 촉진적인 행동에 해당하는 것이므로 상담자는 이렇게 말할 수 있다. "그런데 말이에요. 지금 당신에게 벌어지는 일 때문에 걱정이 됩니다. 우리 지금 이걸 해 보면 어떨까요?"

촉진적인 활동으로, 상담자는 새로운 접근법과 행동을 권할 수 있다. 또한 새롭게 상황을 바라볼 수 있는 방법을 조언할 수도 있다.

사람들은 이런 말들을 자주 한다. "미칠 것 같아요." "제 생각에 전 실성할 것 같아요." "이렇게 느끼는 사람은 저밖에 없을 거예요." "다른 사람들은 저처럼 이렇게 고통스러워하지 않죠, 그렇죠?" "저는 정말 그리스도인이라고 하기에도 부끄러운 사람이에요. 그렇죠?" "제가 믿음이 조금만 더 있어도 이런 식으로 반응하지 않을 거예요."

그들이 정말 하고 싶은 말은 무엇일까? 그들은 실제로 무엇을 느끼는가? 그들은 '전 통제력을 상실해서 두려워요'라고 말하는 것이다. 그들은 자신에게 지금 무슨 일이 일어나는지 알아내고 싶어서 이런 표현을 하는 것이다.

이럴 때 상담자는 다음과 같이 말하라. "그렇게 느끼시는 것이 일반적입니다. 당신은 절대로 실성할 것 같지 않습니다. 당신이 지금 나타내는 반응과 감정은 경험하신 모든 상황을 고려해 볼 때 매우 정상적인 것입니다."

또는 이렇게 말할 수도 있다. "당신이 그런 상황을 다 겪고 뭔가 반응이 있을 법한데 그렇지 않아서 저는 내심 걱정하고 있었습니다."

그들의 감정과 반응이 정상적이라는 것을 깨닫게 도와주는 말은 그들에게 현실적인 안도감을 제공한다.

이 시점에서 나는 내담자들에게 8장에서 기술한 위기순서도표를 보여 준다. 압박감을 떨쳐 버리도록 돕기 위해서다. 내담자가 왜 자신이 미쳐 가고 있다고 생각하는지 고려해 보라. 이런 생각은 내담자의 회복을 돕는가, 아니면 발전을 저해하는가? 이것은 교묘하게 그리고 무의식적으로 장애물이 된다. 그러므로 이 시점에서는 지금 벌어지는 상황을 새롭게 명명함으로써 소망을 세우는 첫 발을 내딛으라.

직접적인 행동으로 내담자를 도울 때는 공동체의 특정한 법률이나 소송 절차들을 염두에 두어야 한다. 예를 들어 당신은 목회자, 직업 상담가 또는 평신도 상담가로서 상담할 때 기밀성을 보장받는 신분인가? 만약 내담자가 살인에 관한 말을 했다면 법의 테두리 안에서 어떻게 행동해야 하는가? 당신이 사는 지역에서는 자살 충동이 있어 보이는 사람을 본인의 의사와 상관없이 관찰을 위해 병원에 감금할 수 있는가? 한 아버지가 4년 전에 자신의 아이를 학대했다고 고백하는 경우 어떻게 할 것인가? 사춘기 소녀가 성적으로 학대를 받아 왔다고 얘기한다면 어떻게 할 것인가? 그러므로 상담자는 법을 알아야 하고 최근에 달라진 법조문도 알아 두어야 한다.

불행하게도 시간적인 제약이나 본인들의 급한 성격 때문에, 또는 제대로 훈련을 받을 곳이 없어서 많은 사역자가 직접적인 행동을 취하는 경향이 있다. 행동을 취하기 전에 이런 질문을 한번 해 보기 바란다.

- 이 일은 내담자가 자신을 위해 혼자 힘으로 할 수 있는 것인가?
- 이 일의 결론은 무엇일까?
- 내가 얼마나 더 이런 식으로 개입해야 할까?
- 이것을 하는 것에 위험 부담이 있는가? 그렇다면 어떤 위험 부담들인가?
- 어떻게 하면 이 사람을 다른 방법으로 도와줄 수 있을까?

**대안행동 고려하기**
위기 시에는 무기력감이 아주 강하기 때문에 내담자가 대안을 생각해 내고 거기에 따른 행동을 개시하도록 격려함으로써 그런 무기력감에 맞설 수 있다. 또한 내담자가 무기력한 위치에서가 아닌 강자의 위치에서 작동하도록 도와줘야 한다. 내담자에게 이전 난관을 어떻게 극복했는지 물어보라. 다시 한 번 내담자가 자존감을 회복할 수 있도록 가능한 한 많은 부분을 스스로 감당하게 해야 함을 기억하라.

내담자가 '대안'을 찾을 수 있도록 코치하라. 다음과 같은 질문에 답을 하는 식으로 대안을 찾아볼 수 있다. "이런 가능성을 고려해 봅시다. 만약 당신이 …… 한다면 어떨까요?" "당신이 만약에 …… 한다면 무슨 일이 일어날까요?" "다른 사람이라면 이때에 무엇을 시도할 것 같습니까?" "당신이 진정한 문제 해결사라고 느끼시는 한 사람을 생각해 봅시다. 그 사람이라면 무엇을 할까요?"

이때 내담자가 계획을 세우고 실행하기 전에 장애물을 예상할 수 있도록 꼭 도와주라. 장애물이 있는지 생각해 보지도 않고 내담자가 당연히 계획을 완수할 것이라고 기대하는 것은 무리다.[4]

## 3단계. 평정을 회복하도록 도우라

세 번째 단계는 위기 상담의 제한된 목표를 달성하는 것으로, 재난을 피하고 내담자가 평정을 회복하도록 하는 것이다. 이때는 성격을 바꿀 시기가 아니다. 상담자는 내담자가 어느 정도 제한된 목표를 달성하도록 절대적으로 도와야 한다. 도전하기에 조금 버거운 목표도 있어야겠지만, 무엇보다 달성 가능한 목표가 필요하다. 방금 실직을 경험한 내담자는 아마도 상담자의 도움으로 적성, 능력, 경력 목록을 만들 수 있을 것이다. 한 가지 목표를 마무리하는 기본적인 일 하나만으로도 안도감을 줄 수 있다.

다음 2가지 방법은 내담자가 평정을 회복하는 데 유익하다.

첫 번째, 위기 상황에 대해 내담자가 당신에게 제공하는 정보를 살펴보라.

그가 전체 그림을 보고 있는가? 아니면 부분만 보고 있는가? 그는 모든 사실을 그대로 말했는가? 자신의 감정과 편견 때문에 상황을 왜곡하는가? 그는 위기 시에 어떤 반응과 감정은 정상이라는 것을 이해하고 있는가?

두 번째, 관련된 질문을 하고 정보를 주는 대답을 유도하는 것은 내담자를 2가지 면으로 도울 수 있다.

- 당신은 내담자에게 부족한 정보를 보충해 줄 수 있다.
- 내담자의 두려움과 과도한 근심은 정확한 정보를 제공받으면 줄어들 수 있다.

## 4단계. 희망과 긍정적인 기대감 북돋아 주기

위기에 처한 사람들은 절망감을 느끼기 때문에 희망과 긍정적인 기대감을 북돋아 주는 것이 중요하다. 그들에게 거짓 약속은 하지 마라. 다만 그들이 문제를 해결할 수 있도록 격려해 주라. 무엇보다 상담자가 그들의 능력을 믿어 주는 것이 중요하다. 내담자는 회복될 때까지 상담자의 소망과 믿음을 빌려 써야 한다. 모든 상담자는 언젠가는 어떤 방식으로든 위기가 해결될 것을 기대하며, 그들이 행동해서 문제를 해결하기를 바란다. 그러한 기대감은 상담자의 접근방식이나 상호작용을 통해서 그들에게 전달되는 것이지 거창한 한마디로 이루어지지 않는다.

가식적인 안도감보다는 문제 해결의 가능성을 열어 주는 접근방식이 긍정적이다. 내담자의 불안함이 다소 줄어들면 그는 상황을 좀 더 객관적으로 볼 수 있다. 그렇게 되면 내담자는 이미 일어난 일과 지금 벌어지는 일을 깊이 통찰할 수 있다.

위기에 처한 내담자가 다루어야 할 것을 고려하고, 더불어 그가 객관적인 상황에서 어떻게 상호작용하는지 주목하라. 실직, 배우자 상실과 같은 삶의 최근 변화들을 고려해 볼 때 그가 선택할 행동을 어떻게 파악하는가? 배우자의 사망 이후 자녀들을 돌봐야 하는 그에게 남겨진 선택 사항은 무엇인가? 내담자가 선택과 결정을 했을 때 따르는 결과들을 본인이나 관련된 다른 사람들을 염두에 두고 고려해 볼 것을 권유하라. 결과를 검토한 후에 한 가지 길을 선택하는 것은, 내담자가 현재나 미래 상황에 잘 대처하도록 해 준다.

내담자가 더 많은 힘과 능력을 얻을 때 그 상황에서 본인이 감당해야 할 부분과 감정과 행동에 대해 검토할 수 있다.

## 5단계. 지원하기

위기 상담의 다섯 번째 단계는 지원해 주는 것이다. 문제가 위기로 발전하는 한 가지 이유는 적절한 사회적 지원 체제가 부족하기 때문이다. 위기 시 중재는 지원을 제공하는 것을 포함하는데, 초기에는 상담자가 유일한 자원일 수도 있다. 단순히 전화 대화만으로도 좋은 지지의 근원이 된다.

### 전화 상담

상담자가 내담자를 위해 매일 기도하는 것을 아는 것, 그리고 전화로 그 사람을 위해 기도해 줄 수 있는 것은 근원적인 지지가 된다. 위기 초기 단계에 걸려오는 응급 전화 횟수에 놀라지 마라. 응급 전화에는 신속하게 그리고 자주 응답해 줘야 한다. 전화 응답은 신속해야 하지만 즉시 해야 된다는 뜻은 아니다. 만약 당신이 하던 일을 모두 중단하고 몇 분 안에 전화를 다시 하면, 의존관계가 조장될 수 있다. 그러나 30분 정도 시간이 지나면 내담자는 안정을 어느 정도 되찾아 당신이 다시 전화했을 때는 문제가 더 이상 치명적이지 않을 수도 있다.

만약 내담자가 자살충동이 심하다면 즉시 전화를 다시 해 주어야 한다. 또 당신은 내담자에게 다른 대리인들의 전화번호를 주고 당신과 통화할 수 없을

때 그 번호들에 전화를 걸겠다는 약속을 받아야 한다.[5]

내담자가 자신의 삶에 좀 더 잘 대처하는 시점이 되면, 내담자가 전화하는 것에 제한을 좀 두는 것이 좋다. 전화를 제한한다는 것을 알리기 위해 내담자에게 이렇게 말할 수 있다. "이제는 제 근무 시간에만 전화해 주었으면 해요. 왜냐하면 당신은 이제 자신의 문제를 잘 다룰 수 있어요. 그러니까 이제부터는 당신의 능력을 좀 더 활용해 보세요."

그리고 전화 통화 횟수에도 제한을 두는데, 하루가 지난 후에 다음 통화를 하도록 제안해 볼 수도 있다. 나는 내담자들에게 특정한 날, 특정한 시간에 전화해 줄 것을 제안하곤 했다. 그때 내 일정이 잠시 휴식하는 시간이어서 내담자가 어떻게 지내는지 알고 싶다고 설명했다.

### 지원 체제

최선을 다해서 내담자를 돕는 방법은 가능한 한 빨리 내담자의 지원 체제를 확장하는 것이다. 그렇게 함으로써 상담자에게 부과되는 요구를 줄여 위기를 겪는 또 다른 사람을 도울 수 있다. 점점 더 많은 교회가 평신도들이 상담에 참여하도록 훈련하고 있다. 특히 위기 상담은 소요 기간이 짧기 때문에 장례 절차를 보조하거나 감정적으로 힘든 내담자를 지지하고, 돕는 상담을 하거나 재난 구조를 지원하는 상담을 하는 등 평신도들이 참여하기에 가장 좋은 상담이다.

내담자의 지원자들에게는 구체적인 지침을 꼭 주도록 하라. 그들은 언어적 상담을 많이 해서는 안 되는데 의도는 좋을지 몰라도 이 시점에서는 그다지 유익하지 않기 때문이다. 지원자는 내담자가 지금 받은 지원에 안정을 찾는지 주목하고 가능하면 빨리 점진적으로 지원을 줄이도록 하라. 나는 내담자들이 너무 오랜 시간 동안 다른 사람들이 자신의 삶을 대신 살아 줄 것을 기대하고 의존하는 것을 원치 않는다.

### 가족·그룹 상담

부부나 가족을 대상으로 위기 상담을 할 때에는 보통과는 다른 몇 가지 원칙이 있다. 부부나 가족이 사무실을 찾아오면 먼저 나가서 그들을 반기고 자신을 예의 바르게 소개하며 사무실로 그들을 초대하라. 그들이 앉을 자리를 지정해 주라. 각 사람에게 얘기하고 동일한 정도의 관심과 친근감으로 대하라. 상담 시간에 상담자로서 원하는 목적이 무엇인지 그들에게 알리고 함께 어느 정도의 시간을 보낼 것인지도 알려 주라.

가족 또는 특정한 그룹과 하는 상담에서는 상담자가 분위기를 이끌어 가는 가장 중요한 사람이다. 내담자들을 돕기 원한다는 것을 알리고 그들의 현재 상황을 어떻게 인식하는지 거침없이 얘기할 수 있음도 말해 주라. 모든 사람에게 얘기할 기회를 줄 것이며 지금 문제를 객관적으로 볼 수 있도록 도울 것이며 이슈들을 처리할 더 좋은 방법을 선택하도록 도와줄 것이라고 얘기하라. 또한 건강한 대화 분위기를 만들어 내는 것도 중요하다. 이를 위해 다음과 같은 일련의 구체적인 지침들이 필요하다.

1. 한 번에 한 사람만 얘기해야 합니다. 각 사람의 얘기를 경청하는 것은 그가 쟁점이 되는 문제를 어떻게 인식하는지 이해하기 위해서입니다. 질문은 환영합니다.
2. 각 사람은 자기 자신의 이야기만 해야 합니다. 다른 사람의 생각이나 감정을 추측할 경우에는 그것을 점검하고 확인해야 합니다.
3. 생각과 감정 사이, 그리고 사실과 의견 사이에는 확실한 구분을 짓겠습니다.
4. 애매한 표현은 명확하게 밝혀 참석한 모든 사람들이 구체적인 내용을 다 이해하도록 하겠습니다.
5. 의견에 차이가 있겠지만 괜찮습니다. 다른 점들을 두고 논쟁하기보다는 다른 사항들은 명확하게 설명할 것입니다. 어떤 문제들은 해결될 것이고 다른 것들은 해결되지 않을 수도 있습니다. 몇몇 문제는 해결될 수가 없기

때문에 누락될 것입니다.
6. 한 사람이 얘기하는 동안 방해받아서는 안 되나 독백은 용납할 수 없습니다. 독백은 다른 사람들의 흥미를 잃게 합니다. 대화를 계속하다 보면 누군가의 감정이 격앙되어 다른 사람들을 불편하게 할 수도 있습니다. 누군가 요점을 명확하게 이해하기 위해 독백을 중단시킬 수 있으며, 다른 사람에게 들은 내용이 무엇인지 물어볼 수 있습니다. 또 다른 사람의 비언어적 반응에 한마디하거나 심지어는 이렇게도 얘기할 수 있습니다. "있잖아요, 당신이 좋은 사항들을 많이 제기했는데 지금 잠시 중단하고 그것을 명확하게 설명해 주면 좋겠습니다."[6]

마지막 사항의 경우 한 사람의 독백을 중단시키는 것이 힘들 수 있다. 이때 상담자는 앞으로 몸을 숙이고 손을 약간 세워 분명하고 단호한 목소리로 '잠시만 중단하겠습니다'라고 얘기하라. 그렇게 하면 상담자 주도가 가능해진다. 언젠가 5명의 어른들과 예측 불가능한 가족회의를 한 적이 있다. 격분한 사람들은 무례하게 서로 방해했고 각자 다른 사람보다 더 말하려고 애썼다. 일단 나는 그들이 자신을 제어할 수 있는지 잠시 기다리며 듣다가 크고 분명한 어조로 '자, 그만!'이라고 말했다. 그들은 일제히 멈추며 놀란 눈으로 나를 쳐다보았다. "당신들 가운데 듣는 사람은 한 명도 없군요. 이렇게 해서는 해결이 나지 않아요."

나는 다시 한 번 지침을 알려 주었고 반칙할 경우에 그 사람은 내가 발언권을 빼앗을 것이라고 말했다. 이런 일이 자주 있지는 않지만, 그래도 이런 상황이 생기면 상담자는 단호해질 필요가 있다.

## 6단계. 문제 해결에 집중하기

이 단계는 위기 상담의 분수령으로 불린다. 상담자와 내담자는 위기로 치닫게 한 주된 문제가 무엇인지 결정하고, 상담자는 내담자가 문제를 해결하기 위한 방법을 계획하고 실행하도록 돕는다. 그 과정에서 주변적인 이슈와 문제가 고개를 들 수 있지만 상담자는 해결될 때까지 이 한 가지 문제에 집중한다.

상담자와 내담자는 한 팀이다. 「현실치료」(*Reality Therapy*, 원미사 역간)의 저자 윌리엄 글라서(William Glasser) 박사는 상담할 때 '우리'라는 단어를 사용한다. "우리가 무엇을 할 수 있을까요?" "우리가 어떻게 하면 이것을 알아낼 수 있을까요?" "우리가 함께 시간을 보내면서 무엇을 발전시킬 수 있는지 한 번 봅시다."

계획에 내담자를 개입시킴으로써 2가지를 이룰 수 있다.

1. 내담자가 끝까지 실행할 가능성을 증가시킨다.
2. 자신감 개발을 돕는다.

### 목표 설정

문제 해결기에는 집중해서 목표를 설정하고, 문제 해결과 대안을 떠올리기 위한 브레인스토밍에 활용할 수 있는 자원을 살펴보라. 가능한 대안 목록을 만들라. 내담자가 아이디어를 더 이상 낼 수 없다면 상담자가 몇몇 대안을 제안해 보라. 상담자는 내담자가 무엇을 해야 할지 조언하거나 지시해서는 안 되고, 오히려 다른 가능성을 제공하고 그것들 중에서 내담자가 선택하도록 해야 한다.

### 현재의 가치들에 민감하라

각각의 행동에 따르는 부정적이고 긍정적인 결과들을 내담자가 볼 수 있도록 도우라. 이때 잊지 말아야 할 중요한 질문이 있다. "이 대안은 내담자의 가치관에 역행하는 것은 아닌가?"

예를 들어, 경제적인 어려움을 겪고는 있지만 자신의 가족과 시간을 보내고 교회 사역을 위해 주말을 할애하는 것을 매우 소중하게 여기는 한 남편이 있다고 해 보자. 그는 매주 4번 정도 저녁에 나가서 일해야 하고 한 달에 3번 정도는 주말에도 일을 해야 하는 두 번째 직장에 대해서는 갈등할 수 있다.

한 가지 결정에 따라 발생할 수 있는 결과들에 대해서 내담자는 어떻게 느끼는지 질문하며 상충하는 갈등을 찾아보도록 하라. 내담자 본인이 결과에 대해 어떻게 생각하는지 먼저 그것을 얘기하게 하고, 상담자로서 덧붙일 좋은 정보가 있다면 다른 가능성 있는 제안을 제공하도록 하라.

이혼 수속 막바지에 있던 한 여성도와 얘기한 적이 있다. 그녀는 예상치 못한 위기를 크리스마스에 맞이했다. 그녀는 혼자 있는 것의 공허함 때문에 남편에게 다시 돌아가고 싶다고 했다. 간단한 질문을 한 후에 그동안 그녀의 결혼생활에 무슨 일이 있었는지, 그리고 다시 두 사람이 함께하면 남편에게 변화의 가능성이 있는지도 평가했다.

그때 한 가지 더 알게 된 것은 그녀가 이혼을 멈추기 위해서 관계 회복에 필요한 변화들을 남편에게 서면으로 명확하게 알리지 않았다는 것이다. 그래서 그녀에게 다음과 같은 제안을 했다. 짐 스모크(Jim Smoke)의 책 「이혼을 통해 성장하기」(Growing Through Divorce)를 읽을 것과 이혼 회복그룹에 참여할 것을 권유한 것이다. 45분간의 상담을 마쳤을 때, 그녀는 자신을 좀 더 잘 통제할 수 있게 되었다. 또한 이제 그녀는 무엇인가 실제로 실행할 방법이 생겼기 때문에 더 이상 무기력하지 않았다.

**행동 노선을 택하도록 도우라**
다양한 대안을 검토한 후에 내담자가 행동을 취하도록 도우라. 상담자는 내담자를 격려하고 재촉해야 한다. 그가 무엇을, 어떻게, 언제 할지 최선을 다하라고 촉구하라. 각 단계마다 구체적으로 어떻게 실행할지 살펴보고 어떤 장애물이 나타날지 또 내담자의 부주의로 이 과정을 방해할 수 있는 것들을 철저히 짚어 보라.

내담자가 '저, 함께 얘기한 것들을 이미 다 해 봤는데 전혀 효과가 없었어요'라고 얘기하거나 '그래요, 어떻게 하는지 알아요. 이전에도 이런 계획들을 세웠죠. 그런데 제대로 마무리해 본 적이 없어요'라고 말한다면 힘이 빠질 것이다. 하지만 상담자의 인내심, 내담자의 능력에 대한 상담자의 믿음, 실현 가능한 계획을 세워 보려는 상담자의 도움은 차이를 만들어 낼 것이다. 두 사람이 함께 기억하도록 계획의 세부 사항들을 자세히 설명한 글을 남기는 것도 괜찮은 방법이다.

한 여성과 얘기를 나누면서는 그녀의 어려움 해결을 위해 3가지 대안을 생각해 냈다. 그런데 그녀는 이미 이 3가지를 다 사용해 본 터였다. 과거 이 대안들을 실행했을 때, 그녀의 어려움은 좀 사그라지는 것 같았다. 그녀는 이렇게 얘기했다. "무엇을 해야 할지는 알아요. 그런데 왜 끝까지 마무리하지 못하는지 모르겠어요."

나는 이렇게 제안했다. "이번 주에 이 3가지 계획을 다 실행해 봅시다. 의사가 처방해 준 약을 먹고, 다음 주 치료방법으로 제시된 독서량을 채워요. 그런 다음 당신이 어떻게 느끼는지 그때 다시 점검해 보도록 합시다."

그녀는 내 말에 동의했고, 나는 그녀가 실행하리라 확신했다.

새롭게 짜는 계획은 어떤 것이든지 검토 과정을 통해 다듬어야 한다. 어쩌면 내담자가 문제를 다시 정의하도록 도와야 할 수도 있다. 한 남성이 자신은 지금 실직한 것이 문제라고 말할 수 있다. 당신은 '그가 아직 실직한 것에 적응하지 못했구나' 아니면 '그가 아직도 새로운 직장을 구해야 하는구나'라고 해석할 수 있다. 한 노인은 17년간 함께해 온 애완견을 잃고 좌절할 수도 있다. 문제는 애완견이 죽은 것으로 보이지만, 당신은 그가 아직도 그러한 상실에 적응하지 못했다고 해석할 수 있다.

지금 당면한 위기가 어떤 것이든지 문제나 해결책을 너무 단순하게 생각하도록 처리하지 마라. 정보가 있으면 문제를 해결할 수 있을지 몰라도 항상 그렇지는 않다. 당신은 전문가가 되어야 한다. 문제를 해결하는 데 있어서가 아니라 내담자가 문제를 직접 해결하도록 돕는 과정에서 전문가가 되어야 한다. 먼저 문제에 집중해서 그것을 적절히 정의하고 대안을 찾은 다음에 문제해결을 시작하라.

**문제를 온전히 대면하게 해 주라**

상담자는 내담자가 고통을 대면하도록 도와야 하는데, 점진적으로 진행되어서 그들이 압도되지 않도록 해야 한다. 상담자는 내담자가 안전하고 편하게 느낄 수 있는 분위기를 만들어 줘서 그가 상황을 온전히 대면하게 해야 한다.

감정에 반응하는 가장 좋은 방법은 적극적인 경청이다. 이것은 기본 중재 절차 가운데 하나이기도 하다. 이런 종류의 경청은 밑바닥에 내재된 메시지를 놓치지 않아야 하고, 당신이 제대로 들었는지 확인하는 것까지 포함한다.

> 내담자 : 저는 시간과 노력을 들여 그렇게 할 필요가 있는지 모르겠네요.
> 상담자 : 당신은 그것 때문에 절망했군요. 또한 그래 봤자 소용이 있을지 의심하고 있군요.

어떤 면에서 상담자는 내담자의 감정을 추측해서 그가 명확하게 할 수 있도록 도와주기도 한다. 내담자가 하는 말의 의미를 짐작하는 것이다. 내담자가 틀리더라도 경청하기는 내담자들이 그들의 문제를 분명하게 할 수 있도록 도와준다. 상담자가 이런 식으로 경청하면, 상담자는 질문을 하기보다는 진술을 하게 된다. 이 접근법은 문제를 내담자의 책임 하에 두지만, 내담자는 나름대로 해결책을 발견하기 위해 애쓰는 과정에서 당신의 지지를 느낀다. 내담자가 문제를 해결할 수 있을 것이라는 상담자의 기대감뿐만 아니라 존경과 용납도 전달하게 된다.

### 감정 관찰하기

내담자의 불안 수위를 관찰하고 그 수준을 조절하도록 도우라. 어느 정도의 불안은 늘 따르며, 사실 내담자의 동기부여를 위해 불안이 필요하기도 하다. 하지만 내담자를 압도하지는 못하도록 막아야 한다. 불안의 수준을 조절하는 한 가지 방법은 감정 표현을 조절하는 것이다. 부부나 가족들과 상담할 때, 일반적으로 분노 감정을 가장 많이 드러낸다. 이때 상담자의 목소리 톤이 수준 조절에 도움이 될 수 있다. 이때 내담자가 어떤 자세로 반응하는지 그리고 언어 반응의 강도가 어떤지 주목하라.

문제를 해결하는 과정에서 감정은 중요하다. 감정이 누전(short-circuited: 감정들이 충분히 경험되지 못하고 생략되거나 피해 지나가는 것을 두고 한 표현이다 – 옮긴이주)되면, 나중에 문제 해결도 누전되는 경향이 있다. 위기에 처한 사람을 돕는 데는 지름길이 없다.

위기에는 상실에 대한 비통이 따르게 마련이다. 사랑하는 사람의 죽음에 부과된 상실을 비통과 동일하게 여기는 것은 일반적이다. 그러나 임박한 골치 아픈 소식만큼이나 직장, 집, 아끼는 물건, 우정, 가족(이혼이나 별거로), 기회, 소망, 야망 등의 상실은 비통을 부른다. 그러므로 내담자를 격려하고 지지해서 상실감을 잘 처리하도록 도와라. 비통의 단계는 꼭 완성되어야 한다. 상담자가 속상해하는 사람 때문에 더불어 속상하거나 압도되면 상담자는 도울 수가 없다. 아마도 당신은 내담자가 속상해하는 것을 막기 위해 주력할 것이다.

실제로 내담자들은 많은 감정을 표현한다. 상담자는 그들이 감정을 정리하여 가장 강렬한 감정이 어떤 것인지 확인하도록 도와야 한다.

내담자와 이야기를 나누면서 상담자는 간접적으로 그 감정을 경험할 수도 있고 그들과 함께 울고 싶을 수도 있다. 그러나 내담자들이 필요로 하는 것은 상담자의 능력과 좋은 경청자다. 한 여성이 찾아와서는 남편이 직장에서 2주 전에 증기 사고로 사망했다고 얘기했다.

일전에 그 사고를 보도하는 뉴스를 시청한 터라 무슨 얘기인지 금세 알아차렸다. 그녀는 남편에 대한 감정과 남편의 사망 후에 자녀들이 아빠에 대해 무슨 얘기들을 했는지 울며 이야기했다. 또한 부부 사이에 있었던 시간들과 좋았던 시간들도 들려 주었다. 그녀는 남편이 죽기 바로 전날 밤 함께 교회 예배에 참석해서 그의 삶을 주님께 올려 드렸다고 말했다. 그녀의 이야기를 듣는 동안 나는 눈물을 흘리지 않으려고 애썼고 평정을 잃지 않기 위해 몸부림쳤다.

또 한 번은 갈 곳도 없고 소망도 없이 사는 한 젊은 남편이 덫에 갇힌 듯한 그의 인생에서 경험하는 감정을 내게 나누었다. 그의 상처와 절망이 느껴져 눈물 고인 눈으로 이렇게 얘기했다. "나는 당신의 아픔을 느낄 수 있어요. 내가 해 줄 말이나 해 줄 수 있는 게 조금이라도 더 있으면 좋겠네요."

그는 대답했다. "알아요. 감사합니다."

상담자는 비통해하는 것이 정상적인 반응일 때에 비통해하지 않는 사람을 주목해야 한다. 나는 꽤 침착하고 자제를 잘하는 척하는 몇몇 사람을 보아 왔다. 게다가 그들은 '모든 것을 아주 잘' 처리한다고 말하기까지 했다. 당신은 그들에게 이렇게 말할 수 있다. "제가 만일 당신과 같은 상황에 처했다면 저는 속상하고 인생에 공백이 생긴 것처럼 상실감을 느낄 것 같습니다. 지금 당신은 도대체 어떤 감정을 느낄지 궁금합니다."

또는 이렇게 말할 수도 있다. "당신이 상실감 때문에 눈물을 흘릴 때가 올 것입니다. 아마 지금은 아직 울 때가 아닐 수도 있습니다. 그러나 꼭 그런 시간이 올 것입니다."

이 말을 듣자 그들은 고통이 엄습한 듯 평정을 잃고 눈물을 흘렸다.

이런 말은 사랑 어린 마음으로 나누는 것이다. 비통의 시간에 고통과 아픔을 느끼고 함께한 그 누군가와 아픔을 나누도록 하는 초청이었다.

위기 상담에서 감정을 다루는 단계가 반드시 선행되어야만 진정으로 문제를 해결할 수 있다. 감정을 다루려면 경청해야 한다. 시간이 흐른 후에 감정을 다루는 것에서 문제 해결이나 사고 과정으로 이동하라. 이 말의 의미는 감정을 표출하는 것에서 이성적인 평가와 해결로 넘어가는 것이다.

위기에 처한 가족을 보면 원망하고 분노하다가 서로를 공격하기에 이른다. 상담자가 그들에게 감정과 해결책 사이를 연결하도록 돕지 않으면 때때로 감정들은 격앙되기도 하고 걷잡을 수 없어진다. 가능한·빨리 가족이 사고 과정을 시작하도록 격려하라. 이때 당신은 한 가족을 여행 목적지로 이끄는 안내인과 같다.

## 7단계. 자아상을 평가하고 이해하기

위기 상담에 자아개념을 가져오는 것이 이상하게 들릴 수도 있으나 일곱 번째 단계는 가장 중요한 단계 가운데 하나다. 이 단계는 내담자의 자아상을 평가하고 이해하는 것, 위기가 또 어떻게 내담자가 하는 행동에 영향을 미치는지 발견하는 것이다. 이 시기는 자아상을 보호하고 강화하는 시간이다. 위기의 시간에는 늘 불안하고 자존감이 낮아진다.

다음은 자존감이 낮은 사람들의 전형적인 반응이다.

- 다른 사람 또는 상담가에게 분노한다.
- 필사적으로 도움을 요청한다.
- 그런가 하면 뒷짐 지고 앉아 수동적으로 도움을 기다리기도 한다.

상담자에게 도움을 요청하는 내담자들은 두 부류가 있다. 첫 번째는 위기에 처한 사람이고 두 번째는 위기에 처한 사람을 돕고는 싶은데 그것이 성공적으로 되지 않는 사람이다. 둘 다 동일하게 낮은 자존감으로 힘들어하는 사람일 수 있다. 자신의 자아상을 보호하기 위해 다른 사람을 원망하는 것은 일반적인 반응이다. 원망은 주로 분노와 연결된다. 분노는 때로 개인에게 제어감을 주거나 다시 한 번 주도하는 느낌을 준다. 그리고 비이성적이라 해도 절망감보다는 기분 좋은 느낌이다.

어떤 목회자와 학생들은 도우려는 내담자가 보인 적대감과 호전성에 충격을 받는다. 상담자는 이것을 개인적으로 받아들여 속상해할 필요가 없다. 내담자가 실패감과 절망감으로부터 자신을 보호하기 위해 그렇게 하는 것이기 때문이다.

상담자는 내담자가 자신에 대해 좋은 감정을 회복할 수 있도록 일관되게 도와주어야 한다. 이는 그들의 자아상을 보호하도록 돕는 것이다. 내담자를 존경과 예의로 대하고, 우월감을 갖고 베푸는 듯한 태도로 대해서는 안 된다. 종종 그들의 삶에서 힘들어하지 않는 영역에 관심을 보여 주는 것이 도움이 되기도 한다.

### 비난을 멈추게 하라

한 가족 그리고 문제 인물로 확인된 특정 개인과 상담할 때는 이름 부르는 것의 파급효과를 알아보도록 하라. 위기 시에 찾아오면 가족인데도 어느 한 사람에게 손가락질을 하며 공공연하게 비난을 퍼붓는다. 이런 상황에서 상담자는 그들의 원망에 머뭇거리기보다는 한 사람 한 사람이 하는 말을 재해석하거나 문제 인물 안에 있는 긍정적인 점이나 장점을 보도록 도와야 한다. 그렇게 해서 해결책을 찾을 수 있도록 그들의 공격을 전환해야 한다.

상담자는 공격자에게 초점을 맞춰 그의 감정과 반응에 대해 얘기하거나 얘기 주제를 바꿀 수도 있는데 그때는 이렇게 말을 시작해 본다. "이 상황을 바꾸기 위해 우리가 할 수 있는 것에는 무엇이 있습니까? 여러분 각자가 한두 가지 제안을 해 주시기 바랍니다. 그리고 저는 왜 당신의 제안이 효과가 있을 것이라고 생각하는지 알고 싶습니다"

그들을 도와 이전에는 어려움을 어떻게 해결했는지 볼 수 있도록 하라. 그들이 '난 아무것도 할 수 없어요. 하루하루도 버티기 힘들어요'라고 말한다면 이렇게 대답하라. "제 사무실에 혼자 오시는 걸 봤어요. 그리고 당신이 지금의 어려움에 대해 많은 정보를 제공해 주어서 아주 큰 도움이 됐어요."

내담자 가운데 자신의 어려움을 표현하기 힘들다고 얘기하는 사람이 있으면 이렇게 말할 수 있다. "의사소통을 잘하지 못한다고 걱정하시는데, 당신은 상당히 명확하게 표현하고 제게 문제 설명도 아주 잘하십니다."

이와 같이 7단계의 목표 가운데 하나는 상담자가 내담자를 어떻게 생각하는지 표현하는 것이다. 내담자가 얼마나 가치 있는 사람이며, 능력을 믿을 만한지 말이다. 상담자가 내리는 내담자에 대한 평가가 내담자 자신이 내린 평가보다 더 긍정적이기 때문에 결국 그들은 상담자의 평가를 받아들일 것이다.

그리스도인들은 무슨 일이든지 처리할 수 있어야 한다고 생각한다. 어려움을 다루는 것도 마찬가지다. 더 많은 믿음이 있고 주님과 관계가 더 강건하다면 이런 어려움 앞에서 조금도 비틀거려서는 안 된다고 믿는다. 이런 사고방식 때문에 더 많은 죄책감에 시달리고 자존감이 더욱 낮아진다. 회복 국면의 내담자들이 한 가지를 기억했으면 좋겠다. 성경에서 하나님이 쓰신 인물들 또한 이런 시련의 때를 통과했다는 것이다.

내담자는 상담자가 자신을 믿으며, 자신의 능력을 인정해 줄 때 내담자 자신에 대한 상담자의 기대감을 감지해 낸다. 이제 상담자와 내담자는 함께 브레인스토밍을 하며, 함께 계획을 짜고, 함께 기도하고 문제도 함께 해결한다.

## 8단계. 자신감 불어넣기

내담자의 자아상을 강화시키기 위해 돕는 것과 더불어 자신감을 고양시키는 마지막 단계를 함께 통과하게 된다. 위기에 처한 사람은 진퇴양난의 늪에 빠져 있다. 그렇기 때문에 내담자의 모든 행동양식(사고, 언어 등)은 이전 성장 단계로 퇴행할 수 있다. 내담자는 상담자가 즉시 구출해 주고 치유해 주기 원한다. 하지만 이 필요에는 반응하지 마라. 모든 필요에 즉시 반응하면 내담자의 자존감을 떨어뜨리고 시간이 지나면 당신을 향한 적대감을 조장하기 때문이다.

상담자에게 지나치게 의존하는 것을 막기 위해 상담자는 모든 답을 갖고 있지 않음을 명확하게 알려야 한다. 대신 내담자가 무엇인가를 시작하고, 나아가 그것을 성공적으로 잘할 수 있도록 도우라. 그래서 작은 단계부터 시작해야 한다. 그렇지 않으면 내담자는 위기에 압도되어 버릴 것이다.

앞에서도 말했듯이 상담자는 계획하고 상황을 평가하는 데 한 팀으로서 함께 수고하는 것이다. 자신감은 내담자가 계획에 참여할 때 생겨난다.

**책임감을 부여하라**

내담자가 성공적으로 잘할 수 있는 것은 상담자는 아무것도 하지 마라. 전화하는 것도 내담자가 전화를 걸 능력이 있으면 그가 전화하도록 하라. 더글라스가 한 말이다.

> 당신의 모든 접근 방식, 태도를 통해 내담자가 능력 있고, 꽤 괜찮은 사람인데 과도한 스트레스를 받아 일시적으로 맥을 못 추고 있음을 전달해야 한다. 그리고 당신의 도움으로 이 스트레스를 극복하고 본 궤도로 올라설 사람이라는 것을 전달해야 한다.[7]

위의 문장을 분석해 보자. '당신의 모든 접근 방식을 사용해 전달하는 것'은 단순히 언어적으로 '능력 있고 꽤 괜찮은 사람'이라고 말하는 것에서 한 발 더 나아간다. 궁극적으로 알리려는 것은 내담자의 자아상을 지지한다는 사실이다. '일시적으로 맥을 못 추고 있'다는 말은 위기 상황은 잠시 동안임을 의미하고, 이것은 소망과 기대감을 제공한다. '당신의 도움으로 이 스트레스를 극복하고'는 상담자의 역할을 정의하는 것이다. 내담자는 상담자의 도움으로 위기를 극복할 것이다. 상담자가 내담자 대신 극복할 수는 없지만 내담자가 문제를 해결하도록 상담자로서 지지해 줄 수 있을 것이다. 그리고 '본 궤도로 올라설 사람'은 목표를 세우고 평정을 찾는다는 의미다.

### 당면한 감정을 처리하라

스트레스에 대처하려다 보면 감정 깊은 곳까지 상하고 만다. 그들은 어쩌면 과거 자존감에 가해진 위협을 극복해야 할 수도 있다.

만약 당신이 내담자와 어느 정도 아는 사이였다면 그의 반응에 놀랄 것이다. 당신이 보아 왔던 그 사람은 민첩하고, 강인하고 아주 능력 있는 사람이었을 것이다. 지금 당신은 왜 그러한 사람이 무너져 가는지 이해할 수 없다. 당신은 충격을 받을 것이고, 위협받고 당신 자신도 압도될 것이다. 강인했던 사람이 이렇게 무기력해지는 것을 보며 화도 날 것이다. 내담자의 반응에 상담자가 흔들릴 수도 있다. 내담자가 무너진다면, 상담자 또한 그런 스트레스가 극심한 환경에서 똑같이 무너질 수 있는 가능성이 있는 것이다. 우리 누구에게나 일어날 수 있다.

### 새로운 역할에 대처하는 법 배우기

위기의 대소동으로 인해 내담자는 새로운 결정을 내려야 하고, 새로운 해결책을 생각해 내야 하고 새로운 자원을 찾아야 한다. 또한 새로운 역할을 감당해야 한다. 새로운 해결책이나 역할을 일단 선택하고 실행하고 나면, 그것 자체에서 오는 스트레스가 좀 있다. 그러다 보면 새로운 불안과 좌절감이 고개를 든다. 하지만 새로운 해결책이나 역할이 자리 잡을 때까지 조금은 덜 만족스러운 상태로 사는 것을 배워야 한다.

상담자는 사람들이 인생의 과도기를 통과할 때 도움을 주도록 부름 받은 하나님의 조력자다.

Crisis & Trauma
Counseling

# 10
## 세월도 약이 되지 않는 상처, 트라우마
When Time Doesn't Heal All Wounds

트라우마는 에덴동산에서 아담과 이브로부터 시작되었다. 불순종함으로 그들은 추방당했고 더불어 엄청난 결과들이 따랐다. 그들이 경험한 상실은 인생을 변화시킬 만큼 압도적인 것이었다(창 3장 참조). 아담과 이브의 직계 후손인 가인과 아벨의 경우처럼, 모든 가족에게 파급된다.

또 욥은 가족과 농장, 건강을 갑자기 잃었다(욥 1:13-19 참조). 다윗 또한 트라우마의 생존자였다. 다윗은 대개 피해자가 아닌 영웅으로 기억되지만 시편을 읽어 보면 그의 영적이고 감정적인 동요를 알 수 있다. 그는 전쟁터가 직장이었고, 수천 명을 죽였다. 그의 마음은 불안과 슬픔에서 감정적 무감각 단계로 옮겨 갔다. 그 자신의 상실은 광범위했다. 그리고 파급 효과는 계속되었다. 다윗의 딸 다말은 이복형제 암논(삼하 13:10-15 참조)에게 강간을 당했다. 결국 암논은 다윗의 다른 아들인 압살롬의 명령으로 죽었고, 압살롬 또한 나중에 참혹한 죽음을 맞는다(삼하 13:28; 18:9-15 참조). 그러나 이 모든 일을 통해 다윗은 마침내 하나님을 신뢰하는 법을 배웠다.

211

"내가 여호와께 피하였거늘 우리 조상들이 주께 의뢰하고 의뢰하였으므로 그들을 건지셨나이다 그들이 주께 부르짖어 구원을 얻고 주께 의뢰하여 수치를 당하지 아니하였나이다"(시 11:1; 22:4-5).

그 밖에도 성경에는 윤간(삿 19장 참조), 요나가 난파 후 고래에게 삼킴을 당한 것(욘 1:15-17 참조), 바울의 매 맞음과 투옥, 세 번의 난파(고후 11:23-28 참조) 등 트라우마와 관련한 사건이 많다. 무엇보다도 그리스도가 십자가에 못 박히는 사건(눅 23:26-49 참조)은 빼놓을 수 없다.

예수님의 여정은 목요일 밤에 시작되었다. 예수님과 3명의 제자는 기도하기 위해 동산으로 올라갔다. 제자들은 무슨 일이 일어날지 몰랐다. 오직 예수님만 알고 계셨다. 그는 무시무시한 일을 앞에 두고 제자들의 지지를 소망했다. 그는 두려움 속에서 매우 우울해졌고 아마도 예기 불안(anticipatory anxiety: 아직 벌어지지 않은 상황에 대한 예상불안 - 옮긴이주)을 경험했을 것이다. 공포도 경험했을 것인데, 그의 몸이 핏방울을 땀처럼 흘린 것을 보면 알 수 있다. 제자들은 무엇을 기도해야 할지 몰랐고 피곤함에 못 이겨 잠이 들고 말았다. 이 이야기들을 읽으며 이야기가 아주 사실적이라고 여기지만 각 이야기는 트라우마로 가득하다.

"그는 베드로와 야고보와 요한을 데리고 가실새 공포와 경악을 금치 못하시고 깊이 고뇌하시며 우울해하셨다. 그리고 그는 그들에게 말씀하셨다. 내 마음이 비통으로 짓눌리게 되었으니 내가 죽을 것만 같구나! 여기 머물러 깨어 있으며 잘 지켜 보거라"(막 14:33-34, AMP).

트라우마는 역사적으로 지속적인 주목을 받아 왔다. 특히 중세와 남북전쟁 동안에 트라우마와 관련된 용어가 많이 생겼다. 셰익스피어도 「헨리 4세」(Henry Ⅳ)에서 트라우마를 다루었다. 트라우마는 터널병(tunnel disease), 향수(nostalgia), 군인의 심장(soldier's heart), 신경쇠약(nervous exhaustion), 다코스타증후군(Da Costa's syndrome)으로 불리곤 했다. 이 용어들은 전쟁과 관련이 깊다. 다코스타증후군은 미국 남북전쟁 시 다친 병사들을 치료하던 과정에서 발견됐다.

다코스타(Da Costa)라는 의사는 치료가 끝난 일부 군인들이 특별한 신체적 이상은 없었지만 심장이 빨리 뛰고 진땀을 흘리는 경우를 목격했다. 다코스타는 사선을 넘나드는 전쟁터에서 군인들이 엄청난 공포감을 느낀 후 극도의 불안증상을 보이는 것이라고 소견을 내놓았다. 그 뒤 이런 증상을 다코스타증후군 또는 군인의 심장(Soldier's heart)이라고 부른다. 1980년 미국 정신의학회에서 다코스타증후군을 정식 정신질환으로 규정하고 이를 공황장애(panic disorder : 실제 위험한 상황이 아닌데도 별다른 이유 없이 심장이 터질 듯이 두근거리고 불안한 상태가 지속되는 질환 – 옮긴이주)로 부르기 시작했다.

제1차세계대전 때에는 '포탄 충격증'(shell shock : 최전선에서 복무하던 군인들에게 나타난 정신적 증상으로 트라우마라는 말이 사용되기 전의 명칭이다 – 옮긴이주)이라는 말이 생겨났다. 트라우마는 베트남전 후에 많은 관심을 모았고 '외상후스트레스장애'(post-traumatic stress disorder) 또는 PTSD로 알려졌다. 또한 트라우마를 '후충격'이라고도 하는데, 모두 이미 존재했던 증상에 대한 새로운 이름들이다.

트라우마는 우리 주변에 부단히 존재해 왔으나, 주로 간과되어 왔다. 트라우마를 불러온 대부분의 사건은 개인과 가족에게 발생했다. 화재, 지진, 토네이도, 허리케인같이 광범위한 사건들도 있다. 트라우마는 재난 현장에서 떠나지 못하는 대중매체에서 며칠간 머무르는 듯하다가는 사라지곤 했다. 우리는 지속적인 트라우마가 있는 장소들로 보스니아와 다른 나라들을 막연하게나마 알고 있었으나 대부분 우리 일상에 별다른 영향을 미치지 못했다. 그러나 1990년대에 들어서며 모두 바뀌기 시작했다.

먼저 1993년 세계무역센터, 그 다음에는 1995년 오클라호마시티와 1996년 애틀랜타 올림픽 기간 동안, 콜로라도 리틀턴의 콜럼바인고등학교, 1999년 텍사스 포트워스의 웨지우드교회, 그리고 2001년 9월 11일 뉴욕. 미국인들은 이제 삶에서 새로운 종류의 파괴적인 트라우마와 대면하게 되었고 9·11 테러 공격의 충격으로 어안이 벙벙해졌다. 장기간에 걸친 TV 노출로, 많은 사람들이 수년간 2차 트라우마를 경험했다. 이것을 CNN 스트레스(CNN은 미국 방송국 이름으로 방송 스트레스라고 생각해도 좋겠다 - 옮긴이주)라고 부른다. 우리는 이제 잠시 스쳐 가는 정도 이상으로 트라우마와 친해졌다.

## 트라우마는 눈에 보이는 것 이상이다

트라우마는 안전한 세계를 와해시키는 어떤 사건에 대한 반응으로, 위기 상태 이상이다. '트라우마'라는 단어는 헬라어에서 유래한 것으로 '상처'(wound)를 의미한다.[1]

다음 문장이 트라우마 상태를 잘 특징지어 준다.

"그 일을 도저히 잊지 못하겠어요."

이런 경험은 전쟁을 치른 사람에게만 국한되지 않았다. 나는 딸이 수년 전 자동차 사고로 죽는 장면을 지켜본 한 아버지에게서, 낙태를 경험하거나 어렸을 때 성적 학대를 경험한 여성들에게서 트라우마를 보아 왔다. 구급대원, 군목, 간호사, 강도사건의 생존자, 자동차 사고 생존자, 강간 피해자, 성희롱을 당한 사람들에게서도 보아 왔다.

로데오 경기의 기수는 전속력으로 달리는 수소 옆으로 말을 몰아 가서 정확한 순간에 말에서 뛰어내려 수소의 두 뿔을 감아 잡아 바닥으로 넘어뜨리며 소를 정지시킨다. 정확한 시간에 정확한 압박을 가해 그는 문자 그대로 수소를 땅바닥에 패대기치는 것이다. 트라우마를 경험한다는 것은 로데오 수소처럼 내동댕이쳐지는 것과 같다. 우리 삶은 제어할 수 없이 거칠게 혼돈에 빠진다.

세상은 더 이상 안전하지 않다. 예측 가능했던 세상은 더 이상 예측 가능하지 않다. 사람들은 대개 자신의 삶에서는 대형 위기나 트라우마가 피해 갈 것이라고 생각한다. 다른 이에게 발생하는 부정적인 사건들을 과소평가한다.

또 그들에게 닥친 일이 자신에게도 벌어질 것이라고는 꿈에도 생각하지 않았다. 아마도 그래서 힘든 일이 생기면 사람들은 그토록 망연자실하는가 보다.

그렇다면 조력자로서 당신은 어떤가? 당신은 인생에 대한 어떤 믿음을 갖고 있는가? 만일 당신이 트라우마를 경험하면 그러한 신념들은 어떻게 되는가? 당신의 삶에 트라우마가 시작되기 전에 이러한 질문을 해 보는 것이 중요하다. 여기에 너무나도 많은 생명이 달려 있기 때문이다.

만약 '나는 끄떡없어'라는 불사신의 사고방식을 갖고 살아간다면 트라우마는 사람들에게 상처를 주고 신념을 깨트릴 것이다. 삶을 두려움으로 채울 것이다. 나는 끄떡도 없다는 생각은 망상이다. 우리는 오클라호마시티 폭탄 피해자나 뉴욕 테러 공격의 피해자가 될 필요가 없었고 그래서 우리의 연약함을 빼앗기지 않아도 됐다. 하지만 연속적으로 돌아가는 생생한 TV 화면이나 신문에 나온 정지된 사진들을 바라보는 것만으로도 우리를 구경꾼에서 참여자의 역할로 바꾸기에 충분했다. 우리 모두는 결국 그곳에서 일어날 수 있다면 이곳에서도 일어날 수 있겠구나, 하는 사실을 깨달았다.

우리는 TV에서 노상 그것을 접한다. 대부분의 뉴스 방송은 트라우마의 가능성을 동반한 몇몇 사건을 내보낸다. 우리는 주로 추도식의 한 장면에서, 피해자의 가족이나 피해자 본인의 고뇌에 찬 몇 마디에서 비극의 단편들을 본다. 추도식 장면은 재빨리 또 다른 비극으로 옮겨 간다. 어쩌면 우리는 마지막으로 그것에 대해서 보고 듣고 생각하는 것일 수 있다. 그러나 당사자에게는 아직 끝나지 않았고 이제 시작일 뿐이다. 어떤 사람들에게는 트라우마가 몇 년간 지속될 것이다. 어쩌면 영원히 지속될 수도 있다.

비극을 보면, 가장 먼저 떠오르는 생각이 있다. 얼마나 많은 사람들이 트라우마를 경험하고, 얼마나 많은 사람들이 그들에게 필요한 도움을 받게 될까 하는 것이다.

얼마나 많은 사람들이 자연적 재해, 기술적 재해, 사고, 범죄, 학대와 전쟁 같은 트라우마성 사건에 노출되어 있는가? 한때는 미국 인구의 75퍼센트가 트라우마의 기준에 준하는 어떤 사건에 노출되어 있었다. 지금 그 수치는 더 높아졌다. 좋은 소식은 그러한 사건에 노출되었던 25퍼센트 정도만 트라우마를 경험했다는 것이다.[2]

## 사람마다 다르다

모든 트라우마 사례가 같은 것은 아니다. 어떤 사례는 경미하거나 보통이거나 또는 심각할 수 있다. 그것은 개인의 성격, 영적 신념, 문화 그리고 트라우마에 부여하는 의미와 사건(인재 또는 자연재해) 그 자체에 달려 있다.[3]

물론 위기를 경험하고도 트라우마를 겪지 않을 수도 있다. 나는 캘리포니아 위티어 지진이 일어났을 때 지진 진원지에서 11킬로미터 정도 떨어진 곳에서 라켓볼을 치다가 벽들이 앞뒤로 마구 흔들리는 것을 보았는데도 그것 때문에 트라우마를 경험하지는 않았다. 또 호수에서 강렬한 바람과 번개를 동반한 폭풍을 만났으나 트라우마를 경험하지 않았다. 내가 10대였을 때, 우리 가족은 콜리가 짖어서 집 안에 화재가 났음을 알려 주어 생명을 구했는데 가족 가운데 아무도 트라우마를 경험하지 않았다.

또 어떤 사람들은 오늘 하루를 보내면서 그들이 경험하는 트라우마가 지극히 정상적인 삶의 양태라고 생각하고 느끼지만 그렇지 않다.

나는 속력을 내고 달리던 기차가 교통신호 차단기를 무시하고 재빨리 건널목을 통과하려던 폭스바겐 자동차를 무참하게 찌그러뜨리는 사고를 목격한 적이 있다. 사실 눈앞에 그 상황이 벌어지기 전부터 이미 예상했지만 내게는 그것을 멈출 아무 힘이 없었다. 나는 이 경험 때문에 2차 트라우마를 겪었다.

육체적인 트라우마는 개인에게 두 방면으로 영향을 미칠 수 있다. 첫째, 강력한 충격으로 피부나 뼈 같은 신체의 자연적인 보호 기능을 다치면 트라우마가 신체의 어떤 부분에 영향을 줄 수 있다. 둘째, 육체가 부상을 예방할 수 없고 도움 없이는 몸의 자연적인 치유 능력으로도 상한 곳을 고칠 수 없을 때도 트라우마다.

분명하지 않은 것은 트라우마의 감정적인 상처다. 사람들의 정신(psyche)은 심한 습격을 당해서 자신과 삶에 대한 신념, 성장하기 원하는 의지, 존엄성, 안전감이 상해를 입는다. 결국 무기력감을 느낀다. 무기력감은 위기 시에도 경험하지만 그래도 금방 회복된다. 그러나 트라우마 상태에서는 '이게 정말 일어나고 있는 거야?'와 같은 현실감 상실과 '이제 나는 더 이상 뭐가 중요한지도 모르겠어'와 같은 이인화(異人化) 현상을 겪기 때문에 다시 오뚜기처럼 일어서기가 어렵다.

본질적으로 트라우마는 말로 표현할 수 없다. 이인화란, 현실감 상실 증후군으로 자신에 대한 인식의 변화가 생기면서 자아감, 주체성, 현실감을 상실한다. 자신의 생각, 몸, 주위 환경으로부터 분리, 불화를 경험하며 자기 행동을 통제할 수 없다고 느낀다. 지각중추와 정서 표현 능력은 정상인 상태를 말한다.

노벨평화상 수상자인 엘리 위젤(Elie Wiesel)은 제2차세계대전 때 폴란드의 아우슈비츠 수용소에서 살아남았다. 그는 2001년 9월 11일 세계무역센터의 첫 번째 건물이 폭격을 받았을 때 맨해튼에서 아내와 함께 택시를 타고 있었다. 그들은 집에 가서 텔레비전을 켰다. 그는 이렇게 말했다. "우리는 처음 몇몇 사진들을 보았습니다. 그 사진들은 모두 초현실적이고 성경에서 나오는 얘기 같았습니다. 화염, 수직 붕괴 그리고 세상에서 가장 자랑스러운 두 타워가 사라졌죠. 우리는 아연실색해서 침묵했습니다. 말을 제대로 구사할 수 없었던 적은 그때 빼고는 거의 없었습니다."[4]

마찬가지로 당신과 내가 상담할 많은 사람들 또한 그들의 트라우마적인 삶이 어떤지 말로 표현하지 못한다.

## 트라우마의 정신적·심리적 영향

트라우마로 인해 우리 뇌는 정보를 처리하는 과정에 문제가 발생한다. 경험한 사건을 해석하고 기억하는 방법에 영향을 받는다. 트라우마는 경보 시스템을 무시하고, 정보 처리 과정을 와해시킨다. 이렇게 스트레스를 감당할 수 없을 때, 신체는 생존 전략을 작동시킨다.[5]

트라우마가 왔을 때 우리는 무의식적으로 변화된 사고와 감정 상태로 들어간다. 이런 것을 해리 상태(dissociative states)라고 부르며 비자발적으로 이루어진다. 이 때 신체의 동공이 팽창되고 호흡, 맥박과 혈압에 변동이 있다.

심리적 증상에는 시간의 왜곡(시간이 줄어들거나 늘어난다), 주의력 고착(fixation of attention), 부정적인 환각(negative hallucination : 그들 앞에 벌어지는 일을 보지 못하고 듣지 못하는 것), 감각적 경험의 왜곡, 연령 퇴행(age regression)이 있다. 시간을 축소해서 사람들이 얻는 유일한 이익은 그들 주변에서 일어나는 모든 아비규환을 보지 않아도 된다는 것이다.[6]

그 사람이 왜 그런 식으로 반응하고 대응하는지 전혀 감을 잡지 못한 상태에서 상담자들은 트라우마를 겪는 사람을 도우려고 시도해 왔다. 그런 오류를 범하지 않으려면 정신과 몸을 주의 깊게 살펴보아야 한다. 이어지는 내용은 심리학 강의처럼 보일 수 있다. 그러나 이해만 한다면 다음 질문에 대한 대답을 얻을 수 있을 것이다. "왜 그가 저렇게 반응할까?"

그리고 나면 내담자를 도울 준비를 더 갖출 수 있을 것이다.

뇌는 하나님의 손으로 만들어진 창조물이다. 창조된 목적과 모양도 독특하고 신묘막측(神妙莫測)하게 만들어졌다(시 139 참조).

### 좌뇌 대 우뇌

좌뇌의 사고 패턴은 분석적이고, 선형적이고, 명백하고, 순차적이고, 언어적이고, 이성적이고, 목표 지향적이다. 신념, 가치와 기대감을 보관한다. 언어와 독서 능력을 통제한다. 이곳에서 정보를 모으고 논리적으로 한 단계씩 처리한다. 삶을 대하는 태도에도 좌뇌의 영향을 많이 받는 사람이 있고 반대로 우뇌의 영향을 받는 사람이 있다. 혹은 양쪽 뇌의 통합된 영향을 받는 사람도 있다.

우뇌는 자발적이고, 직관적이고, 감정적이고, 비언어적이고, 시각적이고, 통합적이고 공간적이다. 우뇌는 정보의 패턴을 처리하며 감정을 관장한다. 우뇌는 마치 사진첩 같다. 좌측은 사고를 하고 우측은 사진을 찍어 기억을 사진으로 저장한다. 많은 사진들이 에너지와 힘을 축적하고 있기 때문에 사진에 대해 이야기하는 것으로는 이미지를 제거하지 못한다. 여기서 언어는 말이 아니라 사진이다. 이것이 바로 외상후스트레스장애(PTSD)에서 말하는 사진이다. 트라우마성 기억은 일련의 정지된 스틸사진이나 무성영화 같아서 여기에는 음악이나 말이 없다.[7]

### 뇌의 부분들

좌뇌와 우뇌를 연결하는 것이 있는데 뇌량(腦梁)이라고 부르며 양쪽 뇌가 의사소통을 할 수 있게 한다. 뇌량은 생존에 필요한 감정적이고 인지적인 영역을 통합한다.

여성에게는 남성보다 40퍼센트 정도 더 많은 신경다발이 있는데 여성은 동시에 양쪽 뇌를 다 사용할 수 있기 때문이다. 반면 남성은 필요에 따라 한쪽 뇌에서 다른 쪽 뇌로 바꾸어야 한다. 여성은 양쪽 뇌를 통합해서 사용하기 때문에 뇌의 양쪽을 오가며 교차하는 대화(cross talk)를 더 즐길 수 있다. 그렇기 때문에 여성은 한꺼번에 여러 가지 일을 감당할 수 있고 남자아이들보다 여자아이들이 더 빨리 글을 읽는 것이다. 인간은 삶을 최대한 누리기 위해 양쪽 뇌의 기능이 다 필요하다.

뇌의 다른 부분에도 명칭을 붙였는데(도표10 참조), 각 부분의 기능이 다 다르다.

**도표 9**

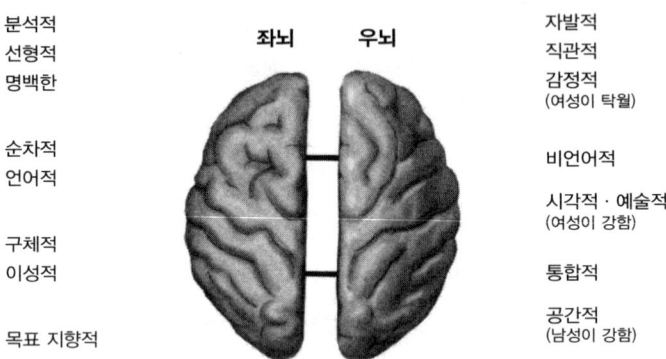

〈뇌〉

좌뇌
- 분석적
- 선형적
- 명백한

- 순차적
- 언어적

- 구체적
- 이성적

- 목표 지향적

우뇌
- 자발적
- 직관적
- 감정적
  (여성이 탁월)

- 비언어적
- 시각적·예술적
  (여성이 강함)

- 통합적
- 공간적
  (남성이 강함)

1. 시상하부(Hypothalamus) : 시각, 후각, 청각, 촉각과 미각을 통해서 정보를 받아들이고 그 다음에는 뇌의 다른 부분에 보내 처리하게 한다.
2. 해마(Hippocampus) : 감정 수가(emotional valence)를 평가하고, 감각 자극을 감정 신호와 호르몬 신호로 바꾸는 것으로 감정의 반응을 제어하여 이 정보를 행동을 통제하는 다른 부서에 전달한다. 해마는 분석적이고, 뇌의 감정적인 부분을 진정시켜 준다. "아니야. 그가 큰 사람이라고 해서 나를 해치지는 않을 거야. 그는 그냥 큰 사람이고 많이 먹는 사람일 뿐이야."
또한 해마는 두려움이 엄습해 오면, 자신이 어디에 있는지와 자신이 무엇을 하는지 기억한다.
3. 전두피질(Frontal Cortex) : 감정적이고 인지적인 기능을 통합해 전체 과정을 감독하는 시스템으로 작용한다.[8]

뇌가 제대로 기능할 때 우리도 잘 활동한다. 트라우마가 위험한 것은 이러한 뇌의 고유한 기능을 송두리째 바꿔 버릴 수 있기 때문이다. 트라우마는 뇌에 상처를 입히는 것이다. 삶에 정상적으로 적응할 수 있는 능력을 짓누른다. 외상후스트레스증후군(PTSD)은 단순히 괴로운 상황에 대한 감정의 반응이 아니라 몸과 뇌의 화학작용이 불규칙하기 때문에 제대로 통제가 안 되는 것을 의미한다.

뇌의 화학작용은 수십 년이 지나는 동안 변할 수 있다. 이 변화로 인해 충격적 사건이 연상되는 상황들은 플래시백(flashback : 과거 충격적 장면으로의 순간적 전환 – 옮긴이주)을 일으킨다.[9] 트라우마는 우리 뇌에 혼돈을 일으키고 인지적인 충격뿐만 아니라 정서적 충격을 일으킨다.

도표 10

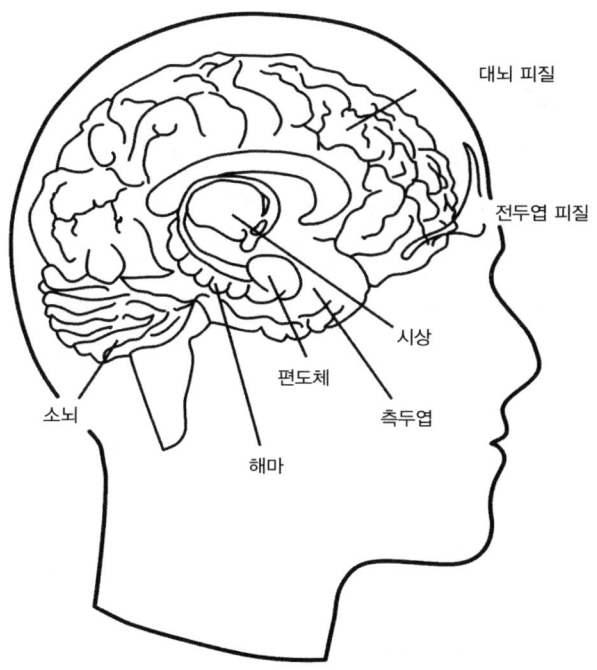

트라우마의 세계로 들어가는 것은 마치 깨진 거울을 들여다보는 것과도 같다. 낯익은 것이 해체되어 보이고 혼란스러워 보인다. 이상한 새 세상이 펼쳐지는 것이다.[10]

게다가 충격적 사건이 어린이에게 일어나면 그 경험이 굳어진다. 트라우마가 뇌와 뇌의 모든 기능에 영속적으로 영향을 미치는 것이다.

### 편도체(The Amygdala)

편도체는 마치 작은 포도송이 두 개처럼 생겼고 뇌 양쪽에 하나씩 있다. 이곳은 뇌의 원시적인 부분으로 정서적인 영역을 담당하며 위험이나 안전을 나타내는 메시지를 판단한다. 논리적인 추리를 하거나 인지적인 기능 면에서는 무지하다. 편도체는 느낌과 감정을 다루면서 당신이 무엇을 두려워하는지 기억한다.

편도체는 뇌에서 경고를 담당한다. 당신의 감각에 들어가는 정보 하나하나는 편도체를 통해서 흘러들어가는데, 초기 경보시스템인 것이다. 편도체는 엄청난 정보의 흐름을 감시하고 조금이라도 위험 신호가 있는지 탐색한다. 예를 들면, 우리가 이 책을 읽으면 두 눈은 이 페이지에 집중한다. 그렇지만 두 눈의 귀퉁이처럼 신경 써서 들여다보고 있지 않는 시야의 다른 부분들을 편도체는 살펴보고 있다. 편도체는 있을 듯한 위협, 갑작스런 동작, 어렴풋한 그림자를 찾는다. 편도체는 당신이 의식적으로 감지하지 못하는 멀리서 나는 잡음까지 포함해서 귀로 포착하는 모든 소리를 모니터한다.

밤에 우리가 쉴 때도 편도체는 쉬지 않고 위협 신호를 주는 감각 정보를 계속해서 관찰한다. 지진이나 문을 쾅 닫거나 고양이가 화병을 건드려서 바닥으로 떨어뜨리면 편도체는 순간적으로 위협의 소리를 간파해 낸다. 그러면 편도체는 놀람 반응(startle response)을 유도하고, 우리는 자신을 보호하기 위해 뛰는 가슴으로 침대에서 뛰쳐나온다.[11] 편도체는 트라우마를 겪을 때나 트라우마성 사건을 기억할 때 과도하게 활동한다. 편도체는 행동을 통제한다. 트라우마를 경험하는 동안 편도체는 과민해지고 정상 자극에도 과잉반응한다. 체격이 큰 사람을 보면 이렇게 느낀다. '그는 나를 해칠 거야. 가까이하면 안 돼!'

## 트라우마는 사고를 동결시킨다

우리의 몸, 감정과 사고는 모두 연결되어 있으나 트라우마는 서로를 분리시킨다. 좌뇌와 우뇌는 서로 협력해서 일해야만 한다. 그렇지 않으면 한쪽 뇌에만 치우쳐서 균형이 깨진다. 트라우마가 등장하기 전까지는 그렇게 서로 협력하여 일한다.

그러나 트라우마는 양 뇌를 분리시켜 일주일 전 일어난 일에 대해 눈으로 보는 듯 생생하게 생각나지만 감정이 전혀 없다. 아니면 생각이나 실제적인 기억 없이 강렬한 감정만 경험할 수 있다.

한 남자가 이렇게 얘기했다. "나는 마치 뇌가 분해된 것 같아요. 한 부분은 AM을 송신하고 다른 한 부분은 FM을 내보내요. 때때로 내 기억에 구멍이 있는 것 같아요. 한 뭉터기는 빠져나간 것 같아요. 어떤 때는 마음대로 들이닥치는 이 원치 않는 기억들을 멈출 수가 없어요. 그런 기억들은 쫓아내고 싶어요! 나는 기억하고 싶은 것을 기억할 수 없고, 지워 버리고 싶은 것은 잊을 수가 없어요."[12]

이 남자가 설명한 것을 해리 현상(disassociation)이라고 말한다. 이것은 트라우마 경험의 요소를 분리해서 그 경험의 충격을 줄여 보려고 하는 것이다.[13]

트라우마는 무단 침입해서는 삶을 방해한다. 삶을 조이고 제한하면서 서로 상반된 2가지 사이를 헤매게 한다. 건망증과 트라우마, 강렬하게 짓누르는 감정의 범람과 도대체 아무것도 느낄 수 없는 무미건조한 감정의 메마름, 과민하고 충동적인 행동과 완전한 행동 억제를 교대로 경험하는 것이다.[14]

트라우마를 입은 사람들은 뇌에 변형이 와 해마의 크기가 줄어든다. 기억이 영향을 받아서 착오가 많이 생기고 언어 회상 능력이 떨어지고 단기기억력도 떨어진다.

전두엽 피질이 감소되기 때문에 좌뇌 기능이 위축된다. 허위 위협과 실제 위협을 구별하지 못한다. 또한 느끼는 것을 말로 잘 표현하지 못한다. 위험이 없는데도 위험이 있다고 생각할 수 있는데 위험을 분석해야 하는 편도체가 제대로 작동하지 않기 때문이다.

우뇌에서 경고를 하는 부분은 과도하게 반응한다. 아무렇지도 않은데 위험 상황인 것처럼 작동한다. 뇌를 촬영해 보면 좌측은 거의 반응이 없는데 우측은 활성화되어 있다. 좌측 뇌를 사용해 사고하지 않기 때문에 보이는 현상이다.[15]

**도표 11**

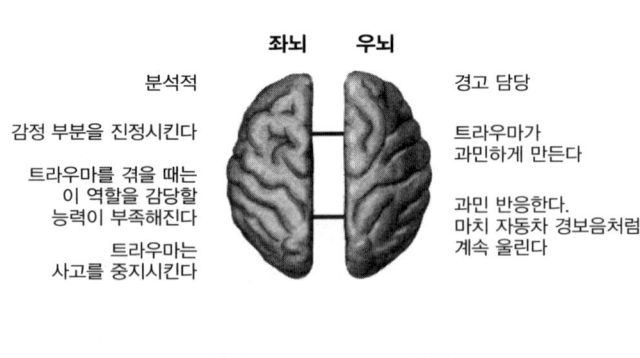

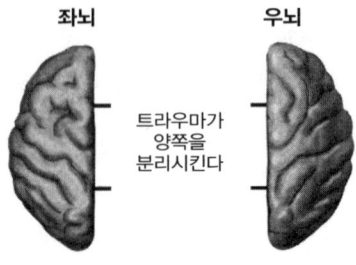

기억을 못 하거나 이야기가 앞뒤가 잘 맞지 않는다면, 트라우마 후에 모든 사람이 조금씩 겪는 ADD(Attention Deficit Disorder: 주의력 결핍장애를 말한다. 주의가 산만하여 한 가지 일에 집중하지 못하고 충동적이고 많이 움직이는 특징을 갖는 질환이다 – 옮긴이주) 증세 때문이다.

강렬한 스트레스나 트라우마는 여러 호르몬을 분비시킨다. 뇌에서 흘려보낸 신호가 아드레날린 선에 도착하면 아드레날린과 노르아드레날린 분비를 촉진시킨다. 아드레날린과 노르아드레날린은 혈류 속으로 파도처럼 밀려와 심장 박동을 빨라지게 하고 몸을 응급 상태에 빠뜨린다. 그런 다음에 이 호르몬은 뇌로 다시 거슬러 올라가는 미주신경(vagus nerve)에 있는 수용체들(receptors)을 활성화시킨다. 이 때문에 심장 박동수가 계속해서 증가하고 뇌의 다양한 부분에 신호를 보내서 강렬한 감정의 기억을 과도하게 투입하게 한다.

아드레날린과 노르아드레날린은 응급 상황이 오면 힘을 결집시키도록 한다. 이 호르몬들이 몸 속을 휩쓸고 지나간 다음, 뇌로 돌아가 더 강력한 호르몬(코티솔, 에피네프린, 노르에피네프린, 옥시토신, 바소프레신, 내인성 진통제)을 분비시킨다. 이처럼 호르몬이 홍수처럼 한꺼번에 밀려들면 사람들은 싸움과 도피 반응을 동시에 일으키게 된다. 트라우마가 발생하면 급히 안전한 곳으로 도망갈 수 있도록 뇌에 할당된 70퍼센트의 산소가 근육으로 이동된다.[16]

그러나 소수의 사람들에게는 동결 모드를 만들어 낸다. 이런 경우에는 몸 속을 휩쓸고 가는 모든 호르몬에게 적절한 신체적 반응이 없는 것이다. 스트레스 요인이 피해자를 마비시켰고, 다음 응급 상황이 오면 문제가 발생할 것이다. 생물학적 몸은 이전에 그랬던 것처럼 기억하고 반응한다. 지난 번 응급 상황에서 지적 두뇌가 습득한 교훈들, 즉 의사결정 과정은 생략하고 말이다.[17] 게다가 트라우마성 사건은 비트라우마성 사건과는 달리 기억하게 된다. 트라우마성 사건은 세월 속에서 정처 없이 떠다닌다. 그러다 어떤 기폭제를 만나는 순간, 단순한 과거 사건이 아니라 지금 현재 사건으로 다시 경험하는

것이다.[18]

다음에 트라우마를 입은 사람과 상호작용을 할 때는 그들의 뇌에 생긴 일을 기억하기 바란다. 망설이지 말고 그 사람에게 설명해 주라. 나는 회복 세미나, 디브리핑(debriefing : 사고 후 보고하는 것 – 옮긴이주)과 일대일 상담을 할 때 그렇게 한다. 이 이야기를 듣는 사람들은 형광등에 금세 불이 켜진 것처럼 반응한다. 일리가 있고 그들의 경험을 정상화하도록 도와주기 때문이다.

## 트라우마를 일으키는 요인

다른 사람보다 트라우마를 더 쉽게 경험하는 사람이 있는가? 내가 감정적으로 건강하다면, 내가 건강한 가정에서 자랐다면, 내가 강건한 그리스도인이라면, 이런 증후군에 면역이 되어 있을까? 우리 모두는 트라우마를 경험할 수 있다. 모두에게 위험이 도사리고 있는 것이다. 인종, 성별, 교육 수준이나 이전에 얼마나 정신적으로 안정돼 있었는지, 정서적 장애를 겪었는지는 중요하지 않다. 다만 평소에 스트레스를 처리하는 능력과 개인적인 대처 기술이 도움을 줄 수 있다. 그렇다고 해도 트라우마는 우리 모두를 압도한다.

### 스트레스

트라우마에 영향을 미치는 것이 있다면 그 무엇보다도 스트레스의 '강도'와 '정도'라고 하겠다. 연구 결과에 따르면 한 개인이 트라우마를 경험하기 위해서는 58가지의 일반적인 요인이 기여한다는 것을 알아냈다. 그러나 연구자들은 어떻게 지원해야 그 사람이 최선을 다해 트라우마 상황에 적응할 수 있는지, 여전히 곤혹스러워한다.[19]

우리가 트라우마까지 간다면, 우리 안에 결함이 있어서가 아니다. 비정상적인 상황에 대한 반응은 정상적인 것이다. 우리 성격은 트라우마의 결과를 바꾸지 않지만 트라우마는 우리의 성격에 강한 영향력을 미친다. 다양하게 반응하고 참을 수 있는 능력도 사람마다 다르다. 어떤 이는 다른 사람보다 한층 더 능숙한 대처 기술을 갖고 있다. 그리스도 예수 안에서 강한 믿음을 갖고 성경말씀을 통해 인생을 더 정확하게 이해하는 사람들은 다른 이들이 대처하도록 도울 수 있는 더 풍성한 자원을 갖고 있는 셈이다.[20]

### 자연재해 vs 인재

자연재해를 겪은 사람들은 인재를 겪은 사람들보다 기간이 더 짧고 강도가 더 약한 외상후스트레스장애(PTSD)를 경험하는 것 같다. 자연재해를 천재지변 또는 하나님의 행동으로 보고 '인생은 다 그런 거야'로 받아들인다. 인재와는 달리 자연재해를 겪고 살아남은 사람들은 타인에 대한 신뢰를 상실하지 않는다. 인재의 또 다른 말은 '잔학한 행위'다. 그렇기 때문에 오클라호마시티 폭탄테러, 콜럼바인 총기사건과 9·11 테러 사건이 그토록 큰 충격을 주는 것이다. 추가적으로 한 가지 트라우마를 겪는 사람들은 복합적인 트라우마를 겪는 사람들보다 대체적으로 회복이 더 빠르다.[21]

### 그 밖의 요인들

삶에서 일어나는 어떤 경험을 트라우마로 간주하는가? 무수한 사건들이 일어난다. 이 목록을 읽으면서 우리 자신을 포함해서 우리가 아는 사람들을 생각해 보라. 그리고 그들이 겪었을 지진, 화재, 홍수, 태풍, 화산 폭발, 산사태, 또는 생명을 위협하는 폭풍 같은 자연재해도 생각해 보라. 때때로 공동체나 일터에서 발생하는 산재로 화학물질의 유출 또는 폭발이 있다.

트라우마는 난민들이나 강제 수용소 생존자들에게 일어날 수 있다. 많은 사람들은 성폭행이나 육체적 공격을 당했을 때, 그리고 사탄 숭배 종교의식을 통해 트라우마를 겪는다. 18세가 되면 소녀들의 25퍼센트와 소년들의 18퍼센트는 성적으로 학대를 경험한다.

어떤 아이들에게 트라우마는 밤에 집으로 돌아가는 것일 수도 있다. 과도

한 육체적 구타, 매질, 감금 또는 음식이나 건강 관리를 받지 못한 어린아이들도 영향을 받을 수 있다.

자동차 사고에서 죽음이나 심각한 부상, 범죄 현장에서 구타, 강간, 부상 또는 죽음을 목격하는 것, 반란, 폭동 또는 전쟁을 목격하는 것으로도 트라우마를 겪을 수 있다.

친한 친구나 가족이 그런 사건에 휘말린다면 충격이 아닐 수 없다. 특히 어린이들은 삶에서 일어나는 의미심장한 사건을 감당할 능력이 부족하기 때문에 쉽게 상처를 입는다. 가족이나 중요한 관계의 어른 또는 친구의 살인, 자살, 강간이나 구타를 목격하는 아이는 누구나 위험에 처한다. 또한 조직 폭력의 여파로 트라우마를 입은 아이들의 숫자도 증가한다.

지금까지 언급한 상태는 목격자인 경우다. 그것이 자신에게 일어나면 상황은 더 심각하며, 사건 목록은 더 광범위해진다.

전쟁 시에 전투원, 죄수 또는 위생병인 경우는 트라우마를 입을 가능성이 높다. 누구나 도둑, 강도, 습격, 유괴, 강간, 납치, 테러를 당하거나 차 사고에서 부상을 당하면 트라우마를 경험한다. 어떤 상황이든지 자신이나 가족이 살해되거나 다칠 수 있다고 느끼면 트라우마를 겪을 수 있다.

돕는 직업에 종사하는 사람들이 아래 상황을 경험했다면 트라우마에 노출되어 있는 것이다.

- 죽음과 부상을 목격했다.
- 자신의 안전과 생명을 위협받았다.
- 생사에 관계되는 결정을 내렸다.
- 스트레스가 높은 환경에서 일했다.

마지막 상황은 장시간 일하는 것과 안전하지 않은 환경을 말한다. 구조팀 (예를 들면, 오클라호마시티 연방정부건물이 불 탄 뒤 그 잔해 현장에 있었던 구조원들,

TWA비행기800의 조각난 동체 사이 수중에서 시신을 찾던 잠수부들, 뉴욕 세계무역센터 테러의 피폭 중심지에서 일하던 많은 사람들), 경찰관, 소방관, 의료진은 모두 위험을 무릅쓴다.

우리 사위는 소방관인데 불을 진화하느라 1도와 2도 화상을 입기가 일쑤다. 그는 수많은 죽음을 목격했고 생사에 관계되는 결정을 많이 내렸다. 소방관들은 늘 잠이 모자라고, 어떤 경우는 48시간 교대로 일하기도 한다.

만약 우리가 아는 누군가가 위의 상황 가운데 하나를 경험했다면 그 사람은 트라우마를 경험한 것이다. 그 결과로 모두가 외상후스트레스장애를 앓거나 트라우마를 입었다는 뜻은 아니지만, 이 상황으로 치달을 가능성이 있는 사건이 발생한 것이다.[22]

## 트라우마의 심각한 피해

트라우마는 많은 영향을 미친다. 때로는 온 인생을 걸고 무모한 도전을 하게 만들고, 때로는 세상은 살아가기에 공정하고 질서정연한 곳이라는 신념을 무너뜨리기도 한다. 당신이 상담하는 사람으로부터 다음 내용을 듣게 될 것이다.

- 트라우마는 침묵하게 한다 : "무슨 말로 설명해야 할지 모르겠어요."
- 트라우마는 고립되게 한다 : "그 누구도 나를 이해하려 하거나 내가 한 경험에 공감하려 하지 않아요."
- 트라우마는 절망하게 한다 : "그 일을 멈추거나 일어난 일에 대한 기억을 멈출 방법이 없었어요."[23]

트라우마를 입은 사람들은 희망적으로 낙관하는 미덕을 잃어버린다. 이인화된 느낌에 사로잡히고, 합리성조차도 그들에게 등을 돌린다. 기본적으로 합리성은 좋고 필요한 것이지만, 트라우마에서 합리성은 우리를 공격한다. 로버트 힉스(Robert Hicks)는 「소리 지를 수 없어요」(Failure to Scream)에서 이렇게 설명한다.

> 트라우마가 찾아오면 합리성은 오히려 저주가 된다. 인간은 죽은 시체 냄새를 킁킁거리고 맡은 후에 연민, 가책, 분노나 후회 없이 떠나갈 수 있는 동물과는 명백하게 다르다. 인간은 더 복잡하다. 인간은 호모 사피엔스(라틴어로 '생각하는 사람')다. 인간은 자신에게 닥친 비극에 대해 생각하고, 그 생각에 몰두하다 보면 자칫 미쳐 버릴 수도 있다. 그 상황의 재연, 플래시백, 냄새까지도 트라우마를 떠올리게 한다.
> 인간은 트라우마의 근본적 이유를 합리적으로 설명하려고 한다. 그러다 어떤 이유도 찾지 못하면 트라우마의 타격은 고조된다. 그 상황의 무의미함 때문에 절망, 충동적인 행동 또는 중독적인 관계에 빠질 수도 있다. 이런 것들은 다 고통 때문에 시도하는 미봉책이다. 얼마나 깊이 우리의 합리성이 타격을 받았고 우리의 세계가 산산조각 났는지 보여 줄 뿐이다.[24]

우리 자신이나 트라우마를 입은 사람이나 다 같다. 모두가 자신에게 왜 이런 일이 벌어졌는지 이유를 알기 원한다. '왜'(Why) 그런지 알아내서 질서를 찾기 원하고 삶을 예측할 수 있기를 원한다. 그러나 때로는 해결되지 않은 질문을 안고 인생을 살아가야만 한다.

정의가 항상 이길 것이고 사회적 공의가 끝까지 존재할 것이라고 믿는데 부당한 트라우마적 사건들이 삶에 불쑥 찾아오면 어떻게 하는가? 착한 사람들이 항상 이기고 나쁜 사람들은 항상 졌으면 좋겠는데 그렇게 되지 않을 때 어떻게 하는가?

불의에 대해 울부짖는 사람은 우리가 처음도 아니고 마지막도 아닐 것이다. 욥의 얘기에 귀 기울여 보자. "내가 아무리 잘못됐다고 부르짖어도 응답이 없고 아무리 크게 부르짖어도 공정한 처분이 없다네"(욥 19:7, 우리말성경).

우리는 대답을 원한다. 대답을 기대한다. 대답을 간청한다. 그러나 때로 하늘은 침묵한 채로 있다. 바로 그럴 때 우리에게 임한 강한 충격으로 우리의 믿음은 위기를 겪는다. 아마도 당신은 루이스처럼 질문할 것이다.

> 하나님은 어디에 계시는가? 이것이 가장 불안해지는 이유 가운데 하나다. 당신이 행복할 때, 정말 너무 행복해서 그분이 필요하다는 느낌이 없어진다. 너무 행복해서 그분이 당신을 요구하시는 것이 귀찮게 느껴지려고 한다. 만약 당신이 자신을 기억하고 감사와 찬양을 드리며 그분께 돌아가면 두 팔 벌리고 환영하실 것이다. 적어도 그렇게 느낄 것이다.
>
> 그러나 다른 모든 도움이 소용없어서 필사적으로 그분께 매달릴 때 당신이 찾은 것은 무엇인가? 당신 눈앞에서 '쾅' 하고 닫히는 문이다. 그리고 안에서 문을 잠그는 소리와 또 한 번 더 빗장을 걸어 잠그는 소리가 난다. 그 다음에는 정적이 흐른다. 어쩌면 떠나는 것이 나을 수도 있다. 오래 기다릴수록 침묵은 더 단호해진다. 창문에 빛은 비치지 않는다. 어쩌면 빈 집일 수도 있다. 사람이 살기나 했던 집인가? 한때는 사람이 살았던 집 같다. 그랬던 것 같은 느낌은 왜 이렇게 강한지. 이것이 의미하는 것이 무엇일까?
>
> 왜 그분은 우리가 한창 잘나갈 때는 사령관으로 확실하게 존재하는데 우리가 힘들어서 도움이 필요할 때는 그렇게 부재하는 것일까?[25]

또한 트라우마는 자신을 바라보는 관점에 영향을 준다. 다시 말해 정체성에 영향을 미친다. 우리는 자신에 대한 그림을 갖고 있다. 자신은 합리적이고, 강하고, 삶에 주도적이고, 통제력이 있다고 생각하는 것이다. 하지만 트라우마는 이 모든 것을 바꿔 버릴 수 있다.

**생각과 사진을 통한 재경험**

트라우마가 누군가의 삶에 일부로 자리 잡은 것을 알게 해 주는 지표 가운데 하나는 그가 트라우마를 재경험하는 것이다. 생각과 사진들이 꿈에 나타나고, 악몽 또는 플래시백까지 경험할 수 있다. 때로 생각 속으로 슬쩍 들어와 재생 모드에 걸린 비디오처럼 계속 돌아간다. 극도로 민감해진 상황에서 플래시백을 일으키면 마치 처음부터 다시 최초의 트라우마를 경험하는 것처럼 느끼고 행동한다. 그 다음엔 트라우마가 또다시 삶을 중단시킨다. 트라우마는 지속적으로 무단 침입해서는 삶의 정상적인 진행을 방해한다. 그것은 마치 트라우마가 일어났던 순간에 시간이 정지해서 갇힌 것과 같다.[26]

한 소방관은 말했다.

> 쌍둥이 빌딩 참사로 사망한 사람들의 얘기를 들었고 그것은 마치 내 앞에 얼굴들의 회전목마가 빨리 지나가는 것 같았다. 내 머릿속에 영원히 남을 사진들이 있었다. 나는 여기 더 이상 존재하지 않는 30명의 사람들을 알았다. 나는 그들을 볼 수 있고, 느낄 수 있고, 감지할 수 있다. 도대체 이걸 어떻게 해야 할지 모르겠다. 내가 보고 느끼는 것을 어떤 말로도 설명할 수가 없다. 깨어날 수 없는 악몽 같다. 나는 많은 폐허를 본다. 그런데 엄청나게 더 확대되어 보였다. 나는 그저 살아 있으려고 발버둥치는 것이다.

베트남전에 참전했던 퇴역 군인은 거리를 지나다 차가 역화(backfire : 엔진이 역화되면 배기관에 불꽃이 들어가 펑하는 소리가 난다 – 옮긴이주)하는 소리를 들으면 적으로부터 몸을 피하기 위해 차 뒤로 재빨리 뛰어가 숨고 그의 눈앞에서 폭파로 목숨을 잃은 친구들의 기억을 떠올린다. 강간이나 성적 학대를 당한 피해자들은 배우자와 사랑을 나눌 때 플래시백을 경험한다. 사고 피해자는 자동차가 심하게 파손된 것이나 피를 보면 플래시백을 경험한다. 어떤 사람은 건물에서 물건이 떨어지는 것을 보면 세계무역센터에서 뛰어내리는 사람들을 또 다시 보게 된다.

그 사고의 기념일이 가까워질수록 트라우마의 강도는 고조된다. 명절을 비롯해 가족 행사는 강렬한 감정적 반응을 야기할 수 있다. 트라우마를 입은 사람은 보는 것, 듣는 것, 냄새 맡는 것, 맛보는 것으로도 자극을 받는다. 학대의 경우, 학대를 가한 사람과 대면하는 것으로 학대와 관련된 감정적이고 신체적인 반응을 부를 수 있다.

법원, 경찰서, 정신건강센터같이 피해자를 돕기 위해 고안된 시스템도 사람들에게 그 고통스러운 사건을 재연하게 할 수 있다. 세상 최악의 사건을 생생하게 기술하며, 폭력을 적나라하게 보여 주는 영화 같은 대중매체는 도움이 되지 않는다. 영화 속 묘사들은 트라우마를 입은 사람이 피해자가 되었던 기억을 유발할 수 있기 때문이다.[27]

플래시백에서 당신은 현재를 떠나 시간을 거슬러 올라 최초의 사건으로 여행하게 된다. 너무나도 생생하다. 그것을 보고, 듣고 냄새도 맡는다. 간혹 자신이 그곳에 아직 있는 것처럼 반응하고 행동한다. 이때 당신은 타인들의 반응이 두려워 이것을 인정하지 못하고 망설인다.

플래시백은 무엇인가 밖으로 나와야 하는 것이 울부짖는 것이다. 생존자들이 트라우마에 대해서 얘기할 수 있고, 기록할 수 있고, 하나님께 예배를 통해서 정직하게 털어놓을 수 있다면 악몽으로, 이미지들로, 플래시백으로 아무 때나 무단침입할 만큼 커지지는 않을 것이다.

트라우마를 꿈, 악몽 또는 불면을 통해 재경험하는 사람들이 있다. 그들은 꿈을 꾸는 동안 몸을 떨거나, 소리를 지르거나 엎치락뒤치락할 수 있다. 꿈이 기억나지는 않아도 경험한 공포와 두려움은 생각날 수 있다. 꿈은 주제가 비슷한 것이거나, 단순히 피해자가 느꼈던 두려움, 분노, 비통 또는 무기력감을 포함하는 사건을 재연하는 것일 수 있다. 어떤 사람들은 좀체 잠을 이루지 못하곤 했다. 나는 밤에 10-15번 정도 일어나는 사람들, 그리고 몇 시간을 누워 있어야 겨우 잠이 드는 사람들과 얘기해 본 적이 있다. 성경말씀에 집중하는 것은 수면과 관련된 문제로 고통당하던 사람들에게 도움이 되어 왔다.

"만약 제가 자정에 잠 못 이룬다면, 저는 감사한 기억으로 시간을 보냅니다"(시 63:6, 메시지성경).

"네가 누울 때에 두려워하지 아니하겠고 네가 누운즉 네 잠이 달리로다 너는 갑작스러운 두려움도 악인에게 닥치는 멸망도 두려워하지 말라"(잠 3:24-25).

무디 출판사의 〈그분의 임재〉(In His Presence) 같은 편안하고 영감을 주는 비디오들도 유익했다.

어떤 사람들은 기억과 이미지를 통해서가 아니라 불현듯 찾아드는 고통과 분노 때문에 트라우마를 재경험한다. 이것은 사건이 있던 초기에 고통과 분노를 억제했기 때문에 발생하는 현상이다. 이제 이 감정들을 방출하기 위해 무작정 절규해 보라. C. S. 루이스의 시가 도움이 될 것이다.

> 상처에서 폭탄의 파편을 뽑아낸다.
> 손에 있는 가시들을 빼낸다.
> 앞에 있는 독마저도 빨아낸다.
> 이 고통 후에 우리는 진정된다.
>
> 그러나 영혼 안에서 자라는 이미지들은 생명이 있다.
> 마치 절단된 암은 단도의 심연 바로 아래 붙어 살아 있으며
> 언젠가 무방비한 시간이 오면 방아쇠를 당기기 원하며
> 그들의 독, 감소되지 않은 채로 심장은 부패하네.
>
> 반박할 수 없이 달콤한 귀중한 은혜의 소나비처럼,
> 되돌아오는 죄책감으로 빛나는 운명적인 순간의 찰나에
> 오랫동안 쌓아 올린 우리의 뻔뻔스러운 탑들은 무너지네.
> 모든 고통과 모든 의사의 보살핌은 사라지고,

참을 수 없는 모든 것들을 아직 견뎌야 한다.[28]

상담자는 루이스가 묘사한 것과 같은 일을 누군가에게 필연적으로 사역하게 될 것이다.

### 무감각화와 회피를 통한 재경험

사람들이 트라우마를 재경험하는 경로는 무감각(마비)과 회피다. 트라우마를 다시 경험하는 것은 몹시 고통스럽다. 그들은 트라우마가 떠나고 영원히 사라지기 원한다. 그러나 그렇게 되지 않기 때문에 몸과 마음이 합심하여 고통에 대항하고 자신을 보호하려 한다.

보호 방법 가운데 하나가 감정을 마비시켜 무감각해지는 것이다. 마비가 시작되면 삶의 전 영역에 관심이 줄어든다. 그들은 주변에 있는 다른 사람들, 그들이 가장 사랑하는 사람들로부터도 이탈된 느낌을 가질 수 있다. 대개 감정적 표현을 안 하는데, 왜냐하면 모든 것을 차단했기 때문이다. 그들은 삶에 참여하는 것을 줄이려고 하는 경향이 있다.[29]

사건 당시 무감각화가 일어났다면, 그때 경험하지 못했던 일련의 감정을 결국 트라우마를 재경험하면서 느끼게 될 수도 있다.

> 피할 수 없는 위험한 상황은 공포와 분노를 불러일으킬 뿐만 아니라 역설적이지만, 이탈된 고요의 상태를 일깨우게 해서 그 안에서 공포, 분노, 고통을 녹여 버린다. 사건들은 계속해서 의식 속에 새겨지지만, 마치 이런 사건들은 그들로부터 분리된 듯하다. 지각 능력은 부분적인 마취(무감각)나 특정 감각을 상실해 무감각화되거나 왜곡될 수 있다. 시간 감각은 좀 느려진다. 한 여인은 말했다. "사실 같지 않았어요. 악몽 같았어요. 저는 그저 빨리 잠에서 깨어나길 바랐어요."[30]

이것을 두고 수축(constriction)이라고 말한다. 이제 광분, 죄책감, 불안, 두려움, 슬픔이 올라오면 그들은 생각한다. '이것들이 어디서 왔지? 이것들은 날 아프게 해! 나는 이것들을 원치 않아!'

그들은 통제 불능 상태에 빠지지 않으려고 감정을 차단한다. 그런 다음 통제 불능 상태를 유발시킬 것 같은 상황은 피하기 시작한다. 그들은 정신적으로, 사회적으로, 육체적으로, 그리고 영적으로 후퇴할 것이다.

사람들은 문제가 일어났던 장소를 멀리한다. 만약 레스토랑에서 강도를 만난 적이 있으면, 이후에는 레스토랑에 잘 가지 않을 것이다. 소방관, 경찰관, 의료인은 아마 다른 직업을 알아볼 것이다. 내 친구는 호스피스를 하는 간호사와 환자를 위한 상담가였다. 그는 1년 동안 회복이 불가능한 말기 환자 45명을 잃은 뒤에 정신 건강을 위해 다른 일을 알아볼 것이라고 했다. 감당하기가 너무 힘들었던 것이다.

트라우마를 경험하는 사람들은 자기만의 기폭제가 있다. 그래서 기폭제가 되는 상황을 기를 쓰고 피하려고 한다. 그 바람에 트라우마의 포로가 될 뿐 아니라 대인관계에서도 어려움을 겪는다.

### 증가된 경고를 통한 재경험

트라우마의 다른 특징은 인체의 경고시스템을 강화하는데 대개 과민반응(hyperalertness) 또는 과다각성(hyperrarousal)이라고 부른다. 두려움, 불안, 분노처럼 사람이 경험하는 강한 감정들은 특히 아드레날린 배출에 영향을 미친다. 사람이 흥분했다는 것은 대개 아드레날린이 분출되기 때문이다. 아드레날린은 혈압, 심장 박동, 근육 긴장, 혈당을 증가시키고 동공을 확장시킨다. 팔과 다리에 흐르는 혈액은 감소하고 대동맥과 머리로 흐르는 혈액은 증가하기 때문에 사고하기와 움직이기는 오히려 더 쉬어진다. 그러나 아드레날린이 지나치게 분출되면 결국 동결 반응을 보인다. 느리게 움직이고, 천천히 생각하는 것이다. 모든 것은 차단된 것처럼 느껴진다. 마치 물이 순간적으로 냉동되는 것 같다. 이 상태는 불면증, 과민함, 집중력 저하, 군중 속에서 느끼는 불안, 쉽게 화들짝 놀라는 증상들로 드러난다.[31]

기차 사고를 목격한 후에 나는 과다경계(hypervigilant)를 보이게 되었다. 어떤 철도 건널목이든지 한 블록 전부터 나는 어떻게 하면 안전하게 통과할 수 있을까 생각하곤 했다. 이 습관은 몇 년 동안 지속되었다.

트라우마를 경험하는 동안 심장이 뛰기 시작하면, 호흡이 힘들어지고 근육은 긴장된다. 이러한 반응은 마치 '재앙'과 같다. 그런데 어떤 사람들은 그들의 신체적인 반응에 이름을 잘못 붙인다. '난 미칠 것 같아', '난 무너질 것 같아', '난 심장마비가 올 것 같아', '난 지금 죽고 있어'라고 말한다. 그들은 심장이 두근거리거나 호흡이 곤란하면, 무슨 일이 일어나는지 잘못 해석하는데, 그 바람에 공황 발작(panic attack : 갑자기 극심한 두려움과 불편한 신체 증상이 몰려와서 견디기 힘든 상황까지 갔다가 일정한 시간이 지나면 그 증상이 소멸함 - 옮긴이 주)으로 발전한다.[32]

때로 두려움은 마치 댐이 터져서 맹렬한 물줄기를 통제할 힘을 상실한 것 같은 느낌이다. 나는 두려움으로 마비된 많은 사람들을 상담한다. 그들은 결정하는 것, 다른 사람의 동의를 받는 것, 분명한 입장을 취하는 것을 두려워한다. 타인이 그들을 싫어할까 봐 두려워한다. 더 안 좋은 것은 그들이 갇혀 있는 이 상황에서 벗어나는 것을 두려워한다는 것이다.

신체적인 마비는 끔찍한 일이다. 움직일 수 없고 마음의 메시지에 반응할 수 없는 것은 답답한 일이다. 그런데 정신적인 마비는 더 끔찍하고 답답한 것이다. 트라우마가 바로 이런 일을 일으킨다.

이 장에서는 트라우마에 대한 기본적인 내용을 다루었다. 지금까지 소개한 것은 트라우마가 우리가 인식하는 것보다 훨씬 더 가까이 있다는 사실을 경고하기 위한 것이다. 트라우마의 특성을 드러내는 사람을 상담할 때는 다음 내용을 기억하라.

트라우마에는 긍정적인 면이 있다. 트라우마를 입은 사람들에 대한 연구 결과를 보면 대부분의 피해자들은 트라우마를 통해 결과적으로는 유익했다고 말한다. 그들은 극심한 고통을 경험한 사람들이다. 그런데 어떻게 유익을 얻었는가? 그들은 가치의 변화가 있었고, 삶을 더 감사하게 되었고, 영적 신념들이 더 깊어졌고, 더 강해졌다고 느꼈고, 모든 인간관계에 감사하게 되었다.

회복에 가장 중요한 요소는 다른 사람들과 연결되어 있는 것이다.[33]

당신에게 남기고 싶은 말은 다음 3가지다.

1. 트라우마를 입은 것은 불치병이 아니다. 회복이 가능하지만 더딘 과정이다.
2. 당신은 트라우마를 경험하는 사람들을 지원해 줄 수 있도록 준비를 갖춘 전문가와 함께 일해야 한다. 고도로 훈련된 목회자, 군목, 심리치료사가 거기 포함된다.
3. 치유는 이해를 통해 온다. 트라우마에 대해 더 배울수록 자신의 삶에 대한 제어력을 갖출 수 있다.

Crisis & Trauma Counseling

# 11

# 트라우마 피해자 돕기
Helping the Trauma Victim

트라우마를 겪는 사람을 발견하면 즉시 도와야 한다. 지체할수록 뇌에 남겨지는 흔적은 더 강력해진다.

위기나 트라우마에 처한 사람들과 일할 때는 젖은 시멘트 이론(wet cement theory)을 따라야 한다. 이 접근법은 가능한 한 빨리 내담자를 도와주려고 하는 것이다. 시멘트가 굳기 전에 울퉁불퉁한 면을 매끈하게 하는 것이 쉬운 것처럼, 내담자의 마음에 모든 것이 생생할 때 그의 생각, 느낌과 감정을 모두 함께 다루는 것이 더 쉽다. 그 사람이 잘못된 생각에 영원히 고착되기 전에 틀린 개념들, 잘못된 인상들과 정보를 가르치고 재구성하는 것이 더 쉽다.[1]

## 위기 상황 스트레스 해소 활동

지난 15년간, 그리고 특별히 9·11 테러 사건 이후로 위기나 트라우마성 사건을 위한 즉각적인 중재 가운데 하나는 위기 상황 스트레스 해소 활동

(Critical Incident Stress Debriefing, CISD)이다. 여기에는 여러 모델이 있지만 제프리 미첼(Jeffrey Mitchell) 박사가 개발한 7단계 모델을 가장 광범위하게 사용한다. 처음에 이 방법은 응급구조 요원(소방관, 응급구조사, 군인 등)을 지원하는 데 사용되었는데 지금은 그룹과 개인 모두의 트라우마성 상황에 사용한다.

다음은 7단계 모델의 간략한 개요다. 나는 트라우마에 처한 사람을 상담하는 모든 상담자는 기본 과정과 고급 과정 훈련 세미나에 참석할 것을 권유한다. 미첼 박사의 모델 외에도 다양한 접근법을 소개한 세미나에 수차례 참석해 왔다. 세미나 때마다 내가 배운 것은 돈으로 살 수 없을 만큼 귀중했다.[2]

### 1단계. 소개

첫 번째는 소개 단계다. 자신을 소개하고(단체일 경우 돌아가며 소개한다), 상담자는 과정을 설명하며 기본 규칙 및 어떤 성과를 기대하는지 명확하게 설명한다. 이 단계에서 내담자의 사고방식 또는 인식 영역을 탐색해 본다.

### 2단계. 사실

두 번째는 사실 단계로, 내담자 자신의 관점으로 트라우마성 사건을 묘사하도록 하는 것이다. 상담자는 그들이 누구인지, 이 사건에서 그들의 역할이 무엇인지, 무엇을 보고 들었는지 얘기해 달라고 요청한다. 질문할 때는 다음과 같은 내용을 포함한다.

"무슨 일이 있었는지 얘기해 줄 수 있겠습니까?"
"당신이 겪으신 일을 제게 얘기해 주시겠습니까?"
"당신이 경험하신 것을 제게 묘사해 주면 좋겠습니다."

이 시점에 감정이 끼어들 수도 있지만 여전히 사실에 초점을 맞춘 '인지 영역'에 있어야 한다. 특별히 여성 또는 청소년들과 일할 때는 더욱 유의해야 한다.

3단계. 사고

세 번째는 사고 단계로, 상담자는 내담자에게 사건에 대한 그들의 인지적 반응을 설명하도록 요청한다. 이 단계는 정서적 혹은 감정 영역으로의 전환을 제공해 준다. 집중해서 물어봐야 할 질문은 다음과 같다.

"그 사건이 터졌을 때 제일 처음 어떤 생각이 들었습니까?"

"사건 현장을 목격했을 때 당신은 무슨 생각을 했습니까?"

"자동 조정 장치(autopilot : 비행기에서 사용하는 장치로 특정 지역을 자동으로 조정해서 비행하도록 하는 것이다. 여기에서는 사람이 생각 없이 행동을 하는 것을 비유하며, 대개 이전에 여러 번 반복한 행위라서 익숙하기 때문이다 – 옮긴이주)가 돌아가는 순간 가장 먼저 어떤 생각이 들었습니까?"

4단계. 반응 또는 감정

네 번째는 반응 또는 감정 단계다. 여기서 상담자는 사람들을 도와 그 경험의 가장 트라우마적인 부분을 찾아 확인하도록 한다. 내담자가 자신의 경험에 동반하는 강렬한 정서를 확인하도록 도와주는 것이다. 이때는 그 감정들을 표준화해 주고 합리적으로 인정해 주어야 한다. 이것은 비정상적인 경험에 대한 정상적인 반응인 것이다. 경험한 것을 미리 경험하도록 준비한 사람은 아무도 없다. 다음과 같은 질문을 하라.

"당신에게 개인적으로 이 경험에서 가장 나쁜 부분은 어떤 것입니까?"

"이 일이 일어났을 때, 당신은 무엇을 느꼈습니까?"

"당신은 어떻게 생각하십니까?"

"당시 당신은 무엇을 느꼈습니까? 그리고 지금은 무엇을 느끼고 계십니까?"

5단계. 증상

다섯 번째는 증상 단계다. 이 과정은 사람들을 감정 영역에서 나와 다시 인지 영역으로 돌아가게 한다. 그러므로 사건 직후 처음 24시간에 내담자의 반응을 물어보는 것이 좋다. 도움이 되는 질문은 다음과 같다.

"감지되는 신체적, 심리적인 반응에는 어떤 것이 있습니까?"
"이 일이 일어난 뒤로 심리적인 고통의 징후를 경험하셨습니까?"
"당신이 경험한 스트레스 반응에는 어떤 것들이 있습니까?"
"그렇다면 당신은 무엇을 경험하신 건가요?"

**6단계. 가르침 또는 교육**

여섯 번째는 가르침, 또는 교육 단계로 인지 영역에 해당된다. 이 단계에서 나는 트라우마 회복 지침을 사용한다. 나는 개인 또는 그룹과 이 지침들을 점검해서 그들이 표준화하도록 해 주고 그들이 어떤 경험을 예상해야 하는지 도와준다.

이 가르침의 단계에서 부정적인 결과를 줄이기 위해 다음 제안들을 한다. 예를 들면, 그들이 트라우마성 경험 후에 조심해서 운전하도록 주의를 시킨다. 이 단계는 그들의 마음이 잘 작동하지 않기 때문에 쉽게 사고를 내거나 교통위반 딱지를 받을 수 있다. 운전하면서 마음속으로 트라우마를 되풀이해서 생각할 수 있기 때문이다.

나는 그들에게 뇌 사진들을 보여 주며 뇌에 가해진 트라우마의 충격을 설명해 준다(10장 참조). 강도 사건 직후에 은행 직원을 위해 CISD를 실행했을 때, 내가 배운 질문이다. "어느 문으로 강도가 들어왔나요? 문이 꽝 닫히는 소리가 들리면 당신은 어떻게 반응할 겁니까? 강도 사건이 목요일 오전 11시에 일어났는데 당신은 다음 주 목요일 오전 11시에 어떻게 반응할 것입니까?"

앞으로 닥칠 불안에 대해 경고함으로써 긴장을 줄이는 데 도움을 줄 수 있다. 상담자의 도움으로 차후에 그들이 기폭제가 되는 사건을 주도하여 감당할 수 있게 되면 빠른 회복이 가능하다.

더불어 내담자들을 격려하여 시간 관리를 주도적으로 하게 하고, 다른 사람들과 감정을 나누고, 일지를 기록해 보는 것이 좋다. 인생에서 중요한 결정은 어떤 것도 하지 않는 것이 좋고, 술은 금하고, 잘 먹고, 기도하고, 성경말씀과 묵상집을 보는 것이 좋다.

### 7단계. 재진입

마지막 일곱 번째는 재진입 단계로, 과정을 마무리한다. 질문에 대답하고 점검한 내용을 요약하는 시간이다. 유념할 사항은 자신이 받은 충격으로 인해 사람들은 대부분의 이야기를 기억하지 못할 것이므로 유인물을 사용하는 것이다. 그룹을 대상으로 일할 때 이 단계는 1시간에서 2시간 30분가량 소요된다.[3]

이것은 단순한 개요일 뿐이다. 꼭 훈련 세미나에 참여하고, 자료들을 읽고, 가능한 한 많은 시연(demonstrations : 다른 사람들이 상담하는 것 – 옮긴이주)들을 관찰하고, 그 후에는 당신의 뇌리에 새겨질 때까지 연습하고, 연습하고, 연습하라. 당신이 트라우마를 겪은 사람들에게 사역할 때는 언제든지 그들의 이야기를 그들이 말하도록 하라.[4] 다음에 등장하는 다양한 범주의 질문이 당신을 도와줄 것이다.

1. 내담자들이 자신의 이야기를 말할 수 있도록 도와주는 질문 :
   - 당신이 겪은 것을 내게 얘기해 줄 수 있겠습니까?
   - 제가 알아야 한다고 느끼는 것들을 모두 말해 주시겠습니까?
   - 만약 당신의 감정적 고통을 말로 할 수 있다면, 어떤 것입니까?

2. 트라우마성 사건의 지속되는 충격을 평가하기 위한 질문 :
   - 잠시 동안 지금 당신이 처해 있는 상황을 묘사해 줄 수 있겠습니까?
   - 최근 몇 주 동안 당신에게 일어난 일들을 제게 묘사해 줄 수 있겠습니까?
   - 지금 당신이 일할 수 없도록 막는(강도, 강간 등) 기억은 어떤 것입니까?

3. 내담자가 트라우마성 사건을 재구성하도록 고안한 질문 :
- 당신이 경험한 것이 끔찍한 일이지만, 이 경험을 통해 당신이 생각해 낼 수 긍정적인 것이 있습니까? 아주 작은 것이라도 괜찮습니다.
- 스트레스를 주는 경험은 더할 나위 없이 끔찍했나요? 아니면, 더 나쁠 수도 있었다고 생각합니까?

4. 내담자가 대응력에 주목하는 것을 돕기 위한 질문 :
- 당신이 거의 압도될 뻔했지만, 대신 극복할 수 있었던 때를 기억해 낼 수 있겠습니까?
- 당신이 상황에 대처하는 방법을 바꿀 수 있도록 정보를 사용할 수 있습니까?
- 당신이 작으나마 회복의 징후를 알아챌 수 있도록 도와줄 것은 무엇입니까?
- 괜찮다고 느끼고 더 잘 대처할 수 있도록 당신이 기억해서 자신에게 꼭 얘기해 주어야 할 것은 무엇입니까?

5. 내담자가 치료 목표를 세우는 것을 돕기 위한 질문 :
- 비슷한 문제를 겪은 사람이나 이러한 기억으로 힘들어하는 사람에게 당신은 어떤 조언을 해 주시겠습니까?
- 당신이 생각하기에 치료나 교육을 위해 노력해야 할 목표는 무엇입니까?
- 목표가 성취된 것을 당신은 어떻게 알 수 있겠습니까?

6. 내담자가 다른 관점을 갖도록 돕기 위한 질문 :
- 당신이 아는 사람 가운데 유사한 경험을 한 사람이 있습니까? 누구입니까? 그들은 어떻게 대처했습니까?

## 트라우마 회복 지침

다음 지침은 트라우마를 경험한 사람들을 위한 것이다. 당신이 경험한 사건이 예전에 끝났다고 하더라도 강렬한 정서적, 육체적인 반응을 지금 경험하고 있거나 나중에 경험할 것이다. 사람들이 하나의 충격적 사건을 통과한 후에 정서적인 후충격을 겪는 것은 지극히 정상적이다.

충격적 사건 후 당혹감, 스트레스성 반응은 몇 시간 또는 며칠 후에나 나타난다. 어떤 경우에는 몇 주 후 또는 몇 달이 지나야 스트레스성 반응이 나온다. 반응이 얼마나 길게 지속되는가? 며칠, 몇 주, 몇 달, 그리고 경험의 심각성에 따라 더 길게 지속되기도 한다. 다른 사람들이 이해해 주고, 지지해 주면 스트레스성 반응은 대개 더 빨리 사라진다. 때로 충격적 사건은 너무 고통스러워 혼자 감당할 수 없기 때문에 전문적인 상담가의 지원이 필요하다.

스트레스성 반응의 공통적인 증상과 징후는 다음 4가지 범주로 나타난다.

| 신체적 | 인지적 | 정서적 | 행동적 |
| --- | --- | --- | --- |
| 오한 | 혼란 | 두려움 | 후퇴 |
| 갈증 | 악몽 | 죄책감 | 반사회적 행동 |
| 피로 | 불확실함 | 비통 | 휴식할 수 없음 |
| 구역질 | 과다각성 (hypervigilance) | 패닉 | 심하게 서성거리며 걷기 |
| 기절 | 의심 | 부인 | 엉뚱한 행동 |
| 경련 | 공격적 이미지들 | 불안 | 사회활동의 변화 |
| 구토 | 비난 | 동요 | 말투의 변화 |
| 현기증 | 문제 해결 능력 감소 | 과민함 | 식욕 상실 |
| 몸에 힘이 빠짐 | 추상적 사고가 약해짐 | 우울증 | 식욕 증가 |

| | | | |
|---|---|---|---|
| 가슴 통증 | 주의력 산만 | 강렬해진 분노 | 주변 환경에 대한 과민반응 |
| 두통 | 결정 능력 감소 | 걱정 | 음주 |
| 혈압 상승 | 집중력 결핍 | 정서적 충격 | 평상적인 의사소통의 변화[5] |
| 급격한 심장 박동 | 기억력 약화 | 정서적 폭발 | |
| 근육 떨림 | 시간, 공간 사람에 대한 감각 | 압도되는 느낌 | |
| 쇼크 | 물건 사람 식별의 어려움 | 정서적 통제력 상실 | |
| 이갈기 | 경계심이 고조되거나 저하됨 | 적절치 않은 정서적 반응 | |
| 발한 | 주변 환경에 대한 인식이 강화되거나 감소됨 | 화들짝 놀라는 반응 | |
| 호흡 곤란 | | | |

## 안전이 우선이다

트라우마는 사람들로부터 행복감, 보호력, 안전감을 도둑질하는 도둑이다. 이 점을 이해하면 트라우마를 입은 사람을 지원하는 첫 번째 지침이 무엇인지 알 수 있다. 먼저 그들에게는 안전한 환경이 필요하다.

바베트 로스차일드(Babette Rothschild) 박사는 트라우마를 입은 사람을 돕기 위한 몇 가지 단계를 제안했다. 첫 단계는 당사자들이 상담 사무실 안에서와 밖에서 똑같이 안전함을 느낄 수 있도록 해 줘야 한다는 것이다.

상담자는 트라우마를 입은 내담자와 일할 때, 그들이 왜 그런 증상을 겪는지 이유를 말해 주고 그들이 경험하는 것을 정상적으로 느끼도록 해 주어야 한다. 그래야 그들이 숨을 돌릴 수 있다.

**플래시백을 이해하라**

플래시백을 이전 장에서는 불안하게 하고 위협적인 것으로 묘사했다. 플래시백을 겪는 사람을 돕기 위해 당신이 할 수 있는 긍정적인 단계는 그들의 플래시백은 기억일 뿐이라고 알려 주는 것이다. 플래시백이 다른 기억들과 차별되는 이유는 강렬한 고통을 내포한 공포나 두려움을 동반하기 때문이다. 플래시백이 발생할 때는 어떤 사건이 묵은 기억을 건드렸다는 뜻이다. 그것은 예측 불가능하며 보고, 듣고, 먹는 것 등으로 촉발될 수 있다.

플래시백이 일어나면, 극단적인 감정 동요와 심리적인 각성이 함께 나타난다. 이 경험은 그가 당장 접하는 주변 환경을 자각하지 못할 정도로 무기력함을 느끼게 할 수 있다. 그러나 다시 한 번 말하지만, 이런 일이 일어나는 것은 정상적이다. 상담자는 내담자에게 정보를 제공하여 그의 플래시백은 기억의 형태로 일어나는 것임을 알려 주라. 그런데 트라우마는 기억을 마비시켜 다음 행동을 취하지 못하도록 만든다.

상담자의 숙제는 내담자가 삶을 계속 전진해 나갈 수 있도록 돕고 트라우마성 경험으로부터 치유될 수 있도록 플래시백을 재구성하도록 지원하는 것이다. 그들은 망각하는 것이 유일한 대처법이며, 시간이 흐르면 모든 상처가 나을 것이고, 이 어려움은 곧 지나갈 것이라고 생각한다. 그냥 무시하고 전진하라는 조언을 사람들에게서 많이 받았을 것이고, 어쩌면 그런 조언을 이미 믿고 있을 수도 있다. 그러나 뇌가 매우 중요한 삶의 과도기적 사건을 이해하기 위해 플래시백을 일으키며, 충격에 적응하는 정상적인 방법이라는 것을 파악하면 압박감은 어느 정도 줄어들 것이다.

나는 사람의 마음을 기차역에 비유해서 설명하곤 한다. 어느 날 어떤 사람이 기차역 한 끝에 서 있다. 그는 플랫폼에 도착하는 기차를 통제할 수 없다. 어떤 날에는 특정한 기차들이 특정한 사건이나 장소로 사람들을 태우고 간다. 기차들은 바깥세상에서 벌어지는 일에 따라 기차역으로 온다. 그는 기차를 타기로 결정할 수도 있고, 그냥 기차에 탄 사람들에게 손을 흔들어 작별인사를 할 수도 있다. 그에게 침입하는 생각들을 멈추려고 노력하는 것은, 마치 기찻길로 뛰어내려 달리는 기차를 멈추려는 것과 같은 행위다. 아무 소용없는 짓인 것이다.

그는 기차를 맞이하고 사람들에게 손을 흔들어 작별인사를 하듯 차분하게 생각들을 맞이해야 할 것이다. 심리적인 상처뿐만 아니라 신체적인 상처를 억지로 강요해서 속히 치유되도록 할 수는 없다. 치유는 시간이 걸린다. 어느 경우에나 내담자는 치유의 과정과 싸우기보다는 치유의 과정을 순리대로 따라야 한다.[6]

다음 두 질문이 도움이 된다.

1. "지금 이 순간 당신의 인생에서 어떤 것이 더 큰 안전감을 줄 수 있겠습니까?" : 그들은 답을 할 수도 있고, 아니면 상담자가 그들에게 몇 가지를 제안해야 할 수도 있다.
2. "이런 일이 있기 전에 당신에게 안전감을 주었던 것은 무엇입니까?" : 그것이 어떻게 생겼는지, 어떤 냄새가 났는지, 어떤 소리가 났는지 등을 묻도록 하라. 안전감을 주는 존재를 확인하면, 상상 속에서 그것을 다시 방문하는 것이 유익할 수도 있다. 안전한 장소에 대한 생각에 잠겨 보고 추억하는 것은 유익하기도 하고 쉽이 될 수도 있다.[7]

## 기폭제를 처리하라

기폭제(triggers)는 트라우마를 입은 사람의 삶에서 큰 부분을 차지하며 그것은 반드시 처리되어야 한다. 우리 모두는 어느 정도 기폭제를 갖고 있다. 내담자가 자신의 삶이 어떤지 이해하는 것을 돕기 위해 상담자는 자신의 삶에서 겪은 기폭제들을 확인해 보는 것이 도움이 될 것이다.

내담자를 돕는 것은 가능한 한 많은 기폭제를 알아내고 제거하는 것을 의미한다. 기폭제를 제거하면 트라우마는 힘을 잃고, 그런 다음에 내담자는 '정상적인' 삶으로 돌아갈 수 있다.[8]

뇌는 마치 비디오 카메라와 같다. 단, 보이는 것뿐만 아니라 느끼는 것까지도 녹화한다. 기폭제는 사건과 감정을 기억하게 만든다. 그렇기 때문에 한 사람의 삶을 좌지우지할 수 있는 것이다.

기폭제는 모든 형태와 크기로 방문한다. 기념일이거나 텔레비전에서 본 것이나 대화하며 들은 것일 수 있다. 기폭제는 사람들이 통제력을 상실할까 봐, 정신이 이상해질까 봐 두려워하게 만든다. 안전한 감정을 앗아 가는 것이다. 그렇기 때문에 기폭제로 작용할 만한 것이 무엇이 있는지 확인하는 것이 중요하다. 내담자의 첫 번째 임무는 기폭제가 되는 상황들을 4가지 범주로 나누어 보는 것이다. 그것을 위해 상담자는 내담자에게 다음 질문을 해 보라.

- 당신이 지금 감당할 수 있는 기폭제는 무엇인가?
- 몇 달 더 치유를 경험한 후에 당신이 감당할 수 있다고 여겨지는 기폭제는 무엇인가?
- 몇 년 안에는 대면할 수 있을 것이라고 느껴지는 기폭제는 무엇인가?
- 당신이 남은 인생에서 피하려고 계획하는 기폭제는 무엇인가?[9]

### 둔감화

트라우마를 입은 사람이 기폭제에 둔감해지도록 하는 것은 무엇인가? 심호흡, 근육 이완, 운동 등을 포함한 여러 가지 이완 기법이 있다. 독백 또한 매우 효과적인데 사람은 내면적으로 자신과 늘 대화하기 때문이다. 그런데 이 내면적 자기 대화에서 한 말은 양면성이 있어서 치유를 유도할 수도 있지만 반대로 파괴적으로 될 수도 있다.[10]

다양한 정신건강 전문가들이 사용하는 접근법으로 안구 운동을 통한 둔감화 및 재처리 요법이 있다. 이것은 8단계 처치법으로 안구 운동 또는 그 밖의 좌우 자극을 활용한다. 이 방법은 트라우마 피해자들을 불안하게 만드는 생각과 기억을 재처리하도록 돕는 데 아주 유용했다. 그러나 이 방법은 훈련을 받고 과정 인증을 획득한 사람들만 수행할 수 있다.[11]

### 방어

트라우마를 입은 사람들은 트라우마의 여파에 대처하기 위해 많은 방법을 개발해 왔다. 자신의 인생에서 오랜 시간 동안 사용해 온 방어 기제들이나 현재 강화된 방법이다. 방어는 주로 자기 보호를 위해 사용되었고, 이는 건강한 것이다. 그러나 자신에게 더 도움이 될 수 있는 방어 기제를 발견하는 대신 기존의 방어 기제만을 고수하면 문제로 가득 차게 된다.

고려해 볼 수 있는 질문은 다음과 같다.

- 방어 기제를 지금 그대로 놔두는 것이 최선인가?
- 그것을 대체하는 것이 최선인가?
- 방어에 내재되어 있는 가치를 아는 것이 최선인가?

「몸은 기억한다 : 트라우마의 정신생리학과 트라우마 처치」(*The Body Remembers: The Psychophysiology of Trauma and Trauma Treatment*)의 저자는 방어 기제를 제거하는 것을 제안하지 않지만 균형과 선택을 위해 그에 반대되는 개념을 개발할 것을 제안한다.[12] 대처 기제, 또는 방어 기제의 문제는 계속해서 한 가지만 고집하고 다른 것은 시도하지 않음으로 인해서 더 나은 가능성을 제한하는 것에 있다. 다음 방어들을 고려해 보도록 하라.

- 우리 대부분은 한두 번은 위축되지 않는가? 그렇다. 하지만 그것만이 유일하게 사용된 대처법이라면, 회복 과정과 다른 사람들과의 상호작용을 제한하는 것이다.

- 만약 자신을 방어하기 위해 분노를 사용했다면, 효과가 있을지는 몰라도 어떤 대가를 치르지 않을까?
- 만약 다른 사람을 행복하게 지켜 주기 위해 분노를 절대 표현하지 않는다면 이것 또한 대가를 치르는 것이다.
- 몽상으로 빠지는 것이 안전하게 느껴질 수도 있지만, 그것은 영구적인 해결책이 될 수 없다.

많은 사람들은 그들의 방어 기제를 포기하기 힘들어한다. 만약 포기한다면 그 방어 기제들이 좋지 않다는 것을 인정하는 것이 될 수 있기 때문이다. 그러면 어떤 방법을 사용해야 할까?[13] 내담자는 상담자에게 지금 하는 행동에 대해 긍정적인 확인을 받는 것이 필요하고, 그런 후에 새로운 선택과 방어법을 배워야 한다.

예를 들어, 나는 완벽주의자인 내담자에게 그의 완벽주의를 포기하라고 요구하지 않고 오히려 고수하라고 말했다. 그렇지만 그 특성에 덧붙여 또 다른 반응법을 배우게 하고 그것을 이전 것과 비교, 검토할 수 있게 했다.

## 회복 과정에서 주의할 점

만약 당신이 트라우마를 입은 사람들을 상담한다면, 신중하게 대하는 것이 최선이다.

### 속도를 가늠하라

안전을 유지하며 천천히 하라. 내담자들을 몰아붙이지 마라. 그들은 트라우마뿐 아니라 그들의 증상을 여유 있게 대면해야 한다. 로스차일드 박사는 트라우마를 입은 사람을 압력밥솥에 비유한다. 나의 어머니도 압력밥솥으로 요리하셨다. 어느 날 외출한 어머니가 형에게 전화를 걸어 김을 좀 빼거나 불을 끄라고 하셨다. 형은 너무 늦었다며, 폭발해서 벽과 천장에 이미 다 범벅이 되었다고 말했다. 상담자는 내담자의 뚜껑을 천천히 열어야 하고 한 번에 김이 조금씩 빠지도록 해 주어야 한다. 그렇지 않으면 내담자는 상담자의 눈앞에서 폭발할 수도 있다. 만약 트라우마를 입은 사람을 너무 급히 얘기하게 만들면 대상기능장애(decompensation), 정신 쇠약, 심각한 질병, 자살 같은 무수한 방법으로 폭발할 수 있다.[14]

「나는 극복할 수 없어요」(I Can't Get Over It)의 저자인 아프로다이트 마트사키스(Aphrodite Matsakis)는 외상후스트레스장애로 고통 받는 사람들을 위해 연구해 왔다. 그녀는 치유 과정에 매우 긍정적인 접근법을 쓴다. 먼저 치유를 위해서는 내담자들을 병들었거나 결함이 있는 사람처럼 여겨서는 안 된다고 말한다. 그들의 성격이 비정상적이어서가 아니라 경험하는 사건이 그렇기 때문이다. 사건 자체가 너무나도 평범하지 않았기 때문에 그들뿐 아니라 누구라도 압도당했을 것이다.[15]

### 어떤 단계인지 가늠하라

마트사키스 박사에 따르면, 트라우마 회복에는 3가지 단계가 있다. 인지적 단계, 정서적 단계, 숙달의 단계다.

**인지적 단계.** 인지적 또는 사고의 단계는 내담자가 트라우마를 직면하는 시기로, 트라우마를 기억하고 머릿속에서 재구성도 한다. 이것은 과거에 머무르는 것이 아니라 조각나고 앞뒤가 맞지 않는 기억들을 조합해서 지금 현재를 이해하려고 하는 것이다. 이 단계는 다른 사람들과 얘기하는 것, 당시 장면을 재구성하는 것, 사건에 대해 기록된 기사들을 읽는 것을 포함한다. 이것이 완성되면, 내담자는 비판적인 관점보다는 객관적인 새 관점으로 상황을 바라볼 수 있다.[16]

인지적인 단계에서는 내담자가 정서적으로 몰입된 참가자가 아닌 객관적인 참관자로서 벌어진 상황을 바라볼 필요가 있다. 만약 그가 이 단계를 통과

할 수 있다면, 그는 트라우마성 경험 동안 선택한 것들에 대한 새로운 평가를 받을 것이다. 내담자는 그 사건이 인생 전반에 어떤 영향을 미쳤는지 더 잘 이해할 것이고 대부분의 사람들이 겪는 자기 비난을 줄일 수 있다. 마지막으로 그는 자신이 누구인지, 무엇 때문에 화가 나 있었는지 더 분명히 이해하게 된다.[17]

**정서적 단계.** 이 단계는 내담자가 정신적으로 치유하고 회복하는 방법을 다룬다. 곧, 트라우마에 의해 야기된 억압된 감정을 다루는 것이다. 내담자는 적나라한 수준에서 자기 감정을 꼭 경험해야만 한다. 그것이 어려울 수도 있는데, 왜냐하면 사람들은 상처를 받고 통제력을 상실하는 것에 대한 두려움뿐만 아니라, 감정을 느끼는 것 자체를 두려워하기 때문이다. 내담자는 감정에 근거해서 행동할 필요가 없다는 것과 감정이 그들의 삶을 주도하지 않을 것임을 기억해야 한다. 그 감정에는 분노, 불안, 비통, 두려움, 슬픔이 있으며 목록은 끝이 없다.[18]

**숙달의 단계.** 마지막은 숙달의 단계다. 이때 내담자는 경험을 통해 새로운 의미를 발견하고 자신을 계속 피해자로 보기보다는 생존자로서의 관점을 발전시키게 된다. 예수 그리스도에 대한 믿음과 성경적인 세계관이 있는 사람들은 생존자가 될 잠재력을 갖고 있다.

숙달되기 위해서는 다른 사람들이 자신을 위해 결정을 내려 주기보다는 본인이 직접 결정을 내려야 한다. 그때는 성장, 변화와 삶에 새로운 방향이 생기는 시간이다. 트라우마로 인해 내담자가 배우는 것은 다른 경로를 통해서는 배울 수 없을 것이다. 그것에 대해 성경에 어떻게 쓰여 있는지 살펴보자.

"하나님, 곧 주 예수 그리스도의 아버지, 자비의 아버지, 모든 위로의 하나님께서는 찬양받으실 분입니다. 그분은 우리의 모든 환난 가운데서 우리를 위로하는 분이시기 때문입니다. 우리가 하나님께 받는 위로로 인해 우리도 환난 가운데 있는 사람들을 위로할 수 있게 하시는 분이십니다. 그리스도의 고난이 우리에게 넘치는 것같이 우리의 위로도 그리스도를 통해서 넘칩니다. 우리가 고난당하는 것도 여러분을 위로하고 구원하기 위한 것이요, 우리가 위로받는 것도 여러분을 위로하기 위한 것입니다. 이 위로가 여러분 가운데 역사함으로 여러분이 우리가 당하고 있는 것과 동일한 고난을 당할 때도 잘 견뎌 내게 된 것입니다"(고후 1:3-6, 우리말성경).

### 인내하라

사람들은 이렇게 묻곤 한다. "제 자신이 성장하고 나아지는 것을 어떻게 알 수 있습니까?"

먼저 그들은 진보에 대해 새롭게 바라보는 방법을 찾아야 한다. 그 과정은 더디고, 때로는 퇴행할 때도 있을 것이다. 그들은 정체된 느낌이 드는 순간보다는 개선된 것들에 집중해야 한다. 한 남성은 내게 말하기를 그는 매월 자신의 발전을 1에서 10까지의 수치로 측정했는데, 그렇게 했더니 자신이 향상된 것을 이해하는 데 도움이 되었다고 했다.

착오와 재발 가능성에 대해서도 의논해야 한다. 만약 어떤 것을 시도했는데 효과를 보지 못했다 해서 안달하지 마라. 그것도 어느 면으로는 도움이 될 것이다. 아이에게 두발 자전거를 타도록 가르친다고 상상해 보라. 처음에 부모는 자전거 뒤를 붙잡고 함께 달린다. 아이에게 어느 정도 자신감이 생기면 아이는 이렇게 말한다. "괜찮아요. 나 혼자 가게 해 줘요. 나 할 수 있어요."

그러면 부모는 아이 혼자 가게 해 준다. 때로 아이는 홀로 자전거를 잘 타고, 또 어떨 때는 넘어진다. 그러나 아이가 가장 많이 배울 때는 언제인가? 넘어질 때다. 왜 그런가? 아이가 너무 빨리 달려서인가? 지면이 젖어서 자전거가 미끄러져서인가? 만약 나쁜 일이 생기지 않았다면 아이는 자전거를 잘 타는 것을 배울 수 없을 것이다.

## 회복의 목표

트라우마를 입은 내담자들과 상담할 때, 상담자의 목표는 그들이 다시 정상궤도에 오르도록 돕는 것이 아니다. 그런 일은 일어나지 않는다. 대신 새로운 '정상'을 만들어야 하며, 상담자의 목표는 내담자가 회복의 궤도로 옮겨 갈 수 있도록 돕는 것이다.

회복은 다음 사항을 포함하는데 그렇다고 이것에 제한되는 것은 아니다.

- 증상의 빈도가 감소한다.
- 증상에 대한 두려움이 감소한다.
- 정신이상에 대한 두려움이 감소한다.
- 분노와 비통이 재전환된다.

여러 가지 변화가 일어난다. 트라우마를 입은 내담자는 피해자에서 생존자로 바뀐다. 많은 내담자는 이런 일이 가능하리라고 결코 믿지 못한다. 강직함에서 유연성과 자발성으로의 변화가 있다. 감사가 늘어나고, 유머감각도 다시 돌아온다. 또한 고통을 겪어 본 사람들은 고통을 겪는 다른 사람들을 깊이 공감할 수 있다. 그들의 삶은 바울이 고린도후서 1:3-5에서 언급한 것을 반영할 수 있게 된다.

주디스 허먼(Judith Herman)은 「트라우마: 가정폭력에서 정치적 테러까지」(Trauma and Recovery, 플래닛 역간)에서 회복에 대해 말한다. 그녀는 회복은 세 단계로 진행할 것을 제안한다. 첫 단계는 안전한 환경 설립이다. 안전한 환경을 먼저 확보해야 하는 이유는 트라우마는 한 개인으로부터 세력과 통제력을 앗아가기 때문이다.

두 번째 단계는 기억하고 애통해하는 것으로, 트라우마를 입은 사람은 상담가가 듣는 안전한 환경에서 트라우마성 사건에서 일어난 일을 대면하고 생생하게 털어놓는다. 그것은 트라우마를 제거하려는 것이 아니라 단지 통합하려는 것이다. 전체 이야기를 모두 하는 것은 트라우마를 간증으로 바꾼다.

세 번째 단계는 삶이나 사람들과 다시 연결시키는 것이다. 그때 내담자는 자신의 사명을 찾는데, 사람들의 비극에서 정치적이거나 종교적인 면을 인식하는 것이다. 내담자는 자신의 경험을 사회적인 행동의 근거로 삼아 그 의미를 어떻게 변화시킬지 찾아보기도 한다. 허먼 박사는 말한다.

> 트라우마 경험이 생존자가 시작하는 사역(mission)의 원천이 될 때에만 비로소 그 트라우마를 해결할 수 있다.[19]

## 내담자의 진전 상태 체크하기

회복은 언제나 완전한가? 꼭 그렇지는 않다. 문제점은 이따금씩 다시 떠오를 수 있다.[20]

### 두려움이 감소한다

내담자들이 회복해 가는 것을 어떻게 알 수 있을까? 먼저 증상의 빈도가 줄어든다. 더불어 증상들과 함께 나타나 그들이 분투해야 했던 두려움의 강도도 감소할 것이다. 그들을 그토록 낙심하게 하던, 정신이 이상해지거나 실성할 것 같은 두려움도 감소할 것이다.

### 분노가 가라앉는다

분노와 비통 또한 줄어든다. 잔류하는 것은 긍정적인 방향으로 재전환할 수 있다. 음주 운전자 때문에 딸을 잃은 캔디 라이트너는 '음주 운전에 반대하는 엄마들'(Mothers Against Drunk Driving, MADD)이라는 단체를 설립했다. 내 친구 가운데 한 명은 베트남 전에서 트라우마를 입었는데 매주 지역 재향 군인병원에서 남자 환자들을 돕는다. 그와 알래스카산 허스키는 환자들을 교회 예배나 또 다른 활동들을 위해서 병원에서 데리고 나간다. 그는 허스키가 말을 하도록 가르치기까지 했다. 정말, '사람이 하는 말' 말이다! 그는 허스키를 데리고 텔레비전 토크쇼에 많이 출연해 힘든 사람들에게 웃음을 선사한다. 또 다른 중차대한 목표로는 국회의원들과 주 상원의원들에게 강력하고 일관된 편지를 써서 변화를 꾀해 보는 것이다.

내담자들은 과거를 바꿀 수 없으며 미래 또한 막을 수 없다는 사실을 대면할 때만 분노와 복수하고 싶은 마음을 제거할 수 있다. 이런 상태를 여러 번 반복해서 겪을 것이다. 그들은 분노와 분개를 매일 조금씩 포기하는 것을 배운다(7장 참조). 긍정적인 단계를 밟아 가면서 내담자는 자신을 피해자에서 생존자로 전환해 갈 것이다. 일단 생존자라는 믿음이 생기면 이 과정은 점점 빨리 진행될 것이다.

### 강직함이 줄어든다

내담자가 회복으로의 여정을 계속함에 따라 그들의 대처를 도왔던 강직함이 줄어들 것이다. 그들은 점차적으로 유연성과 자발성의 가치를 편안하게 받아들일 것이다.

### 감사가 많아진다

회복의 즐거움 가운데 하나는 삶에 대한 새로운 감사다. 내담자들은 이전에 보지 못했던 것들을 보기 시작하고, 듣지 못하던 것을 듣기 시작하고, 이전에 맛이 없었던 것을 맛보기 시작한다.

어떤 내담자는 유머 감각과 그것의 치유적 특성을 새롭게 발견한다. 그들은 주변에 상처 받는 사람들을 향한 새롭고 깊은 공감을 발견한다. 진정한 의미에서 그들은 상처 받은 치유자가 될 것이고 타인을 향해 더 강력한 동정심을 갖게 될 것이다. "우는 자들과 함께 울라"라는 로마서 12장 15절 말씀이 새로운 의미로 다가올 것이다.[21]

**상태가 눈에 띄게 좋아진다**

회복 과정에서 일반적인 갈등은 내담자의 회복을 목격하고 가늠할 수 있는 능력의 문제다. 수년간 나는 매일 또는 매주 일지를 쓰며 경험하거나 느끼는 것들을 적나라하게 적어 두는 내담자들을 봐 왔다. 어떤 내담자는 회복의 시간표를 기록하기도 한다. 기록들은 시간이 지나면 내담자가 자신의 회복을 더 실감나게 인식하도록 해 준다.

시간표는 단순하게 회복의 봉우리들(절정)과 계곡들(어려운 시기)을 기록하는 것이다. 내담자들은 월별 달력을 사용하고 날짜를 하단에 기입하고 왼편에는 1에서 10까지의 수치를 적는다. 이렇게 몇 달 또는 몇 년을 계속할 수 있지만, 시간이 지나면 그들이 성장하고 있음을 발견할 것이다.

사람들이 트라우마를 경험할 때는 오로지 거기에만 사로잡힌다. 그들은 생각한다. '내가 만약 그 사건을 피해 트라우마 이전 삶으로 돌아갈 수 있다면 무슨 일이 일어날까?'

이것을 나는 인생을 예전 모습으로 바라보는 것이라고 부른다. 이전 인생은 어떤 모습이었나? 이전에 매일 무엇을 했나? 트라우마 이전 시간을 생각해 낼 수 있도록 다음 질문에 대답하게 해 보라.

- 당시 당신이 갖고 있던 가장 큰 갈등은 무엇입니까?
- 당신에게 성취감을 주었던 것은 무엇입니까?
- 당신이 가장 즐긴 것은 무엇입니까?
- 당시 당신은 어떻게 생겼습니까?(이 질문은 사진과 비디오를 보여 주면서 매우 구체적으로 하는 것이 도움이 된다.)
- 당신의 친구들은 누구였나요?
- 당신 자신에 대해 좋았던 것과 싫었던 것은 무엇입니까?
- 누구와 사이 좋게 지냈습니까?
- 당신과 사이가 좋지 않았던 사람은 누구입니까?

- 당시 하나님에 대해 무엇을 믿었습니까?
- 예를 들면 기도처럼, 그리스도인으로서 어떤 것을 실천했습니까?
- 당시 삶에 대한 당신의 신념은 어떤 것이 있습니까?
- 당신은 어떤 것에 대해 현실적이었습니까? 어떤 것에 대해 순진했습니까?
- 당시 인생에서 원하는 것은 무엇이었습니까?
- 지금 자신을 위한 꿈은 무엇입니까?
- 왜 당신은 달라지기 원하십니까?

내담자들이 적는 내용을 보면 지금 무엇이 구체적으로 달라졌는지 알 수 있을 것이다. 인생을 내담자가 원하는 방식으로 만들기 위해 생각해 낼 수 있는 대안에는 어떤 것들이 있나? 내담자에게 지금 원하는 일들을 모두 목록으로 열거하게 하고, 그런 다음에는 그들이 이 방법을 따랐을 때 발생할 가능성을 체크해 보라. 질문해 보라. "당신이 성장하고 변화하지 못하도록 방해하는 것은 무엇입니까?"

많은 내담자들이 계획이 부족해서 성장하고 변화하지 못한다. 꿈은 계획이 없으면 사라질 수 있다. 내담자들이 이 부분을 연습하도록 도우라.

NIV 예배성경을 보면, '내 사랑하는 자'로 이름이 붙여진 부분이 있는데 마치 하나님이 독자에게 편지를 보낸 것처럼 성경말씀을 의역한 내용이 한 페이지씩 있다. 하루에도 몇 번씩 이런 말씀을 듣고 묵상하는 것은 격려가 된다. 적당한 때에 여기 발췌한 내용을 트라우마를 입은 사람에게 보여 줄 수 있다. 내담자가 이것을 자주 소리 내어 읽으면, 성경말씀의 진리와 위로가 그에게 치유 과정을 시작할 것이다.

갑작스런 재앙을 두려워하지 마. 그것이 찾아오면 나는 네가 신뢰할 수 있는 너의 피난처이며 너의 산성, 너의 하나님임을 선포해. 그러면 나는 죽음이 너를 데려가려고 기다리는 곳, 그런 힘든 장소에서 구해 줄게. 내가 널 내

깃털로 덮어 주고 내 날개 아래에서 너는 숨을 수 있어. 나는 너를 어려움에서 보호해 주고 구원의 노래로 감싸 줄게.

나는 나의 신실함을 너에게 그리고 네 주변에 있는 사람들에게 보여 주려고 한단다. 너를 향한 내 사랑을 아는 지식이 너를 육체적으로 정서적으로 보호해 줄 거야. 그리고 피난처를 발견하면 그곳에 머물도록 해. 네가 옳은 일을 하고 진심으로 진리를 말하면 너는 항상 안전할 거야.

너는 더 이상 밤이 가져오는 공포를, 거리를 배회하는 폭력을 무서워하지 마. 어둠 가운데 활보하는 악을, 최종적인 죽음까지도 겁내지 마.

내가 나의 천사들에게 명령하여 너의 모든 길에서 지켜 주도록 할 거야. 그러면 너는 안전하게 네 길을 가게 될 거야. 그리고 너의 발은 넘어지지 않을 거야. 네가 누울 때 너는 무섭지 않을 거야. 네가 누울 때 너는 단잠을 자게 될 거야. 나만이 내가 안전히 지내도록 할 수 있단다. 왜냐하면 나는 너의 하나님이기 때문이야"(시 4:8; 15:2; 32:7; 91:1-6, 11, 잠 3:23-36, NIV 예배성경).[22]

상담자의 임무는 내담자들의 여정을 돕는 것이고 그들의 믿음을 격려해 주는 것이다. 트라우마를 극복하는 것은 과정이며 여정이다. 그 누구도 이 여행은 혼자 하지 않는다. 주님이 우리 모두와 함께하신다.

"주 여호와의 영이 내게 내리셨으니 이는 여호와께서 내게 기름을 부으사 가난한 자에게 아름다운 소식을 전하게 하려 하심이라 나를 보내사 마음이 상한 자를 고치며 포로된 자에게 자유를, 갇힌 자에게 놓임을 선포하며"(사 61:1).

"예수께서 또 말씀하여 이르시되 나는 세상의 빛이니 나를 따르는 자는 어둠에 다니지 아니하고 생명의 빛을 얻으리라"(요 8:12).

"주께서 나의 등불을 켜심이여 여호와 내 하나님이 내 흑암을 밝히시리이다"(시 18:28).

Crisis & Trauma
Counseling

# 12
# 죽음의 위기
The Crisis of Death

주일 아침, 담임목사는 앉아 있는 회중 속에서 지난 몇 달 동안 교회에 출석하는 한 남성을 눈여겨보았다. 그는 말을 걸면 친절히 대답했지만 그렇지 않을 때는 늘 조용히 지냈다. 하지만 어느 날 아침, 그에게서 평소와는 다른 매우 우울한 분위기가 느껴졌다. 예배가 끝난 후, 그에게 말을 건네며 요즘 어떻게 지내느냐고 물었다가 그의 반응에 담임목사는 당황했다.

"전 지금 화가 나 있고 좀 혼란스럽습니다. 목사님께서 늘 설교하시는 하나님이 어디에 계신지 모르겠습니다. 저는 지금 그분이 필요한데, 그분은 저를 도와주지도 않고 제 기도에 응답조차 하지 않습니다. 저는 계속 기도하며 늘 성경을 읽어 왔지만, 변한 것은 아무것도 없습니다. 3개월 전 제 주치의는 제가 암에 걸렸다고 선고했습니다. 그것도 말기라고요. 앞으로 6개월 밖에는 살 수 없다고 했습니다. 저는 죽고 싶지 않습니다! 도대체 하나님은 어디에 계십니까?"

바로 그 순간에 그 교인을 위한 담임목사의 상담 사역이 시작된다. 만약 상담자가 그런 상황을 만난다면 어떻게 할 것인가? 그러한 분노나 우울증을 다스릴 수 있겠는가? 그 사람이 죽어 감에 따라 어쩔 수 없이 맞닥뜨리는 죽음에 대한 감정을 다스릴 수 있겠는가? 과연 그 남자는 어떤 단계들을 지나게 되는가?

다음 날인 월요일 아침, 담임목사는 한 장로의 전화를 받는다. 장로는 울면서 자신의 아내와 열네 살 난 딸이 오늘 아침 교통사고로 죽었다고 말한다. 그는 담임목사가 함께 있어 주기를 원한다. 그는 다른 두 아이와 함께 집에 있다고 한다. 그 집으로 향하면서 담임목사는 '과연 그가 이 슬픔과 상실을 어떻게 극복하며 앞으로 남은 자녀들을 어떻게 돌볼 것인가?' 하는 생각에 잠긴다. 또 자녀들은 엄마의 죽음을 어떻게 감당할 것인가? 앞으로 2년 동안 담임목사는 그들에게 무엇을 기대해야 할 것인가? 교회 성도들은 그들을 어떻게 도울 수 있는가?

죽음의 위기를 상담할 때는 이와 같은 질문이 나오는데, 할 수 있는 대로 구체적인 대답을 해 주어야 한다.

## 죽음에 대한 두려움

죽음이란 육체의 살아 있는 기능이 영구적으로 돌이킬 수 없는 정지 상태에 이르는 것이다. 하지만 육체의 모든 기능이 한꺼번에 멈추지는 않는다. 과거에는 심장 박동이 멈추면 죽었다고 생각했으나, 요즘은 뇌의 기능으로 옮겨 갔다.

성경은 죽음에 대해 여러 말씀을 전한다.

"그의 경건한 자들의 죽음은 여호와께서 보시기에 귀중한 것이로다"(시 116:15).

"한번 죽는 것은 사람에게 정해진 것이요 그 후에는 심판이 있으리니"(히 9:27).

"모든 눈물을 그 눈에서 닦아 주시니 다시는 사망이 없고 애통하는 것이나 곡하는 것이나 아픈 것이 다시 있지 아니하리니 처음 것들이 다 지나갔음이러라"(계 21:4).

사람들은 과거에 비해 훨씬 오래 산다. 현대인들은 양질의 삶을 위해 또 장수를 위해 온갖 노력을 기울인다. 1900년대에는 유아 1,000명당 100명이 사망했고, 1940년대에는 1,000명당 47명이 사망했다. 1967년 통계에 의하면, 유아 1,000명당 22.4명이 사망했고, 산모 사망률도 현격히 감소했다.

인간은 왜 죽음을 그토록 두려워할까? 현대인들은 죽음을 부인하고, 심지어 이야기하는 것조차 꺼린다. 우리는 빅토리아 시대 사람들이 성(sex)을 금기시한 것을 비난하지만, 당시에는 죽음에 대해 잘 인지하고 있었고 공공연하게 이야기할 수 있었다. 하지만 현대 사회는 성에 대해서는 개방적이면서 죽음에 대해서는 금기시한다. 로버트 버터(Robert Burther)는 말하기를, '죽음에 대한 두려움이 죽음보다 더 안 좋다'라고 했다.

인간은 누구나 육체적 고통이나 고난을 두려워한다. 또한 인간은 우리가 이해할 수 없는 미지의 것을 두려워한다. 사랑하던 사람이나 친구들로부터 떠나가는 것을 두려워하는 것이다. 평균적으로 20년에 한 번 꼴로 친척이나 친구의 죽음을 경험한다고 한다. 오늘날 우리 사회 80퍼센트의 사람들이 집이나 친숙한 환경이 아닌 먼 곳에서 죽음을 맞는다. 이러한 현실 또한 두려운 반응을 자아내는 원인이라고 볼 수 있다. 왜냐하면 죽음을 맞이할 때 누구도 혼자 있기를 원치 않기 때문이다.

사람들이 죽음을 두려워하는 것은 죽음을 이해하길 거부하기 때문이다. 죽음을 이해하기 위해서는 죽음에 대한 두려움을 다루어야 한다.[1]

우리는 어쩔 수 없이 죽음을 다루어야 하고 원치 않아도 죽어야 한다. 죽음의 형태도 우리를 놀라게 한다. 어느 순간에 누군가의 죽음을 알려야 하는 입장이 될 수도 있다. 그렇기 때문에 가족의 삶이 어떤 시기(Life cycle : 생의 주기)에 있는지 알아야 한다. 물론 여러 가족의 삶의 주기에 대해 알고 있겠지만, 때론 전혀 예상치 않았던 사람이 죽는 경우도 있다. 계속하기 전에 다음과 같은 설문을 짚고 넘어가면 도움이 될 것이다.

### 자신의 상실 역사 살피기

윌리엄 워든(W. Worden)은 상담자가 애도하는 사람들을 돕기 위해 사용할 수 있는 폭넓은 질문을 개발했다. 상담자는 아래 질문에 답을 하면서 친구나 동료와 이야기를 할 수 있다면, 훗날 사역을 더욱 효과적으로 할 수 있을 것이다.

1. 내가 기억하는 첫 번째 죽음은 _____의 죽음이다.
2. 그때 내 나이는 _____살이었다.
3. 내 기억으로 그때 나의 감정은 _____이다.
4. 내가 처음 장례식의 전체 과정에 참여한 것은 _____의 경우였다.
5. 그때 내 나이는 _____살이었다.
6. 그때의 경험 가운데 아직도 기억에 남는 것은 _____이다.
7. 최근에 경험한 죽음은(사람이나 시간, 상황 등)?
8. 난 그런 경험을 _____함으로써 견뎌 낸다.
9. 내게 가장 힘들었던 죽음은 _____의 죽음이었다.
10. 그의 죽음이 내게 힘들었던 이유는 _____때문이다.
11. 현재 살아 있는 소중한 사람들 가운데 누군가가 죽는다면 내게 가장 힘들게 느껴질 사람은?
12. 그의 죽음이 내게 가장 힘든 이유는 _____때문이다.
13. 누군가가 죽으면, 나의 첫 반응은 _____일 것이다.
14. 나 자신의 슬픔이 해결된 것을 아는 때는 _____이다.

15. 내가 나의 애도 경험을 다른 사람과 나눌 수 있는 적절한 시기는 언제일까?[2]

## 죽음의 유형에 따른 반응

일반적으로 사람들은 사랑하는 사람의 죽음에 어떻게 반응하는가? 여러 가지 요소가 영향을 미치겠지만, 그 죽음이 예상했던 것인지 아니면 급작스런 것인지에 따라 달라진다.

사고나 재난으로 사랑하는 사람을 잃으면, 상담자와 함께 다루어야 할 여러 가지 문제가 남는다. 그중 한 가지는 그 사고나 죽음을 방지할 수 있었지 않느냐 하는 문제다. 사랑하는 사람을 잃은 내담자들은 만약 그 사고가 인재가 아니고 자연재해였더라면 좀 더 잘 감당할 것이라고 여긴다.

자연재해인 경우에는 비난할 대상도 없다. 하지만 사고를 미연에 방지할 수 있었던 경우에는 생존자에게 탓을 돌리게 되고 불공평함을 이야기하며, 누가 책임을 져야 할지를 두고 갑론을박을 벌인다. 만약 그들이 사고 현장에 있지 않았을 경우에는 그들은 최악의 상태를 상상한다. 생존자가 갖는 죄책감과 함께 법적인 문제와 보험 문제는 다루기가 매우 힘들다.

타살은 예방 가능했던 죽음이다. 그렇기에 사고나 재난으로 인한 죽음에서 힘들었던 문제가 동일하게 나타난다. 뿐만 아니라 아주 강렬한 분노가 있을 수 있고, 법률이나 법정 제도로 인해 추가적인 희생이 따를 수도 있다.

자살은 가장 다루기 힘든 죽음이다. 그것은 갑작스럽기도 하거니와 세상을 떠난 이가 자기 스스로 선택한 것이다. 그러므로 자살로 누군가를 떠나보낸 내담자는 분노와 함께 강한 죄책감이 든다. 왜 자살했는지 이유도 모르고, 자살 낌새를 놓친 것에 대해 반복적으로 생각하면서, 심지어 '자살이 집안 내력이라면 회복이 가능할까?'라고 의문을 갖기도 한다.

자연사인 경우, 생존자들이 죽음에 대한 책임을 다루는 것으로부터는 짐을 던다. 어떤 원인들이 직접, 혹은 간접적인 영향을 미쳤을지라도 훨씬 수용하기가 쉽다. 때로 사랑하는 사람이 그렇게 많은 고생을 하지 않은 데 대해 안도하기도 한다.

## 가족의 죽음

가족 가운데 한 사람을 잃으면 남은 가족은 죽음에 대해 서로 다르게 반응할 수 있다. 한 가정에서 장남이 죽었을 경우다.

- 부모 입장에서는 첫아이를 잃은 것이 된다.
- 아버지 입장에서는 자신의 좌절된 꿈을 이어 갈 아들을 잃은 셈이다.
- 남동생 입장에서는 가족들의 높은 기대치에 대한 완충 장치를 잃은 셈이다.
- 여동생 입장에서는 자기가 싫어했던 압제자 오빠가 사라진 셈이다.

이러한 감정은 각자에게는 사실이고 어떤 감정은 서로 상충되기도 한다. 비록 같은 감정을 느낀다 해도 감정이 움직이는 시간대가 다를 수 있다. 어떤 이는 남들이 슬퍼하는 시간에 분노를 느끼기도 하고, 어떤 이는 충격적인 상태에 빠져 있고, 어떤 이는 상실로 인한 염려 때문에 갈등하기도 한다.[3]

가족 한 사람 한 사람마다 제 나름대로 자신이 잃어버린 상실과 싸울 것이기 때문에 각자가 필요한 것을 채우기는 어렵다. 어떤 이는 자기 자신 외에는 모든 사람을 비난하는데, 그것은 일종의 자기 중심성이다. 다음은 자신의 상실을 극복하기 위해 흔히 하는 말들이다.

- "우리는 다시 그것에 대해 이야기하지 않을 거야." : 이것은 위협과 협박에 반응한 한 가족의 표현이다.
- "글쎄, 네가 그것에 대해 이야기하는 건 얼마든지 괜찮아. 하지만 내게는 아무 말 하지 마." : 이 가족은 슬퍼하긴 하지만, 각자가 따로 슬픔을 감당한다.

- "우리는 믿음으로 이겨 낼 거야." : 이것은 사실일 수 있지만, 현실을 부인하는 측면이 있다.
- "우린 모두 잘 있어요. 잘 있다고요." "관심을 기울여 주셔서 감사해요." "사랑하는 이여! 그것은 우리가 안고 가야 할 일이 하나 더 추가된 것뿐이야." : 어떤 가정은 계속되는 위기와 갈등 속에 살아가는 듯이 보인다. 어떤 가족은 말은 거의 하지 않지만, 그들의 몸은 슬퍼하며 신체적인 증상이 나타나기 시작한다.
- "내 생각으로는 우리는 모두 얼마 동안 도움이 필요해." : 만약 각자가 모두 이렇게 느낀다면 도움이 되겠지만, 대개 가족 각자는 다양한 반응을 한다.[4]

만약 우리가 죽음과 연관하여 사역을 한다면, 다음 질문에 대한 대답을 준비해야 한다.

- 고인이 가정 안에서 어떤 역할을 했나?(예: 희생양, 화해자, 어릿광대 등)
- 가족 가운데 누가 고인의 역할을 감당했나?
- 가족 안에서 누가 누구와 연관이 깊은가?
- 고인의 기일은 어떻게 보내는가?
- 가족 가운데 죽음에 대해 이야기할 수 있는 사람은 누구이며 그러지 못하는 사람은?
- 좋았던 추억과 함께 힘들었던 추억도 기억에 남는가?
- 사망 소식을 듣고 가족들이 어떻게 반응했는가?
- 그 죽음에 대해 누가 누구에게 이야기했는가?
- 사망 시에 가족 가운데 누가 함께 있었던가?
- 장례식장에서 가족들은 고인의 시신을 보았는가? 못 본 사람은?
- 고인이 죽기 전에 가족들과의 사이에 해결 보지 못한 문제가 있었는가?

12 죽음의 위기

- 장례식은 누가 준비했으며 누가 참례했는가?
- 가족 가운데 소원해진 사람이 있는가?
- 고인이 남긴 유언이 있는가?
- 누군가가 고인의 무덤을 방문했는가?
- 고인의 옷가지나 보석 등은 어떻게 되었는가?
- 고인의 죽음에 무슨 비밀이 있는가?
- 고인은 어떻게 죽었는가?(질병, 자살, 타살, 자동차 사고 등)
- 가족들은 사후에 관해 어떻게 믿는가?
- 고인의 죽음으로 인생이 어떻게 달라졌는가?[5]

## 유가족을 위한 사역

이 사역은 몇 달 혹은 경우에 따라서는 몇 해에 걸쳐 지속되어야 한다.

### 기도 및 후속 사역

사별한 이들을 위해 두세 주 동안, 계속 기도하는 것이 중요하다. 그리고 두세 달 동안, 유족들에게 지속적인 관심과 지원을 보여 주어야 한다. 카드를 보내 주거나 전화를 하거나 함께 식사를 한다.

불행하게도 유족들이 가장 필요한 시기에 사람들은 그러한 관심과 섬김을 그만두고 만다. 교회는 열두 가정이 팀을 이루어 장례식이 있을 때마다 한 가정씩 돌아가며 약 2달 동안 유족들의 회복 과정을 돌보는 프로그램을 개발하면 좋을 것이다. 이렇게 하면 유족들은 약 2년 동안 관심과 지원을 받을 수 있다. 내가 알기로 많은 목회자와 평신도가 다음과 같이 한다. 친구나 지인들의 장례식이 끝나면, 유족들의 이름을 약 2년 동안 달력이나 수첩에 적어 두고 3개월마다 그들을 심방하거나 보살피는 것이다.

**상담 사역**

가족 가운데 누군가를 잃은 유족을 상담한다는 것은 꽤 복잡한 경우다. 어떻게 상담해야 할지 아는 것으로 되지 않고, 상담자는 자신이 하는 말이나 행동이 가까운 장래 혹은 먼 장래에 미칠 영향까지 이해하고 있어야만 한다. 이러한 상담을 위해 배우자와의 사별을 기본으로 다양한 지침을 살펴보자.

배우자와의 사별은 가족 주기 가운데 어떤 시기에도 일어날 수 있다. 부부가 동시에 사망하지 않는 한 배우자와의 사별을 피할 수 없고, 그러한 죽음은 모든 결혼생활에서 한 사람을 홀로 남게 만든다.

배우자가 죽으면, 남겨진 남편이나 아내의 신분도 변한다. 자신에 대한 감각이나 안정감이 손상을 입는다. 또한 자신을 가장 잘 알던 사람이 가 버렸기 때문에 안전지대도 방해를 받는다. 남은 한 사람은 이제 한 쌍 가운데 반쪽으로 세상을 살아가야 하는 것이다.

과연 자신의 배우자를 잃어버린 사람은 어떠할까? 그들을 돕고자 한다면 그들의 입장이 되어 봐야 한다. 과연 그들의 감정은 어떠할 것인가? 다음 내용을 참고하자.

- "가장 친한 친구를 잃어버린 것 같아요." : 그들은 사실 활동을 함께했고 비슷한 생각을 공유하고, 날마다 신체적인 접촉과 도움을 주고받았던 동반자를 잃은 것이다.
- "난 화가 났어요." : 남겨진 배우자는 마치 버려지거나 자신의 미래를 도둑맞은 것처럼 느낀다. 떠난 사람에게 화가 날 수도 있고 자기 자신, 혹은 의사를 포함하여 죽음에 연관된 사람을 향해 분노할 수도 있다.
- "전 제가 하지 않았거나 못했던 일 때문에 죄책감을 느껴요." : 죄책감은 마땅히 했어야 할 일을 하지 못했거나 적어도 남은 배우자가 하지 못했다고 느끼기 때문에 일어난다. 특히 고인 덕분에 재정적으로 유익을 얻거나 좀 더 잘 돌보았더라면 달라졌을 수도 있는 경우에 그렇게 느끼기 쉽다.

- "이전보다 자주 나 자신의 죽음에 대해 생각해요.": 배우자가 먼저 사망하면 자신의 죽음에 대한 현실이 새로운 의미를 띤다. 죽음에 관한 생각이 많아지는 것은 당연하다.
- "나도 늙었다고 느껴요.": 이런 느낌은 죽음에 관한 생각과 함께 온다.
- "난 늘 아픈 것 같아요.": 많은 이들이 배우자의 죽음 이후에 건강의 변화를 경험한다. 많이들 이야기하는 증상은 불면증, 피로, 식욕 없음이나 두통, 소화 불량, 가슴 통증, 가슴 두근거림 등이다.
- "무언가 자꾸 두려워요": 처음 몇 달 동안 배우자가 없는 대신 두려움이 찾아온다. 두려움은 시도 때도 없이 몰려올 수 있다. 때로는 운전하기가 두렵고, 시장 보는 일이나 혼자 있기도 두려울 수 있다.
- "난 재정 문제가 염려돼요.": 배우자와의 사별 이후, 흔히 재정 면에서 큰 변동이 생긴다. 남은 배우자는 재정 상황을 거의 모르거나 아예 아무것도 모를 수 있다. 또 고인이 특별한 유언도 남기지 않았을 수 있다. 통계적으로는 재산이 있는 사람들의 약 50퍼센트가 유언을 남기지 않았다고 한다. 또는 재산이 충분하지 않거나 어떤 이에게는 공평하게 분배되지 않을 수도 있다.
- "내 자신이 누구인지 혼란스러워요.": 이제 누구도 자신을 남편이나 아내로 부를 수 없다는 사실이다. 다른 부부들과의 우정도 변할 것이고 남은 배우자는 부부 모임에서는 제외될 것이다. 한 젊은 미망인은 남편이 떠나고 사망 후 1주기를 지낸 후의 경험을 다음과 같이 이야기해 주었다. 어느 날, 병원에 갔는데, 신상 기록 칸에 미망인을 표시하는 부분이 없다는 것(기혼, 혹은 독신으로만 구분함)을 발견했다. "난 기혼자이긴 한데 꼭 맞지 않는 것 같고, 그렇다고 독신이라고 하기에도 맞지 않는 것 같았어요. 난 어쩔 수 없이 기혼 칸에 표시를 했어요. 독신이란 기분이 안 들었으니까요. 그때가 남편이 돌아가신 지 14개월 된 때였어요."
- "난 그이의 죽음 후에 안도감을 느꼈어요.": 이것도 정상적인 반응인데

그 이유는 다양하다. 고인의 질병이 말기였거나 고통이 심했던 경우, 혹은 사고 후 삶의 질이 현격히 떨어진 경우 등이다. 혹은 심한 학대자였거나 감옥이나 정신병원에 수감된 자, 혹은 상습적인 중독 환자였을 경우다. 많은 경우 갈등은 되겠지만, 그런 감정도 일어날 수 있다.[6]

상담 사역은 유족들에게 이러한 문제에 대해 이야기를 해 주는 것이다. 상담자는 각 항목을 가지고 물어볼 수 있다. '이렇게 생각이 들거나 느낀 적이 있으세요?'라는 질문을 받은 내담자는 자신의 생각이나 감정을 인정하고 토의할 수 있도록 기회를 얻는 셈이다. 대화를 하다 보면, 내담자는 자신에게 보다 체계적인 지원 체제가 필요하다는 것을 깨달을 수도 있다. 어떤 경우에는 전문가의 도움이 필요하다.

배우자를 잃은 사람들이 대부분 겪는 적응 과정이 어떠한지 기억하라. 상담자는 유족에게 다음과 같은 일이 일어났는지 물어볼 수 있고, 만약 아직 일어나지 않았다면 그런 일을 경험하더라도 놀라지 말라고 이야기해 주라.

**유쾌하지 못한 추억.** 많은 사람들이 반복되는 불쾌한 추억들 때문에 힘들어한다. 배우자가 말기 질병을 앓으면, 나쁜 결혼생활은 더욱 나빠지고 좋은 결혼생활은 더욱 좋아지는 경향이 있다. 그들의 좋았던 추억이나 나빴던 추억을 찾아보도록 도와주라. 떠오르는 추억에 대해 이야기하거나 글로 기록하도록 하라. 만약 유품을 처리하거나 당장 집을 팔기를 원한다면 그렇게 할 때 어떤 유익이 있고 손실이 생길지 이야기해 보도록 하라.

어떤 사람은 추억을 회상하는 것을 피하고 싶어서 고인이 쓰던 방은 들어가지 않으려고 한다. 잠시 동안은 그럴 수도 있고 꼭 억지로 그 방을 사용하지 않아도 괜찮다. 하지만 때가 되면, 고통은 점차 줄어들고 방이나 차나 의자 등은 더 이상 피해야 할 대상으로 보이지 않는다.

**환상.** 어떤 사람들은 환상을 경험하기도 한다. '군중 속에 살아 있는 그이 증상'(The face in the Crowd Syndrome)이라고 부르는데 약 18개월까지 진행된다.

많은 사람이 남들에게 말은 안 하지만, 고인의 모습을 보거나 고인의 목소리 같은 것을 듣는 것이다. 그러면서 남들이 자신을 정신이 이상한 사람으로 보는 것은 싫어한다. 그 이유를 다 알 수는 없지만, 환상이나 환청을 경험하는 사람들에게는 그러한 감각의 체험이 너무나 실제 같다.

**개인적인 유품.** 죽은 배우자의 유품을 어떻게 해야 할지 몰라 당황해하는 유족도 있다. 유품을 처리하는 데 정해진 시간이 있는 것도 아니니 준비되거나 에너지가 있을 때 처리하는 것이 좋다. 만약 가족 가운데 누군가가 남은 배우자에게 고인의 유품을 정리하라고 압박한다면, 스스로 "너무 일러요. 난 아직 준비가 안 되었어요"라고 말할 수 있도록 조언해 주라.

상담자는 슬픔에 잠긴 사람들에게 일련의 과정에 따르는 문제를 알려 주고, 관심을 가져 주면서 그들이 정상적이 되도록 돕는 셈이다. 배우자 사별에 대한 진정한 준비란 있을 수 없다. 다만 고통스런 과정을 몸소 경험함으로써 배우는 것이다.[7]

## 미망인 상담

슬픔을 생존과 재건축이라 부르기도 한다. 여성이 남성보다 대부분 오래 살기 때문에 상담자가 섬기는 사역 대상은 남성보다 여성이 많을 것이다. 그래서 여기에서는 여성 미망인과 연관하여 슬픔을 극복한 방법을 다룰 것이다.

상실의 고통에도 불구하고 처음 며칠 동안은 장례 절차나 재정 지출 등 중요한 결정을 미망인이 해야 한다. 물론 누군가에게 부탁할 수도 있지만 마치 남편이 살아 있어서 자기에게 부탁한 것처럼 여기고 처리해 나간다. 그럴 경우 자신이 홀로 된 미망인이라는 사실도 잊기가 쉽다.

미망인은 장을 보고, 식사를 준비하고, 자녀를 돌보고, 집안일을 한다. 심지어는 가족들이 해 온 사업이 있다면 계속 그 일을 해야 할지도 모른다. 이러한 영역에서 가족이나 친구가 도움을 줄 수 있다. 생존과 재건축의 3단계

과정은 다음과 같다.

### 1단계. 과거와 연결 짓기

이 기간 중 가장 중요한 일은 미망인이 고인이 된 남편과의 고리를 끊고 그가 죽었다는 사실을 받아들이는 것이다. 그렇게 하기 위해서는 남편과 함께 나눈 경험의 실타래를 끊고 추억 속으로 옮겨 놓아야 한다. 이때 '우리'라는 단어 대신 '나'라는 단어를 사용하고 익혀야 한다.

### 2단계. 현재를 살아가기

두 번째 기간은 현재를 살아가는 것이다. 장례식이 끝난 후, 가족 구조의 변화가 필요하다. 일상적인 일들을 처리하기 위해 여러 가지 역할을 조정해야 한다. 또한 표현하는 면에서도 변화가 불가피하다. 비록 엄마가 슬픔에 빠져 있더라도 어린 자녀들은 엄마로부터 위로를 받아야 한다. 이전에 엄마가 자녀들과 함께 기쁨과 즐거움을 나누었던 것처럼, 이제는 엄마의 고통과 슬픔을 아이들과 함께 나누어야 하는 것이다.

아버지가 돌아가셨지만, 자녀들은 변함없이 엄마의 도움과 보호를 받아야 한다. 그렇다고 해서 엄마가 부모 역할을 모두 수행할 수는 없다. 엄마 혼자 두 사람 역할을 하려 들면 쉽게 지치고 만다. 그때, 목회자는 미망인이나 자녀들에게 무슨 말을 할 것인지 신중해야 한다. "이제부터 당신은 두 사람의 역할을 수행해야 합니다"라고 말해서는 안 된다. 어린아이에게 이제부터 네가 돌아가신 아버지 역할을 대신해야 하며 집안의 가장이 되어야 한다고 말하는 것도 현실적이지 않다.

남아 있는 부모 중 한쪽이 양쪽 부모 역할을 수행하려고 하는 것보다 좀 더 나은 아버지나 어머니가 되려고 하는 편이 훨씬 낫다. 다른 가족들도 역할 변화의 당위성을 받아들이고 아버지가 하시던 모든 일을 엄마에게 떠맡기지 않도록 해야 한다. 완전하지는 않겠지만, 친척들도 고인의 자리를 어느 정도 채울 수 있을 것이다.

역할 변화는 모든 사람에게 영향을 미친다. 어떤 변화는 익숙하지 않을 것인데, 집 담보 대출의 이자 상환, 상속세 납부, 은행 잔고 확인, 투자관계나 부채 정리, 고인의 사업상 문제 등이 있다.

주거 문제는 이 기간 중 아주 중요한 일인데, 가능하다면 당분간은 동일한 곳에서 사는 것이 좋다. 집에는 남편에 대한 추억이 많기 때문에 때로는 서둘러 집을 팔고 이사를 가려고 한다. 그러한 때 주위 사람들의 권면이 매우 중요하다. 미망인은 고통이나 재정적인 짐을 벗고 싶겠지만, 격한 감정으로는 대부분 올바른 결정을 내리지 못한다. 그래서 할 수만 있다면, 그녀가 좀 더 기다리고 신중히 생각하도록 조언해야 한다. 중요한 결정은 적어도 몇 달 후에 내리도록 해야 한다.

현재를 살아간다는 것은 옛 습관을 버리고 새로운 습관을 만드는 것이다. 많은 미망인은 이 시기에 자녀들과의 결속이 더욱 강화된다고 말한다. 하지만 더러는 유언이나 재산, 가족들의 역할 수행으로 인해 갈등이 일어날 수도 있다.

현재를 살아가는 중요한 징조는 미망인이 처음으로 혼자 시장에 가거나, 직업을 갖거나, 사람을 만나러 나가거나, 집 안을 새롭게 꾸미는 일 등이다.

### 3단계. 미래의 진로 찾기

세 번째는 미래의 진로를 찾는 일이다. 이 기간 동안 미망인은 새로운 역할을 안정되게 잘해 내고, 이제 배우자 없이도 자신의 삶을 꾸려 나갈 수 있다. 미망인은 새로운 역할을 개발하고 새로운 면모를 가지고 독립적으로 움직일 수 있다.

사망한 배우자를 대신하는 것이 아니라 자신의 생활에 다시 초점을 맞추고, 자녀들을 위해 재혼 상대를 찾아 그녀가 바라는 위로자나 친구를 얻는 새로운 관계도 개발하는 것이다.[8]

그렇다면 상담자는 이러한 슬픔의 시기에 무슨 말을 하고 무엇을 할 수 있는가?

**배우자를 상실한 사람의 처지에서부터 시작하라.** 미망인이 어떤 시점에 있을 것이라고 추측한 뒤 출발해서는 안 된다. 미망인들은 상담자가 생각하는 것보다 훨씬 더 당황해하거나 우울한 상태일 수 있다. 각자의 상태에 따라 모두 달라질 수 있다.

**미망인이 표현한 감정을 명료화해 주라.** 상담자는 미망인이 한 말을 다시 반복하는 것이 효과적이다. 그녀의 감정을 표면으로 끄집어낼 수 있도록 도와주라. 다음과 같이 말할 수도 있다. "전 일주일 동안 당신이 우는 것을 본 적이 없어요. 만일 제가 당신과 같은 처지에 있었더라면 아마도 저는 엉엉 울었을 거예요."

만약 미망인이 우울해한다면 '이 시기는 조만간에 지나갈 것입니다'라고 확신시켜 주어야 한다. 하지만 그녀는 아마도 상담자의 말을 믿지 않고, 혼자 있게 해 달라고 할 수 있다. 그럴지라도 상담자는 섭섭해하지 말아야 한다.

**공감해 주라.** 미망인과 공감할 수 있도록 하라.

**미망인의 감정에 민감하라.** 상담자는 말을 많이 하지 말아야 한다. 조 베일리(Joe Bayley)는 다음과 같은 제안을 한다.

> 슬픔에 민감해지면 대개 나는 더욱 침묵하면서 듣는 일에 몰두한다. 비록 내가 미망인과 같은 배우자의 죽음을 경험했다 할지라도 '전 당신이 어떻게 느낄지를 알아요'라고 하기보다는 '참 안됐습니다'라고 하는 편이 솔직하다. 만약 미망인이 내가 이해할 수 있을 것 같다고 느낀다면 말을 할 것이다.
>
> 나는 세련된 감정이 아니라, 죽음 이후에 겪었던 솔직한 감정을 나눌 수도 있다. 살아남은 사람에게 어떤 것을 입증하려고 하지 마라. 슬픔을 위로하는 데는 팔로 어깨를 감싸 주거나 손을 꼭 잡아 주는 일이 논리적인 말보다 더 큰 힘을 발휘한다.

나는 앉아서 슬픔 때문에 눈물을 흘리고 있었다. 누군가가 와서 나에게 하나님이 하시는 일과 이런 일이 일어난 이유와 죽음 저 너머에 있는 소망에 관해 이야기했다. 그는 시종일관 이야기했고, 자신이 알고 있는 것들이 사실이라고 했다. 난 미동도 하지 않았을 뿐 아니라 그가 빨리 가 주기를 바랐다. 마침내 그는 떠나갔고, 또 다른 사람이 와서 내 곁에 앉았다. 그는 유도 심문을 하지 않았다. 한 시간 넘게 내 곁에 그냥 앉아서 내가 무슨 말을 하면 간단하게 답했으며 간략하게 기도하고 떠났다. 난 감동을 받았고 위로를 받았다. 난 그를 떠나보내기가 싫었다.[9]

거듭 이야기한 것처럼 미망인들이 느끼는 감정이 정상이란 사실을 알려 주라. 어떤 이들은 자신이 흘리는 눈물이나 우울함 혹은 분노에 대해 미안해할 것이다. 다음와 같은 이야기를 들을지도 모른다.

"아직도 이렇게 울 줄은 나도 몰랐어요. 정말 죄송해요."

"왜 아직도 이렇게 화가 나는지 모르겠어요. 제가 그 회사에서 일한 지 15년이나 되었는데 나를 해고하다니 부당했어요. 화를 내 봤자 아무 소용 없다는 걸 알아요. 하지만 정말 화가 나요. 너무 부당하잖아요."

상담자는 사람들의 감정을 받아 주거나 그들이 어떤 감정을 가질 수 있다는 사실을 인정해 주라. 그들이 경험하는 것들이 정상적이라는 사실을 인정해 주라. 그들이 자신의 감정과 직면하거나 표현하도록 해 주는 것은 그들에게 귀한 선물을 주는 셈이다. 그들에게 해 줄 수 있는 말들은 다음과 같다.

- 제 앞에서 우는 것은 괜찮아요. 이렇게 슬픈데 눈물을 흘리지 않는 것은 너무나 어려운 일입니다. 때로 저도 함께 울지도 모르겠어요.
- 전 당신이 제 앞에서 눈물을 흘려도 당황하거나 싫어하지 않아요. 난 그저 당신과 함께 여기에 있고 싶습니다.
- 당신이 울지 않으면, 오히려 전 더 걱정할 거예요. 당신이 운다는 것은 슬

품을 건강하게 감당하고 있다는 증거니까요.
- 제가 만약 당신이 겪는 것을 경험한다면, 눈물이 홍수처럼 흘렀을 것 같아요. 당신도 그렇게 느낀 적이 있나요?

분노는 사람들이 표현하기 힘들어하는 또 다른 감정이다. 다음과 같은 말로 격려할 수 있다.

- 남편의 죽음과 관련된 모든 사람에 대해서 화가 나거나 적대감이 생기는 것은 자연스러운 일입니다. 저도 화가 나는군요.
- 아기가 아픈데 당신이 할 수 있는 건 아무것도 없고……. 정말 화가 났겠어요.
- 다른 사람들은 건강한 아기를 가졌는데 당신의 아기를 잃었을 때, 분개하고 화를 내는 것은 지극히 당연한 거예요.
- 당신이 딸을 잃으셨을 때, 화를 내고 좌절감을 느낄 충분한 권리가 있어요.
- 당신의 분노나 무기력감, 좌절감을 표현할 말을 찾기가 어려웠겠어요.
- 남들이 당신을 얼마나 실망시킬지 모르지만, 어쨌든 당신의 분노를 표현하는 것이 중요합니다.

상담자가 격려의 말을 건네면 슬픔에 빠진 사람들은 불편한 자신의 감정을 표현할지라도 상담자가 떠나가지 않는다는 사실을 깨닫는다. 그 다음부터는 감정을 따라 이야기를 풀어놓기 쉽다.

유가족의 감정에 반응하는 또 다른 방식은 손을 만지는 것인데 다만, 그러한 접촉을 불편해하는 사람이라면 주의해야 한다. 상담자는 상대방이 신체적인 접촉, 곧 손으로 만지거나 포옹하는 것을 싫어한다면 그것을 존중해 주어라.[10]

**잘못된 확신을 주지 마라.** "며칠 지나면 기분이 좋아질 거예요"라든가 "잠시 후면 더 이상 고통스럽지 않을 거예요"라는 식으로 확신하는 말은 슬픔을 당한 사람에게 도움이 안 된다. 상담자가 기억해야 할 사실은 미망인을 돕는 일을 너무 빨리 중단하지 말아야 한다는 것이다.

그들을 무기력하게 만드는 사망의 충격이 사라지기 시작할 때, 유가족은 깊은 혼수상태에서 깨어나는 사람처럼 서서히 의식의 상태로 돌아오는 것 같다. 감각과 느낌은 서서히 회복되어 돌아오는데, 현실에 대한 고통이 뒤섞인 상태다. 친구들이 이제는 상을 당한 가족들이 회복되었다고 생각하여 기도를 멈추고, 전화도 하지 않는다. 그들에게 도움을 주었던 그 작은 친절한 행동을 멈추는 순간이야말로, 도움이 가장 많이 필요한 시기다. 장례식이 끝나고 두 주는 모두의 관심과 지원이 끊이지 않는다. 그렇기 때문에 관심과 지원이 끊기기 쉬운 2년 동안 여전히 슬픔을 느끼는 유족을 위해 더욱 기도해야 한다.[11]

## 애도 과정에 있는 유가족 돕기

상담자들은 애도의 과정에 있는 유족들이 몇 가지 과제를 성취하도록 도와야 한다. 이러한 과제들은 특히 사랑하는 사람을 상실한 경우에 적용이 가능하고 성취하는 데 상당한 기간이 걸릴 것이다.

### 이차적인 상실을 확인하고 끝나지 않은 슬픔을 해결하도록 하라

많은 사람이 자신의 상실을 확인 받지 못하거나 애도할 기회를 갖지 못한다. 역할을 상실할 수도 있고, 가족 단위나 생계수단, 혹은 사교생활 등을 상실할 수도 있다. 때로 애도 과정에 있는 사람이 이전에 한 번도 언급하지 못했던 이야기를 소리 내어 말하거나 고인이 된 분에게 하고 싶은 이야기를 할 수 있는 기회를 가지면 슬픔의 문제를 해소하는 데 도움이 된다.

### 꿈, 기대 혹은 환상에 대한 슬픔을 해결하도록 하라

이러한 부분은 어렵고 간과하기 쉽다. 왜냐하면 꿈이나 기대, 환상 등은 실재로 보이지 않아서 상실로 보기 어려울 수 있기 때문이다. 하지만 가치가 매우 높은 것들이기 때문에 상실이 분명하다.

### 유가족이 적응하지 못하는 영역이나 유능한 영역을 발견하도록 하라

유가족이 힘들어하는 영역에서 도움을 주는 것은 중요하다. 그들이 상실에 대해 이야기를 한다면 잘하는 부분이니 격려해 주라. 만약 그들이 회피하거나 알코올이나 약물에 의지하는 등 건강하지 못한 일을 할 때는 대체할 만한 것을 제공해 주라.

### 현재 경험하는 것에 도움이 될 만한 정보를 제공하라

유가족은 슬픔의 과정이나 기간에 대해 잘 알지 못한다. 상담자는 슬픔에 대한 각자의 반응은 사람에 따라 다를 수 있음을 알려 주고, 그들의 슬픔을 무시하지 않으면서 정상적인 생활로 돌아가도록 돕는다. 내담자 스스로 다른 사람과 자신을 비교하지 말아야 한다. 그들이 고인을 얼마만큼 사랑했는가를 슬픔의 양이나 애도 기간과 동일시하지 않도록 해야 한다.

### 유가족이 지금의 고통을 피하고 싶어 함을 상담자가 이해하고 있음을 알려 주라

그들의 슬픔이 정상적이라는 것을 알려 주기 위해서는 상담자의 공감, 이해, 존중하는 태도 등이 도움이 된다. 그들이 슬픔의 고통을 통과하도록 격려해 주라. 그것은 피한다고 되는 일이 아니다. 만약 그들이 고통을 회피하면 엉뚱한 때에 폭발하고 만다. 또한 그들이 경험하는 고통의 강도는 시간이 지남에 따라 약화될 것이라는 사실을 상기시켜 줄 필요가 있다.

### 슬픔은 삶의 모든 영역에 영향을 준다는 사실을 이해하도록 도우라

일하는 습관이나 추억, 집중하는 시간, 감정의 강도, 배우자에 대한 반응에도 영향을 받는데, 이것은 정상이다.

### 슬픔의 과정을 이해하도록 도우라

유가족은 자신의 감정에 변화가 많고 감정의 진전이 변덕스럽다는 사실을 이해하면 자신에게 도무지 발전이 없는 것 같다는 느낌을 덜 수 있다. 상담자는 그들이 절기나 중요한 날짜들에 대해 미리 계획하도록 도와주라. 자신이 하고 싶은 일을 이야기하게 하거나 그러한 것을 실현할 수 있을지 평가하도록 도와주라.

### 다시 활발해지는 방법을 찾도록 도우라

그들의 식생활이나 운동 습관에 유의한다. 정기적인 건강검진을 거르지 않도록 한다. 심각한 상실 후에 몇 달이 지나면, 면역 체계가 많이 약화될 수 있다는 사실을 미리 알려 주라.

### 상실에 따른 문제를 풀도록 도와주고 현명하지 못한 결정을 막으라

상실을 경험한 사람들에게 식사, 교통편, 재정적인 조언, 생존을 위해 필요한 훈련이나 교육으로 도와주는 것은 상담자가 해야 할 사역의 일부분이다.

때로 슬픔에 빠진 사람들은 중요한 결정을 너무 일찍 해 버려서 또 다른 상실을 경험하기도 한다. 집을 팔고 다른 도시로 이사를 갈 계획을 세우면, 필요한 지원이나 자신들의 뿌리를 없애 버릴 수가 있다. 가능하면 1년 내에 중요한 것은 바꾸지 않도록 하는 것이 좋다.

보다 장기적으로 유족을 도울 수 있는 다양한 길이 있을 것이다. 그들이 고인을 떠나보내고 자신만의 새로운 정체성을 발견하고, 새로운 역할을 발견할 수 있도록 도와주라.

### 새로운 관계를 갖도록 격려해 주라

고인과의 새로운 관계를 건강하게 맺으려면 상담자가 먼저 그 주제를 꺼내야 할지 모른다.[12] 사랑하는 사람을 잃은 사람에게는 중요한 적응 과제다. 유가족에게 고인과의 삶을 어떻게 정리하기 바라는지 물어보라. 일상적인 삶, 특별한 기념일, 고인과의 추억, 유품 등을 어떻게 할 건지 대답하는 과정에서 그들은 고인과의 새로운 관계 맺기를 시작할 수 있다.

「모리와 함께한 화요일」(Tuesdays with Morrie, 세종서적 역간)이란 책에서 모리 슈발츠(Morrie Schwartz) 교수가 남긴 말에는 지혜가 들어 있다. "죽음이 끝내는 것은 삶 자체이지, 관계는 아니다."

상담자는 유가족이 새로운 삶에 재투자하도록 도와야 한다. 그들에게 맞는 시간과 역량에 따라 시작할 수 있을 것이다.

때로는 지원 그룹을 찾아 주거나 기타 사회 보장 제도를 찾아 줄 수 있는데, 그러면 지속적인 관계를 제공하는 일이 끝나기도 한다. 그래서 상담자는 예민할 필요가 있다. 유족들이 아직 상담자를 필요로 하는데, 너무 빨리 새로운 관계로 들어가도록 격려해서는 안 되기 때문이다. 특히 배우자와 이혼하거나 배우자의 사망으로 홀로 된 사람에게 새로운 만남을 주선하는 것은 조심해야 한다.

### 성장의 기회를 제공해 주라

어떤 순간에 사람들은 상실을 통해 배운 바를 다른 사람들과 이야기하는 기회를 가질 수도 있다. 상실에는 성장과 유익도 있지만, 그러한 열매들이 즉각 보이는 것은 아니다. 덧붙여 말하지만, 우리는 상실의 중요성을 결코 소홀히 하지 않아서 영적 성숙과 배움의 기회가 되는 지점까지 가야 한다.[13]

다음은 상담자가 유족을 위한 사역을 할 때, 도움이 될 만한 제안이다.

- 유족이 준비되었다고 느끼는 순간 감정 카드나 편지를 다시 읽을 수 있

다. 도움이 될 만한 성경말씀이나 이야기를 암송해 본다.
- 꽃이나 식사, 심방 등 동정심을 표현할 수 있는 다양한 목록을 만들어 보라고 제안하라. 그들이 상을 당했을 때, 도와준 사람이 누구인지 회상하고 필요하다면, 그들과의 우정을 돈독히 하도록 격려하라.
- 장례식 때 찍었던 비디오를 보거나 고인의 목소리를 녹음한 것을 들으면 도움이 될 수 있다. 그때 유족들에게 홀로 조용한 시간을 가지면서 울거나 묵상하거나 화를 내거나 기타 감정을 경험하도록 해 주라. 어떤 이들은 장례식 때는 감정이 너무 무뎌져서 그들의 참된 감정은 가면을 쓰고 있거나 억눌려 있기도 한다. 그래서 장례식 장면을 다시 보면서 그때 풀지 못한 감정의 응어리를 풀 수도 있다.
- 그들에게 다른 사람들이 이야기한 말 중에 중요하거나 위로가 되었던 말을 기록하도록 제안해라.[14]

## 임종을 준비하는 사람들

또 다른 위기 사역은 임종을 준비하는 사람들에 대한 것이다. 불치병에 걸린 사람들은 투병 마지막 단계에서 특별한 필요를 느끼거나 특별한 반응을 한다.

자신이 죽음을 맞이해야 할 것을 아는 사람은 어떤 경험을 하는가? 이를 이해하는 것은 다음 2가지 측면에서 중요하다. 첫째, 임종을 준비하는 환자들이 어떤 과정을 거치는가를 이해할 때, 우리 자신의 죽음에 어떻게 대처할지 알 수 있기 때문이다. 둘째, 이러한 상태에 있는 다른 사람들을 대상으로 효과적인 사역을 하기 위해서다.

죽는다는 것은 변화를 의미한다. 비록 죽음에 대한 준비를 다 했다고 생각할지라도 죽음에 대한 감당할 수 없는 두려움을 안고 살아가는 것이다. 우리는 어떤 형태로든 변화를 두려워한다. 그것이 우리 안에 가져오는 변화뿐 아니라 다른 사람에게 미칠 변화도 두려워하는 것이다. 누군가가 죽는다는 사실을 알면, 다섯 단계의 정서적인 반응을 경험한다. 본인뿐 아니라 주변에 있는 사랑하는 사람들도 동일한 단계를 경험할 것이다.

**1단계. 부인과 고립**

질병 말기 단계에 있는 환자들이 겪는 첫 번째 심리적 반응은 그 사실에 대한 부인이다. "그럴 리가 없어. 그들이 이야기하는 사람은 내가 아닐 거야." "실험실에 있는 누군가가 얼마 안 있으면 실수한 사실을 발견할 거야. 그리고 내게 와서 내 말이 맞다고 알려 줄 거야."

혹은 이 의사에서 저 의사로 또 다른 진단을 받으러 가면서 희망의 빛을 찾으려 할지도 모른다. 그런 사람은 대체로 의사로부터 자신이 죽을 것이란 말을 듣기 싫어할 뿐 아니라, 다른 친척이나 사랑하는 사람에게도 그 소식이 전해지기를 원치 않는다. 예수님의 제자들도 예수님의 죽음에 대해 듣고 싶어 하지 않았다. 그런데도 주님은 계속해서 자신이 배반당하실 것과 십자가(죽음)에 대해 말씀하셨다.

'부인'은 인위적인 충격 완충 장치로, 부인함으로써 감정은 일시적으로 무감각해진다. 시간에 대한 개념도 죽음을 지연시키고자 하는 시도로 말미암아 다소 지연된다. 부인하기는 '난 아니야! 난 믿지 않을 거야!'라는 생각뿐 아니라 어떤 경우에는 엉뚱한 곳에 관심을 두는 것으로 나타나기도 한다. 어떤 이는 사랑하는 친척의 부음을 듣고서 충격을 받은 경우 마치 감정적으로 무관한 사람처럼 행동하려고 한다. 부인하는 것은 감정을 얼어붙게 만드는데, 감정은 결국 녹아야만 한다.

상담자는 이러한 환자를 어떻게 도와야 하는가? 이때 환자가 아무리 듣기 힘든 말을 하더라도 환자를 판단하려 해서는 안 된다. 환자를 한두 번, 아니 세 번째 방문이라 해도 너무 많은 것을 기대해서는 안 된다. 환자는 아무말도 하고 싶지 않을 수도 있다. 상담자는 용기를 잃어서는 안 되며 심방도 계속해야 한다. 그런 가운데 결국 환자는 마음 문을 열고 반응을 하게 될 것이다. 왜냐하면 자신의 외로움을 나눌 누군가 필요하기 때문이다. 욥기에서 그러한 사례를 찾을 수 있다(욥 2:13 참조).

### 2단계. 분노

질병의 말기 단계에 있는 환자들이 겪는 두 번째 심리적 반응은 분노와 격노, 시기심과 분개심이다. "하나님, 왜 저예요? 왜 제가 그런 거예요? 다른 사람은 아닌가요?"

이러한 분노는 주변에 있는 친구들이나 친척, 의사들을 향해 표출된다. 심지어 이런 일이 일어나도록 허락하신 하나님에게도 분노를 표출한다.

욥기 7장 11절에서는 다음과 같이 기록하고 있다. "그런즉 내가 내 입을 금하지 아니하고 내 영혼의 아픔 때문에 말하며 내 마음의 괴로움 때문에 불평하리이다."

이 시점에서 환자가 경험하는 딱 그대로일 것이다. 때로 목회자나 상담자가 환자의 분노의 대상이 될 수 있는데, 그것은 단지 지금 환자 곁에 있는 사람이기 때문이다. 그래서 환자의 분노를 개인적인 것으로 받아들이지 말아야 하며, 그렇게 분노하면 안 된다는 식으로 판단해서도 안 된다. 분노는 누구나 경험하는 정상적인 심리 과정의 일부인 것이다. 환자는 자신의 분노를 통해 관심을 얻고자 하는 것이므로 상담자가 정직하고 열린 대화를 할 수 있다면 환자가 자신의 감정을 이해하게 될 것이다.

### 3단계. 타협

"주는 나를 용서하사 내가 떠나 없어지기 전에 나의 건강을 회복시키소서"(시 39:13).

이 기도는 임종을 앞둔 사람들이 드리는 기도다. 말기 환자들은 다음과 같은 서약을 하나님께 드린다.

"제가 만일 건강하게 된다면, 주님을 위해 전적으로 헌신하겠습니다."

"내년 6월에 제 아들이 결혼을 하는데, 그때까지만 살려 주시면……." 이렇게 흥정하기도 한다. 만약 그 사람이 내년 6월까지 살면, 다시 '제가 손자를 볼 때까지 살 수만 있다면……' 하면서 조건은 계속 불어난다. 이러한 단계는 단기간 동안 지속되는 편이지만, 그렇게 흥정하는 동안은 매우 힘든 시간이 된다.

구약성경에 유명한 히스기야 왕에 대한 이야기가 나온다. 그는 하나님의 말씀을 듣는데 다음과 같은 메시지였다. "그때에 히스기야가 병들어 죽게 되니 아모스의 아들 선지자 이사야가 나아가 그에게 이르되 여호와께서 이같이 말씀하시기를 너는 네 집에 유언하라 네가 죽고 살지 못하리라 하셨나이다 하니"(사 38:1).

히스기야가 이 소식을 듣고서 자신의 얼굴을 벽에 대고 하나님과 타협을 했다(사 38:3 참조). 히스기야의 기도는 하나님께 상달되었고, 그는 15년을 더 살았다.

이러한 경험에 반응하여 히스기야는 다음과 같은 기도를 드린다. "보옵소서 내게 큰 고통을 더하신 것은 내게 평안을 주려 하심이라 주께서 내 영혼을 사랑하사 멸망의 구덩이에서 건지셨고 내 모든 죄는 주의 등 뒤에 던지셨나이다. 스올이 주께 감사하지 못하며 사망이 주를 찬양하지 못하며 구덩이에 들어간 자가 주의 신실을 바라지 못하되 오직 산 자 곧 산 자는 오늘 내가 하는 것과 같이 주께 감사하며 주의 신실을 아버지가 그의 자녀에게 알게 하리이다. 여호와께서 나를 구원하시리니 우리가 종신토록 여호와의 전에서 수금으로 나의 노래를 노래하리로다"(사 38:17-20).

타협의 과정은 죽음에 대한 우리들의 자연스러운 반응으로써 하나님께 향하는 경우가 많다. 어떤 환자는 마치 하나님께서 자신이 하고 계신 일을 잘 모르는 것 같아서 바로잡아 드려야 한다고 생각한다. 조 베일리(Joe Bayly)는 다음과 같이 말한다.

성도의 죽음은 비록 눈물과 슬픔을 통하긴 해야 하지만, 승리의 함성이어야 하며, 하나님께 영광을 돌리는 것이어야지, 치료하시는 하나님의 뜻을 오해하여 혼란에 빠져서는 안 된다.[15]

임종 환자에 대한 사역은 들어 주는 자가 되는 것이다. 야고보서 1장 19절에서도 "우리는 듣기는 속히 하라"고 하셨다. 환자가 죽음을 앞둔 이 시기는 잘못된 희망을 심어 주는 때가 아니라 들어 주는 시간인 것이다. 잘못된 확신은 환자에게 전혀 도움이 되지 않는다. 단순한 반영(상대방의 이야기를 반복하는 것 - 옮긴이주)이나 손으로 만져 주거나 잘 들어 주는 것이 도움이 되며 오히려 말보다 나을 수 있다.

### 4단계. 우울

부인하는 일이나 분노, 타협도 통하지 않으면 환자는 아무것도 소용이 없구나 하고 결론을 내린다. 그렇게 되면 두 종류의 우울증이 찾아온다. 첫째는 반응적인 우울증으로 과거에 대한 추억을 생각하는 것이고, 둘째는 예비적인 우울증으로 임박한 상실에 대해 생각하는 것이다. 바로 이때가 환자에게는 슬픔을 쏟아 내야 할 시기다. 상담자는 환자 곁에서 조용히 앉아 있거나 손만 잡아 주어도 큰 위로가 된다. 그리고 환자에게 슬픔을 표현해도 괜찮다고 알려 줌으로써 도울 수 있다.

### 5단계. 수용

임종 환자는 앞으로 일어날 일에 대해 알고 이제 안정을 찾는다. 불가피한 죽음을 비교적 평안히 받아들이는 단계다. 또한 더 이상 어찌할 수 없어서 체념하는 것이기도 하다. 환자는 주변에서 돌아가는 일에 모든 관심을 잃어버리며 말수도 적어진다. 이때 상담자는 환자를 솔직하게 대해야 한다. 환자는 자신이 얼마나 더 살 수 있을지 물어올 수도 있는데, 시간 제한을 줄 필요는 없다. 사람들마다 반응이 다양해서 내 친구 목사는 자신이 1년 정도밖에 못 살 것을 알았을 때 다음과 같이 말했다. "나의 소명은 성도들에게 어떻게 죽을 것인가에 대해 가르치는 것이야."

「최악의 상황은 다 지났다」(The Worst is Over)라는 책의 저자는 상담자가 말기 환자들을 도우려고 한다면, 그들의 영적 온도를 측정하여 아는 것이 최선이라고 했다. 그들이 같은 조건 하에서 '살아갈' 것인지 아니면 그로 인해 '죽어갈' 것인지 알아보기 위해서다. 모든 것을 포기하고 죽기를 기다리는 사람이 있고, 살아 있는 동안 날마다 새로운 삶을 경험하기 위해 준비하는 사람도 있다. 환자가 어떤 입장인지 이해하면, 상담자는 그 사람에게 어떤 말을 하고 어떻게 행동해야 하는지 알 수 있을 것이다.[16]

## 말기 환자의 가족 상담

말기 환자의 가족에 대한 지원은 환자만큼이나 혹은 그 이상을 필요로 한다. 가족은 환자에게 악화된 병세를 알리기 원하지 않지만, 여러 측면에서 보면 환자에게 그 상황을 알리는 것이 더 낫다.

말기 환자의 죽음은 축복된 것일 수도 있고 안타까운 것일 수도 있다. 그것은 질병의 특징이라든지, 질병을 앓은 기간, 질병의 형태, 고통의 양이나 치료 형태에 따라 달라진다. 또한 가족이나 남들이 질병이나 죽음에 대해 보내오는 반응도 영향을 미친다. 또한 경제적인 문제도 영향을 미친다.

가족에게는 환자의 죽음을 예견하고 미리 찾아오는 슬픔도 있을 테고 이전에 충분히 애도하지 못했던 슬픔이 찾아오는 경우도 있다. 그 외에도 사랑하는 사람의 점진적인 쇠퇴뿐 아니라 다가오는 죽음을 멈출 수 없는 무기력한 느낌을 경험할 수도 있다.[17]

말기적인 질병은 가족이 생각해 보지 못했던 수많은 문제를 야기한다. 다음과 같은 문제가 있다.

- 병세가 진정되었다가는 악화되기도 하여 가족이 마치 감정의 회전목마를 타는 느낌이 들 수 있다.
- 죽음을 예상하며 찾아오는 슬픔의 기간이 연장된다.
- 재정적인 압박을 비롯하여 사회적, 신체적, 감정적 압박감이 커진다.
- 가족으로 인한 불편함이 계속 진행된다.
- 사랑하는 사람의 건강이 악화됨에 따라 가족 한 사람 한 사람이 다양한 감정적 반응을 나타낸다. 슬픔은 거의 어느 누구도 동일한 법이 없다.
- 그 누구도 원치 않는 불확실성이 지속된다.
- 부작용이 따르거나 별 효험도 없는 여러 처방과 치료에 매달린다.
- 병원비나 치료 계획 등을 결정하기가 어렵다.[18]

예상된 죽음은 대개 점진적이고 한 가족의 삶 전체에 영향을 미친다. 누군가가 다음과 같은 말을 했다.

> 난 예상된 죽음이라 갑작스런 죽음보다 쉬울 것이라 생각했는데 그렇지 않았다. 진단 결과가 나온 날부터 세상을 떠나는 날까지 나는 정신을 차릴 수가 없었다. 내가 알던 건강하고 유능한 사람이 날마다 쇠약해져 가는 모습을 보는 것 자체가 정말 힘들었다. 그뿐 아니라 나는 동시에 남은 가족을 돌봐야만 했다. 난 마치 가족의 필요들과 얼마 살지 못할 남편의 필요들 사이에서 찢기는 듯한 느낌이었다.
>
> 그런 가운데서 나 자신을 돌아본다는 것은 불가능한 일이었다. 내 건강은 어떻게 할 것인가? 나의 슬픔과 분노와 죄책감은 어떻게 할까? 난 탈진 상태였다. 좀 더 잘하지 못했던 나의 삶을 후회했다.
>
> 모든 것이 끝났을 때, 한편으로는 안도감이 찾아왔는데, 그것 때문에 죄책감을 느꼈다. 난 슬퍼하고 싶었다. 정말 그랬다. 하지만 더 이상 슬퍼할 에너지가 남아 있지 않았다. 내 인생은 이제 달라졌다. 비어 버렸고 외롭다. 이전

에는 나를 필요로 하는 사람이라도 있었는데 이젠 아니다. 나는 몇몇 친구도 잃었고 사회 활동도 하지 못하지만, 그럴 힘도 없다. 이제 나는 어디로 가야 하는 것인가?

상담자는 이런 이야기들을 반복해서 들을 것이다. 그들은 아마도 꽤 오랫동안 상담자의 도움을 필요로 할 것이다.

우선 가족들이 포기하지 않도록 격려하라. 말기 환자의 가족은 인내심을 가지고 인생의 위기에 직면하도록 격려를 받아야 한다. 또한 환자를 고립시켜서는 안 된다. 말기 환자는 주변 사람들이 자신을 포기할까 봐 두려운 나머지 자포자기한다. 다음은 어떻게 자포자기가 일어나는지 보여 준다.

1. 혼자서 형식적인 독백을 하는 것 : 친척이나 심지어 의사조차도 입원실에 들어와서 형식적인 몇 마디 질문을 한 후 환자의 두려움이나 내면의 상처에 대한 이야기를 듣지 않고 나간다. 사람들은 환자에게 참견하려 하지만 피상적인 수준에서만 접근할 뿐이다. 또 어떤 사람들은 병실에 들어와서 환자에게 지금 어떻게 느낄 것이라고 알려 준 뒤, 다시 오겠다고 약속을 하지만 다시 오는 경우는 거의 없다.
2. 질병이나 사고로 인해 환자를 멸시하는 것 : 환자는 주변 사람들이 자기 앞에서 마치 자기가 그곳에 없는 것처럼 이야기하는 것을 불쾌하게 생각한다. 혼수상태에 있는 사람들도 이야기를 알아들을 때가 있다. 혼수상태에서 깨어난 많은 사람들이 믿음이 충만한 가운데 소리 내어 읽어 준 기도를 들었고 많은 힘이 되었다고 전해 준다. 가족은 환자가 알아듣든지 못 듣든지에 상관없이 환자를 위해 기도해야 한다.
3. 환자가 보여 주는 신호를 무시하거나 거부함 : 환자는 상황이 어떻게 돌아가는지 알고 싶어 한다. '저는 곧 죽을지도 몰라요!'라고 하는 말을 들었다면 어떻게 반응해야 할 것인가? 대개는 '말도 안 돼. 당신은 몇 년은 더 살

거야!'라고 답변하는데 이런 말은 환자가 듣고자 하는 답변이 아니다. 환자의 느낌이나 해석은 자신에겐 매우 중요한 것이다.

4. 문자 그대로 환자를 포기하는 것 : 가끔 양로원에 있는 분들이나 말기 환자들이 버려지기도 한다. 사랑하는 사람들이 좀 더 나은 간호를 받도록 하기 위해 양로원으로 보내 드린다고 한다. 하지만 죽음에 대한 두려움으로 말미암은 가족의 반응인 경우가 많다. 사랑하더라도 그들의 죽음과 관련될까 봐 어떤 형태로든 환자와 분리되고자 하는 것이다. 처음에는 입술에 키스하다가, 나중에는 이마나 손에 키스하고, 아니면 방 저쪽에서 키스하는 시늉만 한다면 환자는 일종의 거절감을 느낀다.

환자와 가족을 상담할 때 늘 수반되는 질문은 '환자가 임종을 맞기 위해 집으로 가야 하는가?'라는 것이다. 환자가 원한다면 집에서 임종을 맞이하는 것이 최선일 수 있지만, 또 어떤 이들은 병원에 머무는 것이 더 편하다고 느낄 수도 있다. 환자가 어느 곳에서 가장 편안하게 느끼느냐, 최상의 보살핌을 받을 수 있느냐가 가장 중요하다.

또한 가족들에게 선택권을 주어야 한다. 많은 말기 환자들이 죽기 전 임종예배를 드린다. 예배를 통해 죽음을 앞둔 사람은 주변 사람들이 해 주는 이야기를 들을 수 있다. 또한 환자가 친구들이나 자녀 혹은 손자들에게 축복의 말을 남길 수 있는 기회가 되기도 한다.

말기 환자의 가족은 환자가 죽기 전에 슬픔의 과정을 상당 부분 치른다. 가족도 환자가 느끼는 슬픔의 단계를 동일하게 거치기 때문이다. 따라서 목회자는 환자나 가족에게 죽음과 장례, 애도 과정, 그리고 거기에 동참할 사람들에 대해 미리 시각화하도록 함으로써 도와줄 수 있다.

나는 임종 전에 환자와 가족이 어떤 슬픔의 과정을 지내는지 잘 모르는 사람들을 보았다. 근래에 먼 친척 중에 어머니를 잃은 분이 있었다. 어머니가 임종한 지 8개월 만에 아버지는 재혼을 했는데 그 친척은 깜짝 놀랐다. 하지만 그 아버지는 어머니가 임종하기 전 투병한 약 3년 동안 슬픔의 기간을 가졌다. 덕분에 사별 후 비교적 짧은 기간에 재적응을 하고 새로운 삶을 시작할 수 있었던 것이다.

 죽음을 예상한 상실의 슬픔은 급작스럽고 예기치 못한 상실에 비해 덜 심각한 것 같다. 예상된 상실에 대한 슬픔에는 다음의 4가지 기본적인 단계가 있다.

1. 우울증 : 우울증은 말기적 병세에 대한 진단을 들었을 때 따라온다.
2. 환자를 향한 고조된 관심 : 예기치 않은 죽음에서는 좀 더 잘해 주지 못해서, 충분한 사랑을 보여 주지 못해서, 고인과 싸웠던 일 등으로 죄책감을 느낄 수 있다. 반면에 예상된 죽음에서는 죄책감을 덜 수 있는데, 이는 얼마간 환자에게 더 많은 관심과 사랑을 줄 수 있는 기회를 갖기 때문이다. 개인적인 사업은 본인이 죽기 전에 정리할 수도 있다.
3. 환자의 죽음에 대한 준비 : 말기 환자가 있을 경우 환자가 돌아가시면 가족이 어떻게 해야 할지 마음속으로 준비하는 것은 매우 흔한 일이다. 가족은 자신이 어떻게 느낄 것인지, 어떤 위로를 받을 것인지, 어떻게 반응해야 할지 등을 예상한다. 대부분 미리 장례를 준비하는데, 이것도 환자가 자신의 죽음을 준비하는 데 도움이 된다.
4. 죽음의 결과에 적응하기 : 죽음 이후 남은 사람들은 고인 없이 시작되는 삶에 적응을 하고 장래에 대해 고려하기 시작한다.[19]

## 죽음에 대한 바른 이해

 가족의 죽음을 경험한 위기의 상황에 있는 이들을 대상으로 사역을 할 때는 다음 3가지를 기억하자.

1. 사별한 사람들에게는 나이와 상관없이 안전한 장소가 필요하다. 대부분은 자신의 집을 필요로 하고 집에서 지내기를 원하지만, 어떤 사람은 집에 들어서면 고인이 생각나서 집을 정리하기를 원한다. 하지만 집을 정리하고 다른 곳으로 이사를 가면 더 많은 상실을 경험할 수 있다. 작은 변화는 괜찮지만 친숙한 환경도 도움이 되니 성급히 이사하는 것은 좋지 않다.
2. 사별한 사람들에게는 안전한 사람들이 필요하다. 친구들이나 친척들, 목회자는 상을 당한 사람에게 정서적인 안정감을 줄 수 있다. 사별한 사람들에게 매주 1회씩 방문하여 1시간을 함께 있어 주는 것보다 주 4회 정도 방문하여 10분씩 함께 있어 주는 것이 낫다
3. 끝으로 사별한 사람들에게는 안정된 환경이 필요하다. 그들에게 어떤 종류든 역할을 제공해 주는 환경이 된다면 매우 유익할 것이다. 복잡하지 않고 단순하며 스트레스가 없는 역할이어야 한다.

　한 목사가 금방 남편을 사별한 여성도를 심방했다. 목사가 보니 하루 종일 들락날락하는 문상객을 접대하느라 부인은 지쳐 있었다. 그런데도 목사는 그 집에 들어서면서 '아시겠지만, 저는 피곤한 하루를 보냈어요. 혹시 차나 커피를 한 잔 부탁해도 될까요?'라고 말했다. 부인은 얼른 커피를 타서 대접했다. 그리고 목사가 그 집을 떠날 때, 부인은 진심 어린 말로 인사했다고 한다. "목사님, 제게 커피 부탁하셔서 참 고마웠어요. 제가 무엇인가 할 수 있다는 느낌에 참 좋았어요."

상담 사역을 효과적으로 하기 위해서는 죽음이 무엇인지 분명하게 이해해야 한다. 기독교인에게 죽음은 하나의 변화요, 현세에서 내세로 연결하는 통로일 뿐이다. 다만 그 여행길은 현재 우리가 느끼는 안전함을 벗어나 미지의 세계로 떠나기 때문에 약간 두려움이 있다. 하지만 종착지는 불확실한 현실보다 훨씬 나은 곳이 될 것이다. 존 파웰(John Powell)은 다음과 같이 말한다.

이 책을 베르니체에게 헌정합니다. 그녀는 내가 이제까지 여러 권의 책을 쓰도록 많은 지원을 해 주었습니다. 그녀는 매우 탁월한 비평가의 눈을 아낌없이 제공해 주었으며 고상한 문학적 감각과 특히 자신감을 심어 주고 격려를 베풀어 주었습니다. 이 책을 준비하는 데 도움은 주지 못했지만 지난 7월 11일 더 나은 초청을 받았습니다. 만물의 주님이시고 창조자이신 분에 의해 영원한 생명의 잔치에 참여하도록 초청을 받은 것입니다.[20]

Crisis & Trauma
Counseling

# 13

## 사별 관련 상담법
Deaths You Will Encounter

인생의 순례길을 걷노라면 사별을 피할 수 없다. 물론 그중에는 '일어나지 말았어야 할' 죽음도 있을 것이다. 우리가 부딪치는 죽음은 다음과 같이 분류할 수 있다.

### 부모와의 사별
부모가 돌아가시면 대부분 이렇게들 탄식한다.

- 고아가 된 기분이야.
- 이제야 죽음이 멀리 있지 않다는 것을 깨달았어요.
- 내가 연약해진 기분이야.
- 내가 말하거나 해야 할 일이 더 많아져서 힘들어요.
- 내 짐을 벗은 느낌이야.[1]

부모님이 돌아가실 것이라는 생각을 전혀 해 보지 않았기 때문이 이런 반응이 나온다. 사실 언젠가 부모님도 돌아가실 것을 알지만 내면에서 그러한 사실을 부인하는 경우가 많다. 부모님이 돌아가시면, 남은 자녀들은 자신을 보호해 주던 보호막이 사라진 것처럼 느낀다. 한 40대 남성은 다음과 같이 말한다. "우리 어머니가 돌아가셨을 때, 나의 집이 사라진 것 같았어요. 그리고 마치 내가 표류하는 것 같더라고요."

만약 부모님 연세가 아주 많은 경우라면, 자녀와 부모 간의 역할이 뒤바뀐 것을 경험할 수도 있다. 부모님은 어린아이가 되고, 자식들이 부모 역할을 하는 것이다. 어떤 역할이 되었든지 간에 그것 또한 삶의 상실 가운데 하나인 셈이다.

부모가 돌아가셨을 때 사람들이 반응하는 4가지 요소가 있다. 다음과 같은 질문을 스스로 해 보아야 할 것이다.

1. 부모님이 어떻게 돌아가셨는가? 예상하지 못했던 죽음은 예상했던 경우에 비해 상실의 고통은 동일하겠지만, 더 충격적일 수 있다.
2. 부모님과의 관계는 어떠했는가? 부모님과의 관계에서 해결하지 못한 채 남겨 둔 문제가 있는가?
3. 애도 과정에서 충분한 위로를 받았는가?
4. 본인이 경험한 과거의 상실 경험으로 보아 이번 상실에 어떤 영향을 미칠 것인가?[2]

때로 어떤 죽음은 이전에 결코 경험해 보지 못했던 안도감이나 안정감을 가져다주기도 한다. 그 부모가 억압적인 지배자이거나 학대자인 경우 그렇다. 하지만 거기에도 여전히 슬픔은 찾아온다. 그때의 슬픔이란 고인과 가져 보지 못한 관계에 대한 상실감이다. 그렇게도 사랑 받고 싶었지만 사랑 받아 보지 못한 이들과 대화를 나눈 적이 있다.[3]

부모의 죽음은 때로 어린아이 자신의 죽음처럼 느껴지기도 한다. "아빠가 죽을 수 있다면, 나도 그럴 수 있겠네요."

성인들에게 부모의 죽음은 가장 흔한 사별의 형태다. 물론 부모님에 대한 의존 정도에 따라 깊은 슬픔에서부터 모호한 양가감정에 이르기까지 반응도 다양하다. 슬픔의 정도에 영향을 미치는 요소 가운데 중요한 한 가지는 부모의 나이나 자녀의 나이다. 자녀가 20대고 부모가 중년일 경우와 자녀가 50대고 부모가 85세인 경우의 사별 사이에는 차이가 많다.

**어린 나이에 부모를 잃는 경우**

내가 스물두 살이었을 때, 아버지는 72세의 나이로 돌아가셨다. 아버지 연세가 많긴 했지만 죽음은 뜻밖이었다. 교통사고로 돌아가신 것이었다. 한 작가는 다음과 같이 말했다.

> 부모님의 임종을 지켜보지 못하면 슬픔이 꽤 오래간다. 특히 임종 때, 아무도 없었던 사실도 힘들게 한다. 상당 기간 동안 다양한 추측을 하면서 심리적인 고통을 느낄 수도 있다. '아버지가 다른 기차를 탔더라면 …… 혹은 엄마가 조금만 더 의사의 일찍 치료를 받을 수 있었더라면 ……' 등의 추측을 계속할 수 있다. 갑작스런 사망은 너무나 급작스럽기 때문에 마치 악몽처럼 괴이하게 여겨진다.[4]

우리 어머니는 93세 나이로 돌아가셨는데, 그때 나는 54세였다. 하지만 어머니의 경우, 건강이 안 좋아 오랫동안 고생하시다 돌아가셨기 때문에 나는 준비가 되어 있었다. 만약 20대에 부모를 잃은 내담자와 상담을 한다면, 다음과 같은 이야기를 마음에 두어야 한다.

• 20대나 30대 사람들은 자신의 삶에서 전환기다. 그들은 이제 겨우 부모

로부터 떠나가는 도중이거나 이전보다 더 독립적이 되어 가는 중일 수 있다. 그러나 부모가 돌아가셨기에 이제 의지할 수 있던 대상이 사라져 버린 셈이다. 성인 아이인 자녀는 엄청난 상실을 겪는 것이다. 만약 양쪽 부모가 모두 돌아가신 경우에는 갑자기 고아가 된 느낌이 든다. 그리고 기타 발달적인 과제의 요소들로 말미암아 추가적인 위기와 상실을 겪을 수 있다.

- 만약 부모가 충분히 사시다 자연사한 경우라면 어떨 것인가? 부모가 고령인 경우, 혹은 주님께 가고 싶어 기다린 경우라면 '그것은 축복이면서' 동시에 안도를 느낄 수 있다.
- 부모님 가운데 첫 번째 사별인가, 두번째인가? 또한 얼마나 많은 사별의 경험을 가지고 있는가? 만약 첫 번째 경험이라면, 충격이 클 뿐만 아니라 남은 부모님에 대한 염려도 커진다.
- 만약 부모님이 모두 돌아가시면, 더 이상 성인 아이와 죽음 사이의 세대는 존재하지 않는다. 완충 장치는 사라지고 이제는 본인이 부모 세대가 되는 것이다. 생각이나 느낌을 경험해야만 이러한 새로운 위치를 받아들일 수 있다.

부모님의 상실로 일어날 수 있는 몇 가지 변화에 적응해야 하는데, 다음과 같다.

- 과거 유쾌하지 못했던 경험을 해소할 수 있는 기회를 잃어버렸다.
- 부모님을 더 이상 도울 수가 없다. 이제 효도하고 싶어도 기회가 없다.
- 성인 아이로서 아직 부모로부터 충분히 정서적인 분리를 하지 못했고 부모의 사전 동의 없이는 어떤 결정을 내릴 수 없는 입장이라면 이제 어떻게 할 것인가?
- 만약 자녀가 부모의 죽음을 바라거나 그들을 미워했다면, 반응은 어떠할

것인가?

### 연결고리를 유지하려는 성향

자녀가 부모와 사별하면, 그들은 대부분 어떤 방식으로든 부모와 연결되어 있고자 애쓴다. 다음과 같은 것들이 있을 수 있다.

- 돌아가신 부모님이 먼 곳에 계신다고 상상하면서 그렇게 자신의 경험을 합리화하고자 한다.
- 돌아가신 부모가 자신을 지켜보고 있다고 믿음으로써 꿈속에서라도 고인과 만나는 경험을 한다.
- 돌아가신 부모가 묻힌 묘소를 방문하거나 이야기를 함으로써 그들에게 다가간다. 부모님에 대한 생각을 매우 구체적인 추억으로 떠올린다.
- 부모님을 연상시키는 유품을 간직하는 경우도 있다. 자녀는 과거 속에서 살게 되는 것인데, 부모님의 유품은 일시적인 대상이 될 수 있다.[5]

### 관계와 성격의 변화를 부른다

부모님이 돌아가실 경우, 가장 흔한 결과는 형제자매간의 관계 변화일 것이다. 관계를 회복하는 경우도 있지만, 관계가 틀어지는 경우도 있다. 어떤 자녀는 부모의 짐을 자신이 져야 한다고 느끼기도 하고 가족 가운데 누군가를 돌보기 위해 내적 갈등을 겪을 수도 있다. 갈등의 가장 큰 원인은 유언이나 유산 문제다. 종종 부모의 사별과 후속적인 일로 가족관계가 멀어지는 경우가 발생한다.[6]

부모 중 한쪽이 치명적인 질병에 걸리면, 자녀의 성격이 변하는데, 부모의 통증이나 약물 복용, 임박한 죽음에 대한 각성으로 인해 오는 변화다. 또는 부모가 치매나 알츠하이머병을 앓아 사람을 알아보지 못하는 경우도 있다.[7]

### 관심을 보이는 질문을 하라

상담자는 주의 깊은 질문을 통해 슬픔에 빠진 내담자를 도울 수가 있다. 부모와 사별하고 힘든 시기를 보내는 사람들을 돌본다면, 적절한 때에 다음과 같은 질문을 할 수 있다.

- 당신과 부모님과의 관계는 어떠했나요?
- 부모님과의 관계에서 가장 중요한 면이 있다면 무엇이었나요?
- 부모님께서는 당신을 어떻게 보셨나요? 부모님이 당신의 성격이나 개성을 어떻게 묘사했을까요? 부모님께서 당신을 잘 아셨다고 느끼세요? 그분들이 당신에 대해 좀 더 알아주었으면 하는 부분은 어떤 것인가요?
- 죽음을 떠올리면 무엇을 가장 강하게 느끼나요? 어떤 그림이나 단어가 마음속에 떠오르세요? 그러한 느낌이 드는 이유는 무엇일까요?
- 부모님이 당신에게 말씀해 주시거나 해 주시기를 바라는 것은 무엇인가요? 우리는 이것을 아직 처리되지 않은 문제라고 부르지요. 그러한 문제를 해결하는 데 도움이 될 만한 것이 있다면 어떻게 하면 좋을까요?
- 현재 당신이 정말로 아쉬운 것이 있다면 무엇인가요? 부모님과 이야기하기인가요? 문제 해결인가요? 정기적으로 전화해 주기인가요? 아니면 함께 저녁을 먹는 것인가요?
- 부모님의 부재로 인해 앞으로 당신이나 당신 자녀들이 그리워할 만한 것은 무엇인가요?
- 부모님에 관한 기억 가운데 가장 아름다운 추억은 어떤 것인가요? 만약 지금 이곳에 계신다면 그분들에게 하고 싶은 이야기는 무엇인가요?[8]

## 형제자매의 죽음

만약 형제나 자매가 성인이 된 후 세상을 떠난 경우에는 어떻게 될까? 성인으로서 누구나 겪는 사별 가운데 형제자매의 죽음만큼 관심을 받지 못한 경우가 없다고 한다. 사실상 동기간의 죽음이 다른 어떤 관계의 죽음보다 더 많을 수도 있다. 흔히 부모님이나 배우자와의 사별이 가장 힘들다고 하지만, 어떤 이들에게는 동기간의 죽음이 가장 힘들 수도 있다.

존이란 인물이 있다. 그에게 2명의 형제가 있는데, 한 명은 두 살 위고 다른 한 명은 두 살 아래라고 한다. 부모는 형제들이 20대 때 돌아가셨고, 그때는 모두 결혼한 상태였다. 존이 50대가 되었을 때, 부모님과 함께했던 시간이 반이고 부모님 없이 지낸 시간이 반인 셈이다. 하지만 형이 죽었을 때, 그는 자신의 출생시부터 함께 있었던 누군가를 잃어버린 셈이다.

이제 존은 남은 삶을 형이 없는 채로 지내야 한다. 형과 함께했던 추억들, 생일이나 가족 전통을 함께 나눌 수가 없다. 늘상 해 왔던 일들이 존의 삶에서 사라진 셈이다. 형의 죽음으로 존은 더욱 나이 든 느낌이고 죽음이 더욱 가까워진 것 같다. 자신도 형의 나이가 되면 죽을지도 모른다는 생각이 든다.

형제자매 사이에 누군가 죽으면, 동기간의 깊고 끈끈한 애착관계를 대부분 생각하지 못한다. 흔히 사람들은 형제나 자매의 죽음을 가볍게 여긴다. 만약 동기간이 성인이 된 다음 사별할 경우 다음과 같이 함부로 말할 때도 많다. "네 아이가 아니어서 다행이야." "네 남편(아내)이 아니어서 다행이야."

마치 형제나 자매는 한 개인의 삶에서 중심적인 인물이 아니기에 동기간의 죽음은 무시해도 된다고 여기는 것이다. 그리하여 형제를 잃었을 때는 애도 과정에 필요한 지원이나 위로마저도 받지 못한다.

남아 있는 형제나 자매는 잊혀진 애도자가 된다. 또다른 이름으로는 외로운 애도자라고 불리기도 하는데, 참으로 외로운 가운데 슬픔을 새겨야 하는 것이다.[9]

**어릴 때 경험하는 형제자매의 죽음**

형제자매의 나이가 아주 비슷하면 성인이 되어서 죽더라도 살아 있는 이가 겪는 상실감은 마치 어린 시절에 사별하는 것만큼 충격이 크다.

한 세기 전만 하더라도 어린아이의 죽음에 오늘날과 같이 반응하지 않았다. 왜냐하면 유아 사망률이 훨씬 높았기 때문이다. 지난 세기 말의 통계로는 다양한 질병 때문에 1년 미만의 영아 사망률이 1,000명당 100명이나 되었다. 가정마다 아이들을 여럿 낳았는데, 그래야만 몇 명이라도 살아남았기 때문이다. 점차 유아 사망률이 떨어지면서 어린아이의 죽음이 먼 나라 이야기처럼 되었다. 그래서 어린아이가 사망하면 부모나 형제에게 이전보다 더 커다란 영향을 미친다.

**죄책감의 문제**

동기간을 잃는 경우 남은 형제나 자매가 죄책감을 느낄 수 있다. 그러한 죄책감은 서로가 어렸을 때 얼마나 가까웠는지 떠올림으로써 시작된다. 예전처럼 친밀한 관계를 지속할 수 있도록 자신이 좀 더 노력했더라면, 하고 바라지만 이제 때가 늦어 버린 것이다. 또 해결하지 못한 문제가 남아 있을 수도 있다. 아마 남은 사람은 왜 형제나 자매가 먼저 세상을 떠났는지, 그래서 자신에게 죄책감을 갖게 하는지 생각이 많아질 수도 있다. 이런 모든 감정은 장례식 순서를 결정하는 과정에서 유가족인 배우자나 자녀들에게만 상의한 채, 그가 참여하지 못한 경우에는 더욱 복잡하게 얽힌다.

만약 형제자매가 치명적인 질병을 앓는 경우, 부모님이나 다른 이들의 시간이나 관심, 재정적인 지원 등이 아픈 아이에게 집중되기 때문에 괜한 경쟁심을 느끼기도 한다. 여기에 다른 문제들이 겹쳐 적개심을 품기도 하는데, 막상 아픈 형제가 세상을 떠나면 그로 인해 죄책감을 느낀다.

**가족 내 역할과 관계 변화**

형제자매가 세상을 떠나면 가족 간에 역할과 관계가 변한다. 그 변화 때문에 테드같이 보다 큰 상실감과 스트레스를 받을 수도 있다. 테드는 두 아들 가운데 둘째였는데, 늘 형에게 치여서 그늘지게 살았다. 형이 세상을 떠난 후, 보다 많은 관심과 인정을 받았지만 형이 맡았어야 할 나이 드신 부모님을 돌보는 책임도 짊어져야 했다.[10]

성인이 된 후, 동기간의 죽음이 어떤 것인지는 동생을 잃은 한 여성이 아마도 가장 잘 묘사한 것 같다.

> 내 동생 밥은 세상에서 나를 가장 잘 알고 이해해 주며 공감해 주었다.
> 내가 더욱 슬픈 것은 그 모든 일들이 더 이상 있을 수 없다는 점이다. 스치듯, 아주 잠깐씩 이외에는 나와 동생 사이에 남매간의 진정한 감정을 나눌 수 없었다. 우린 그런 감정을 표현한 적도 없었고, 우리 삶에서 그러한 감정을 누리거나 유지하려고 어떻게 해 보지를 못했다. 아마 우리는 원했을지도 모른다. 우리는 자라면서 점점 친밀한 감정을 원했던 것 같다. 하지만 우린 어떻게 해야 할지 몰랐다. 우리 사이엔 많은 이야기들이 있는데, 그중엔 잔인하리만치 비웃고 조롱한 뒤에 오랫동안 말하지 않고 지낸 기억도 있다. 다가가는 데 너무 많은 두려움이 있었다. 그랬기에 우리는 서로 문안인사를 나누기 바쁘게 다시 헤어지면서 작별인사를 했던 것이다.
> 이제 이 모든 것을 깊이 이해하게 되었고, 난 우리 남매가 놓쳐 버린 기회, 그리고 다시 갖지 못할 것에 대해 용서할 수 있었다. 우리가 처한 상황에서 우리의 주어진 모습 그대로를 보았을 때, 나와 밥은 우리가 할 수 있는 최선의 삶을 살았다. 몇 달 사이 그러한 깨달음이 깊어지면서 나의 슬픔은 훨씬 덜어지는 느낌이었다.
> 일단의 평화와 새로운 힘이 솟아났다. 또한 고통이 물러감에 따라 동생 밥의 존재를 더욱 생생하게 느낄 수 있었다. 이전에는 밥 생각을 하면 슬픔이나 애절함만 가득했는데, 이제는 즐거운 감정으로 그에 대한 추억을 떠올린다. 밥의 사기꾼 같은 마술놀이나 말도 안 되는 유머, 숨막히고 지칠 줄 모르는 에너지를 떠올리면 웃음이 난다.

그때도 나는 동생을 그리워했고 지금은 더 많이 그리워하며, 앞으로도 그리워할 것이다. 밥이 항상 가까이 있는 것을 느끼면서 그가 이전에 있었던 자리를 메워 나가고 있다.[11]

## 친구의 죽음

친구의 죽음은 일생 동안 계속되며 삶에 영향을 미친다. 해롤드 씨는 생각은 하지만 말로 표현하는 일이 드문 감정을 다음과 같이 묘사한다.

"친구여, 자네는 비록 죽었으나 내 기억의 관중석을 가득 채우고 있네."[12]

친구의 상실은 어떤 것인가? 아마도 수많은 내담자가 그러하듯이 다음 글에 공감할 것이다.

난 여행가입니다.
여행 지침서가 없는 슬픔의 땅이라 불리는 곳을
방황하며 지나가는 여행가입니다.
친구의 죽음으로 내 마음은 텅 비어 버렸습니다.
내 마음은 마치 파티 후에 바람 빠진 풍선처럼 바닥에 떨어졌고,
축제 후에 슬픔에 잠긴 것 같습니다.
아무도 나의 슬픔을 이해하지 못합니다.
아마도 그래서 제가 친구 관계를 그렇게 소중히 여기는가 봅니다.[13]

내가 경험한 첫 죽음은 친구의 죽음이었다. 우리는 고등학교 친구였다. 우리 교회 고등부 담당 전도사님이 학교에 오셔서 내 친구 네드가 죽었다고 전해 주었다. 그는 성가대에서 봉사했는데, 폐렴을 앓다 죽었다고 했다. 우린

어떻게 해야 할지 몰랐다. 두 번째 경험은 몇 년 후에 찾아왔다. 어느 날 저녁 때, 신문을 펼쳤는데 그곳에 내 동생의 아주 가까운 친구 사진이 있었다. 둘은 당시 공군에 입대했는데, 바로 전날 제트 전투기가 추락하면서 죽었던 것이다. 우리 가족 모두가 슬퍼했다.

친구 사이의 우정은 다른 어떤 사회적인 관계보다 소중하다. 친구 관계를 발전시키고 계속 이어 가기 위해서는 많은 시간과 신뢰, 열린 마음과 상처받기 쉬운 모습, 애정과 따스함 등을 투자해야 한다. 그러므로 친구가 죽으면, 무엇인가가 찢겨져 나가는 느낌을 받는다. 아직 젊은 나이라면, 인생이 공평치 않다는 느낌을 포함해 복합적인 감정이 생길 수 있다. 한편, 내가 죽었을 수도 있는데 내가 아니어서 다행이라는 안도감도 들 수 있다.

**친구도 슬퍼할 권리가 있다**

우리 사회에서는 슬퍼해야 할 가장 커다란 그룹에 대해 슬퍼할 권리를 박탈해 버렸다. 우리 대부분은 친구를 사별한 경험이 있고 앞으로도 그럴 수 있지만 친구들이 슬퍼할 수 있도록 돕는다든지, 적절한 장소를 마련해 슬퍼할 수 있도록 도와준다든지 하는 그런 도움을 받지 못한다. 친구 조문객도 다른 어떤 조문객과 마찬가지로 슬퍼할 권리가 있고 또한 애도 과정에서 사회적으로 인정을 받아야 한다.

현재로서는 슬퍼하는 친구가 고인과 연관하여 어떤 역할도 수행할 수 없는 경우가 대부분이다. 도카는 자신의 저서에서 그것을 이렇게 묘사한다.

> 애도의 기간에 대한 사회적인 의미는 슬픔을 당한 이들이 정상적으로 생활할 수 없거나 할 수 없다고 예상해서 허용하는 기간이다. 상을 당한 가족은 울음으로 애도한다. 그들은 장례식에 대한 계획이나 조문객들에 대한 인사, 장례식 집례자나 목회자에 대한 결정 등 다양한 역할을 수행한다. 장례식에는 의상이라든지, 앉는 장소라든지, 해야 할 일 등에 관한 사회적으로 규정

한 규칙이 있다. 상을 당한 이들에게는 일상적인 일이나 놀이에서 면제해 준다. 하지만 친구들의 경우는 그렇지 않다.[14]

운이 좋거나 적어도 운이 좋다고 생각되는 친구도 있다. 그런 친구에게는 명예 가족의 지위가 주어지지만, 여전히 그가 하는 일은 가족에 의해 지시를 받는 정도다. 장례식 때도 가족은 맨 앞줄에 앉지만, 친구들은 조문객과 함께 뒤쪽에 앉는다. 사실상 어떤 친구들은 가족보다 더욱 가까이 지낸 사이일 수 있다. 보통 목회자의 조문 설교에서도 가장 깊은 슬픔을 경험하는 이가 가족이라고 언급하는 경우가 대부분이다. 나도 그런 추도 예배에 참석한 적이 있는데 마음이 더욱 슬펐다.

> 친한 친구의 죽음으로 받은 충격과 아픔은 어떤 직계 가족보다 못지 않고, 때론 더욱 심각할 수도 있다.[15]

기본적으로 고인과 어떤 형식으로든 연관되었던 사람들이 고인의 죽음으로 상실의 고통을 겪는데, 고인과의 관계가 친밀한 정도만큼 상실의 고통도 같은 크기로 다가온다.[16]

이제 우리는 다음과 같은 질문을 할 수 있다. 과연 누가 핵심적인 후원자인가? 친구는 여러 가지 이유로 핵심적인 사람이다. 누구는 드러나게 보이지만, 또 누구는 뒤에서 자신의 일을 묵묵히 처리한다. 그는 상주를 대신해서 사람들을 동원하기도 하고 장례에 필요한 여러 가지 일들을 지원하는 책임을 맡는다. 그는 고인과 가장 가까운 이들의 바람이나 소망 사항들을 전달하거나 해석하거나 심지어 변호까지 할 수도 있다.[17]

하지만 만약 누가 상주의 핵심 후원자가 될 것이냐 하는 문제로 갈등이 있다면 어떻게 할 것인가? 고인의 친구가 고인의 배우자와 묘한 관계에 있다면 어떻게 할 것인가? 혹은 고인의 친구가 고인의 배우자와 서먹한 관계이면 어떻게 할 것인가? 해롤드는 다음과 같이 말한다.

> 한 남편이 죽었다고 합시다. 법적으로 상주 되는 사람은 미망인입니다. 상주란 고인과의 관계에서 법적으로나 사회적으로 가장 가까운 사람이지요. 일단 역할이 정해지면 암묵적으로든, 협상을 통해서든, 그외 모든 조문객은 상주를 지원하도록 되어 있습니다. 한번은 조문 예배 주례자가 상주가 누구인지 물었습니다. 그때 대답하기를, '리무진 차에서 확인해 보세요'라고 했는데, 장례 차에 있는 가족에게 물어보란 이야기였습니다.
> 
> 만약 고인이 재산가인데 이전에 결혼하여 자녀가 있는 상태에서 재혼한 경우라든지, 법적으로 혼인 관계에 있긴 하지만 이혼 수속을 밟는 중이고 사망 당시엔 연인과 살고 있었다고 할 때, 매우 복잡해집니다. 과연 '누가 고인의 상주가 돼야 할 것인가?' 하는 것이죠. 친구들은 누구에게 지원을 해야 할까요? 법적 배우자인가요? 아니면, 연인인가요? 아니면, 둘 다인가요? 이런 경우 몇몇 친구들은 그들로부터 거리를 두거나 최소한의 지원을 하면서 '아마도 간여하지 않는 것이 최선일 것 같네요'라고 할 것입니다.[18]

상주가 누가 될 것인가 하는 데 대한 갈등은 결코 쉽지 않은 문제다. 때로는 친구가 발벗고 뛰어들어서 상주 노릇을 하는 경우도 있는데, 이는 가족이 제대로 역할을 하지 못하기 때문이다. 이렇게 할 때 친구는 다른 사람들을 돕느라 자신의 슬픔을 간과하고 미뤄 놓는다. 예를 들자면, 친구도 많지 않은 사람이 그 가운데 한 사람을 잃고 나면 마치 친구가 없는 사람처럼 적막하게 느낄 수가 있는데, 그것이 바로 미뤄 놓은 슬픔이 되는 것이다.

아주 평범한 말 같지만, 친구란 항상 곁에 있어서 신체적, 감정적 필요뿐 아니라 때론 장례에 필요한 지원도 무엇이든지 해 주는 사람이다. 그렇게 해 주지 않으면 우정을 의심한다.[19]

한 작가는 다음과 같이 말한다.

친구란 때로 감정적인 산파 역할을 하는 사람이다.[20]

친한 친구라면 고인의 가족이 요청하는 꽃이나 음식을 보내고, 사람을 불러모으고, 심부름이나 안내를 하고, 상주가 요청할 경우 조사를 할 수도 있다. 나도 한 친구의 장례식 때 개인적인 편지를 읽어 달라든지 전화를 걸어 달라는 부탁을 들어준 적이 있고, 조사도 해 주었다. 친구들은 즉각적이거나 장단기적인 지원을 제공해 줄 수 있는 후원자다.[21]

### 충분히 애도하도록 도와주라

만약 상담 중에 누군가가 친구와 사별한 경우가 있다면 그에게 자신의 경험을 이야기할 기회를 주라. 자기 친구를 위해 무엇인가 도움이 될 수 있었던가? 아니면 무시당하거나 어떤 형태로든지 외면당하는 느낌을 받았는가? 자신이 해야만 했던 어떤 일을 조금이나마 처리했다고 느꼈는가? 친구에 대해 애통해할 수 있는 기회를 가졌는가? 그렇지 못했다면 그 이유는 무엇 때문인가?

상담자는 친구의 죽음을 제대로 슬퍼하지 못한 사람이 있다면 사별한 친구에 대해 추억하면서 애도하는 시간을 갖도록 권면하라. 필요한 경우에는 편지라도 써서 전해 주라. 교회나 지역 주민을 도울 수 있는 한 가지 방법은 친구로서 슬퍼하는 일의 정당성과 타당성에 대해 공개적으로 이야기하는 것이다. 내담자가 남성이든 여성이든 자신의 친구를 추억할 수 있는 안전한 장소를 찾도록 해 줘야 할 것이다. 학급 수업 시간이라도 가능할 수 있다. 친구를 추모하는 것 자체가 매우 강력한 치유가 될 수 있다. 그들의 친구에 대해 다음과 같은 다양한 질문을 할 수 있다.

- 친구를 기억할 수 있도록 격려해 준 사람은 누구인가요?
- 친구를 기억하지 못하도록 방해한 사람은 누구인가요?

- 친구에 대한 추억은 어떠했나요?
- 친구에 대해 그리운 점은 무엇인가요?
- 친구에 대해 별로 아쉽지 않은 점은 무엇인가요?[22]

친구와의 사별에 따르는 슬픔의 정도는 전문가나 평범한 사람들이 인식하는 정도를 훨씬 초월한다. 친구의 죽음을 공공연하게 슬퍼하는 일은 받아들여지지 않기 때문에 슬픔의 권리를 박탈당한 느낌이다. 만약 당신이 목회자이거나 상담가라면 이러한 경향을 바꿀 수가 있다. 아마도 먼저 당신 자신의 우정에 대한 상실 경험을 찾아보는 것이 필요할지도 모르겠다.

친구 관계의 상실로 인한 슬픔을 정상적으로 받아들일 수 있을 때 다른 사람들에게도 이런 슬픔에 대한 이야기를 하도록 격려할 수 있다. 친구 사이에서 친구를 잃어버린 슬픔을 꺼내 이야기할 수 있도록 도와주라. 사망 기사를 낼 때 '친구들도 참석하기 바랍니다'라는 말과 함께 친구들도 애도해 주기 바란다는 내용을 추가하는 것도 좋겠다.

친구를 사별한 이들에게 추가적인 상실을 경험할 수 있다고 준비시켜 주는 것도 필요하다. 만약 친구의 배우자가 재혼을 하거나 멀리 이사를 가 버린다면 그러한 상실은 어떻게 할 것인가? 그래서 누군가가 친구와 사별한다면, 추모 예배 순서에 들어가길 원할 때, 아니면 사망과 연관된 일을 다루기를 원할 때, 무엇이라 말해야 할지 상담자의 도움이 필요할 수도 있다. 한 여성은 자신이 경험한 난처한 상황을 다음과 같이 이야기한다.

> 스물다섯 살 나이에 친구의 장례식을 치르리라고는 한 번도 생각하지 못했지요. 경험이 있어서 따를 만한 지침이 있는 것도 아니고, 참고할 만한 자료도 거의 없었지요. 우리가 무슨 말을 해야 할지에 대한 준비된 자료도 없었답니다.[23]

다른 죽음과 마찬가지로 고인이 다른 친구들에게 남겨 두는 것이라고는 추억뿐이다.

> 세상을 떠난 친구는 남은 다른 친구들에게 변화를 가져옵니다. 떠난 친구는 인생에 대한 새로운 인식과 예민함을 가져다준 셈인데, 정작 남은 친구들은 그의 자리가 얼마나 중요했는지 깨닫게 됩니다. 남은 친구들은 떠나간 친구를 뒤로한 채 남은 인생을 살아가야 한다는 역설을 함께 배웁니다.[24]

친구를 사별한 사람에게는 다음과 같은 질문이 도움이 될 수 있다.
"당신이 친구를 사별했다는 사실을 남들이 아는 것 같나요?"
"남들이 당신의 상실을 어떻게 인식하기를 원하세요?"
"누군가가 '단지 친구였을 뿐이잖아?'라고 말한다면 어떻게 응답할 것인가요?"

상담가가 해 줄 수 있는 최상의 도움은 단지 '당신이 친구와 사별한 경험을 이야기해 주십시오'일 것이다. 대부분의 사람들에게 친구와의 사별을 다루거나 자신의 인생 속에 통합하는 문제는 어렵게 느껴질 것이다. 목회자나 상담자라면, 친구를 사별한 사람들이 '자신들의 이야기를 들려주거나 생각을 쏟아내도록 안전한 장소를 제공하고, 그들의 생각과 말을 비난하기보다 들어주고 가치를 인정해 줄 수 있을 것이다.'[25]

상담자가 해야 할 일은 친구를 잃고 슬픔에 잠긴 사람에게 충분히 애도할 수 있도록 도와주고, 그 친구는 갔지만 그와의 추억을 안고 살아가도록 도와주는 것이다.

## 애완동물의 죽음

많은 사람들에게 애완동물과의 사별은 어느 사람과의 사별 못지 않을 것이다. 애완동물과 친밀함을 가져 본 사람들은 이러한 때에 찾아오는 상실의 느낌을 이해할 것이다.

애완동물과의 사별은 자기가 아끼던 애완동물이 집을 나가거나, 도둑맞거나, 동물병원에 맡겼다가 도망치는 경우에도 생길 수 있다. 이혼하는 사람들은 가끔 자식을 보호하는 일만큼이나 애완동물 관리 문제를 두고 심각하게 싸우는 경우가 있다. 나와 상담한 어떤 사람은 이혼한 배우자에게 자녀를 위해 매월 800달러를 지원하고 애완견을 위해 25달러를 지원했다.

애완동물을 잃어버렸을 경우 가장 안타까운 것은 도대체 어디에 있는지 모를 때다. 그럴 경우 언제까지 기다려야 하는지 어렵고, 함께 좀 더 조심해서 애완동물을 보살피지 못했거나 대문을 잠그지 않고 열어 두었던 것에 대해 자책한다.

또다른 어려움은 안락사 문제다. 자신이 키우던 애완동물을 죽일 것인가, 살릴 것인가? 하는 결정은 결코 쉽지 않다. 도덕적이고도 윤리적인 양자택일의 문제로 심지어 하나의 위기라고도 할 수 있는 결정인 것이다.

상담자는 애완동물 주인에게 상실뿐만 아니라 안락사에 대해 그들이 느끼는 감정까지도 도와주어야 한다. '안락사'라는 단어는 문자적으로는 '자비롭게 죽이는 것'인데, 그것은 애완동물의 결정이 아니라 애완동물의 주인이 결정하기 때문에 모순이 있다. 그런데 이러한 안락사를 시킬 때, '죽게 한다'는 말 대신 '잠들게 한다'라고 표현하는 것이 흥미롭다. 여하튼 기억할 것은 애완동물이 떠나 버릴 뿐 아니라 친밀했던 하나의 관계가 사라져 버린다는 사실이다.[26]

사랑하던 애완동물이 죽으면 주인은 어떤 친구를 잃어버렸을 때보다 슬퍼한다. 어떻게 그럴 수 있을까? 애완동물은 다른 이들이 줄 수 없는 그 무엇을 주기 때문인데, 그것은 무조건적인 사랑이다.[27]

연구에 의하면 갈수록 애완동물이 사람보다 더욱 소중한 존재가 되는 것으로 보고된다. 반려 동물을 키우는 사람들의 70퍼센트가 애완동물을 자기 자녀처럼 여긴다고 한다. 최근 연구에 의하면 개나 고양이를 소유한 주인들 99퍼센트가 애완동물을 자기 가족처럼 여긴다는 것이다.[28]

가족과 사별하면 여러 사람들에게 위로를 받는다. 하지만 애완동물이 죽었을 때는 그러한 위로나 지원을 기대할 수 없다. 때론 가족이나 가까운 친구들조차도 애완동물의 죽음과 관련된 상실의 정도나 깊이를 모를 수 있다. 이처럼 애완동물의 상실에 대해 남들이 알아채지 못할 때, 주인은 어려움에 빠진다. 남들이 볼 때는 하찮은 것 같아서 대수롭지 않게 지나친다. 그러나 상담자들은 그러한 상실을 인정해 주고 그것이 매우 중요한 일이란 사실을 확인해 주어야 한다. 누군가 비슷한 경험을 한 사람들과 연결해 준다면 매우 도움이 될 것이다.

많은 이들에게 애완동물로부터 받는 우정은 어떤 사람에게서 받는 것보다 더욱 강렬하다. 그러므로 애완동물과의 사별을 인정하고 수긍해 주며 슬퍼해 주어야 한다.

특히 나이 드신 분들에게 애완동물과의 사별은 더욱 힘들고 회복이 힘들 수 있다. 친구나 친척이 아프거나 돌아가셨기 때문에 애완동물이야말로 마지막 남은 친구일 수 있기 때문이다.

> 애완동물과 사별한 노인은 그들이 삶에서 다양한 상실의 경험을 하는 동안 사랑과 지지를 제공해 주던 애완동물이 죽었다는 사실에 실의에 빠진다. 다른 가족뿐만 아니라 애완동물조차도 세상을 떠나 버렸기에 어쩌면 일상을 사는 일마저 힘들 수도 있다. 절망감이나 외로움, 고독감 등이 더욱 강화될 수도 있다. 그리하여 애완동물을 상실한 노인들은 우울증에 빠지거나 삶에 의지를 잃어버릴 수 있다. 사회적으로 단절감이나 배신감 등을 느낄 수도 있다. 현재 당하는 상실로 말미암아 이전에 경험했던 상실에 대한 연상을 하는 경우가 대부분이고, 그와 더불어 슬픔이나 외로움 같은 감정도 따라올 것이다.[29]

이 부분을 마지막으로 정리하는 날 아침, 우리 집 애완견 세필드가 죽었다. 세필드는 단순한 애완견이 아니었다. 그는 나의 동료였다. 난 그와 함께 낚시며 사냥을 다녔을 뿐 아니라 상담실로 데리고 가서 상처받은 사람을 위로하거나 요양소로 가서 외로운 사람에게 잠시 즐거움도 주었다. 아들이 죽고 난 후 약 8개월 만에 우리 집에 들어온 세필드는 슬픔의 여정을 죽 함께해 왔다. 세필드의 죽음은 아들 매튜와 연결되어 있던 마지막 끈이 사라진 셈이었다. 그는 실로 가족과 같았다.

세필드의 건강이 악화되는 것을 보면서 며칠 안 돼 죽을 것이란 사실을 깨달았다. 심지어 우리 집 다른 개인 에스펀도 무엇인가 잘못되어 가고 있다는 사실을 눈치챈 것 같았다. 나는 세필드에게 안녕이라고 말하며 그가 내 삶에 가져왔던 것들에 감사를 표현했다. 친구들과 친지들은 세필드가 내게 특별한 존재라는 것을 알았기에 나의 슬픔을 알아주었다. 2명의 친구가 전화를 해주었고 개에 대한 추억을 이야기하면서 나를 위해 기도해 주었다. 남들의 이해가 참 큰 위안이 되었다.

## 자녀의 죽음

자녀의 죽음은 어떻게 일어났든 간에 끔찍한 충격이 된다. 자녀를 상실한 부모가 남은 자녀에게 왜 그렇게 대하는지 이해하기 위해서는 부모들에게 미치는 충격이 어떠한지 알아야 한다.

자녀는 여러 가지 원인으로 세상을 떠난다. 내가 만난 한 어머니는 아들이 지붕에서 떨어져 엿새 만에 죽었다. 또 다른 어머니는 다섯 살과 여섯 살짜리 아들들이 자기 남편에게 살해당한 일로 상담을 받으러 왔다. 또 다른 가정에서는 자녀를 익사 사고로 잃었다. 사고 다음으로 많은 경우가 유산이다. 사실상, 유산이나 사산의 경우가 어린아이들 죽음의 3분의 2를 차지한다고 한다.[30] 유산이나 출산 도중 사산, 갓난아기의 죽음은 '가능성의 상실'(loss of possibility)이라고도 불린다. 어린이들은 임신 중절이나 납치, 혹은 가출 등으로도 죽음을 맞는다.

내 친구 하나는 어느 날 아침, 열여덟 살 된 딸아이를 잃어버렸다. 그녀가 왜 죽었는지 아무도 원인을 알 수 없었다. 그냥 죽어 있었다. 어떻게 되었든지 간에 인생에서 맞는 가장 비통한 경험인 것이다. 또한 부모는 자녀의 말기적인 질병 진단 소식을 들었을 때도 충격에 휩싸인다. 그 소식과 함께 부모는 모든 희망이 끝난 것처럼 느낀다.

> 최악의 순간은 진단 결과가 나오는 때였습니다. 아이에게 안정을 취하게 하거나 물약이나 아스피린을 먹였지만 증상이 가라앉지 않아 당황스러웠습니다. 그리하여 여러 가지 검사를 너무 많이 했습니다. 반복해서 손가락을 찔러 피를 뽑아 갔습니다. 냉랭한 대기실에서 너무 오랜 시간을 기다렸습니다. 각종 검사를 하러 온 의사나 간호사 중에는 친절한 이들도 있었지만, 무뚝뚝하고 기계적인 이들도 있었습니다. 그런 후 전문의와의 약속이 잡혔습니다. 우리는 아이에게 별 문제가 없다는 소식을 기대했습니다. "이제 자녀와 함께 집으로 가셔도 됩니다" 하고 말해 주기를 바랐습니다.
> 하지만 막상 진단을 받았을 때 눈앞이 캄캄해지고 심장을 날카로운 무엇가로 찔린 듯했습니다. 의사의 말이 마치 사형 선고처럼 강한 힘으로 나를 쳤습니다. 엄습해 오는 충격과 믿을 수 없다는 느낌이 마치 자녀가 죽었다는 소식을 들은 것 같은 느낌이었습니다.[31]

통계에 의하면 성인 인구의 약 19퍼센트가 자녀의 죽음을 경험했다고 한다. 가장 어렵고 힘든 일은 자녀의 죽음에 대한 '부당성'을 다루는 일이다. 내 아이가 나보다 앞서 죽는 일은 있어서는 안 되는 일이다. 도무지 설명이 되지 않는 것이다. 순서가 뒤바뀐 죽음인 것이다. 부모는 흔히 '아이 대신 왜 내가 살아남은 거야?'라고 한탄한다. 젊은 세대가 자라나 나이 든 세대를 교체하는 순환의 질서를 깨뜨렸기 때문이다.

　잃어버린 자녀에 대한 슬픔은 부모를 무력하게 만든다. 다른 어떤 상실보다 더욱 강렬하고도 지속적인 슬픔을 겪는다. 자녀의 죽음은 가장 심각한 사별인 것이다.

　비록 다른 상실을 경험했던 사람이라도 자녀를 잃어버린 적이 없는 경우가 대부분이다. 그 어느 부모도 그런 비극을 대비하는 사람은 없다. 자녀의 죽음은 그 부모의 인생에 그림자를 드리운다.

　부모가 자기 자녀를 잃으면, 또한 그 자녀로 말미암은 모든 관계를 잃는다. 너무나 많은 형태로 괴롭힘을 당하는 느낌을 갖는다. 부모는 자신의 일부, 즉 신체의 일부를 잃어버린 듯한 느낌이 든다. 부모 가운데 어느 한쪽을 닮은 부분이 있었다면, 그러한 쪽 부모의 슬픔은 더욱 깊다.

　부모는 자녀의 모습과 함께 그들의 소리, 냄새, 심지어 손길까지도 그리워한다. 만약 자녀가 아직 부모의 품에서 보살핌을 받아야 하는 단계라면, 그 아이가 죽었을 때 극도로 고통스러울 것이다.

　아이들은 부모에게 미래의 연결고리 역할을 하는데, 이제 더 이상 그 자녀가 세상에 존재하지 않는 것이다. 만약 어린 자녀가 부모에게 반응할 수 있을 정도였다면, 부모는 아주 특별한 사랑의 원천을 잃어버렸다. 그러한 사랑은 필요할 때마다 의존이나 공경, 감사를 표현할 때마다 주어지는 것인데, 이제 그러한 것이 모두 사라져 버린 셈이다. 또한 부모는 자녀에게 숨겨져 있던 보배로운 재능이나 성품을 잃어버렸다. 또한 그 자녀가 자란 후에 이룰 꿈이나 기대도 모두 잃어버렸다. 수많은 사건들로 가득한 다가올 세월들이 찢겨져 나가 버린 것이다.

　로날드는 자녀를 잃은 부모가 겪는 경험을 잘 묘사했다.

　그늘진 슬픔은 감정적으로 '무감각'한 형태로 드러나는 경우가 많습니다. 바깥 자극에 완전히 혹은 충분히 반응할 수 없거나 일상적인 활동에 어느 정도 방해를 받습니다. 마치 감정의 뒷마당에 통증이 자라고 있다가 어떤 상황이나 환경에서 눈물을 터트리게 하는 것과 같지요. 괜찮을 때도 있지만 대부분 슬픔에 얽매여 있습니다. 그늘진 슬픔은 사람에 따라 또는 관련된 독특한 요소에 따라 강도가 다릅니다. 사람에 따라서는 보다 감정적인 경우도 있습니다.

그늘진 슬픔이 있는 한, 자녀를 상실한 사건을 기억할 때마다 일종의 감정적인 반응이 튀어나올 수밖에 없습니다.[32]

일반인들은 자녀를 잃은 상실이나 그 부모의 감정을 이해하지 못한다. 다음과 같은 글을 읽고 생각해 보기 바란다.

부모가 언제 부모이기를 멈추나요? 죽음도 이러한 부모 자녀의 관계를 끊어 놓지는 못하는 것 같습니다. 하지만 자녀를 사별한 부모가 죽은 자녀를 계속해서 자신의 후손들 가운데 포함시키고 자신들의 삶에 연결시키는 것을 보면 이해가 잘 안 됩니다.[33]

아내 조이스와 나는 그러한 슬픔이 무엇인지 안다. 세월이 꽤 많이 흘렀지만 아직도 여전히 우리 기억 속에 생생히 남아 있다. 아들 매튜는 1990년, 스물두 살의 나이로 세상을 떠났다. 매튜는 우리 부부에게 상실이 무엇인지 지속적으로 깨닫게 하는 삶을 살게 해 주었다. 그가 태어났을 때 뇌에 손상이 있는 정신박약 상태였다. 우리 부부는 아직도 그 일을 생생히 기억한다. 그 아이의 진단 결과 즉시 수술을 하고 2주간 입원을 했다. 그러던 어느 날 병원에서 즉시 병원으로 와 달라는 전화가 왔다.

아들 매튜의 삶과 죽음은 우리 삶을 온통 변화시켰다. 매튜는 우리의 삶과 사역의 방향을 결정해 주었다. 그의 죽음 이전에도 그리고 죽음 이후에도 그러했다. 다행스럽게도 우리는 경험을 통해 많이 배우고 성장했으며, 사역을 위한 새로운 방향을 갖게 된 셈이다.

　기억할 사실은 각 부모마다 사별의 경험이 다르다는 점이다. 다양한 요소로 인해 색깔이 달라질 것이다. 모든 부모의 사별 경험을 한 가지로 뭉뚱그려 설명하는 것이나 단지 내가 자녀를 잃었다는 것 때문에 그러한 부모들은 비슷할 것이라고 가정하는 것은 잘못이다. 자녀를 잃은 부모를 이해하고 싶다면 다음 요소들을 항상 고려해야 한다.

1. 상실과 함께 사라진 관계의 의미와 특징들
   - 사라진 관계의 독특한 성격과 의미.
   - 잃어버린 관계의 친밀한 정도.
   - 잃어버린 자녀가 차지했던 역할.
   - 세상을 떠난 자녀의 성품.
   - 부모와 자녀 사이에 다 해결하지 못한 문제.
   - 부모가 보기에 자녀가 인생에서 성취한 정도.
   - 부모 입장에서 느끼는 이차적인 상실의 종류나 정도.

2. 슬퍼하는 부모들의 특징들
   - 부모가 슬픔에 대응할 수 있는 인생에서 성취한 정도.
   - 부모의 지적 혹은 인격적 성숙 정도.
   - 부모의 과거 상실이나 죽음의 경험.
   - 부모의 사회 문화적 혹은 종교적, 철학적 배경.
   - 부모의 성 역할에 대한 정의.
   - 부모의 나이.
   - 부모의 삶에 주어진 동시 다발적인 위기나 스트레스.

3. 죽음의 특징들
- 죽음을 당한 시점.
- 죽음의 예방 가능성에 대한 부모의 인식.
- 죽음이 급작스러웠는지 아니면 예상된 것이었는지 여부.
- 죽기 전 병상에서 보낸 기간.
- 죽어 가는 아이와 함께 부모가 보낸 슬픔의 기간.

4. 자녀의 죽음에 대한 부모의 반응에 영향을 미치는 사회적인 요인
- 부모의 사회적 지지 체계와 사회 구성원들로부터의 수용 및 지원.
- 부모의 사회 문화적 혹은 종교적, 철학적 배경.
- 부모의 교육 및 경제적, 직업적인 지위.
- 장례식 형태.

5. 자녀의 죽음에 대한 부모의 반응에 영향을 미치는 신체적인 요소
- 부모의 약물이나 진정제 사용 여부.
- 부모의 영양 상태.
- 부모의 수면 상태나 휴식 정도.
- 부모의 건강 상태.
- 부모가 운동하는 정도.

이러한 다양한 변수를 이해하지 못한 채, 그리고 각 변수가 부모의 애도 경험에 어떤 영향을 미치는지 알지 못한 채, 누군가의 슬픔을 판단한다는 것은 결코 정당하다고 볼 수 없다.[34]

**잃어버린 자녀에 대한 부모의 죄책감**
어떤 부모는 자녀의 죽음이 자신들의 잘못이라고 여긴다. 그 자녀에게 일

어난 일을 좀 더 통제할 수 없었던 것에 분노나 좌절감을 느낄 수도 있다.[35]

자녀의 죽음과 함께 부모는 자신들의 기본 역할, 즉 자녀를 돌보고 가족을 돌보는 일에서 실패했다고 느낄 수 있습니다. 부모란 자기 자녀들을 보호하고 필요를 채워 주어야 하니까요. 부모는 자녀를 모든 위험으로부터 지켜야 하는 것이죠.

자녀야말로 건강하게 자라나서 부모의 죽음을 지켜야 하는 것 아닌가요? 이러한 일에 '실패'했을 때, 곧 그 아이가 죽었을 때 부모들은 가장 기본적인 기능에서 실패했다고 느끼는 것입니다.

어떠한 자녀의 죽음도 부모에게는 자신의 정체성에 대한 치명적인 공격이 됩니다. 왜냐하면 부모 입장에서 더 이상 자녀를 돌봐야 할 역할을 수행할 수 없기 때문이고, 어쩔 수 없는 실패감이나 능력 상실 및 자신의 권한이 침해된 것을 경험할 수 있기 때문입니다. 환멸이나 공허감, 불안함이 따라올 수 있고 자신이 위축된 느낌을 받습니다. 이로 인해 부모는 죄책감을 느끼는 것입니다.[36]

부모의 죄책감에는 여러 가지 형태가 있는데, 어떤 부모는 자신이 살아남아 있는 자체를 자책하기도 한다. 자녀는 세상을 떠났는데, 자신들은 여전히 살고 있다는 것이 옳지 않다고 느끼는 것이다. 또 어떤 부모는 떠나간 자녀의 질병과 연관된 죄책감을 느끼는데, 자신이 잘못해 자녀가 아프거나 죽었다는 생각을 한다. 어떤 부모는 자녀를 보호하지 못했다는 것 때문에 죄책감을 느낀다. 아니면 자녀의 죽음에 어떤 형태로든지 책임이 있다고 믿고 죄책감을 품고 사는 경우도 있다. 혹은 도덕적이거나 종교적인 규범을 어겼기 때문에 벌을 받아 아이가 죽었을 것이라는 도덕적인 책임감을 경험하는 부모도 있다.[37]

**잃어버린 자녀에 대한 부모의 분노**

어떤 부모는 자녀와 사별하고 분노의 문제로 어려움을 겪는다. 누군가의 부주의 때문에 사고를 예방하지 못했다고 생각해 그 누군가에 대해 분노하거나 그런 일이 발생하도록 방치한 부당함에 대해 분노한다. 또는 자신들의 삶에 방해를 받은 것에 대해 그리고 하나님에 대해 분노할 수도 있다. 그러한 분노는 꽤 여러 해 동안이나 솟아올랐다가는 사라지곤 한다.

하지만 자녀를 잃은 부모는 상실과 함께 성장해야만 할 것이다. 부모는 흔히 자녀의 활동이나 성취를 통해 자신들의 삶을 기념하려 한다. 자녀는 세상을 떠났지만, 이러한 활동이 있는 날들은 연중 계속하여 돌아온다. 여섯 살 생일이나 이제 막 10대로 넘어가는 열한 살 생일, 운전면허를 받은 날, 졸업이나 결혼 혹은 자녀를 출산했던 날 등, 이 모든 날들이 다가오면 갑작스레 슬픔의 파도도 밀려올 것이다. 이때 부모들이 할 수 있는 일이 있다면, 단지 분노하지 않는 것일 뿐이다.

**비정상적인 결혼생활**

자녀가 세상을 떠난 후, 어떤 가정은 결혼생활 자체가 삐걱거리는 경우도 있다. 마치 결혼의 핵심적인 뼈대가 공격을 받은 느낌이다. 부모는 형제나 자매를 잃어버린 다른 자녀들을 돌봐야 할지도 있다. 상당 기간 직장을 쉬었기 때문에 다시 복귀한 직장일로 압박감을 느낄 수도 있다. 슬픔으로 인해 부모의 일상적인 역할조차 너무 벅차서 일을 닥치는 대로 처리할지도 모른다. 자녀가 아파서 많은 치료비가 든 경우에는 재정적인 부담을 느낄 수도 있다. 이러한 모든 일들이 결혼생활에 긴장감을 더한다.

내가 듣기로 자녀를 잃어버린 가정의 90퍼센트가 1년 안에 결혼생활에 갈등을 겪는다고 한다. 특히 하나밖에 없는 자녀를 잃은 경우 이혼율 또한 매우 높다고 한다.[38] 한 통계에 의하면, 폭력적인 사고로 죽은 아이의 부모 가운데 약 70퍼센트가 별거하거나 이혼했다고 한다.[39] 자녀를 상실하면서 가족이 해체 위기를 겪은 후엔 다시 가느다란 실로 엮이는가 싶다가, 또 다른 사건으로 인해 나머지 가닥까지 끊어져 버리는 것 같다. 또한 부부 관계보다도 자녀를 돌보는 부모 역할이 보다 강화되는 것은 자연스런 결과일 수 있다.

최근에 '컴패셔넛 프렌즈'(The Compassionate Friends)라는 기관에서 설문 조사를 했는데 다음과 같은 결과가 나왔다.

> 우리 기관에서 조사한 결과에 의하면, 자주 인용되었던 자녀의 사망 후 이혼율이 오류가 있었던 것이 분명하다. 대체로 자녀가 사망했을 때, 함께했던 부모의 72퍼센트가 이후에도 여전히 함께 산다. 나머지 28퍼센트 가운데 16퍼센트의 부부는 그중 한 배우자가 먼저 세상을 떠났고 단지 12퍼센트의 결혼만이 이혼으로 끝났다. 이러한 통계가 표본 집단 관계로 약간은 수치가 낮게 나왔을 수도 있지만, 자녀를 잃은 부모의 이혼율이 이제까지 인용되었던 것보다 현저히 낮다는 결론에는 의심할 여지가 없다.[40]

자녀의 사망으로 인해 이혼한다는 것은 무리한 억측인 셈이다. 바르게 접근한다면 비극적인 경험도 상호 위로와 지지, 성장을 위한 기회가 될 수 있다.

우리 자신이 경험했던 사별에 대해 반추해 보는 것이 도움이 되리라고 본다. 자신이 경험한 슬픔의 여정이 사역에 도움을 주거나 방해가 될 수도 있다. 하지만 성도들에게는 죽음은 마지막이 아니라 단지 장소의 이동일 뿐이다. 그렇기에 아직 이곳에 남은 자들에게 위로자가 필요한 것이다.

"찬송하리로다 그는 우리 주 예수 그리스도의 하나님이시요 자비의 아버지시요 모든 위로의 하나님이시며 우리의 모든 환난 중에서 우리를 위로하사 우리로 하여금 하나님께 받는 위로로써 모든 환난 중에 있는 자들을 능히 위로하게 하시는 이시로다"(고후 1:3-4).

Crisis & Trauma
Counseling

# 14
# 자살의 위기
The Crisis of Suicide

어느 월요일, 딸과 조카를 데리고 외출했다가 집에 돌아오니 어느덧 저녁 늦은 시간이었다. 저녁 식사가 끝나고 아내 조이스가 '여보, 할 이야기가 좀 있어요' 했다. 우리는 거실 소파로 가서 앉았다. 아내가 조심스레 말을 건넸다. "여보, 어제 교회에서 한 부부에게 비극적인 일이 일어났어요. 그렇지만 당신이 할 수 있는 일은 아무것도 없었을 거예요."

조이스의 설명에 의하면, 한 남자가 아내와 별거 중이었는데, 주일 아침에 아내 집으로 찾아와서 아이들을 보게 해 달라고 요구했다고 한다. 아내가 거절하자, 가져온 권총으로 아내를 죽이고 자기 자신도 자살해 버렸다는 것이다.

나는 바로 3일 전에 그 남편을 만나 첫 번째 상담을 했다. 그는 우리 교회 목사님과도 두 번을 만나 이야기를 한 적이 있다고 했다. 그런 비극이 있기 전날에도 그가 내게 전화를 해서 잠시 동안이지만 이야기를 나누었다.

알다시피 우리와 이야기한 적이 있던 사람이 목숨을 끊는 경우에는 항상 어안이 벙벙해진다. 이런 일이 여러분에게 일어났다면 어떻게 반응할지 자못 궁금하다.

## 미리 준비해 두라

상담자 대부분은 자살 상황을 다루길 원치 않지만, 그러한 상황은 언젠가는 닥친다. 사역을 하다 보면 이미 자신의 생명을 포기한 사람들이 자살 계획을 세우는 것을 종종 경험한다. 어떤 이들은 전혀 경고도 없는 반면, 어떤 이들은 마치 도와 달라고 비명을 지르는 것처럼 표시를 하기도 한다.

### 사례 1

섬기던 교회에서 젊은이들과 교육 담당 목사로 지명되기 전, 집을 떠나 대학을 다니던 한 형제가 있었다. 마지막 학년이 되었는데 자기가 공부하던 한 과목에서 9년 만에 처음으로 A학점을 놓쳤다. 어떻게 된 일인지 그 친구는 그러한 상황을 감당하지 못하고 캠퍼스에 있는 높은 탑에서 뛰어내려 죽고 말았다. 5년 후에는 그의 아버지가 권총을 자기 머리에 쏘아 생을 마감했다. 다른 두 아들이 우리 교회 중고등부에 나왔기 때문에, 나는 그 아이들을 볼 때마다 과연 그들은 자기 아버지나 형에 대해 어떻게 생각할지 궁금했다. 다행히도 그 아이들은 안정된 것 같았고, 특별한 비극 없이 무사히 자랐다.

### 사례 2

애인이 자살한 젊은 여성을 상담한 적이 있다. 그 애인은 롱비치에 있는 토마스 다리에서 투신하여 시신을 발견하기까지 2주나 걸렸다. 대화를 나눠 본 후에 나는 그녀가 매우 불안한 증상과 함께 낮은 자존감을 가진 것을 알 수 있었다. 그녀는 자살한 애인에게 무척 의존하고 있었기 때문에 이제 그녀의 모든 세상이 산산조각이 난 셈이었다. 그녀 또한 자살 충동을 매우 심하게 느끼고 있었는데, 당시 상담하는 동안 과연 다음 시간에 그녀를 다시 볼 수 있을까 걱정될 정도였다.

다음 번 만남에서 그녀의 손에 난 상처를 보았다. 무슨 일이 있었냐고 물었더니 사흘 전, 한 남자가 자신의 아파트를 침입해서 자신을 해치려고 했기 때문에 몸싸움을 하다가 다쳤다고 했다. 침입자는 그녀를 겁탈하려고 하다가 실패하자 도망쳤다. "난 경찰이 그 사람을 찾지 못했으면 좋겠어요. 내가 직접 찾으면 어떻게 해 줄지 생각해 뒀어요."

그녀에게서는 조용하지만 단호하고 통제된 분노가 느껴졌다. 나는 그녀가 자살할 위험이 상당히 높았기 때문에 몇 주에 걸쳐 상담을 했고, 그녀를 정신과의사에게도 연결해 주었다.

자살의 위기에 있는 사람들을 도울 때는 자살하려는 당사자뿐만 아니라 남겨질 가족이나 사랑하는 사람까지 고려해야 한다.

### 사례 3

여러 해 전, 한 교회에서 교사 훈련을 했다. 그때 참가자 중에 하루 종일 진행되는 훈련에 거의 집중하지 못하는 이가 있었다. 그런데 마침 오후 휴식 시간에 그가 내게 와서 왜 자신이 훈련에 참가했는지 설명해 주었다.

약 한 달 전에 모 주립대학교에 입학해서 공부하던 스무 살짜리 자기 아들이 자살했다고 했다. 그의 아들은 매우 총명한 학생으로 아무나 가기 힘든 대도시 주립대학에 진학한 것이었는데, 더 이상 살아갈 이유를 못 찾았던 것이다. 그의 아들은 죽음을 심혈을 기울여 계획했다고 한다. 캠퍼스에서 가까운 바닷가에 가서 극독물 한 컵을 마셨다. 그의 아들이 죽기 전에 쓴 20쪽 분량의 노트를 보여 주었는데, 확실히 죽기 위해서 충분한 양의 약물을 마셔야 하지만 너무 많이 마셔서 죽음의 과정을 경험하지 못하는 일이 없도록 해야 한다고 쓰여 있었다.

그 아버지에게 과연 무슨 말을 해 주어야 할 것인가? 온갖 상처와 고통을 겪는 이들에게 도움의 손길을 내밀고자 한다면, 이러한 상황이 우리 사역의 현장임을 이해해야 한다.

교회에서 상담 책임을 맡은 이들은 본 장을 반드시 읽기를 바란다. 교회의 목회 비서들이나 직원, 사모들도 읽어야 한다. 왜냐하면 자살 충동에 사로잡힌 사람들이 교회에 전화하거나 방문했을 때, 상담가가 부재중에라도 바로 그들이 상황을 다룰 수 있어야 하기 때문이다. 상담가가 돌아올 때까지 그러한 사람을 붙들어 놓거나 잡아 둘 수 없기 때문이다.

교회 전 직원이 준비돼 있어야 한다는 중요성을 몇 년 전에 배웠다. 자살 충동을 가진 여러 사람들을 상담할 때였다. 어느 날 저녁, 예배를 막 시작할 무렵에 전화를 받았다. 내가 상담하는 사람 가운데 한 여성이 손목을 그었고 집에 가스를 켜 놓았다는 것이다. 난 그녀에게 곧바로 가스를 잠글 것과 손목의 상처는 그렇게 심각하지 않을 것이라고 안심시켜 주었다. 하지만 곧바로 그녀의 집으로 가서 도와주어야 했다. 난 사람들을 시켜 아내를 불렀고 아내에게 전화기를 건네 주면서 '내가 가는 데 20분은 걸릴 테니 당신이 무슨 이야기든지 하면서 전화를 끊지 말고 시간을 벌어 줘. 나중에 봐요' 하고 곧바로 문을 나섰다. 내가 그 집에 가서 약 2시간 동안 그녀를 돌보고 있으려니 그녀의 남편이 도착했다. 남편에게 아내를 도와주고 안정시키도록 부탁했다.

나중에 집에 돌아오니 아내가 말했다. "여보, 당신이 학생들에게 자살 시도자에게 상담하는 방법을 가르쳐 왔는데, 나도 좀 배워야 할 것 같아요."

나도 공감하는 바라 시간을 내 아내에게 훈련을 해 주었던 적이 있다. 이러한 일은 목회자 사모나 교회 직원들에게도 해당될 것이다. 당신이 상담자라면 그들이 다른 사람을 돕는 일에 자신감을 갖도록 가르쳐 주라.

## 성경과 역사 속 자살

성경에서는 비록 여러 차례의 자살 사건을 역사적인 기록으로 보여 주지만, 자살 자체를 비판한 경우는 볼 수 없다. 구약에서는 다음과 같은 사례가 있다.

- 아비멜렉(삿 9:54).
- 삼손(삿 16:28-31).
- 사울(삼상 31: 1-6).
- 아히도벨(삼하 17:23).
- 시므리(왕상 16:18).
- 사울의 병기 잡는 자(대상 10:5).

신약에서는 가롯 유다 이야기가 있다(마 27:3-5). 성경 외적인 이야기들도 많은데, 그 가운데 가장 유명한 이야기는 수년에 걸친 로마의 침공을 겪은 마사다의 집단 자살일 것이다.

교회에서는 여러 세기 동안 자살에 대해 침묵해 왔다. 아마도 어거스틴이 자살에 관해 언급한 최초의 사람일 것이다. 그는 자살이 비율법적인 것이고 사람이 심약하기 때문에 일어난다고 보았다. 13세기에 토마스 아퀴나스는 '살인하지 말라'는 계명이 타인뿐 아니라 자신에 대한 살인도 포함한다고 언급했다.

AD 452년, 아를레스 공회에서 처음으로 자살을 정죄하는 결정을 했다. AD 533년, 2차 오를레앙 공회에서 자살한 사람을 위한 헌금이나 기부를 금지했다. AD 693년에는 자살을 시도했던 사람들에게 교회 성도로서의 자격을 2달 동안 정지하는 벌을 내렸다.

중세기 동안, 시민법에서도 교회의 가르침을 따라 자살을 금지했다. 그래서 자살자의 시신은 훼손시키는 것이 일반적인 관습이었다. 자살한 사람의 시신을 길거리로 끌고 나와서는 시신의 심장을 막대기로 찌르거나 때로는 시신을 한길에 던져 놓아서 새들이나 짐승의 밥이 되게 했다. 혹은 교수대에 달아서 부패하게 했다.

미신이나 두려움도 많이 얽혀 있다. 만약 집에서 자살했다면, 시신은 문이 아니라 창문을 통해서만 옮겨야 한다느니, 벽의 일부를 헐어야만 한다느니, 하는 식이었다. 스코틀랜드에서는 자살자의 시신을 바다가 보이는 곳이나 경작지가 보이는 곳에 묻으면, 어업이나 농작물에 큰 피해가 있다는 전설이 있다.

1882년 영국에서는 자살자도 일반인과 동일하게 장사지내도록 법으로 명령을 내렸다. 하지만, 이러한 죽음에 대한 강한 감정이나 반응은 수세기 동안 불식되지 않았다. 오늘날 유대교와 기독교의 영향으로 자살에 대한 반응이 좀 부드러워졌다. 특히 자살자의 유족에 대한 지원을 강조한다. 자살자는 반드시 지옥에 갈 것이라는 입장도 바뀌었다. 자살한 사람이 겪은 스트레스와 힘든 여건을 보다 이해하기 시작했고, 그들이 자살을 하게 된 근본 동기는 오직 하나님만이 아실 것이라는 입장이다.

## 자살은 이기적인 행위다

자살이란 생존 가능성이 희박할 때, 고의적으로 자신을 파괴하는 행동이다. 이것은 주요한 사회 문제이기도 하다. 미국에서만 1년에 3만 4천 명 이상이 자살을 한다. 매일같이 거의 2,000명이나 되는 사람들이 자살을 시도한다.[1] 이 통계가 정확하지 않을 수 있는데, 대부분의 자살이 보고되지 않거나 확인되지 않기 때문이다. 세계적으로 자살 시도자가 매년 5백만 명이고 실제 자살자가 50만 명이다.[2] 자살을 시도하는 10-20퍼센트의 사람들이 결국 목숨을 잃는 것이다.[3] 특히 15-19세의 청소년 그룹에서도 자살을 하는데, 사고와 암 다음으로 가장 높은 사망 원인이다.[4]

### 자살의 원인

가장 큰 이유는 심리적인 통증, 혹은 정서적 고통 때문이다. 미국 자살학회를 창설한 에드윈 슈나이드맨(Edwin Schneidman)은 다음과 같이 설명한다.

정서적 고통(psychache)이란, 마음속에 있는 고민이나 통증을 말한다. 그것은 본래 심리학 용어인데, 감당할 수 없을 만큼의 수치심이나 죄책감, 공포, 외로움, 불안, 늙음과 죽음에 대한 두려움 등을 말한다. 정서적 고통이 생기면 내면으로 침착하게 되고 마침내 견디기 힘들 만큼 고통스러운 단계에 이르러 자살을 시도하는 것이다. 고통스런 의식의 흐름을 적극적으로 중단하고자 하는 노력인 셈이다. 그런 의미에서 자살은 마음속에서 이뤄지는 비극인 것이다.[5]

심리적인 고통은 다양한 형태로 나타난다. 슈나이드맨 박사는 자살로 치닫게 만드는 심리적인 요인을 다섯 가지로 분류한다.

1. 어떤 이들은 자신의 사랑이나 소속감의 욕구가 좌절되었기 때문에 자살한다.
2. 어떤 이들은 자신의 성취하고 자율적으로 살고, 질서를 유지하고 이해할 수 있도록 삶에서 계속 통제하고, 무엇이든 예측하고, 질서가 정연하기를 원한다. 그런데 그것이 뜻대로 되지 않을 때 자살을 선택한다.
3. 어떤 이들은 자신의 자화상이 공격을 받았다고 느낄 때 수치심이나 패배감, 모멸감, 체면 깎이는 일을 피하려고 자살한다.
4. 어떤 이들은 자신과 핵심적인 인간관계가 파괴되면, 인정과 배려의 욕구가 채워지지 않아서 자살한다.
5. 어떤 이들은 지나친 분노와 적개심을 갖는데, 그럴 때 자신의 지배나 통제의 욕구들이 방해를 받아 자살하기도 한다.[6]

만약 당신이 자살하려고 시도하는 사람을 상담한다면 위의 다양한 욕구를 살펴봐야 한다. 결국 자살하려는 마음의 상태를 살피는 것이다. 자살을 시도하는 사람들의 마음에 공통적인 조짐이 있는데 속박감, 즉 바싹 죄어지는 느낌이다. 속박감은 관심의 초점을 좁히거나 터널처럼 만드는 것이라 할 수 있다. 그러면 자살 시도자에게서 가장 위험한 단어인 '오직' 혹은 '유일한'이란 말만 듣게 되는 것이다.

- 내가 생각할 수 있는 것은 오직 자살뿐이야.
- 유일한 해결책은 …….
- 이 문제를 해결할 수 있는 유일한 길이야.

만약 당신이 그러한 말을 들었다면 바로 속박감에 대해 이야기할 필요가 있고 다른 대안을 찾을 수 있도록 도와주어야 할 것이다. 슈나이드맨 박사는 '가리개를 치우고 시야를 넓혀야 한다'고 이야기한다. 그러고 나면 다른 가능성을 발견할 수 있기 때문이다.[7]

자살을 시도하는 사람들은 자살만이 유일한 해결책이라고 본다. 그러므로 그들에게 다른 해결책도 있을 수 있으며, 그 다른 처방을 발견할 수 있도록 도와주자.

### 자살의 유형

자살 충동을 가진 사람들을 상담하다 보면 자살의 다양한 유형을 발견할 것이다. 크게 4가지로 분류할 수 있다.

**우울증.** 우울증으로 자살하는 사람이 있다. 자기 자신이 감당하거나 조절할 수 없는 일련의 상황으로 아주 심각한 분노가 머리끝까지 차 올라 있다. 마침내 억압된 분노가 자기 자신을 향하면 자살을 하게 된다. 우리 교회 안에서도 '자살로 끌려가는' 우울한 사람들이 더러 있다. 하지만 그런 사람들을 알아채기가 어렵다. 그들은 스스로의 분노뿐 아니라 우울한 증세를 억누르기 때문이다. 누군가 죽은 후에야 비로소 모두 놀라거나 충격을 받는다.[8]

**고통으로부터의 탈출.** 많은 사람들은 자신의 고통으로부터 벗어나기 위해 자살을 시도한다. 고통에 대한 인내력이 부족한 사람이나 오랫동안 고통스러운 상황에 놓여 있었던 사람은 자살하기가 쉽다. 심각한 고통을 견디는 사람들은 대개 3가지 선택을 한다. 고통을 줄이기 위해 정신적인 왜곡 상태에 빠지거나, 마약이나 알코올에 의존하거나, 아니면 자살을 한다. 그들은 흔히 다음과 같이 말한다. "난 죽고 싶지 않아요. 하지만 다른 길을 모르겠어요. 난 더 이상 견딜 수 없어요."[9]

**복수.** 복수하느라 자살하기도 한다. 10대들은 친구에게서 상처를 받거나 거절을 당하면 못 견뎌 한다. 그러면서 살고자 하는 욕망보다 복수하고자 하는 열망이 더욱 강해진다. 또 어떤 사람은 사랑하던 사람이나 가족, 친구의 죽음을 감당하기 힘들어한다. 환자들이나 노인들이 자살을 한 후 남긴 쪽지에 보면 남들에게 짐이 되는 것이 너무 감당하기 힘들었다고 한다.

**소망이 사라짐.** 자살하는 사람들의 25퍼센트는 사는 것과 죽는 것 사이의 경중을 매우 심사숙고한 끝에 자살한다. 그들의 결론은 죽음이 최선의 선택이라는 것이다. 평범한 사람들에게는 그렇게 생각하는 사람들이 있다는 사실 자체가 매우 이상하게 보일지도 모른다. 그렇기 때문에 소망이 없는 사람들에게 그리스도에 관한 기쁜 소식을 전해야 하는 것이다.

## 잘못된 속설

자살과 관련한 근거없는 속설을 알아 두면 자살이 과연 어떤 것인지 이해하는 데 도움이 된다.

### 속설 1. 자살이나 자살 시도는 동일한 류의 행동이다

대체로 자살하는 사람은 죽기를 바랐던 사람이 저지르고, 자살 미수는 희미하게나마 살고 싶은 욕구가 있는 사람이 저지르는 행동이다. 자살 미수는 도움을 요구하는 부르짖음이라 할 수 있다. 자살 소동을 벌이는 사람은 무엇인가 변화를 원하는 사람인 셈이다. 그들 대부분은 구조되기를 바란다.

어떤 이들은 자살 시도를 하되 너무 무리하여 원치도 않는 죽음을 맞기도 한다. 한 여성은 자기 남편의 관심을 받으려고 6개월마다 자살을 시도했다. 남편이 도착하기 직전에 가스를 틀어 놓아서 남편이 들어오자마자 거의 무의식에 빠져들어가는 아내를 발견하게 한다든지 하는 것이다. 그런 사건 직후엔 자연스레 남편으로부터 많은 관심을 받았지만, 비슷한 행동을 계속하자 남편의 관심도 점차 시들해져 갔다. 그러나 한 번은 남편이 예상보다 두 시간이나 늦게 퇴근하는 바람에 그 여성은 결국 죽고 말았다.[10]

### 속설 2. 자살은 특정 사람들만의 문제다

자살은 부자에게만 주어지는 저주나 가난한 사람들에게만 주어지는 질병이 아니다. 사회경제적인 차별이나 인종이나 나이와도 무관하다. 가난한 가정 출신 10대 아이들이 스트레스를 받고 자살을 하지만 그 원인은 가난이 아니라 따돌림 때문이다.

흑인 남성에 비해 백인 남성의 자살률이 조금 더 높다. 비록 여성들이 자살 시도는 더 많이 하는 편이지만, 실제 자살한 경우는 남성이 여성보다 많은 편이다. 나이가 열다섯 살인 경우, 여자아이들이 평균 64회의 자살 시도를 하는 가운데 한 명이 실제 자살한다고 한다. 한편 남자아이들은 평균 6회 미만의 자살 시도를 하는 가운데 한 명이 실제 자살한다. 많은 청년들도 주의를 끌기 위해 자살을 시도하기도 한다.

### 속설 3. 자살에 관해 이야기하는 사람은 자살하지 않는다

거의 80퍼센트의 사람들이 실제 자살을 행동으로 옮기기 전, 자신의 의도를 누군가에게 이야기한다. 그러므로 자살에 대한 어떤 낌새나 위협도 신중하게 받아들여야 한다. 비록 작을지라도 분명한 경고이기 때문이다. 하지만 그러한 징조를 주변에서는 명백하게 인식하지 못한다는 것이 문제다. 불행히도 많은 경고들이 아무도 눈치 채지 못한 채, 혹은 무시된 채 지나갔다는 것이다. 그러기에 어떤 징조든 심각하게 받아들이라. 정신이 흐릿해진 사람이 도와 달라고 외치는 절규인 것이다. 그 사람은 절망감을 느끼며 당신을 신뢰하여 마지막 호소를 하는 것일 수 있다.

일리노이대학 심리학 교수인 벤 알렌(Ben P. Allen)은 다음과 같이 말한다.

자살을 거론하는 사람을 무시하는 것은 최선의 해결책이 아니다. 자살하겠다고 위협하는 사람의 말은 항상 심각하게 받아들여야 한다. 그것은 매우 중요한 경고 신호이기 때문이다. 때로 그냥 하는 소리처럼 보이는 경우도 있고, 비록 단순히 주의를 집중시키고자 하는 시도라 할지라도 상담자는 결코 그런 가정을 따라가서는 안 된다. 상담자는 그것을 어떻게 알 수 있을까?[11]

**속설 4. 한 번 자살 충동을 느끼면, 그런 경향은 영원히 계속된다**
이는 사실과 다르다. 많은 사람이 자살을 생각하거나 시도했을지라도 후에 자신들의 문제에 대한 해답을 발견하면 더 이상 자살을 생각하지 않는다.

**속설 5. 자살은 유전된다**
가족 가운데 자살을 한 사람이 있을 때, 이러한 근거 없는 믿음 때문에 다른 가족도 자신의 미래 행동을 두려워할 수 있다.

가족 중에 자살한 사람이 있을 경우 남은 가족은 사랑하던 사람이 자살했던 것처럼 자신도 자살하지 않을까 하는 두려움에 휩싸였다고 한다. 그 원인에는 여러 가지가 있다. 첫 번째 원인은 이전에는 생각조차 해 보지 못했던 자살이라는 가능성이 삶의 틀에 더해졌다는 것이다.

두 번째, 자살을 생각하기 쉬운 우울증이라든지 정신적 혹은 정서적 불안증 등에 취약한 유전적인 성향이 있을 수 있다. 끝으로, 비록 우울증이라는 선천적이거나 유전적인 인자가 없더라도 사랑하던 사람의 자살로 인해 우울해지는 것은 자연스러운 것이다. 물론 보다 자세한 연구가 이 방면에서 이뤄져야 할 것이다.[12] 또한 가족적인 환경이나 본보기는 다른 가족에게 영향을 미치는 요소가 된다.

### 속설 6. 만약 믿음이 있는 성도라면, 자살하지 않을 것이다

불행히도 그것은 사실이 아니다. 어떤 이들은 말하기를 만약 그가 진정으로 거듭난 참된 신자라면 자살을 생각할 정도로 불행해질 수 없다고 한다. 하지만 그리스도인도 비그리스도인과 마찬가지로 신체적, 정서적 장애를 경험한다. 자살을 생각하도록 이끄는 다양한 이유들이 있기에 우리는 아무도 자살 충동에 대한 면역력이 없다는 사실을 기억해야 한다.

### 속설 7. 자살과 우울증은 동일한 것이다

자살을 시도하는 대부분의 사람들은 높은 스트레스를 경험하지만, 스트레스를 받는 모든 사람이 자살을 생각하진 않는다. '난 그이가 왜 이렇게 했는지 이해할 수가 없어. 그이가 불행하거나 우울해 보이진 않았어'와 같은 말을 하는 것은, 자살은 오직 불행하거나 우울한 사람만 하는 것으로 믿고 있음을 보여 준다. 우울증만이 자살의 배후 징조는 아니다. 하지만 누군가가 우울해 한다면, 자살의 징조가 있는지 주의를 기울여야 한다.

### 속설 8. 자살의 위기를 지난 후 개선되면, 자살의 위험이 사라진다

로스앤젤레스 자살예방센터의 연구에 따르면, 자살 소동을 벌인 사람들의 거의 반 정도가 마침내 자살을 하는데 대개 첫 번째 자살 시도 후 3개월 이내에 그렇게 했다고 한다. 그러므로 자살 소동 직후의 일정 기간은 세심한 주의를 기울여야 한다. 자살 소동 직후, 자신의 문제가 모두 해결되었다든지, 지나치게 행복한 것처럼 보인다면 더욱 주의를 기울여야 한다.

앞에서도 지적한 것처럼, 자살률에 대한 정확한 통계치를 얻기란 어렵다.

우리가 흔히 아는 수치의 2배가 될 수도 있다. 하지만 다음 통계를 보면, 어떤 부류의 사람들이 자살 위험이 높은지 알 수 있다.

전 연령에 걸쳐 남자의 자살률이 여자보다 훨씬 높다. 65세 이상 미국 남성들의 자살률이 가장 높은데, 10만 명당 38명이고, 나이가 많아질수록 비례적으로 비율도 높아진다. 85세 정도에서는 10만 명당 60명이며, 특히 캘리포니아 주에서는 그 이상의 나이에서 10만 명당 103명이다. 이러한 수치는 전체 인구의 10만 명당 12명에 비해 확연한 대조를 이룬다.[13] 왜 이런 상황이 발생하는가?

노인들은 자주 피곤하고 슬프거나 외롭거나 아프다. 특히 남성은 직업을 잃어버리기 때문에 삶의 의미 있는 많은 부분을 상실한다. 우리 사회의 문제 가운데 한 가지는 남성들이 지나치게 자신의 직업에 강조점을 둔다는 것이다. 직업이 정체성이나 자존감의 근거인 셈이다. 그래서 의미를 줄 수 있는 다른 대안이 없이 은퇴하는 것은 마치 풍선에서 바람을 빼 버리는 것과 같다. 아무것도 남아 있지 않는 것이다. 이러한 사실이 그들의 우울증이나 증가된 자살률에 반영되는 셈이다.

그럼 노인들을 어떻게 도울 수 있는가? 혹 가족 가운데 노인이 있다면 그를 주의 깊게 살펴보라. 아프거나 우울해하지는 않는가? 정서적으로 안정되어 있는가? 재정은 충분하며, 생활 필수품을 쓰고 있는가? 어쩔 수 없이 양로원이나 친척에게 의탁해서 살며 독립적인 생활을 포기했는가? 자신의 좌절감을 어떻게 다루는가? 미래에 대해 이야기하는가? 아니면 과거의 추억 속에 살고 있는가?

노인들도 다른 자살자들과 마찬가지로 자신의 의도를 내비치는 편이다. 혹시 노인이 짐을 꾸리거나 소중히 아끼던 것을 포함하여 물건들을 버린다면, 주의를 기울이라. 오랫동안 우울증에 빠져 있던 노인이 갑자기 쾌활해진다면 특히 위험할 수 있다.

노인들도 신체검사가 필요하다. 그들에게 보람을 느낄 수 있도록 하고 격려와 칭찬을 해 드리라. 가족 활동에 노인도 포함시키도록 하라. 교회 지원팀이 정기적으로 그들을 만나도록 준비시켜라.

내가 한 가지 우려하는 바는 양로원이나 실버 타운에서 애완동물을 기르지 못하게 하는 정책이다. 애완견이나 고양이는 노인들이 좋아할 수 있고 또한 애완동물을 돌봄으로써 수명도 길어질 수 있다. 할 수 있는 방법 안에서 노인들의 외로움을 덜어주기 위해 애를 써야 한다.

상담자의 사명은 노인들이 다시 한 번 인생을 긍정적으로 볼 수 있도록 도와드리는 것이다. 그들이 갖지 못했거나 할 수 없는 일보다 그들이 할 수 있는 일에 초점을 맞춰 도와주라.

## 자살하는 사람은 누군가에게 언질을 남긴다

일상생활에서 내담자와 이야기를 하거나 사람들과 만남을 통해 한 가지 깨달은 사실이 있다. 자살하려는 사람의 언어적, 혹은 비언어적 징후에 무엇이 있는지 알아두는 것이다.

1. 자살하려는 시도 : 이것은 가장 분명하고도 극적인 구조 요청 신호다. 자살을 시도했던 사람에게는 즉각적인 도움과 지원이 필요하다.
2. 자살하겠다는 위협 : 어떤 형태의 위협도 심각하게 생각해야 한다. 자살에 대한 이야기를 한 사람은 대부분 실제 자살을 시도한다.
3. 자살하려는 낌새 : 어떤 이들은 자살하려고 생각하면서도 의도를 분명히 밝히지 않는다. 간접적인 말로 표현할 수도 있다. "아마 내가 없으면 당신은 훨씬 편할 거요." "이제 내게는 인생이 더 이상 의미가 없어." "점점 하루하루 사는 것이 싫어져."

어떤 이들은 보다 더 예민하게 표현하므로 자살의 힌트를 주기도 한다. 그리스도인이라면 이렇게 질문할 수 있다. "자살하는 사람은 구원도 잃어버릴까?" "자살하는 사람에 대해 하나님은 어떻게 생각하실까?"
4. 자살하려는 행동 : 자살을 하기 위한 행동들은 다양하다. 모든 지출청구서는 다 처리했는지 확인한다든지, 유언장을 작성하거나 마치 먼 여행길을 떠날 것처럼 준비를 한다든지 하는 것은 자살하려는 증거로 볼 수 있다. 하지만 모든 사람들의 행동을 분석하거나 구석구석마다 자살 흔적을 찾고자 해서는 곤란하다.
5. 자살을 시도할지도 모르는 증세 : 오랫동안 많이 아프거나 특히 뚜렷한 희망이 보이지 않는 경우, 그 사람은 낙심하여 자살을 생각한다. 또 갑작스레 성격이 변하여 쉽게 화를 내거나 우울해하거나 초조해하거나 동요하는 것도 자살 증세일 수 있다. 또 한 가지 기억해야 할 사실은 알코올 중독자가 자살하는 경우가 많다는 것이다. 마음이 불안정한데 우울증을 앓는다면 그런 사람이 자신의 목숨을 버릴 가능성이 높다.

　어떤 사람이 우울증으로 오랫동안 집 안에만 틀어박혀 바깥 활동을 안 하거나 인간관계도 단절한 채 지낸다면 그것도 매우 위험한 증상이다. 자살을 생각하는 사람은 신체적인 증상으로 힘들어할 수도 있다. 입맛이 없어진다든지, 성적인 욕구를 못 느낀다든지, 체중이 늘거나 준다든지 하는 것이다. 그러한 증세가 보인다거나 행동이 갑자기 변하면 주의 깊게 관찰할 필요가 있다.
6. 근래의 위기 경험 : 많은 자살이 어떤 급격하고 구체적인 스트레스로 인해 발생했다. 사람마다 스트레스를 바라보는 방식이 서로 다르다. 사랑하는 이의 죽음이라든지, 직장이나 학교에서의 실패, 결혼이나 가정 문제들, 직업을 잃거나 깨어진 연인관계, 경제적인 어려움, 이혼이나 별거 등 삶에서 부딪치는 위기가 살아야 할 이유를 의심하게 만들 수 있는 것이다.

자살 충동을 경험하는 사람들과 만난다면 단호한 개입이 필요하다. 원하든 원하지 않든, 이미 당신은 한 사람의 생명이 위태로운 상황에 개입한 셈이다! 당신의 첫 번째 사명은 그 사람이 살아남도록 돕는 것이다. 두 번째로, 내담자가 어떻게 이렇게까지 오게 되었는지 스스로 깨달을 수 있도록 도와주는 것이다. 세 번째로 다시는 그렇게 하지 않도록 이끌어 주어야 한다.

   마지막으로 기억해야 할 것은 당신은 전능하지 않으며, 그 사람의 생명이 당신의 손에 달려 있지 않다는 사실이다. 상담자가 할 일은 가능한 한 많은 도움을 주는 것이다.

Crisis & Trauma
Counseling

# 15
# 자살하려는 사람과 유가족 돕기
Helping the Suicidal Person and His or Her Family

 자살을 생각하는 많은 이들이 친구나 교회 혹은 사회 기관에 전화를 한다. 이번 장에서 제안하는 단계는 그렇게 전화하는 사람들을 위한 사역 계획에 초점을 맞추었다. 물론 자살하려는 생각이나 의도를 가졌다고 보이는 내담자와 직접 만나서 상담하는 경우에도 동일한 원리를 적용할 수 있다.

## 1단계. 친구 관계를 형성하라

 대부분의 사람들에게 자살은 스트레스 상황에서 점진적으로 진행된다. 그들은 나름대로 문제를 해결할 방법을 찾는다. 대안들을 시도해 보지만 자살이라는 결론에 이르기까지 모두 실패하고 만다.
 자살하려는 사람은 삶과 죽음 사이의 경계선에 모호하게 서 있다. 남자든 여자든 삶이 지속되는 것에 지친 나머지 죽음을 생각함과 동시에 누군가의 도움을 기다리기도 한다. 그러한 누군가가 있다면, 둘의 관계를 긍정적으로 발전시키는 것이 매우 중요하다. 그 사람만이 자살하려는 사람에게 좀 더 살아남아야 할 유일한 이유일 수 있기 때문이다. 누군가에게서 전화를 받는다면 다음과 같이 말할 수 있다.

- 전화 참 잘하셨습니다.
- 전화해 주어서 참 기쁩니다.
- 당신을 도울 길이 있을 겁니다.

자살을 생각하는 내담자에게는 이러한 말은 매우 중요하다. 왜냐하면 자신이 바른 결정을 했다는 사실과, 동시에 누군가 자신에게 관심을 가진 사람이 있다는 것을 확인할 수 있기 때문이다. 또한 인정해 주는 말은 내담자에게 또 다른 바른 결정을 할 수 있다는 사실을 전달해 준다. 자살 충동을 느끼는 사람은 상담자가 침착하면서도 확신 있는 목소리로 전화를 받아 주면 이야기를 쉽게 시작할 수 있다. 이때 상담자는 내담자를 힘들게 하지 않으면서 이야기해야 한다. 보살핌과 수용하는 태도, 진정한 관심이 절대적으로 중요하다.

대화를 할 때 중요한 것은 내담자와 공감할 수 있는 동일한 토대를 찾아내는 것이다. 한 가지 토대는 이미 있다. 전화한 내담자는 도움을 필요로 하는 문제가 있고, 상담자는 내담자가 문제를 풀 수 있도록 돕고자 한다는 것이다. 이 상황에서는 '도움'이라는 단어를 사용하는 것이 대화를 이어 가는 실마리가 될 수 있다.

또 한 가지 중요한 것은 내담자에 대한 관심을 보여 주고, 내담자의 감정을 이해하려고 노력하는 것이다. 따라서 상호 신뢰 관계가 형성되어야 한다. 신뢰를 주기 위해서는 내담자의 질문에 솔직하게 대답하면 된다. 당신 자신이 누구인지 밝히는 것이나 당신이 일하는 교회나 기관에 대해 밝히는 것을 주저해서는 안 된다. 만약 전화한 내담자가 지금과 비슷한 상황에서 도움을 준 경험이 있느냐고 물었는데 실제 경험이 없었다면 솔직하게 대답해야 한다.

하지만 이런 상황에 도움이 될 수 있는 자료가 있고, 훈련을 받았다는 사실을 알려 주라.

상담자 자신에 대한 정보를 밝히면서 동시에 내담자의 이름이나 전화번호, 주소를 기록해 두어야 한다. 이러한 질문은 대화 도중에 간간히 섞어서 함으로써 내담자가 부담을 느끼지 않도록 해야 한다. 만약 내담자가 성명 밝히기를 꺼릴 경우에는 계속 알려 달라고 하기보다는 우회적으로 물어보라. "그럼, 혹시 전화하는 동안 제가 뭐라고 불러야 할지 쉽게 부르는 이름이라도 알려 주세요. 그러면 훨씬 편하겠는데요."

주소를 말해 주지 않을 때도 어느 도시 부근에 사는지 물어볼 수 있다. 만약 그 사람이 아는 어느 지명을 이야기한다면, 상담자는 '아, 그곳, …… 부근 이시군요' 하는 식으로 반응해 준다. 그러한 말을 해 주면 내담자는 보다 쉽게 많은 정보를 말할 수 있다. 내담자가 전화번호를 밝히지 않을 때는, 비상시에 그에게 도움이 될 수 있는 가까운 분의 전화번호라도 말해 달라고 요청하는 것이 좋다.

내담자는 자신의 이야기를 아무에게도 말하지 않겠다고 약속할 수 있느냐고 물어 올 수도 있다. 전문적인 상담자나 목회자들은 어느 정도 비밀을 지킬 권한이 있기는 하다. 하지만 만약 누군가가 자신이나 타인의 생명을 위협하려 할 때, 관계 기관에 보고하도록 법으로 규정하고 있어서 그러한 약속을 해서는 안 된다. 그래도 상담자는 내담자에게 손해가 될 일은 절대로 안 할 것이라고 확인해 주는 것은 필요하다.

## 2단계. 문제에 대한 정보를 얻고 실체를 파악하라

내담자가 이야기할 때는 가능하면 방해하지 않아야 한다. 그런 다음 이렇게 물어보라. "당신이 처한 상황과 비슷한 경험을 한 분들은 대개 상처를 입는 편인데, 어떤 일이 있었나요?"

내담자가 다음과 같은 사항을 계속 이야기할 수 있도록 격려해 주라.

1. 어떤 일 때문에 현재 상황에 이르렀는가?
2. 지금 현재 자신을 괴롭히는 것은 무엇인가?
3. 자신이 처한 상황을 극복하기 위해 어떤 시도를 해 보았는가?

상담자는 내담자의 대답을 가지고 도전을 하거나 어려움을 주어서는 안 된다. '그렇게 느껴서는 안 되지요'라거나 '생각보다 문제가 그렇게 심각해 보이진 않는군요'라는 말은 내담자를 한 걸음 뒤로 물러서게 만든다.

여기까지 읽으면서 그럼 가장 안전한 방법은 무엇인가 하고 찾는다. 하지만 그러한 방법은 존재하지 않는다. 상담자는 아무리 많은 방법을 시도해 봐도 아무 효과가 없는 순간을 경험한다. 때로는 그곳에 존재하는 것 말고는 달리 할 수 있는 일이 없을 때도 있다.

### 문제 파악하기

상담자의 목표는 문제의 핵심을 파악하기 위해 정보를 얻는 것이다. 그러므로 전화를 건 내담자가 계속 이야기를 하도록 유도해야 한다. 물어볼 만한 질문은 어떤 것이든지 많이 하자. 하지만 '왜 그랬어요?'와 같은 식의 질문은 피한다. 만약 내담자가 말을 시작하면, 그는 절대로 자신의 생명을 포기하지 않는다.

또한 여러 가지 질문을 하더라도 내담자에게 거슬리는 것은 피해야 한다. 만약 상담자가 던진 질문 때문에 상대방이 당황하거나 괴로워한다면 다른 이야기로 방향을 돌리도록 하라. 그렇게 하는 것이 내담자가 뒤로 물러나는 것보다 낫기 때문이다.

다음과 같은 질문은 상담자에게 도움이 될 것이다.

- 이 시점까지 당신 삶에서 무슨 일이 일어났나요?
- 지난 3개월간 당신 삶에는 어떤 일이 있었나요?
- 당신이 계속 살아가기 위해 변화하는 데 어떤 도움이 필요하다고 보세요?
- 이 시점에서 어떤 도움을 원하세요?
- 제가 당신에 대해 알아주었으면 하는 것은 무엇인가요?
- 제가 당신에 대해 이해해 주길 바라는 것은 무엇인가요?

또한 자살하려는 사람에 대해 3가지 'H'로 시작하는 특징을 기억해 두라. 자살하려는 사람들은 전형적으로 다음과 같은 3가지 단어로 특징지을 수 있다.

1. 절망감(Hopelessness) : 자살하는 사람들은 모든 희망을 잃어버렸다고 생각한다. 그렇기 때문에 강력한 희망을 심어 주기 위해 최선을 다해야 한다.
2. 무기력감(Helplessness) : 절망감에는 흔히 무기력감이 부수적으로 따라온다.
3. 불운함(Haplessness) : 많은 자살 시도자가 믿을 수 없을 만큼의 슬픈 인생을 살아 왔다.

**문제에 관한 정보 수집하기**

자살은 일종의 의사소통 방식이다. '먼지'(DIRT)라는 단어로 연결되는 다음 내용이 자살의 위험 요소를 알아내는 데 도움이 된다.

- 위험한(Dangerous) : 자살 시도에서 위험의 정도가 클수록 자살에 성공할 가능성이 더욱 높아진다.
- 위험 정도에 대한 느낌(Impression) : 만약 자해를 통해 자살을 시도했다면 자신이 죽어 가는 것을 느낄 수 있고, 현재의 위험 정도는 여전히 높은 것이다.

- 구조(Rescue) : 당사자가 구조될 가능성이 있거나 자신의 구조를 위해 어떤 형태로든지 도왔다면, 위험 정도는 비교적 낮은 편이다.
- 시간(Timing) : 근래에 자살 시도를 한 적이 있다면 위험 수위는 높다.

상담자는 자살하려는 생각을 가진 내담자와 이야기할 때, "왜 자살 같은 것을 하려고 하지요?"라고 물어서는 안 된다. 대신 다음과 같이 진단을 위한 질문을 할 수 있다. "어떻게 자살하려고 하시지요?"

그러한 질문에 대한 답변을 통해 상담자는 내담자가 구체적인 계획을 가지고 있는지 재빨리 알 수 있다.

내담자가 어떻게 느끼는지에 초점을 맞추고 그의 감정을 정리할 수 있도록 도와주라. 만약 그가 감정 표현하기를 어려워한다면, 그러한 감정을 인식할 수 있도록 도와주라. 그가 생각하거나 느낀다고 여기는 내용을 반영해 말해 주면 자신의 문제를 꼭 집어 주는 것이므로 효과가 있다. 문제에 압도되어 무기력해진 내담자가 압도당했던 문제를 보다 작고 구체적인 문제들로 볼 수 있게 되고, 그러면 문제 해결 방법도 보다 쉽게 발견할 수 있다.

상담자는 내담자에게 고통으로 인해 자신의 상황을 분석하는 능력이 떨어지게 되었음을 알 수 있도록 도와줘야 한다. 내담자가 문제를 바로 볼 수 있을 때, 비로소 문제 해결을 위한 구체적인 계획을 세울 수 있다. 또한 내담자가 씨름하는 문제의 성격이 무엇인지 상담자가 이해할 수 있다면 그의 강점이나 약점에 대해서도 더 잘 이해할 수 있을 것이다.

만약 내담자가 전화를 해서 기분이 상했다거나 우울하다고만 한다면 상담자는 다음과 같은 질문을 해 본다.

- 오랫동안 우울하신 것 같군요.
- 지난 몇 주 동안 어느 정도 우울하셨나요?
- 어떤 때에 우울증에 빠지나요?

- 인생은 살 만한 가치가 없다고 생각해 본 적이 있나요?
- 모든 것을 끝내 버리고 싶은 생각을 한 적이 있나요?

이러한 질문을 하면 주저하던 내담자가 자신의 감정을 말로 표현할 수 있을 것이다. 자살로 위협하는 실체가 무엇인지 드러나야만 상담자는 내담자를 제대로 도울 수 있다.

내담자가 자살에 대해 이야기하는 것을 어렵게 느꼈다면, 상담자의 질문을 통해 자살에 대해 공개적으로 털어놓을 수 있게 된다. 그리고 나면 대개 안도한다. 때로 자신의 감정에 사로잡혀 있던 사람이 풀려 나기도 한다.

자살에 대해 이야기할 때는 잘잘못을 가리지 않아야 한다. 도덕적인 문제 때문에 자살을 시도하는 것이 아니고, 대부분의 경우 스트레스 문제다. 이미 죄책감으로 괴로워하고 있기에 만약 비윤리적 행동으로 이야기를 몰고 간다면 그러한 죄책감에 부담만 가중시키고 더욱 좌절하게 만들 수 있다.

올슨(Keith Olson) 박사는 또 다른 접근 방식을 제안한다. 만약 자살하려는 청년에게 직접 이야기한다면, 그가 죽음에 대해 어떤 믿음을 가지고 있는지 이야기하게 유도하라는 것이다. 청년들은 대부분 사람이 죽은 것을 보거나 장례식에도 한 번 참석하지 않은 경우가 많다. 기본적으로 그들은 죽음의 마지막이 어떤 것인지 이해하지 못한다.' 그들은 일시적으로 받을 집중적 관심만 생각하고 자살 소동을 벌일 수도 있다. 그러므로 청년들에게 현실적인 관점을 가지도록 도와줌으로써 죽음을 단념하게 할 수도 있다.[1]

자살에 대한 이야기를 하는 것이 도움이 될 것인가, 아니면 오히려 상처를 줄 것인가? 전문가들은 그러한 대화를 하는 것이 자살하려는 생각을 제거하거나 자살 가능성을 낮추어 주는 것 같다고 한다. 상담자가 자살에 대해 이야기를 꺼냄으로써 보다 열린 대화를 할 수 있도록 이끌어 주는 셈이다. 다음과 같은 질문을 할 수 있다.

- 이 문제를 제게 이야기해 주어서 감사합니다. 당신이 자살하려는 것을 알리고 싶은 사람이 또 있는지 궁금합니다.
- 제가 그들에게 무엇을 전해 드릴까요?
- 그들에게 알려 주기만 원하세요? 아니면 바로 이리로 오라고 할까요?
- 그들은 아마도 제게 질문을 할 것 같습니다. 뭐라고 말해 주길 원하세요?
- 아마도 그들은 왜 당신이 이 같은 행동을 하려는지 그 이유를 알고 싶어 할 거예요.
- 아마 당신은 더 이상 다른 사람들이 끼어들지 않는 것이 최상이라고 생각할지 모릅니다. 그렇게 하는 것이 어떤 면에서 더 낫다고 생각하시나요?

또한 상담자는 자살 이후의 일에 관해서도 질문해야 한다.
"당신을 그리워할 사람이 있나요?"
만약 '아무도 없다'는 답을 듣는다면, 다음과 같이 물어볼 수 있다. "그럴 확률이 확실히 70퍼센트나 80퍼센트 혹은 100퍼센트 어느 정도나 되나요?" "만약 당신이 세상을 떠난다면, 사람들이 당신 삶에서 어느 때를 그리워할 것 같은지 말씀해 주세요. 당신을 그리워해 주었으면 하는 사람들은 누구인가요? 이 순간에 당신이 가는 방향을 180도 전환할 만한 일은 무엇일까요?"[2]

### 문제를 명료화하기

내담자가 자살할 수 있는 위험 수위가 어느 정도인지 평가하기 위해서 여러 가지 요소를 살펴야 한다. 그의 이야기를 들으면서 이러한 평가를 하는 데 도움이 될 만한 정보의 조각들을 얻을 수 있다.

**나이와 성별**. 자살률은 나이가 많아질수록 높고, 남자들이 여자들보다 성공률이 높다. 그래서 나이 든 싱글 남성이 보다 위험할 수 있다. 젊은 여성은 자살을 계획한 대로 실제 실행하는 경우가 덜한 편이다. 또한 알코올 중독자는 보다 자살률이 높지만, 가끔씩 술을 먹는 사람이 오래된 술고래보다 더 위험하다. 술은 고통에 대한 방어 기제가 되는 반면, 또 다른 고통의 원천이 된다. 술에서 깬 다음 정신이 맑은 상태에서 더 이상 견디기 어려워지면, 자살을 선택할 수도 있다.³

**자살을 시도한 역사.** 내담자가 자살을 시도했다면, 그것이 첫 번째 시도인지, 여러 번 시도한 전력이 있는지 판단하는 것이 중요하다. 자살 시도가 얼마 되지 않았다면, 그것을 예방할 수 있는 확률이 보다 높다. 하지만 동시에 보다 적극적인 개입을 해야 한다. 계속해서 자살을 시도하는 경우라면, 전문가의 장기적인 치료가 필요하다. 어떤 사람이 계속 자살을 시도한다면, 언젠가는 성공해서 목숨을 잃을 것이다. 그를 위해 상담자가 할 일은 자살의 쳇바퀴를 부수고 삶에 대한 계획을 세우도록 돕는 것이다.

**자살 계획에 대한 위험 수위 평가.** 자살 계획에는 흔히 세 종류가 있다.

1. 그것은 얼마나 치명적인가? : 내담자가 자신의 삶을 끝내려는 계획을 인정한다면 다음과 같이 질문할 수 있다. "어떤 방법으로 자살하려고 하세요?" 때론 거친 말이 상황에 대한 현실감을 일깨울 수가 있다. 총을 사용하거나 목을 매는 경우가 가장 치명적이라 할 수 있고 다음으로 치명적인 방법은 수면제 과다복용이나 일산화탄소(가스)에 의한 질식사. 그 방법이 치명적인지 아닌지는 얼마나 빨리 돌아오지 못할 지점에 도달하는가에 달려 있다. 다른 방법에는 폭탄이나 칼의 사용, 음독자살이나 익사 등이 있다.

2. 그것은 어느 정도 이용 가능한가? : 만약 총이나 알약을 손에 들고 있다면, 위험은 그만큼 크다. 그럴 경우 어떤 약을 가지고 있는지 물어볼 수 있다. 만약 내담자가 자살할 때 총으로 할 계획이라고 한다면, 다음과 같이 물어보라. "총을 가지고 있나요? 총은 어디에 있나요? 총알도 들어 있나요?"

3. 자살 계획이 어느 정도 구체적인가? : 만약 내담자가 매우 구체적으로 계획을 세웠다면 위험은 그만큼 크다. 만약 '난 100알의 알약을 가지고 있어

요. 그리고 난 가스를 틀어 놓을 거예요. 가스가 새지 않도록 이미 집 안의 모든 문과 창문 틈새를 다 막았어요'라고 한다면 그는 자살을 철저히 계획한 사람이다. 하지만 이제 총이나 약을 사러 갈 것이라든지, 차의 배기가스를 연결할 고무호스를 구하러 갈 것이라든지 한다면 위험은 비교적 낮은 셈이다.

구체적인 자살 계획을 세운 사람이라 할지라도 상담자에게 전화를 했다는 것은 살고 싶은 아주 작은 씨앗이 남아 있음을 보여 주는 것이다. 만약 이러한 상황에서 자신이 누구인지 밝히지 않는다면(혹은 이미 자살 계획을 실행하고 있다면), 동역자와 연결하는 체계를 만들어 놓을 필요가 있다. 이럴 때 동역자는 경찰에 연락해 전화 발신처를 찾아내는 것이다.

자살에 대한 치명적이고 구체적인 계획을 가진 사람의 전화를 받았을 때 상담자는 경각심을 가져야 한다. 만약 상황이 심각하다면 혼자 문제를 해결하려고 하지 마라. 연관된 가족이나 주치의 혹은 전문 상담자에게 도움을 청하라.

**스트레스.** 이 부분도 전화를 건 내담자의 입장에서 평가해야 한다. 상담자가 보기에는 별로 중요하지 않을지 모르지만, 그에게는 심각할 수 있다. 만약 그가 상실이나 반전, 혹은 성공을 경험했다면 그것도 스트레스나 긴장감을 야기할 수 있다.

**증세.** 그의 삶에 어떤 증상들이 있는가? 우울증인가? 알코올 중독인가? 흥분해 있는가? 정신병이 있는가? 그 가운데 마음에 동요가 큰 우울증은 가장 심각한 경우임을 기억하라. 그것의 스트레스 요소나 증상이 높기 때문에 즉각적인 행동이 필요하다.

**자원.** 그가 가진 자원은 어떤 것이 있는가? 가까이 친구나 친척이 있는가? 사회나 직장에 그에게 도움을 줄 만한 상담 서비스가 있는가? 그가 묵을 곳이 있는가? 만약 자원이 부족하다면 위험 요소는 그만큼 높아진다. 만약 그 사람이 집에 머물러 있고 지겨워하는 경우라면 외부로부터 도움을 받도록 하는 것이 낫다. 그는 문제를 야기하는 부모나 배우자로부터 떠날 필요가 있을지 모른다. 그가 자신의 자존감을 끊임없이 공격받는 부정적인 환경에서 산다면 그러한 영향에서 벗어나는 것이 훨씬 낫다.

**생활 양식.** 그의 생활 양식은 어떠한가? 만약 직장을 바꾼다든지, 살던 곳에서 이사를 한다든지, 알코올에 의존한다든지, 충동적인 행동을 하는 전력을 가진 불안정한 삶을 산다면 자살 위험은 그만큼 커진다.

**다른 이들과의 의사소통.** 친구나 가족을 포함해 다른 사람들로부터 단절되어 있는가? 만약 그렇다면 보다 위험한 상태일 수 있다. 만약 다른 사람이 아직 연결되어 있다면 그들에게 도움을 요청할 수 있다.

**의료 상태.** 신체적인 해를 가하려고 하지 않는다면 위험도는 낮은 편이다. 내담자가 아프거나 상처가 있다면, 그에 관해 이야기하고 어느 정도 심각한지 알아보도록 하라. 그것이 실제적인 문제인지 아니면, 그 사람의 마음속에서만 일어나는 문제인지 살펴보라. 의사를 만나러 간 적이 있는가? 어떤 이들은 말기 질병 진단을 받고 재정적인 어려움이나 자신의 고통을 피하기 위해 자살을 생각하기도 한다.

## 3단계. 전화한 사람을 돕기 위한 계획을 구상하라

전화한 사람이 어느 단계에서 자신의 계획을 실천하는지 파악하고 그의 행동 방향을 바꾸도록 돕는 것이 중요하다. 만약 내담자가 창문을 밀봉했고 가스를 틀어 놓은 상태라고 보이면 그에게 곧바로 가스를 잠그고, 창문을 열도록 해야 한다. 통화가 끝난 다음에 그렇게 하겠다는 약속은 결코 믿지 마라. 구체적인 지침을 주되, 전화를 끊지 말고 그가 지시대로 실행하는지 확인해야 한다. 만약 그가 총을 가졌다면, 총을 내려놓도록 지시해야 한다. 총알 집을 꺼내고 총알도 꺼내도록 해야 한다. 그런 다음, 총알은 서랍에 집어넣고 총은 쉽게 가지러 갈 수 없는 곳에 두도록 지시한다. 만약 그가 알약을 가지고 있다면, 즉시 버리도록 지시한다. 그가 계획을 바꾸기를 원치 않거나 따르지 않는다면, 계속하여 대화를 유도하면서 그가 상담자를 신뢰하게 해야 한다.

일단 신뢰 관계를 형성한 다음에는 그에게서 약속을 받아 내야 한다. 이후에 또다시 자살 충동을 느낀다면, 꼭 전화를 해 달라고 요청하라. 전문 상담가들에 의하면 이러한 방법이 꽤 효과적이라고 한다. 약속을 한 경우, 내담자는 다른 것들은 다 무시하더라도 상담자에게 한 약속은 지킨다는 것이다. 상담자가 해 준 격려의 말 때문에 그는 생명을 유지할 수도 있는 것이다. 다음 사례를 살펴보자.

한 전문 상담가가 이야기하기를, 한 번은 자신이 다른 곳에 출장을 간 동안, 상담을 요청하는 전화가 걸려 와서 자기를 찾는다고 했다. 그 사람은 그날 밤, 매우 심각한 우울증에 시달렸고 나중에 안 일이지만 자살을 하려고 계획하고 있었다. 상담가의 아내가 전화를 받더니 이렇게 말했다. "제 남편은 지금 여기 없지만, 제가 알기로, 남편은 당신과 이야기하길 원하세요. 남편이 돌아오는 대로 당신에게 전화를 하겠지만, 당신도 꼭 다시 전화를 해주세요. 제가 남편에게도 그렇게 전하겠어요. 전화 주셔서 감사해요."

나중에 상담가가 그 사람을 만나 확인한 바로는, 그날 밤, 바로 그러한 말이 자신을 살렸다고 고백하는 것을 확인했다.

### 도움이 될 만한 자원이나 대안 소개하기

어려움을 호소하는 사람에게 도움이 될 만한 자원이나 대안을 소개해 주라. 만약 내담자가 당신을 신뢰하고 또 어떤 다른 행동도 하지 않겠다고 했다면, 그가 당한 위기에서 놓쳐 버렸던 자원을 다시 발견할 수 있도록 문제에 대한 그의 시각을 넓힐 수 있도록 도와주라. 때론 그 사람을 병원으로 입원시켜야 할 때도 있다. 심한 우울증을 겪는다면, 그에게 회복하는 동안 좋아질 때도 있지만 또 힘들 때도 있을 것이라고 당부하라. 사회 기관들에서 그가 음식 구입이나 직장에 대한 안내나 법적인 도움을 받게 할 수도 있다. 바로 이웃집에 사는 사람들이 그를 찾아가거나 함께 있으면서 정신적인 도움을 줄 수도 있다.

요약해서 말하자면, 내담자에게 자살하는 대신 다양한 자원의 도움을 받을 수 있다고 확신을 심어 주라는 것이다. 그에게 함께 노력만 한다면, 우리가 반드시 대안을 찾을 수 있다고 확신을 심어 주라는 것이다. 이렇게 이야기할 수 있을 것이다. "내일 11시경에 당신을 만날 수 있을까요?" "난 당신이 우리 목사님을 만났으면 합니다. 당신이 오실 수 있을까요?"

내담자에게 당신이 만나서 함께 협력하기를 원한다는 사실을 알려 줄 필요가 있다.

### 서약서에 서명하도록 환경 조성하기

자살하려는 사람을 직접 만나면, 자살을 하지 않겠다는 서약서에 서명하도록 하라. 한 장의 종이에 불과하지만, 그는 서명을 했다는 이유 하나만으로도 그 제안에 따르려고 할 것이다.

어떤 경우에는 첫 번째 전화 상담을 하는 동안 이렇게 말할 수 있을 정도로 인도하심을 느낄 때가 있다. 보통은 내담자와 직접 대면해서 그렇게 말하는 것이 좋다. 당신이 그러한 사실을 나누려고 결심한다면 태도나 목소리 톤을 절대로 설교조로 하지 않도록 주의해야 한다. 하나님의 사랑에 대해서는 성령의 인도하심을 따라 적절한 때에 자연스럽고도 진지하게 설명해야 한다.

### 의도하는 바를 잘 전달하기

다음 3가지 요소는 전화 상담에서 매우 중요한 것들이다.

1. 행동 : 내담자가 자신을 위해 어떤 조치를 취하고 있음을 느끼게 하라. 이

런 확신이 있을 때 그는 긴장을 풀 것이다.
2. 권위 : 상담자는 책임을 질 권위 인물로서 자신을 내비쳐야 한다. 자살을 시도하는 내담자는 이 시점에서 삶에 대한 책임을 질 수 있는 능력이 없기 때문에 누군가가 개입을 해야 하는 것이다.
3. 타인의 참여 : 전화를 한 내담자가 다른 사람이 개입되어 자신을 돕고 있음을 깨닫는다면 돌봄이나 관심을 받고 있음을 느끼기가 훨씬 쉽고, 그에 따라 반응할 확률이 높아진다.

전화한 내담자에게 최선의 도움이 되기 위해서는 상담자 자신의 방어 기제에 대해서도 아는 것이 중요하다. 로스앤젤레스 자살예방센터의 폴 프리츨(Paul Pretzel) 박사는 자살을 생각하는 사람과 대화를 나눠 보면 다음과 같은 장벽을 만난다고 지적한다.

- 전화를 받는 상담자의 염려는 내담자에게 불편한 마음이 들게 할 수 있다.
- 전화를 한 내담자가 분명히 밝히지 않거나 상담자가 확인을 못 해서일 수도 있겠지만 이전의 자살 시도에 대한 의미나 중요성을 부인하는 것은 대화에 방해가 된다.
- 말이나 비언어적인 자살자의 신호를 합리화해 버리는 것은 마치 '그 사람이 정말로 그렇게 하려는 것은 아니야!'라고 말하는 것과 같다.
- 자살하려는 낌새나 위협에 대해 과도하게 반응하는 것은 신뢰를 주는 데 방해가 된다.
- 상담자가 두려움을 느끼면 얼어붙어서 내담자가 상황에 대해 실제로 이야기하지 못하게 막아 버린다. 또는 책임을 과도하게 지게 되는 것은 아닐까 하는 두려움일 수도 있다.
- 자살 충동을 가진 사람이 〈이솝우화〉의 양치기 소년처럼 거짓 경보를 너무 많이 울려서, 더 이상 누구도 귀 기울이려고 하지 않는 경우인 것처럼 조작하기.[4]

### 4단계. 소식을 전하라

상담 과정에서 피하고 싶은 것이 있다면 결국 내담자가 자살한 사실을 가족이나 친구, 연인에게 알리는 일이다. 내 친구는 한밤중에 자살 사건에 관한 전화를 받고 경찰을 만났다. 사고는 최근 그가 만났던 소방팀장의 집에서 일어났다. 그 가정의 열두 살 딸이 권총 자살을 한 것이었다. 그 아버지가 집에 돌아왔을 때, 내 친구가 그 사실을 이야기해야 했다. 친구는 어떻게 해야 될지 몰라 그 아버지를 붙잡고 함께 울었다. 그날 저녁 늦게까지 친구와 다른 두 친구들이 여러 시간에 걸쳐 그 딸이 목숨을 끊은 자리를 청소했다. 그 아버지와 함께 운 것이나 사고 현장을 청소해 주는 것도 사역인 것이다.

당신이 자살 소식을 전해야 할 상황에 있다면 어떻게 해야 할지 알고 있는가? 다음은 도움이 될 만한 몇 가지 실제적인 지침이다.

- 소식을 전해야 할 사람에게 친절하게 대하라. "이 소식을 전하고 싶지 않지만 …… 가 자살했다는 사실을 당신에게 알려야 한다고 생각했어요."
- 죽음을 사실로 받아들이도록 한다. 왜냐하면 죽음을 알리면 많은 이들은 부인하기 때문이다. 만약 유언이 있다면 그것을 가족이나 친구들과 함께 살펴보라.
- 자살 소식을 전하면서 유족에게 지난 72시간 내에 자살한 사람의 행동이나 태도, 감정에 어떤 변화가 있었는지, 그리고 그 사실을 눈치 챘는지 물어보는 것이 좋다. 어떤 이들은 '내가 이럴 줄 알았어야 하는데 ……' 하며 자책한다. 그때 상담자는 그들에게 자책을 하는 것은 흔한 일이라고 알려 주라. 그 이야기를 하는 자체가 많은 사람들에게 자책감을 풀어내도록 돕는다. 시간적인 여유를 가지고 자살하기 전에 보인 우울증의 기미나 증세가 있었는지 질문하라.
- 유족이나 친구가 감정을 표현하면 그러한 감정을 느끼는 것이 정상이라고 안정을 시켜 주어라. 만약 유족이나 친구들이 자살한 사람을 돌보지

못했다거나 자살을 예방하지 못한 것 때문에 죄책감을 느낀다면 그들에게 어떤 일을 할 수 있었다고 생각하는지 물어보라. "그랬더라면 어떤 변화가 있었을까요?"

그런 후에 다시 주어진 현실로 돌아가도록 하라.

- 그들이 마지막으로 언제 만났는지 물어보라. "어떤 이야기를 나누었나요?" "다시 돌아간다면 좀 더 이야기하고 싶은 것이 있나요?" 만약 '왜?'라는 질문을 한다면 현실로 돌아가서 오직 죽은 사람만이 그 대답을 할 수 있을 것이라고 설명해 주라.
- 이제 남은 사람들에게 앞으로 예상되는 일을 알려 주라. 그 죽음을 누구누구에게 알리며, 그들에게 어떻게 말할지 상의하라. 어떤 유족은 자살한 사실을 숨기고 싶어 할 수도 있다. 하지만 자살한 사실이 언젠가는 밝혀질 텐데, 솔직하게 알리는 것의 장단점을 평가해 보도록 도와주라. 혹시 자살했기 때문에 장례식 절차나 가족의 수치감, 불명예 등 연관된 문화적, 종교적 문제가 있는가? 부모가 자살한 경우 아이들에게 알려야 한다면, 그들에게 어떻게 말해 줄 것인지 상의하라.
- 사람들이 자살 소식을 전해들을 때 어떠한지 평가해 보라. 혹시라도 그 소식을 듣고 충격 때문에 또 다른 자살자가 생길 수 있는지 그 가능성을 살펴보라. '이 소식을 듣고 어떤 생각이나 느낌이 드나요?'라는 식의 질문을 해 보라. "가족 가운데 자살을 시도하거나 자살한 사람이 있었나요?"
- 그들이 모든 감정, 특히 분노를 털어놓을 수 있는 분위기를 만들도록 하라. 6장에 소개한 감정의 볼 그림을 활용하는 것이 도움이 될 것이다. 감정이 격해진 사람에게 다음과 같은 질문을 해 보라.

"당신이 그와 함께했던 즐거운 추억은 어떤 것이 있나요?" "슬픈 추억은 어떤 것이 있나요?" "화가 나는 추억은 어떤 것이 있나요?"

이때 상담자가 해야 할 일은 가족이나 친구들과의 면담이다. 자살 소식을 들었을 때 찾아왔던 생각, 느낌, 반응이 어떠했는지, 또한 앞으로 자신의 삶에 어떤 영향을 받을지 각자에게 이야기를 듣는 것이다. 충격이 가라앉은 다음에 적어도 한 번쯤 더 면담하는 것이 좋다.

### 유족들이 계속 지원을 받을 수 있게 돕기

상담자는 자살한 사람의 남은 가족이 이제 어떻게 이 상실을 극복해 갈 수 있을지 상의하고 애도 과정을 설명하라(6장 참고). 특별히 상의해야 할 한 가지는 재정적인 영향이다. 그 사람이 사망한 이후 수입이 줄어들 수 있고 생명 보험 문제 등도 있을 수 있다. 가능하면 유족들이 '자살자의 가족 모임'(Survivors of Suicide, SOS)과 같은 지지 모임에 참가할 수 있도록 도와주라.[5]

자살자의 유족은 이 상황을 어떻게 극복해 갈까? 경험자의 이야기를 들어보자.

> '왜 그랬을까?'라는 의문이 늘 들었다. 비록 그 질문에 대한 해답은 얻지 못할지라도 물어볼 수 있다. 그것은 하나의 수수께끼이자 누구나 통과하는 회복의 과정 가운데 한 부분이다. 하지만 궁극적으로 답이 없을 때에는 그러한 질문을 중단해야 한다. 만약 계속한다면 자신이나 주위 사람들에게 해로울 수 있는 편집증이 되기 때문이다.
>
> 나는 그 이유를 일부분만 알 뿐이고 결코 만족스런 답을 찾지 못했다. 난 내 아들이 왜 자신의 삶을 끝내기로 작정했는지 결코 알 수 없을 것이다. 하지만 내 자신의 삶을 계속하기 위해서 굳이 그 이유를 알 필요는 없다는 결론에 이르렀다. 나는 '왜 그랬을까?'라는 의문과 함께 숱한 갈등을 반복한 끝에야 그러한 질문을 더 이상 하지 않기로 결심했다. 만약 내가 그렇게 하지 않았더라면 내 나머지 인생 전체를 슬픔에 빠져 보낼 뻔했다.

난 왜 그랬는지 몰라요.
난 왜 그랬는지 결코 알 수 없을 거예요.
난 왜 그랬는지 꼭 알 필요도 없어요.
난 이제 싫어요.
난 그렇게 꼭 알아야 할 필요도 없어요.

내가 해야 할 일은 내 삶을 선택하는 일이에요.
내가 바라는 것은 있는 그대로 받아들이고 살아가는 일이에요.
선택은 내가 해야죠.

난 이전에 해 보지 못했던 방식으로
내 인생의 한 순간순간을 감사하며 살아갈 수 있어요.
그렇지 않는다면 내가 망가지고
또 내 이웃 사람들을 망가뜨릴 거예요.
난 내가 영원히 살 줄 알았어요.
그리고 내 아이들과 내 가족도요.
그러한 일은 다른 사람에게만 일어날 줄 알았어요 ·······.
하지만 이제 알았어요.
인생은 연약하지만 귀중하다는 사실을.

난 내 인생을 살아가기로 결심했어요.
내게 주어진 시간을 가장 효과적으로 살아가기로.
이전에 한 번도 경험해 본 적이 없는 방식으로.
나의 가족이나 친구를 귀하게 여길 거예요.[6]

**어떻게 반응해야 할지 연습하기**

당신이 누군가와 대화를 하는 중에 그의 아버지나 어머니, 혹은 자녀가 자살했다는 이야기를 한다면 그는 어떻게 반응할까? 그러한 상황에 대해 생각해 본 적이 있는가? 대부분 '아, 안됐군요'라고 할 것이다. 그 말이 훌륭한 반응일까? 꼭 그렇지는 않은 것 같다.

**어린아이들과 이야기할 때.** 열 살짜리 아이가 엄마에게 '우리 아빠가 자살했다는 사실을 남들이 아는 게 끔찍하게 싫어요'라고 한다면 대부분 '얘야, 미안하구나' 하고 말 것이다. 만약 그 아이에게 왜 그렇게 생각하느냐고 묻는다면 의외의 대답을 들을지도 모른다. "글쎄요, 사실 그들이 잘못한 건 없는데도 왜 내게 미안하다고 하지요? 차라리 '네가 어떻게 느꼈을지 도무지 짐작이 가질 않는구나' 이렇게 말했으면 좋겠어요."[7]

아이들과 이야기를 할 때는 상담자의 대답이 생각보다 심각한 영향을 미친다는 사실을 기억해야 한다. 다음은 어린아이들과 자살에 관해 이야기할 때 주의해야 할 사항이다.

- 어린아이도 어른과 똑같이 감정적인 필요가 있지만 흔히 이러한 필요는 무시당하거나 가볍게 취급 받는다. 어른들은 자신의 슬픔이 너무 커서 자녀들에게까지 신경을 못 쓰거나, 혹은 어린아이들도 강렬한 슬픔을 경험할 수 있다는 사실을 믿지 않는다.
- 어린아이들에게는 정직해야 한다. 그들을 사랑하고 동정하지만 그들도 자살에 관해 투명하고 정확하게 알아야 한다.
- 어린아이들에게 그러한 비극적인 이야기를 할 때는 자살한 사람이 부모인지, 조부모인지, 가까운 가족이나 다른 중요한 사람인지 염두에 두고 해야 한다. 가능한 한 그 부모(혹은 살아남은 부모)에게 어떤 일이 있었는지 진실을 말해 줄 필요가 있다. 그렇다고 해서 성인 친구에게 이야기하는 것처럼 자세히 할 필요는 없고, 단지 아이들이 이해할 수 있는 말로 어

떤 일이 일어났는지 설명하는 것이다. 그럴 때, 당연히 따라올 수 있는 질문들에 대해서도 솔직하게 대답할 준비를 해야 한다.[8] 예를 들자면 이렇다. "네 아빠는 널 정말 사랑하셨어. 하지만 아빠는 살아가는 것이 기쁘지 않았고 마음으로 너무 힘들어하셨어. 그리고 고통이 너무 커져서 더 이상 계속 살 수 없다고 작정을 하셨어. 아빠는 한꺼번에 약을 많이 드셨고 병원 의사들이 최선을 다했지만 그들이 도움이 되지 못했어."[9]

- 아이들의 질문에 주의를 기울이고 진지하게 대답해 주라. 상담자가 하는 대답이 일관성이 있어야 할 뿐 아니라 다른 어른들도 동일한 이야기를 해 주는 것이 중요하다.
- 아이들이 돌아가신 분에 관해 이야기할 수 있도록 마음을 열라.
- 자녀들이 여럿 있다면 아이들의 연령에 맞게 설명해 주고, 가장 어린 자녀라 해도 자살에 대해 설명해 주어야 한다.
- 아이들이 신뢰할 만한 사람에게 자신의 감정을 털어놓고 질문도 할 수 있도록 격려해 주라. 아울러 자살한 사람에 관해 이야기를 나눌 때는 선택된 몇 사람과 할 수 있도록 가르치라.
- 어른들이 아이에게 우는 것을 보여 주거나 아이들과 함께 울어 줄 때 그들도 슬픔을 보다 잘 표현할 수 있다. 그들도 슬픔에 대한 자연스러운 반응이 울음이라는 사실을 알게 할 필요가 있다.
- 어떤 아이들은 죄책감을 느낄 수도 있다. 자살한 이유가 결코 그들의 잘못 때문이 아님을 확인시켜 주라(17장에서 자녀들의 슬픔에 관해 좀 더 자세히 살펴볼 것이다).
- 문제가 발생한다면 보다 긍정적으로 처리할 수 있는 방법을 상의하라. 그들에게 자살은 일시적인 문제에 대한 돌이킬 수 없는 해결 방법이라는 것, 그리고 어떤 문제도 해결할 수 있음을 이야기해 줄 필요가 있다. 비록 가족 누군가가 자살한 경우라도 어린아이들은 다른 선택을 할 수 있는 것이다.[10]

**유가족과 이야기할 때.** 자살이 남은 가족에게 가져올 충격을 생각해 보라. 자살이 한 개인을 황폐화시키는 것처럼, 친구나 유가족에게 주는 충격은 어마어마하다. 어떤 가정은 자살자로 인해 죄책감과 상호 비방으로 갈가리 찢어졌다. 어떤 가족은 함께 슬픔과 혼돈을 극복하면서 서로가 지지해 주는 계기로 삼기도 한다. 그러나 대부분 가정에서는 침묵 가운데 마치 아무 일도 없었다는 듯이, 혹은 자살이 일어난 것은 우발적인 사고였던 것처럼 지내기도 한다.[11]

남편이나 아내 중에 남은 사람은 결혼관계나 자살할 때의 환경에 따라 반응이 달라지기도 한다. 하지만 대부분의 생존 배우자는 자살을 막지 못한 데 대한 죄책감이나 평소에 잘해 주지 못했거나 거절한 데 대한 부담감으로 힘들어한다. 심지어 결혼생활이 좋았던 사람도 자살로 인해 마치 자신들의 결혼생활에 무엇인가 문제가 있었던 것으로 해석하기도 한다. 또한 생존 배우자는 남들이, 그 배우자가 자살할 수밖에 없도록 몰아간 사람으로 볼까 봐 수치스럽고 두렵기도 하다.[12]

부모는 자신들이 무엇을 잘못했을까 하고 의아해한다. 자신들이 너무 엄격했던가? 충분히 엄격하지 않아서 문제였던가? 너무 지나치게 참견을 했던가? 아니면 너무 무심했던 것인가?[13]

**10대들과 이야기할 때.** 10대 아이들은 친구를 자살로 잃으면 다음과 같은 질문들을 한다.

- 왜 그가 자살했을까요?
- 제가 예방할 수 있었을까요?
- 제가 무슨 잘못이라도 한 걸까요?
- 정말 자살했나요?
- 누구의 잘못이었나요?
- 제가 어떻게 느껴야 되지요?

- 왜 가끔 제가 우울하게 느껴질까요?
- 저도 자살할 수 있을까요?
- 혹시 그녀가 정신이상이었나요?
- 사람들이 죽으면 어떻게 되나요?
- 자살은 죄인가요?
- 제가 화가 나는데 뭔가 잘못된 것인가요?
- 제가 왜 죄책감을 느끼게 되지요?
- 그 애가 자살했는데 남은 사람들이 왜 그렇게 괴로워하나요?
- 제가 다른 자살의 경우를 예방할 수 있을까요?
- 자살한 사람에 관해 이야기해도 괜찮은 건가요?
- 많은 사람들이 자살하나요?
- 사람들은 왜 자살하나요?[14]

## 사람들의 필요에 민감하라

자살한 사람의 친구나 유가족을 돕기 위해 상담자는 무엇을 할 수 있을까? 다른 어느 때보다 친구나 친척들에게 사랑과 관심, 지원을 보낼 필요가 있다. 내가 남아 있는 유가족이라면 어떤 느낌이겠는가? 많은 경우, 그들은 완전히 고립된 듯 느낄 것이다. 그럴 때 그들은 보살핌과 따뜻한 인정을 필요로 한다. 지원 그룹뿐 아니라 친구들의 관심과 이해 가운데 시간이 지나면서 유가족들의 슬픔은 줄어든다.

자살은 쉽고 편안한 주제가 아니기에 사람들이 일반적인 죽음보다 자살한 경우의 유가족에 대해 더욱 쉽게 잊어버리는 경향이 있음을 기억하라. 다음 제안은 자살 직후라든지 장례식 직후, 그리고 필요한 대로 훗날에 적용할 수 있는 것들이다.

- 가능하면 장례식장에 꼭 가라. 자살 후 충격이나 당황스러움, 현실을 인정치 않는 증상이 유가족에게 몰려올 것이다. 할 수 있는 한 모든 지원을 하라.
- 장례식장에 가서 진실로 유가족을 위로하기 원하지만 막상 무어라 말해야 할지 어렵다. 이때는 '정말 어려운 시간을 견디고 계세요'라든지 '깊은 슬픔을 공감합니다' 혹은 '이런 어려운 때에 제가 할 수 있는 일이 있다면 말씀해 주세요'라는 몇 마디 말만으로도 도움이 된다. 만약 유가족이 마음을 닫고 있다면 그들의 손이라도 잡아 주고 포옹이라도 해 주어라. 다른 말을 하지 않아도 된다. 정말 중요한 것은 그들과 함께 있어 준다는 점이다.
- 유가족은 남들에 비해 훨씬 편집증적이 되기 쉽다. 죄책감과 수치심 때문이다. 죄책감이 너무 무겁게 짓누르기 때문에 사람들이 장례식에 많이 오지 않거나 위로의 카드라도 보내 주지 않으면 죄책감이 더욱 증가한다. 유가족의 마음에는 온갖 생각들이 다 지나간다. 그래서 몇 주 후나 몇 달에 걸쳐 전화나 방문을 해 주어야 한다.
- 유가족을 위로한다고 다음과 같은 말은 하지 마라. "그것은 사고였어요. 끔찍한 사고였어요." 그런 말이 도움이 되리라 생각하지만 사실은 말하는 사람의 감정을 표현하는 것일 뿐이다.
- 다음과 같은 말도 피하도록 한다. "아마도 그가 마약이나 술에 취해 있었을 거예요. 그는 무슨 짓을 하는지도 모르고 일을 저질렀을 거예요." 우리가 자살 현장에 없었는데 그런 가능성을 어떻게 알 수 있겠는가? 자살한 이유를 이야기하는 것은 도움이 되지 않는다. 그런 이야기를 듣고 유가족이 어떻게 반응하는지 무슨 말을 할 것인지 헤아려 보라.
- 자살로 인한 상실을 경험하는 유가족은 너무나 고통스러워서 그런 일이 일어난 사실 자체를 부인하기가 쉽다. 우리는 보다 인내심을 가지고 이해하기 위해 노력해야 한다. 때론 그러한 부인을 통해 현실로 받아들이기까지 잠시나마 고통에서 벗어나는 것이다.

- 자살한 사람이 정신이 나갔다거나 정신이 이상했다거나 하는 말은 피하도록 하라. 자살자 대다수가 안정되지 못한 감정 상태이거나 정신적으로 고통을 당하고 있었다. 정신적인 문제가 있었다 하더라도 나중에 누군가 다른 사람이 판단할 문제로 남겨 두는 게 낫다. 만약 유족에게 자살한 사람이 정신적으로 비정상일 것이라고 말한다면, 유족은 그러한 정신적인 문제가 유전되지 않을까 염려하게 된다. 하지만 자살은 결코 유전되지 않는다.
- 자살한 사람의 유가족이나 가까운 친구들은 민감해진다. 불행히도 어떤 사람들은 일부러 유족을 피하는 경우가 있다. 유족을 못 본 척하거나 길을 가로질러 지나치거나 한다. 이러한 모습은 유가족에게 슬픔이나 죄책감을 더한다. 물론 악의를 품어서라기보다는 무어라 말해야 할지 혼란스러워서 그렇게 한다는 것을 안다. 유족에게 가까이 다가가 지속적인 관심을 보이기 위해 모든 노력을 하는 것이 중요하다.
- 심지어 교회 사람들에게서 악의가 있거나 잔인한 말을 들을 수 있다. 만약 그런 말을 하는 사람을 볼 경우에는, 상담자로서 슬픔에 빠진 유족들에게 그 말이 얼마나 상처가 되는지 알려 주라.
- 만약 유가족과 이야기할 기회가 있더라도 결코 이전에 자살에 대한 낌새가 있었다는 이야기는 피하도록 하라. 자살은 이미 일어났기 때문에 과거의 일은 더 이상 도움이 되지 않는다. 그들에게 '아마도 우울증 증상이 있었던 게 틀림없어요'라고 말하는 것은 유가족에게 죄책감만 더 쌓이게 할 따름이다.
- 자살자의 기념일이 다가오면 매우 고통스러운 시간이 된다. 친척이나 친구들은 유가족의 이야기를 들어 주고, 그들에게 전화도 해 주고 방문도 하고, 카드를 보내거나 기타 사려 깊은 행동을 하여 최선을 다하도록 해야 한다.

요약하여 말하자면, 사람들의 필요에 민감하라는 것이다. 자살을 생각하는 대부분의 사람들은 자신이 자살을 고려한다는 사실을 밝히는 편이다. 그러므로 잘 훈련을 받으며 준비하고 있어라. 아울러 기억해야 할 사실은 유가족에게 줄 수 있는 최대의 도움은 우리 자신이라는 것이다. 우리의 관심과 배려, 들어 줄 귀와 우리를 통해 반영되는 예수 그리스도의 사랑인 것이다.

Crisis & Trauma
Counseling

# 16

# 상실과 위기 · 트라우마로
# 고통받는 어린이 돕기
Ministering to Children at a Time of Loss, Crisis or Trauma

"당신은 다시 어린아이로 돌아갔군요. 여덟 살짜리로 말이지요. 가족이 이제 막 이사를 했고, 오늘은 새로 전학한 학교에 등교하는 첫날이지요. 모든 것이 낯설고 두려워요. 지난밤에는 잠도 잘 못 잤지요. 배도 아픈 것 같아서 자주 화장실을 가야만 했을 거예요. 복도로 걸어가 교실로 들어서려다가 돌아서 도망가고 싶었지요. 문이 열리자 35명의 낯선 얼굴들이 당신을 바라보고 있었으니까요. 충격적 사건 속으로 들어간 셈이지요!"

성인에게는 이런 경험이 아무런 위기나 충격이 못 될 것이다. 하지만 상황을 바꾸어 한번 생각해 보라. 이제 막 취직이 되어 새 직장에 출근하는데 35명의 눈길이 한꺼번에 자신을 응시하는 방으로 들어간다고 상상해 보라. 어른에게도 쉬운 일이 아닐 것이다. 하물며 어린아이에게는 경우에 따라 상당한 충격이 될 수 있다. 이사나 부모의 이혼이나 별거, 친구들로부터 따돌림 당하는 일이나 애완동물을 잃어버리는 일, 시험 성적을 낮게 받는 일 등은 너무나 충격적이라서 어린아이의 세계를 충분히 산산 조각낼 수 있다.

다음은 어린아이들이 살면서 경험할 수 있는 일반적인 상실들이다. 애완동물의 죽음, 조부모의 죽음, 멀리 하는 이사, 부모의 이혼, 부모의 죽음, 친구의 죽음이나 친척의 죽음, 어린 자녀나 자녀의 삶에 중요한 누군가가 쇠약하게 되는 질병이나 상처 …….[1]

어린 시절에 위와 같은 상황 가운데 하나를 경험한 적이 없는가? 그 상황에서 당신은 어떻게 느꼈는가?

자녀들은 수많은 위기와 당황스런 순간을 경험한다. 두려운 대상을 만나고 두려운 경험을 하는 것이다. 어린아이들을 위해 사역하기 위해서는 그 부모를 위한 사역도 함께해야 한다. 어린아이들을 돕고자 원한다면, 할 수 있는 대로 교회 내의 어린아이와 관련된 모든 사람들이 충분한 훈련을 받아 위기 문제의 징후를 인식하고 도울 수 있는 방법을 배워야 한다. 어떤 이들은 자기들은 어린아이들을 위한 사역은 결코 하지 않게 될 거라고 생각하기도 한다. 하지만 예기치 못한 위기 상황이 벌어져서 어쩔 수 없이 어린이들을 도와야 하는 상황이 생길 수 있다. 그래서 우리 모두는 늘 준비되어 있어야 한다.

목회자나 평신도 상담자로서 처음에는 부모를 먼저 만날 수도 있다. 그러면 어린아이들을 돕기 위한 지침이나 제안을 해 주라.

이번 장에서는 자녀들이 겪는 문제를 구체적으로 살펴볼 생각이다. 어떤 경우는 중복되는 부분도 있겠지만, 나름대로 독특한 면이 있음을 알아야 한다. 여기서 제안하는 지침은 이제까지 이야기했던 상황이나 기타 상황들을 대처하는 데 도움을 줄 것이다.

## 유년의 위기는 성인 시절에 영향을 미친다

어린 시절의 상실을 어떻게 다루었느냐에 따라 성인이 되었을 때의 삶에 그 상실이 끼치는 영향이 달라진다. 더욱이 성인 시절에 겪는 상실이 어린 시절의 해결되지 않은 상실 때문에 한층 더 복잡해질 수도 있다.

상실도 종류에 따라 심각한 정도가 다르다. 어떤 아이들은 자기가 좋아하던 애완동물이 죽었을 때, 슬퍼하거나 울지 못하게 하는 통에 결국 제대로 슬퍼하지도 못한 채 지나간 경우가 있다. 그들은 이런 이야기를 들었을 것이다. "울지 마라. 고양이 한 마리 죽은 걸 가지고 무얼 그래?" "내일 새 금붕어 한 마리 사 오면 되잖니. 울지 마라."

친구로부터 '난 더 이상 너하고 안 놀래' 하는 말을 듣는 것도 큰 상실이다. 소년 야구단에 들지 못하거나 함께 놀지 못하는 것 자체가 어린아이에게는 충격일 수 있다. 한창 소녀 시절에는 특별한 날에 입을 만한 좋은 옷을 갖지 못하는 것이 속상한 일일 수 있다. 어떤 아이는 게임에서 자기가 원하는 팀에 들지 못한 것 때문에 한 주 내내 생활을 망쳐 버리기도 한다. 그러므로 상담자는 상실을 아이들의 눈으로 바라볼 줄 알아야 한다.

어린 시절의 해결되지 않은 위기는 장차 닥칠 충격적 사건을 다룰 힘을 약화시킨다. 그러한 경우 위기 사건을 다루는데도 일반 성인과는 다른 방식으로 대응하거나 적응하는 능력이 보다 제한되는 편이다.

**부모의 이혼**

만약 부모가 이혼을 하면 엄청난 혼란을 겪는다. 이혼 가정 자녀들은 학교를 중퇴할 확률이 그렇지 않은 아이들보다 높다. 부모의 이혼을 겪은 아이들은 성인이 되어서까지도 불안이나 우울증, 초조함이나 분노 등에 사로잡혀 있곤 한다.

부모의 이혼 과정에서 자녀들은 다양한 상실을 경험한다. 가족 단위의 해체뿐만 아니라 부모 가운데 한쪽을 영원히 상실하는 것과 가정, 이웃, 학교, 친구들, 생활 수준, 가족 나들이나 명절, 자존감 등등 잃어버리는 것이 수도 없이 많다.

이혼으로 겪는 슬픔은 꽤 오랫동안 지속된다. 아이와 함께 살지 않는 한쪽 부모가 가끔씩 다녀가는 경우에는 그때마다 마음이 혼돈스럽다. 그러다 찾아오는 횟수가 뜸해지면, 아이들은 엄마나 아빠가 언제 다시 올지 계속 기다린다. 만약 오지 않으면 혹시 자신이 무엇을 잘못해서 이런 상황이 벌어진 건가 하는 의문을 품는다. 또한 그들은 그런 상실이 일시적인지 아니면 영구적인지 불안해한다. 한편, 가끔씩 보내 주는 생일 카드나 가끔씩 찾아오는 일을 통해 부모가 다시 합치지나 않을까 하는 환상에 사로잡히기도 한다.

### 유기(abandonment)

또 다른 상처를 남기는 상실은 유기당하는 일이다. 어떤 아이들은 신체적으로 버려지기도 하지만, 보다 많은 아이들은 정서적으로 유기당한다. 흔히 아이들은 왜 자신이 그렇게 외롭거나 버림받은 듯한 느낌이 드는지 잘 모른다. 이유는 비록 신체적인 필요는 충족된다 해도 정서적인 필요를 무시당하기 때문이다.

한쪽 부모 밑에서 자라다 보니 아무래도 보살핌이나 포옹, 정서적인 친밀감을 충분히 받지 못한다. 아이들에게 절대적으로 필요한 칭찬의 말은 침묵한 지 오래다. 그러다 보면 쉽게 자신이 무엇인가 잘못했다고 생각하고, 그 생각은 성인이 될 때까지 계속된다.

10대 청소년기는 특히 위험한 시기다. 왜냐하면 아이들이 혼자 있기를 원한다고 생각해 부모들이 더욱 멀어지기 때문이다. 하지만 10대 아이들도 부모의 끊임없는 사랑과 관심을 필요로 한다.

어린아이들이 겪는 위기는 2단계를 거친다. 첫 번째 단계는 최초의 충격과 함께 따라오는 높은 정도의 불안감이다. 성인들은 이전에 위기 경험을 한 적이 있어서 훨씬 잘 다룬다. 하지만 어린이들은 경험이 없을 뿐 아니라 그러한 위기를 감당할 만한 정신적인 혹은 언어적인 능력이 없다. 또한 그들은 그 문제를 해결할 수 있는지도 모르고, 마치 토네이도의 한가운데 있는 것처럼 느낄 수도 있다.

어린이들의 마음이나 생각은 아직 충분히 성숙하지 못했기 때문에 성인들처럼 문제를 해결할 능력이 없다. 인지력도 부족하고 비극적인 사건을 처리하는 과정도 다르다. 성인은 자신의 자원을 이용해 상실을 해결함으로써 일상적인 삶으로 돌아갈 수 있지만, 어린이들은 혼돈에 빠지고 만다. 자신의 정체성이나 자아에 대한 느낌을 잃어버리고, 너무 혼돈스러운 나머지 아예 입을 닫아 버리거나 무기력감에 빠져든다.

두 번째 단계는 비슷하지만 좀 덜한 편이다. 충격도 좀 덜 받고, 위기 상황을 나름대로 객관적으로 보며, 단순 반응을 하는 대신 평가를 할 수 있다. 하지만 어린아이들은 언어 능력이 부족하고 어른과 같은 창의적인 상상력이 부족하다. 그래서 도움이 안 되는 해결책을 찾아내고는 그 해결책에 매달리기가 쉽다. 아이들은 다른 선택의 가능성이 있다는 사실을 모르기 때문에 어른들과 함께 자신 안에 있는 두려움을 찾아내고 이야기하는 것이 필요하다. 만약 어린아이가 초조해하면서 자신의 잠재력을 충분히 발휘하지 못한다면, 두 번째 단계에 고착된 채 자신의 위기를 완전히 극복하지 못해서다.

자신이 마음대로 조절할 수 없는 상황에서도 아이들은 무기력하게 느낀다. 만약 어린이가 반복적으로 그러한 무기력을 경험하면, 마음대로 조절할 수 없다는 사실에 좌절감을 느낀다. 또한 반복적인 좌절감을 경험하면 완전히 통제력을 잃어버릴 수도 있다.

어른들은 위기가 닥치면 자신의 활동을 절제함으로써 극복한다. 하지만 아이들은 그것이 불가능하다. 그러므로 아이들은 날마다 점검이 필요하다.

## 방향 제시를 해 주라

위기에 빠진 어린아이들이 보이는 반응의 특징 가운데 하나는 퇴행(regression : 더 어린 시절로 돌아가려는 행동)이다. 어린아이들이 자신의 연령층에 맞게 적절히 반응한다는 것은, 그 아이들이 남들과의 관계를 적절히 갖고 일상적인 숙제를 감당하기 위해 자신의 능력이나 재능을 활용하는 방법을 익했기 때문이다.

하지만 아이들이 속이 상했거나 위기에 처하면, 그 상황에 필요한 것들을 감당하기 위한 자신의 능력을 충분히 가동하기 위한 잠재력을 잃어버린다. 그러므로 아이들을 돌보는 사람들은 그러한 영역에서의 아이들의 삶을 책임져야 한다. 더불어 그들의 행동을 인도해 줘야 한다.

아이들이 위기에 빠졌을 때는 즉시 상담을 시작하라. 아이들은 위기에 빠지면 곧바로 극단적인 정서적 상처를 받고 위험에 빠질 수 있다. 왜냐하면 어린아이들은 사용 가능한 다양한 자원들이 어른들만큼 없기 때문이다. 그래서 어린이를 돕고자 하는 사람은 관심도 필요하지만, 능력도 함께 갖추어야 한다.

어린이는 위기를 지나는 동안 지속적으로 격려를 받아야 한다. 그렇게 하기 위해서는 어린이를 돕는 사람이 문제 해결의 본을 보여 주거나 어린이가 직접 대안을 찾도록 도와야 한다. 돕는 이가 문제를 풀어 나가고 행동을 취하는 본을 보면서 어린이는 이전보다 훨씬 더 자기 몫을 잘해 낼 수 있다.

이 밖에도 그러한 위기가 발생한 사실을 어린아이가 인식하는 것이 중요하다. 만약 아이가 방어적이 되거나 사실을 부인하려 들면 아이에게 적절한 질문을 함으로써 현실을 부인하는 단계를 벗어나도록 이끌어 주어야 한다.

아이가 누군가를 원망할 경우에는 결코 인정하거나 받아 주어서는 안 된다. 아이가 원망하는 만큼 극복이 어려워지기 때문이다. 누군가에 대한 비난을 하지 않아야 빨리 앞으로 나아갈 수 있다. 남에 대한 비난은 피해의식을 낳을 뿐이다.

나아가 아이가 취할 수 있는 행동과 연관된 목표를 두고 이야기하도록 하라. 위기 상담의 목표는 그 아이가 수동적인 피해자의 자리로 뒷걸음치기보다 능동적인 행동을 취하고 앞으로 나아가도록 돕는 것이다.[2]

무엇보다 주의해야 할 것은 거짓 약속을 하지 않는 것이다. 우리는 그 아이의 모든 고통과 염려, 슬픔을 처리할 수 없다. 위기 중에 불편함은 피할 수 없는 부분이다. 하지만 그 아이가 마침내 이 위기를 극복할 것이라는 면에서는 희망을 줄 수 있다.

위기에 빠진 아이들을 돕고자 할 때는 다음 사실을 명심하라.

- 위기에 빠진 아이를 돕는 일 자체가 상담자에게 또 다른 위기가 될 수도 있다.
- 어린아이의 위기에 대해 너무 조급하게 미봉책을 사용함으로써 적절한 해결을 방해하려는 경향이 있을 수 있다.
- 특별한 해결책이 없으면서도 마치 있는 것 같은 인상을 주어서는 안 된다.
- 상황이 호전되기 전에 오히려 악화될 때도 있음을 기억하라.
- 어린아이와 상담할 때, 상담자는 자신의 확신이 오락가락하는 것을 경험할 수도 있다.
- 만약 어린아이보다 상담자가 너무 많이 도와주는 역할을 하면, 별로 좋지 않은 결과를 얻을 수도 있다.
- 상담자가 어린아이에게 영향을 주는 만큼, 상담자도 어린아이에게 영향을 받는다. 아이가 친근하면 상담자도 친근하게 대하기 쉽고 아이가 화를 내면, 상담자도 화내기가 쉽다.
- 매우 초조한 아이들은 상담자가 무슨 말을 하든지 그대로 동의하는 경향이 있다. 그래서 아이들은 주어진 질문에 따라 잘못된 진술을 할 수도 있다.
- 상담자는 우리 자신의 한계 때문에 원하는 만큼 도와줄 수 없을 때 갈등할 수도 있다.
- 어린이를 도와주려는 대부분의 사람들은 위의 반응을 일부, 혹은 전부를 경험할 수 있다.[3]

## 위기에 노출된 아이들

어린아이들은 학교나 길거리에서, 심지어 가정에서까지 위기를 겪을 수 있다. 어린이들이나 10대들은 오클라호마 시에서나 콜럼바인고등학교, 포트워드의 웨지우드교회, 최근에는 쌍둥이 세계무역센터에 이르기까지 곳곳에서 위기를 만난다.

불과 몇 백 미터 밖에서 비행기가 빌딩에 충돌하는 것을 맨하탄의 초등학교 및 고등학교 학생들이 앉아서 창문으로 내다보는 모습을 상상해 보라. 모든 아이들은 몇 분 내에 엄청난 파괴로부터 살아남기 위해 할 수 있는 대로 멀리 달아나기 위해 바깥으로 달려나가야 했다. 아이들은 살아남았지만, 너무나 많은 가족들이, 교장선생님의 누이동생이나 아이들의 친인척들이 무역센터에서 죽었다.

나중에 학교가 다시 개학하여 학생들이 다시 교실 자리에 앉았지만, 모두가 멍하니 허공을 바라보았다. 공부를 할 수가 없었다. 학급의 한 친구 아버지가 무역센터에서 일하셨다. 그 아버지를 이전에 보았던 친구들이 더 이상 그분을 볼 수 없게 된 것이다. 그러한 경우 아이들 마음속에는 어떤 것들이 그려질까?

또 다른 아이들은 간접적으로 충격적 사건을 경험한다. 재앙의 장면들은 TV나 라디오, 신문 등을 통해 안방까지 전달된다. 비행기가 무역센터에 충돌하는 장면은 모든 아이들의 마음에 영상으로 심겨졌을 것이다. 〈USA 투데이〉(USA Today)는 학령 전 아동들이 블록으로 탑을 만든 후 장난감 비행기로 반복해서 충돌하는 놀이를 하면서, '사람들이 다 죽었어, 모든 사람이 죽었어'라고 한다고 보고했다.

뉴욕 롱 아일랜드의 한 어머니는 유치원에 다니는 자기 아이가 카드보드로 탑을 쌓은 후 조용히 장난감 비행기로 그 탑을 무너뜨리는 놀이를 거의 매일 한다고 내게 말했다. 만약 어린아이들이 이러한 사건에 대해 낮 동안에 이렇게 자신의 두려움과 염려를 표현했다면, 밤에는 어떠했을지 생각해 보라.

## 트라우마로 고통받는 아이들

어떤 종류이건 충격적 사건은 어린이의 삶을 완전히 뒤바꾸어 놓는다. 어린이에게 충격적 사건은 계속 반복되고 괴롭히는 가시와 같다. 충격적 사건은 4가지 메시지를 아이들에게 전한다.

- 너의 세상은 더 이상 안전하지 않다.
- 너의 세상은 더 이상 친절하지 않다.
- 너의 세상은 더 이상 예견 가능하지 않다.
- 너의 세상은 더 이상 믿을 만하지 않다.

만약 어린이나 10대가 어떤 형태든지 재난을 경험하면, 순수함을 잃고 만다. 그들의 세상은 더 이상 안전을 보장받지 못하기 때문이다. 상실이나 죽음에 대해 성인들이 원치 않는 바를, 어쩔 수 없이 아이들의 나이에 비해 너무 일찍 경험하게 만든다. 재난이나 충격적 사건으로 말미암아 그들을 다른 사람으로 만드는 것이다.[4]

충격적 사건을 경험한 아이들이 나타내는 증세나 특징은 다음과 같다.

- 네 살 미만 어린이는 몇 명의 예외를 제외하고는 그러한 경험을 잊어버린다. 하지만 그보다 나이가 많은 어린이는 그러한 경험을 매우 생생하게 기억한다.
- 성인과는 달리 대부분의 어린이는 정신적·심리적 마비(Psychic numbing)를 겪지 않는다. 정신적·심리적 마비란, 트라우마적 사건에 노출된 뒤 나타나는 현상으로, 정서적으로 마비된 반응을 보이면서 고통스러운 기억에 둔해지려는 시도를 하는 것이다. 하지만 부모에게서 학대를 당할 경우에는 그런 경험을 한다.
- 대부분 어린이는 일상생활을 방해할 정도의 충격적 장면에 대한 기억

(flashbacks)을 경험하진 않는다.
- 아무리 충격적인 사건을 겪는다 해도 어린이는 어른들이 업무에 방해를 경험하는 만큼 학교 성적에 큰 영향을 받지 않는다.
- 아이들은 트라우마를 주제로 놀이를 하거나 역할 놀이를 통해 트라우마성 사건을 재연하는 빈도가 증가한다. 또한 어린이들은 시간이 너무 느리게 간다거나 반대로 시간이 너무 빠르다거나 하는 식으로 시간의 왜곡을 자주 경험한다.[5]

충격적 사건을 경험한 아이들에게는 무엇보다 격려가 필요하다. 대부분의 아이들은 자신이 잘 견디고 있다는 사실을 격려 받는 것만으로도 큰 힘을 얻는다. 또한 감정 상태가 어떤지 솔직하게 말해도 괜찮다고 틈틈이 이야기할 기회를 주라.

할 수 있는 대로 빠른 시간 내에 아이의 세계로 돌려보내는 것도 중요하다. 학교 생활이나 레크리에이션, 잠자는 시간과 운동, 교회 생활, 클럽이나 파티 등 사건 이전에 하던 일들로 최대한 빨리 복귀하도록 도우라. 아이들은 안정된 일상생활의 환경으로 돌아가 놀이를 하고 배우면서 서서히 회복해 간다.[6]

잘 적응하지 못하는 아이는 다음과 같은 증상을 나타낸다.

- 아이가 학교 가기를 싫어하거나 거부한다. 혹은 성적이 갑자기 떨어지더니 다시 회복되지 않는다.
- 아이가 이전에 좋아하던 것이나 흥미 있어 하던 것에 흥미를 잃어버렸다.
- 아이가 자해하거나 죽고 싶다는 말을 한다.
- 아이가 남들이 듣지 못하고 보지 못하는 것들을 듣거나 본다고 한다.
- 아이가 건강을 유지하지 못할 정도로 먹지 못하거나 잠을 자지 못한다.[7]

## 공감이 필요하다

어린아이들에게 접근할 수 있는 한 가지 방법은 공감을 활용하는 것이다. 공감이란 다음과 같은 것을 의미한다.

- 어린이의 개인적인 세계에 들어가서 그러한 분위기에 편안해지는 것.
- 어린이의 생각이나 인식은 성인과는 다르다는 사실을 인식하는 것.
- 어떤 판단도 하지 않고 일시적이나마 아이의 세계로 들어가는 것.
- 어린이가 알지 못하는 사건의 의미를 깨닫는 것.
- 우리 생각을 어린이가 이해할 수 있는 언어로 바꾸도록 노력하는 것.
- 아이도 의식하지 못하는 감정의 보따리를 아이 앞에 죽 늘어놓음으로써 아직 마음의 준비가 되지 않은 아이가 고통을 대변하도록 하지 않는 것. 아이에게 너무 위협적이고 비생산적이기 때문이다.
- 어린이가 한꺼번에 너무 많은 감정을 경험할 수도 있다. 그러므로 복잡한 감정을 명료화시켜 주는 것이 좋다. 이렇게 감정들을 분별해 줌으로써 어린이가 자신의 능력대로 문제를 해결하도록 도우라.[8]

## 의사소통에 신경 쓰라

의사소통은 위기를 겪는 아이들을 상담할 때 가장 중요한 요소다. 아이들과 너무 오랜만에 이야기를 나누다 보면 아마도 자신이 외계에서 온 것처럼 느껴질 것이다. 어떤 사람은 아이들과 대화를 잘한다고 하지만, 과연 아이들이 대화가 통한다고 느끼는가가 문제다.

아이들은 아이들 나름대로의 사고 과정을 거친다. 또한 단어의 의미나 사건을 연결하는 방식이 따로 있다. 우리들에게는 이치에 닿는 것도 아이들에게는 그렇지 않을 수도 있는 것이다. 정말로 그들을 돕기 원한다면, 그들의 틀 안으로 들어가야 한다.

**아이들의 의사소통 단계**

아이들의 사고와 대화는 여러 단계로 나뉜다. 윌리엄 밴 올넘(William van Ornum)과 존 몰독(John B. Mordock)은 어린이들의 사고와 대화를 다음과 같이 분류했다.[9]

**마술의 기간.** 마술의 기간(3-6세)은 아이들이 유치원이나 유아원을 다니는 기간이다. 이 기간을 마술의 기간이라고 부르는 것은, 이 나이 아이들은 자신의 사고 과정이 외부 세계의 사건이나 사물에 영향을 준다고 믿기 때문이다. 어른들은 갑작스런 사건이 일어나도 인생의 한 부분으로 자연스레 받아들인다. 반면에 아이들은 어떤 일들이 어떻게 혹은 왜 발생했는지, 인생에는 왜 그렇게 변수가 많은지 이해하지 못한다. 성경은 사노라면 불쑥불쑥 생각지도 못한 일들이 일어날 것을 예상해야 한다고 가르친다. 하지만 아이들은 이러한 개념을 이해하기가 힘들다.

이 나이 아이들은 왜 세상 일이 자기 생각대로 이뤄지지 않는지 이해하지 못한다. 게다가 어린이들의 생각은 거의 전능자 수준이다. 그들은 인생의 중심에 자신들이 있으며 모든 일을 주관할 수 있다고 믿는다. 예를 들어 아이들은 자신이 왜 아파야 하는지 이해하지 못한다. 아이들은 병이라도 걸리면 몹시 당황해하며 자기가 무언가 잘못해 벌을 받는 거라고 믿는다.

아이들의 사고방식을 변화시키는 것은 불가능하므로, 이러한 사실을 인생의 한 부분으로 받아들여 좌절감을 줄이도록 도와주어야 한다. 어린이를 돕는 최선의 방법은 어린이의 마음속 생각이나 느낌을 충분히 표현하도록 도와주는 것이다. 그렇게 할 때 어린이는 위기 속에서 더욱 큰 자신감을 가질 수 있다.

어린이는 자신의 생각을 말로 표현함으로써 새로운 단계로 나아간다. 아이의 대답을 끌어내기 위해 같은 질문을 반복해서 하라. 인내심을 가지고 기다리면서 아이에게 자신의 생각을 표현하도록 격려하라. 아이에게 왜 그와 같은 일이 생겼는지 해답을 알려 주기보다는 아이 스스로 생각해 낼 수 있도록 도와주라.

그 밖에 주의 깊게 보아야 하는 것은, 혹시 아이가 죄책감의 흔적에 사로잡혀 있지 않은지 찾아보라. 다음 예를 보자.

> 한 어린 소년은 부모의 이혼으로 엄마와 떨어져 아빠와 함께 산다. 상담자가 말했다. "지미야, 언젠가 엄마가 멀리 가 버렸으면 좋겠다고 생각한 적이 있지? 이제 막상 엄마가 가 버렸잖아. 그때 네가 생각했던 대로 이뤄졌는데, 어때?"
> 아이가 자신의 감정을 이야기한 후, 상담자가 다음과 같이 이야기했다. "네 엄마가 떠난 이유는 여러 가지가 있을 거야. 하지만 그런 이유들은 지미 너와는 하나도 상관이 없어. 자 이제부터 선생님이랑 엄마가 왜 떠났는지 그 이유들을 찾아보자. 네가 물어볼 만한 사람이 누가 있을까?"

아이들은 자기 중심적이어서 다른 사람들의 관점으로 생각하지 못한다. 그렇다고 아이들이 자만심이 강한 것은 아니고, 다만 발달 단계에서 정상적인 과정이다. 이 나이 때에는 서로가 자기 분수를 넘어서 말하고, 혼잣말도 자주 하는데, 딱히 누구에게 하는 말은 아니다. 그들은 남들이 자신의 말을 이해하든 못하든 상관 않고 단지 자기 이야기들이 실제보다 더 깊은 의미가 있다고 가정한다. 그들은 모든 일을 당연한 것으로 받아들이고 남들이 분명히 이해해야 한다는 사실을 인식하지 못한다. 아이들은 일곱 살은 되어야 비로소 자신과 남들의 관점이 서로 다르다는 것을 이해하기 시작한다.

어린아이를 상담할 때는 상담자도 아이의 언어를 사용해야 한다. 또한 이 연령대 아이들과 이야기할 때는 상담자가 주도권을 가지고 대화를 진행해야 한다. 왜냐하면 어린아이는 사물을 단순히 액면 그대로만 보기 때문이다. 만약 부모가 아이에게 '난 너한테 이제 지쳤어!'(sick and tired)라고 한다면, 아이는 어떻게 생각하겠는가? 아이는 부모가 화가 났을 뿐 아니라 정말로 '아프고'(sick) '지쳤다'(tired)고 믿는다. 아이들의 생각 속으로 들어가려고 애써 보라. 만약 아이들이 생각하는 바를 실제로 듣는다면 아마 깜짝 놀랄 것이다.

아이들에게는 2와 2를 더한다고 해서 그 합이 꼭 4일 필요가 없다. 아이들의 계산법은 독특하고 그 아이에게는 통하지만 다른 어느 누구에게도 통하지 않는 면이 있다. 예를 들자면, 어떤 어린이는 축구는 질병으로 연관된다고 믿는다. 왜냐하면 자신의 아빠가 지난번 축구 구경을 갔다 와서 아팠기 때문이다. 이후부터 아이는 아빠가 또 아플까 봐 축구 경기 구경 가는 것 자체를 꺼릴 수도 있다.

어린아이는 어떤 사건에서 한쪽 면에만 집중하고 그 외 다른 면은 제외하는 경향이 있다. 나무만 보고 숲을 보지 못하는 것이다. 만약 아이들과 이야기를 나누면서 너무 많은 정보나 상황을 나열하면 아이들은 감당하지 못한다. 그러므로 아이들에게는 그들이 이해하는 만큼 차근차근 또 다른 측면을 알려 줄 필요가 있다.

상담자가 할 일은 어린이가 모든 면을 보도록 돕고, 일어난 사건에 대한 다른 이유들을 살펴보고 어린아이가 스스로 생각을 정리하도록 돕는 것이다. 어린이를 돕는 일은 마치 난해한 퍼즐 맞추기 게임을 하는 것과 같다는 말이 있다. 상담자는 어린이가 다른 조각을 발견할 수 있도록 질문하고, 때로는 조각을 가리켜 줌으로써 그림을 맞추도록 돕는 것이다.

어린아이를 도와 달라는 요청을 받으면, 다음 4가지를 기억하라.

- 어린이는 일어난 사건에 대한 책임감을 느낀다.
- 어린이는 우리와는 다른 생각의 연결고리를 만든다.
- 어린이는 자기 중심적이다.
- 어린이는 한 가지 사건에 집중하느라 다른 것을 보지 못한다.

**중간기.** 7세에서 12세까지 아이들로, 생각에 상당한 변화를 겪는다. 이제 추상적인 개념의 생각을 할 수 있다. 그들은 이제 몸으로 부딪혀서 시행착오를 통해서만 배우지 않고도 머리로 문제를 풀어 갈 수 있다. 이제 남들의 감정뿐 아니라 남들의 입장을 볼 수가 있다. 환상의 세계도 바뀌었다. 이전의 꾸민 내용에서보다 이제 실제 사람이나 사건에 관해 상상할 수 있다.

중간기 어린이들은 함께 지내기 좋고 덜 복잡하고 조용하며 교육하기 쉽다. 하지만 여전히 위기 상황과 비슷한 것을 다루는 데는 어려움을 겪는다. 그들은 문제를 피하려 들고, 문제에 대한 이야기를 시도하면 주제를 바꾸려고 한다. 고통이나 염려를 피하고 싶기 때문이다. 그래서 이 나이 아이들을 상담하는 사람들은 치유 과정에 게임이나 놀이 시간을 많이 사용한다. 놀이는 어린이가 자신들의 느낌을 드러내는 분출구가 되고, 상담자에게는 원하는 정보를 제공한다.

이 시기 어린이들의 사고력이 상당히 발달했다 해도 아직은 모든 사실을 고려하지 않은 채 성급히 결론에 도달하려는 경향이 있다. 사실상 이 시기 아이들은 상충하는 정보를 듣고도 서로 일관성이 없다는 것을 깨닫지 못하기도 한다. 자신이 들은 내용을 제대로 이해하지 못하기 때문이다.

또 다른 경우 자신에게 이야기하는 어른들의 이야기를 이해하지 못한다. 그런데 문제는 그들과 이야기하는 어른들도 자기 이야기를 아이들이 이해하지 못한 사실을 깨닫지 못한다는 것이다. 그러므로 어린이와 상담할 때 상담자는 말을 명확하게 하고, 경우에 따라 똑같은 말을 여러 차례 반복하기도 해야 한다. 우리 입장에서는 분명한 사실도 아이들에게는 전혀 아닐 수 있기 때문이다.

## 추가적인 의사소통법

아이들의 사고 및 청취 능력, 추리 방식에 근거해서 위기 상황에 있는 아이들과 상담을 한다면, 어떤 추가적인 방법을 사용할 수 있을까?

1. 융통성을 가지라. 특히 내담 어린이의 나이에 따라 조절이 가능해야 한다.
2. 아이들과 상담하는 것이 편안하지 않다 해서 자격이 없다고 두려워하지 말라.
3. 어른들의 논리를 아이에게 강요하지 말라.
4. 아이들이 이야기하는 방식을 배워 상담자도 아이들에게 이야기하도록 하라.
5. 아이들은 호기심이 많다. 아이들은 질문을 통해 정보를 얻기도 하고 때론 자신들을 괴롭히는 어떤 것에 대해 질문을 통해 우리에게 간접적으로 알게 하기도 한다. 예를 들자면, '선생님 댁 아이들도 넘어지거나 다치나요?'라든지 '선생님의 어머니도 술을 마셨나요?' 등의 질문은 정보를 얻고자 하는 질문일 수도 있고, 혹은 내담하는 아이가 학대를 당하거나 알코올 문제가 있는 가정에서 살고 있음을 알려 주는 신호가 될 수도 있다.

    어떤 질문은 도움을 요청하는 부르짖음일 수 있고, 또는 자신의 질문이 바보 같은 것은 아닌지 궁금해서 알아보기 위한 것일 수도 있다. 그럴 때는 이렇게 이야기해 주어야 한다. "많은 아이들이 그런 똑같은 질문들을 한단다." "많은 아이들이 그것에 관해 궁금해한단다." 그러면 아이들은 그러한 질문들을 계속 자연스럽게 할 수 있다.
6. 단답형으로 '예'나 '아니오' 식의 답을 할 수 있는 질문은 하지 않도록 하라. 그것은 상담자에게도 별로 도움이 안 될 뿐 아니라 직접적인 대답도 얻기 어려울 수 있다. 하지만 두 종류의 사건이나 두 부류의 사람들을 묘사해 보라고 하는 식의 비교하는 질문이 도움이 될 수 있다.
7. 아이들이 하는 말이나 말의 의미를 이해할 수 없을 때는 아이들에게 솔직하게 이해가 안 된다고 말하라. "네가 나에게 말하고자 하는 것이 무엇인지 이해할 것 같기는 한데, 확실치가 않단다. 무슨 말인지 다시 한 번 설명해 주겠니?"

    그리고 아이가 말하는 동안 표정을 잘 살펴보라. 그렇게 할 때 아이들은 당신이 자기 이야기를 집중해서 들으며 어느 정도 받아들이는지 알게 된다. 그런 행동을 통해 내담자 아이는 다음과 같은 말을 머릿속으로 듣는다. '그 이야기를 할 때, 너의 모습이 약간 당황스러워하고 아팠던 것 같구나. 그 이야기를 좀 더 해 줄 수 있겠니? 난 네가 어떻게 느꼈는지 알고 싶어. 그 이야기를 좀 더 설명하되 그림을 그려 볼 수 있겠니?'

8. 만약 부모나 주일 학교 선생님의 부탁으로 아이와 상담을 할 때는 미리 아이에게 당신의 입장을 이야기해 주라. 이럴 경우 아이들은 도움을 받는다는 생각보다는 혼나게 될지 모르는 조금 두려운 시간이 될 수 있기 때문이다. 그래서 아이들은 만남을 꺼리는 경우가 많다.

9. 아이들에게 당신이 가진 행동 기준을 너무 강요하지 말라. 대부분의 어른들은 가만히 앉아 있는 게 쉽지만, 아이들은 그렇지 않다. 특히 위협적인 분위기에서는 아이들은 의자에서도 몸부림을 치거나 만지작거린다. 아이들을 내버려 두라. 어떤 아이들은 벌떡 일어나서 왔다갔다 하기도 한다. 오히려 그렇게 하면서 아이들은 당신과 보다 쉽게 이야기하게 될 수도 있다.

밴 올넘과 몰독은 위기를 경험한 아이들과 상담할 때 도움이 될 실제적인 지침들을 제안한다. 상담자 혹은 돕는 자로서의 우리의 역할은 권위 인물과는 달라야 한다. 그러므로 다음과 같은 것을 피하도록 주의하라.

- 교훈조나 직업적인 태도로 말하는 것.
- 지나치게 압도적인 권위나 지혜로 아이에게 접근하는 것.
- 아이 삶에서 권귀가 있는 인물을 비난함으로써 아이 편에 서는 것.
- 말끝마다 '그렇지?' 혹은 '알아듣겠니?', '맞아!' 하는 식으로 반응하는 것. 또한 말끝에 머리를 끄덕이거나 좌우로 흔들어서 목소리 톤에 굴곡을 주는 것도 피하라. 이러한 신호 때문에 아이들은 상담자가 기대하는 대로 말하게 되고 만다.
- 문을 열어 두거나 남들이 목소리를 들을 수 있는 곳에서 얘기를 하는 것.

이렇게 할 때 사적인 이야기가 간섭을 받기 쉽다.
- 남의 이야기나 사건 기록을 통해 얻은 오해를 품고 아이와 만나는 것.
- 아이가 공격받거나 부인했던 감정이나 의견 혹은 친구를 두둔하는 것.
- 아이 이야기를 이해할 수 없어 혼돈스러운 나머지 '또 생각나는 거 없니?' 하고 다그치며 질문하는 것.
- 아이가 너무 똑똑한 것 같아서 열등감을 느끼거나 너무 평범한 아이여서 우월감을 느끼는 것.[10]

## 아동의 방어 기제

아이들은 위기 상황에 처하면 흔히 자신의 방어 기제에 매달린다. 위기 상황이 아닌 경우에는 아이의 행동을 해석함으로써 아이의 숨은 동기를 들춰내 아이의 성격이 달라지도록 돕는 것이 좋다. 하지만 안 그래도 위기에 처한 아이에게 그런 접근을 시도하면 아이의 불안지수가 높아질 수 있다. 왜냐하면 위기에 처한 아이들은 자신들의 문제를 방어 기제를 높임으로써 감당하기 때문이다. 다음과 같은 방어 기제가 아이들이나 청년, 성인들이 사용하는 것들의 예다.

- 환상(fantasy) : 문제의 해결에 대해 백일몽을 꾼다.
- 침울증(hypochondriasis) : 문제를 회피하기 위해 아프다고 핑계를 댄다.
- 투사(projection) : 자신들의 문제를 남에게 탓을 돌리고 남을 비난한다.
- 치환(displacement) : 어떤 사람이나 사물에 대한 감정을 원래 대상이 아닌 다른 사람이나 사물에 가져다 놓는다.
- 억압(repression) : 무의식적으로 강렬한 감정을 가로막는다.
- 은폐(suppression) : 의식적으로 감정을 숨긴다.
- 이상화(sublimation) : 일련의 감정을 사회적으로 보다 잘 용납될 만한 감

정으로 승화시킨다.

아이들의 방어 기제 사용을 어떻게 지지해 줄 수 있는가? 어린이들이 자신이나 남들을 해치지 않는 범위에서라면 할 수 있는 대로 그 행동을 인정해 줌으로써 가능할 것이다. 어린아이가 환상이나 합리화, 혹은 치환을 사용할 필요가 있을 수도 있다. 예를 들어, 한 상담자가 자기 강아지가 차에 치여 죽은 어린이와 대화를 한다고 하자. 다음 대화는 바로 그러한 상황에서 어린아이의 방어 기제를 인정하는 사례다.

아이 : 전 더 이상 이것에 대해 이야기하고 싶지 않아요.
상담자 : 넌 지금 네 강아지에 대해 이야기하는 게 마음이 언짢은가 보구나.
아이 : 네, 말하고 싶지 않아요.
상담자 : 그래, 강아지에 대해 말하지 않는 것이 네 기분을 나쁘게 하지 않을 것 같구나. 내가 네 기분을 풀어 주기 위해 할 수 있는 다른 무슨 일이 있을까?
아이 : 잘 모르겠어요.
상담자 : 그래, 기분을 풀기 위해 기억이나 환상 같은 것을 사용해 본 적이 있니? 어떤 것을 생각할 수 있겠니?
아이 : (가만히 멈추어 미소를 지으며) 네, 재미 있는 게임을 하고 싶어요.
상담자 : 좋아, 그게 도움이 되겠구나.

다음 예는 위기에 빠진 어린이를 도울 수 있는 또 다른 방법인데 긍정적인 감정을 갖도록 격려하면서 잔잔한 영향을 가져온다.

아이 : 전 오늘 친구들 모임에서 기분이 상했어요.
상담자 : 그래 정말 기분이 상한 것 같구나. 지금도 기분이 언짢니?

아이 : 네, 그렇게 심하진 않지만 조금은 그래요.
상담자 : 그래, 언제부터 기분이 나아지기 시작했는지 알 수 있겠니?
아이 : 음……, 아! 제가 그곳을 떠나왔을 때요.
상담자 : 어떤 것을 했는데?
아이 : 내 동생과 무얼 하고 놀까 생각했어요.

어린아이를 진정시킬 수 있는 또 다른 방법은 남을 위한 긍정적인 감정을 활용하도록 격려하는 것이다. 예를 들자면 다음과 같다.

상담자 : 그것 참 괜찮은 것 같구나. 네가 다음 번에도 친구들과 놀다가 기분이 나빠졌을 때는 똑같이 해 보면 좋겠구나. 네가 덜 긴장될 때는 어떤 때라고 생각하니?
아이 : 아빠를 만날 때요.
상담자 : 그때 기분을 이야기해 줄 수 있을까?
아이 : 기분이 좋아요. 마치 세상 가장 편안한 곳에 있는 기분이라 두려울 게 하나도 없어요.
상담자 : 그래, 기분이 좋고, 세상에서 가장 편안하다는 거지?
아이 : 네, 하지만 아빠가 없으면 기분이 안 좋아요.
상담자 : 네가 기분이 썩 좋지 않을 때에는 아빠와 함께 있는 것을 생각할 수 있으면 도움이 되겠구나. 아빠와 함께할 수 있는 일을 생각하는 거야.

이러한 것들은 단순하지만 기분이 상한 아이들에게 도움이 되는 효과적인 기술들이다.

아이들을 위한 위기 상담의 기본은 '지원'이다. 그렇게 함으로써 아이가 위기에 압도당하지 않고, 아이 스스로 문제를 인식하고 바른 관점을 세울 수 있도록 돕는 것이다. 어린이가 상담자에 대한 신뢰감이 쌓이면, 그것도 어린이가 힘을 얻는 데 도움이 될 것이다.

기억할 것은 아이가 위기로 인해 괴로워할 때는 사고 능력이 떨어진다는 점이다. 그렇기 때문에 무엇보다 아이의 합리적이지 못한 믿음을 합리적으로 바꾸어 주어야 한다. 또한 어린아이가 자기를 파괴하는 행동을 한다면 애정 어린 충고를 해 주고, 상담자로서 도움을 주어 문제를 해결할 수 있도록 격려해야 한다.[11] 상담자는 그 아이의 인생에서 격려자가 될 수 있다.

Crisis & Trauma
Counseling

# 17
# 어린이들의 위기
Children's Crises

'어린아이에게서 웬 우울증 이야기인가'하고 어색해할 수도 있다. 이 때문에 어린아이의 우울증을 부모는 물론, 상담 전문가들도 인식하지 못한 채 지나가는 경우가 많다. 그래서 어린이의 우울증에 대해서는 그리 알려져 있지 않은 게 사실이다. 하지만 우울증은 노소를 가리지 않는다.

## 어린이 우울증

대부분의 부모는 자기 아이들이 만성적으로 불행하게 느끼고 살아간다는 사실을 부인한다. 그렇다 보니 자녀들의 우울증을 적절하게 인식하거나 수용하지 못하고, 자연히 제대로 반응하지 못한다. 어느 부모도 천진난만한 자기 자녀가 우울증으로 힘겨워한다는 사실을 인정하기란 쉽지 않을 것이다. 그렇다면 도대체 아이들이 우울증에 빠졌는지 어떻게 알 수 있을까?

**우울증 어린이의 특징**

**외모.** 다른 어린이와 달리 슬퍼 보이고, 우울해 보이고, 또 무슨 일을 하든 즐겁지 않아 보인다. 그렇다고 아이가 딱히 불평을 하는 건 아니다. 왜냐하면 아이는 자신이 그러한지도 스스로 인식하지 못하기 때문이다. 단지 아이의 행동적인 반응을 통해 그러한 인상을 읽을 수 있다.

**퇴행.** 우울증에 빠진 아이들의 또 다른 특징은 퇴행과 억제다. 어떤 활동에 대해서든 관심이 극도로 줄어든다. 어린이는 맥이 빠진 것 같은데 부모는 그저 아이가 지루하거나 어디가 아파서 그렇다고 생각한다. 그래서 부모는 아이가 신체적으로 어디 안 좋은 곳이 있나 찾아보고, 가끔 실제로 아픈 곳도 발견한다. 하지만 오히려 그것 때문에 우울증을 앓는 사실을 간과하기 쉽다. 우울증을 앓는 아이들에게서 나타나는 신체적 이상 증세로는 머리가 아프다든지 위통, 수면 장애나 섭식 장애 등이 있다.

**불만족.** 이는 아주 흔한 증세로, 어린아이는 하는 놀이마다 만족스럽지 못해 한다. 부모들은 그런 아이를 보면서 아이에게서 문제를 찾지 않고 주변 다른 사람 탓이라고 생각한다.

**거부.** 거부란, 아이가 거절감을 느끼거나 사랑받지 못한다고 느끼는 것이다. 어린아이는 자신에게 실망감을 안겨 줄 만한 것에서 애초에 자신을 회피하려는 경향이 있다. 다른 나이 또래에서처럼 부정적인 자화상이나 자신의 무가치함을 느낄 수도 있다.

**짜증.** 쉽게 짜증을 내고, 빨리 좌절한다. 하지만 대부분의 어린아이는 자신이 왜 그런지 알지 못한다.

**성가시게 하는 행동.** 어떤 아이들은 남들을 희롱하거나 성가시게 함으로써 자신의 우울한 느낌에 반응한다. 그들이 무엇인가를 성취했을 때 이렇게 반응하는 것은, 그런 상황에서 긍정적으로 반응하는 것이 힘들기 때문일 것이다. 하지만 아이들의 성가신 행동에 주변 어른들은 대게 화를 낸다.

**반항적인 행동.** 아이들은 어른들처럼 우울증을 경험하거나 반응하지 않는다. 그들은 경험도 별로 없고, 신체 구조 또한 제약이 있기 때문에 자신이 겪는 우울증을 적절히 표현할 줄 몰라 반항적으로나 부정적으로, 혹은 분노나 적대감으로 표현한다. 예를 들면, 부모의 이혼으로 우울증에 시달리는 아이는 오줌을 싼다든지, 동생이나 친구를 괴롭힌다든지, 부모에게 바짝 매달린다든지, 혹은 학교 공부를 소홀히 한다든지, 뭐든지 부풀려 이야기한다든지 하는 식으로 표현한다.[1]

그 외에도 비록 어린 나이일지라도 우울증이 자살까지 이어질 수도 있다는 사실을 간과해서는 안 된다. 어린아이가 자신의 삶과 죽음을 선택한다는 것을 이해하기가 어렵지만, 14살 미만 어린아이들의 사망 원인 가운데 열 번째 이유가 바로 자살이다. 자살 시도 숫자는 이보다 훨씬 많아서 50명 이상이 시도하고, 그 가운데 한 아이의 목숨을 건지지 못할 정도다.[2]

### 어린이 우울증의 증상과 징후

아이들에게 나타나는 우울증 증상과 징후는 다양하다. 젖먹이에게서도 나타나는데, 그럴 경우에는 증상을 확연히 알 수는 없다. 다만, 부모가 우울증을 겪을 경우에는 아기도 영향을 받는다. 예를 들어 엄마가 우울증으로 자기 자녀를 잘 돌보지 못할 경우, 그 아기도 우울해진다. 이런 아기의 경우에는 엄마가 우울증을 극복하기까지 아기도 우울증에서 벗어날 수 없다.

우울증의 원인으로는 다음과 같은 것들이 있다.

- 신체적인 결함이나 질병.
- 내분비선의 기능 저하.
- 어린이 마음속에 안정감을 가져오는 애정 결핍.
- 어린이의 성취에 대해 긍정적인 반응이나 격려 부족.
- 부모의 죽음.
- 부모의 이혼이나 별거 혹은 유기.

- 부모가 다른 형제나 자매를 편애하는 일.
- 양부모나 이복 형제간의 서먹한 관계.
- 가정 내에서의 경제적 어려움.
- 새로운 집으로의 이사나 전학.
- 남들에게 야단 맞는 일.[3]

### 어린이 우울증에 대한 처방

부모는 자녀가 우울증을 앓을 경우 특별한 전문 상담을 받지 않아도 아이를 도와줄 수 있다. 하지만 만약에 나름대로 노력해 보았지만, 아이가 전혀 반응하지 않거나 우울증의 증상이 깊을 때는 전문가의 도움을 받아야 한다.

먼저 아이가 상실을 경험한 일이 있는지 찾아보라. 아이가 겪는 상실에는 부모의 이혼, 혹은 애완동물이나 친구의 죽음, 강한 거절감 등이 있다. 그러한 상실을 어린아이의 관점에서 볼 수 있도록 노력하라. 아이의 관점에서 보지 못하면 아이의 마음을 잘못 해석한다. 어린아이의 관점을 갖기 위해서는 어린아이와 많은 시간을 함께 보내는 것이 가장 좋다.

만약 아이가 상실을 경험하고 우울해하는 것이라면, 아이에게는 그러한 상실에 적응할 수 있는 시간이 필요하다. 그리고 부모는 어린아이에게 '사람들은 누구나 언젠가는 슬픔이나 우울함을 경험한다'는 사실을 알려 주라. 누군가 혹은 무언가를 잃었을 때 그러한 감정을 느끼는 것은 정상적인 것이며, 시간이 지나면 그토록 힘든 감정도 곧 사라질 것이라고 설명해 주라. 그러면 아이는 훨씬 안정감을 느낄 것이다. 설명할 때는 아이가 이해할 수 있는 단어를 써야 한다. 또한 하나님께서는 우리들이 즐거워할 때뿐 아니라 힘든 때도 있음을 이해하고 계신다는 사실을 어린이에게 알려 주라.

어떤 종류이든 아이가 큰 슬픔을 겪는다면, 16장에 소개한 '마술의 기간'과 '중간기'의 특징을 설명해 주라. 어린아이에게는 부모의 죽음이 주는 슬픔이나 부모의 이혼으로 겪는 슬픔이 거의 비슷하다. 그런 아이들에게는 다음과 같은 것들이 필요하다.

- 상실의 고통을 받아들이게 하라.
- 사랑했던 사람과의 관계를 기억하고 추억하도록 하라.
- 애통의 일부라고 할 수 있는 다양한 감정들, 분노나 슬픔, 좌절감 등에 익숙해지도록 하라.
- 아이들의 슬픔이나 분노, 상실감 등을 다른 이들에게 표현하도록 하라.
- 고인과의 관계의 형태에 대해 앞으로 어떻게 하면 좋을지 연구하도록 하라.
- 죄책감이 있다면 표현하게 하라.
- 돌볼 사람들을 찾아보라. 이러한 시기에는 특히 다양한 사람들의 도움이 필요하다.[4]

가장 중요한 것은 아이가 자신의 감정을 하나님께 아뢸 수 있도록 격려하는 일이다. 또한 그들이 느끼는 슬픈 감정은 영원하지 않고 곧 사라질 것이란 사실을 확인시켜 주라. 아이가 슬픔으로 인한 우울함을 할 수 있는 대로 충분히 경험하도록 도와주라. 우울증을 피하는 것은 전혀 도움이 되지 않는다. 그렇게 하면 우울증의 경험을 연장시키는 것밖에 되지 않는다.

아이가 슬픔이나 우울함을 솔직하게 인정하도록 격려하라. 아이들이 느끼는 슬픔을 자연스러운 것으로 대해 주라. 만약 이혼으로 오는 슬픔이라면, 아이가 슬픔을 빨리 극복할 것이라고 기대해서는 안 된다. 이러한 슬픔은 시간이 보다 오래 지속될 수 있고, 또는 계속 반복해서 찾아올 수 있다.

다음은 어린아이가 우울증을 회복하는 데 도움이 될 만한 4가지 방법이다.

1. 아이가 참여할 수 있는 활동을 찾을 수 있도록 도와주라. 새로운 놀이나 취미생활, 여행이라든지 흥미를 끌 만한 것이면 무엇이든 좋다.
2. 아이가 성취감을 느낄 수 있는 방법을 찾아보라. 아이가 잘하는 것을 찾아

내 그 능력을 활용하도록 도우라. 아이들은 작은 성취를 통해서도 자존감이 올라가거나 자존감을 재발견할 수 있다.
3. 아이들이 늘 하던 반복적인 활동은 중단하도록 돕는 것이 좋다. 새로운 음식을 준비한다든지, 특별한 식당에 데려간다든지 하는 것도 도움이 된다. 아이가 좋아한다면, 하루 정도 학교를 빠지고라도 야외에 데리고 나가는 것도 좋은 방법이다.
4. 비난하거나 판단하지 말고 아이의 이야기를 들어 주라. 아이는 지금 우리의 지지가 필요하다.

## 아동 학대 문제

최근 학대 받는 어린이에 대한 보도가 상당히 늘어났지만, 그것은 비단 요즘에만 일어나는 일이 아니다. 수세기 동안, 모든 문화와 사회 영역에서 어린이들은 학대를 당해 왔다. 사회나 심지어 교회의 성인들이 자녀들을 성적으로나 신체적으로 학대한다. 하지만 대부분의 경우 그러한 일들은 은폐돼 버린다.

어느 날, 한 엄마는 자기 딸로부터 아빠나 삼촌, 이웃에 사는 아저씨가 자신을 성추행했다는 소리를 들을 수 있다. 혹은 남편이 자신이 아이들을 성추행했다고 고백하는 일도 있을 수 있다. 이런 경우, 그 상황을 정부에 보고해야 하는 법적인 의무가 있음을 알아야 한다.

### 학대당하는 아이들의 특징과 증상

어린아이가 당하는 학대에는 신체적, 정서적 혹은 성적 학대나 홀대당하는 것을 포함한다. 학대의 종류에 따라 독특한 특성이 나타나며, 그 특성을 보면 어떤 종류의 학대를 당했는지 파악할 수 있다. 다음 특징은 학대의 종류에 상관없이 보이는 공통적인 특성이다.

- 정서적이거나 신체적인 면에서 다른 아이들과 다르게 꾸민다. 어떤 경우 이런 아이의 부모는 그 아이를 '다르다'거나 '나쁘다'는 식으로 묘사한다.
- 아이가 자기 부모를 지나치게 두려워해 부모 가까이 가는 것을 꺼린다.
- 아이가 너무 쉽게 울거나 지나치게 예민한 행동을 보이기도 한다. 또 때로는 아이가 자신의 감정을 차단하고 무관심한 것처럼 보이기도 한다.
- 홀대 당하는 아이들은 대체로 아무도 돌보지 않는 듯한 인상을 준다. 더러운 옷이나 찢어진 옷, 잘 맞지 않는 옷을 입고 있다. 겨울에도 얇은 옷을 입고 다닌다.
- 아이가 어른들과의 신체적인 접촉을 지나치게 주의하거나 조심스러워한다. 때로는 반대로 마치 어른들의 사랑에 굶주린 것처럼 보이기도 한다. 그런데 사랑을 얻으려는 방법이 부적절해서 금방 눈에 띈다.
- 어떤 아이들은 전반적인 행동에서 급격한 변화를 보인다.[5]

학대당하는 어린아이가 어떻게 느낄지 생각해 본 적이 있는가? 대부분의 아이들은 부모에게서 사랑받기를 원한다. 정상적인 가정은 자녀들에게 엄청난 사랑을 주고, 아이는 아무 대가 없이 그 사랑을 누린다. 그것은 아주 당연한 일이다.

**비난을 감수한다.** 학대를 당하는 많은 아이들은 자신이 학대당하는 것은 자기 탓이라고 생각한다. 아이들이 학대하는 부모에게서 누누이 들어 온 대로 자신이 나쁘다고 믿는 것이다. 부모들은 아이에게 고함을 치고 악담을 한다. 너를 버리고 집을 떠날 거라든지, 집에서 쫓아내겠다고 위협하기도 한다. 그러다 보면 아이들은 자신은 원치 않는 아이였다고 느끼며 자란다. 또한 그들은 부당한 벌을 받고 심한 체벌을 당하면서도 그저 침묵하면서 고통을 참아 낸다. 언제 또 벌을 받을지 모르기 때문이다. 못된 짓을 하지 않아도 맞을 만큼 중요한 규칙을 어긴 것이 아니어도 부모는 자신들이 화가 났다는 이유로 아이에게 벌을 주고 체벌을 가한다. 이렇게 학대받는 아이들은 자신은 결코 바른 일을 할 수 없을 것이라든지, 부모의 비현실적인 기대를 결코 채우지 못할 것이라고 느끼면서 자란다.

**분노를 느낀다.** 학대를 당하는 아이들은 화나 분노를 느끼지만 집에서는 그런 감정을 표현하지 못한다. 두려움이나 분노, 쓰라림이나 증오는 어떻게 해서든 억누른다. 그러한 감정을 표현했다가는 더 강한 제재가 가해지기 때문이다.

학대당하는 아이들은 사랑과 미움의 긴장 속에서 성장한다. 어린이는 부모를 필요로 하고 또한 부모를 사랑하고 싶어 한다. 하지만 아이가 부모 가까이 가려고 하면 학대 행위를 가하기 때문에 자꾸만 멀어지고 만다. 이러한 긴장으로 아이는 상처를 입는다. 만약 아이가 자신의 감정을 적절히 뽑아내지 않으면, 그 아이는 그런 감정의 분출구로 다른 사람과의 관계에서 방어적이 되거나 적대적이 되기 쉽다.[6]

**남을 불신한다.** 학대를 당한 아이는 다른 사람을 잘 믿지 못한다. 놀이 치료를 시도하는데, 안전한 환경에서 아이가 자신의 감정을 편안하게 표현할 수 있도록 돕기 위해서다. 그런 과정을 통해 학대의 현실을 극복하도록 배워 나간다. 이러한 경우는 학대 어린이를 위한 사역을 하는 전문가에게 도움을 받아야 한다. 현대 사회에 아동 학대 행위가 편만해 있는 만큼 연락할 만한 전문 상담자를 미리 알아 두는 것이 좋다.

## 이혼 가정 아이들

이혼은 어른들뿐만 아니라 아이에게도 매우 충격적인 경험 가운데 하나다. 〈뉴스위크〉(*Newsweek*)는 어린이들의 45퍼센트가 만 18세가 되기 전, 한쪽 부모하고만 살게 될 것이라고 한다. 현재 18세 미만 아이들 약 1천 2백만 명이 이혼한 부모와 산다.

아이들에게 이혼은 어떤 것인가? 「우리가 꿈꾸는 행복한 이혼은 없다」(*The*

*Unexpected Legacy of Divorce: A 25 Years Landmark Study*, 명진출판사 역간)의 저자는 다음과 같이 묘사한다.

이혼은 인생에서 엄청난 변화를 경험하는 것이다. 이혼 후, 아이들의 인생은 달라진다. 청소년기에도 영향을 준다. 성인이 되어 결혼을 할 것인가 말 것인가의 결정이나 아기를 가질 것인가 말 것인가 하는 결정에도 영향을 끼친다.[7]

부모의 입장과는 달리 어린아이가 느끼는 이혼은 점증적인 경험이다. 이혼의 영향은 시간이 지날수록 점점 증가하여 성인이 되었을 때는 가장 강한 영향을 미친다. 성인이 되어서 성품이나 신뢰하는 능력이나 대인 관계에서의 기대, 혹은 변화에 적응하는 능력에까지 영향을 받는다.

첫 번째 충격은 부모가 헤어질 때 받는다. 아이들은 공포에 휩싸이거나 분노하게 되고 부모로부터 버림받을 것 같은 두려움으로 놀라기도 한다. 한편 부모의 이혼이 자신에게 책임이 있다고 착각도 한다.

이혼 후 가족 형태가 자리를 잡으면서 그들의 세상은 점점 자신이 가장 두려워했던 모습을 닮아 간다. 가정은 화목한 곳이 아닌 외로운 장소가 되었고, 집 안은 몇 년 동안이나 어지럽혀진 채 남아 있기 쉽다. 또 많은 아이들은 자신의 바람과는 상관 없이 친한 친구나 이웃, 익숙했던 환경을 뒤로한 채 이사를 해야 한다.

아이들의 이야기에 따르면, 이혼한 가정에서는 그렇지 않은 가정에서보다 청년기가 보다 일찍 찾아온다. 여자아이들은 성 경험을 좀 빨리 하며, 청소년기 남녀 아이들은 마약이나 알코올 사용 빈도가 더 높다고 한다. 또한 이혼 가정에서의 청년기는 보다 연장되는 경향이 있어서 성인 초기까지 가는 경우가 많다.

하지만 이혼 가정의 자녀들이 가장 힘든 시기는 성인이 된 후다. 부모의 이혼이 저들에게 가장 잔인하게 충격을 가하는 것은 저들이 사랑을 추구하고 성적 친밀함과 헌신을 향해 나아갈 때인 것이다.[8]

### 이혼 가정 아이들이 겪는 상실

이혼할 때, 아이들은 여러 종류의 상실을 경험한다. 어린아이가 자기 부모가 이혼하려 한다는 것을 알았을 때 얼마나 당황스러울지 생각해 본 적 있는가? 그리고 당황스러움이 채 가라앉지도 않은 상황에서 친구들에게 그런 이야기를 해야 할 때의 기분을 상상해 본 적 있는가? 아마도 매일매일이 두려움의 연속일 것이다.

이혼이라는 위기를 자주 경험하는 아이들은 거절감과 함께 상실감을 반복적으로 경험한다. 많은 경우 이혼하기 전에 한쪽 부모가 먼저 기존 가정을 떠난다. 그러는 과정에서 부모의 이혼 사실을 알게 되는 아이들은 상당한 거절감을 경험한다. 아울러 아이들은 그런 상황에서 다음에 만나는 새아버지나 새어머니 그리고 그들의 자녀들과의 관계를 발전시켜 가야 한다.[9]

아이들은 부모 중 한쪽을 잃으면서 미래에 대한 희망을 잃을 수도 있다. 그동안 안전하다고 믿었던 부모의 위치가 더 이상 견고한 바위가 아닌 것이다. 이것은 실제적인 영역, 즉 재정 같은 부분에서 발생할 수 있다. 예를 들어 이혼한 아버지가 매달 주기로 약속한 양육비를 조금 늦게 주거나 아예 안 주면 아이는 어떻게 느낄 것인가?

### 이혼 가정 아이들의 연령별 특징

이혼할 때, 아이들은 나이에 따라 다른 경험을 한다.

**3-6세.** 이 시기 아이들은 두려움을 느낀다. 부모의 별거가 반복될수록 충격은 더 커져서 결국 부모가 시장을 보러 가는 것이나 자신이 학교를 가기 위

해 집을 떠나는 것에서도 스트레스를 받는다. 이때 아이들이 선택하는 대처법은 이전의 어린 시절 행동으로 퇴행해서는 좀 더 수동적이 되거나 의존적이 되어 버린다. 또 '저건 뭐야?' 하고 묻는 일이 많아지는데, 이는 위기 상황을 극복해 보려는 아이 나름대로의 노력인 셈이다.

스스로 밥을 먹으려 하지 않기도 하고, 심한 경우 다시 기저귀를 차야 하는 아이도 있다. 어떤 놀이에서도 더 이상 재미를 느끼지 못한다. 유치원생 아이들은 때로 다른 아이들을 괴롭히기도 한다. 이 나이 어린이들은 자신에게 닥치는 일에 충격을 받아 자기 나름대로의 허황된 상상을 하기 쉽다. 그러면서 늘 이런 생각에 빠져 있다. '내가 무엇을 잘못해서 부모님이 이혼을 할까? 가족이 함께 있지 않으면 나는 어떻게 되는 거지?'

만약 부모가 이혼한 3-6세 정도 어린이를 상담한다면, 부모가 이혼하는 이유에 대한 생각이나 아픔을 말로 표현할 수 있도록 도와주어야 한다. 또 하나 매우 중요한 것은 자기가 잘못해서 부모가 이혼했다는 생각을 바꾸어 주는 것이다. 그렇게 함으로써 아이들이 다른 가능성을 볼 수 있도록 도와주어야 한다. 현재 느끼는 부분은 다른 아이들도 모두 비슷하게 느낀다고 이야기해 주라. 다음과 같은 이야기가 아이들이 자신들의 속생각이나 감정을 표현하는 데 도움이 될 것이다.

- 이전에 네가 테이블을 어지럽힌 적이 있니? 그때 아빠가 널 버려 두고 떠나갔니? 네 누나가 테이블을 어지럽힌 적이 있니?
- 아마도 넌 아빠를 다시 못 볼까 봐 두려운가 보구나. 다른 많은 아이들도 그렇게 느낀단다.[10]

**6-8세.** 이 연령대 아이들은 나름대로의 반응 경향이 있다. 물론 슬픈 느낌을 갖지만, 부모의 이혼에 대해 보다 많은 책임감을 느낀다. 어린이는 보다 깊은 상실감을 갖기도 한다. 아이들은 버림 받을까 봐 두려워하지만 때론 굶

주림에 대한 두려움도 있다. 아이들은 떠나간 부모에 대한 그리움이 크다.

흔히 아이들은 항상 자신을 돌봐주는 부모에게 화를 낸다. 누구에게 충성을 해야 할지 갈등하기 때문이다. 부모 양쪽을 모두 사랑하고 싶은데, 어느 한쪽만 사랑하면 다른 쪽은 배신하는 것으로 느껴 갈등하는 것이다. 마음이 둘로 나뉘는 고통을 느끼고, 혼란스러워하며 그런 마음을 손톱을 물어뜯는 행위로 나타낸다. 이외에도 잠을 자지 못하거나 가족 문제를 해결해 가는 환상에 빠지기도 한다. 3-6세 시기나 6-8세 시기 아이들은 소유욕이 강한 편이다.

**9-12세.** 청소년기 아이들로, 부모가 이혼을 하면 주로 분노를 먼저 드러낸다. 분노의 대상은 이혼을 하게 만든 쪽 부모이며, 때로는 자기를 양육하는 부모에게 분노를 드러낼 수도 있다. 단, 부모에게 직접 분노를 드러내지 못하고, 대부분 간접적으로 친구들에게 표현한다. 친구의 도움이 가장 필요한 청소년기에 부모의 이혼으로 인해 오히려 그러한 친구를 멀리하는 것이다. 더러는 자신이 하는 일에 무섭게 몰두함으로써 삶에 닥친 힘든 순간을 극복하기 위해 노력한다.

**모든 연령층 아이들의 공통적인 반응.** 만약 부모가 서로 증오하는 반응을 보인다면 아이들은 감정적인 혼란을 겪는다. 양육권 다툼, 방문권 문제, 심하게는 아이를 이용해서 상대방에게 앙갚음을 하려는 부모가 있는데, 이와 같은 과정에서 아이들은 큰 상처를 입는다. 아이들에게는 그러한 혼돈을 이겨 낼 만한 힘이 없다. 그런가 하면 어떤 부모는 실제로 아이에게 뇌물을 사용해서 자기 편으로 만들기도 한다. 불행하게도 어떤 아이들은 이러한 상황을 이용해 양쪽 부모를 조종하는 법을 배우기도 한다. 이혼 과정에서 감정의 혼란이 클수록 아이에게 미치는 해악도 그만큼 커진다.

여러 가지 혼란 속에서 아이들은 크게 2가지에 관심을 갖는다.

- 부모의 재결합을 꿈꾼다. : 아이들은 자기 부모가 화해만 하면 자신들의 문제가 다 해결된다고 생각한다. 과거 일어났던 수많은 문제들을 다 기억

하면서도 그래도 부모가 함께 있을 때가 훨씬 좋았다고 믿는다. 과거 부모가 일으키는 갈등 속에서 함께 힘들었으면서도 가족이 함께만 있을 수 있다면, 모두 극복해 낼 준비가 돼 있는 것이다. 자신의 가정이야말로 그들이 아는 유일한 가정이기 때문이다.

- 앞으로 자신들에게 닥칠 모든 일을 염려한다. : 자기를 키우는 부모도 언젠가는 자신을 떠날지 모른다는 두려움을 벗어 버리지 못한다. 한쪽 부모가 이미 떠났으니 다른 부모가 떠나지 말라는 법이 어디에 있는가? 또한 어느 한쪽 부모가 쫓겨난 경우라면, 자신들도 쫓겨나지 말라는 법이 있을까? 또 다른 두려움은 부모의 관심과 사랑을 다른 누군가에게 빼앗길지 모른다는 것이다. 현재 함께 있는 부모가 새로운 사람을 만나면, 그 사람이 부모에게 중요한 사람이 될 것이다. 그렇게 되면 자신이 현재 누리는 관심과 시간을 잃어버릴지 모르기 때문이다.

### 이혼 가정 아이들의 감정 단계

이혼 가정 아이들과 그 부모를 돕기 위해서는 아이들이 겪는 경험을 이해해야 한다. 또한 부모의 이혼 과정에서 아이가 겪는 감정은 시간이 지남에 따라 변화한다. 아이가 부모의 이혼을 이해하고 극복하면서 지나는 감정적인 단계들은 비교적 분명하다. 이러한 단계는 정상적인 것으로, 피할 수는 없으며 어린아이의 영성과는 전혀 상관이 없다.

그러한 아이나 부모를 상담할 때 상담의 목표는, 가급적 부정적인 영향은 최소화하고 긍정적으로 성장하도록 이러한 단계를 잘 통과하게 돕는 것이다.

아이들의 가정이 평화롭든지 갈등이 많든지 간에 부모의 이혼을 꿈꾸는 아이는 거의 없다. 물론 싸우는 부모를 좋아하는 것은 아니며, 아무리 다툼이 잦아도 결국에는 잘 해결될 거라 믿는다. 그런데 부모가 별거하거나 이혼을 선택하면 자연 큰 충격을 받을 수밖에 없는 것이다. 다음은 그런 경우 아이들이 겪는 정서적 단계들이다.

**두려움과 염려.** 앞으로 아이가 겪어야 할 미래를 알 수 없기 때문에 자연 두렵고 걱정스러울 수밖에 없다. 아이는 한 가정 안에 부모가 모두 있어야 안정감을 느낀다. 그런데 이제 그 안정감이 무너지려고 하는 것이다.

두려움이나 염려의 징후는 다양하게 나타난다. 늘 불안하고 잘 때마다 악몽을 꾸며, 잠을 설치고, 배탈이 자주 나고, 식은땀을 자주 흘리며, 고통이나 통증을 호소한다. 이럴 때 부모는 아이에게 미래의 계획을 구체적으로 알려 주어야 한다. 무엇보다 사실을 알려 주는 것이 중요하다. 왜냐하면 아이들 마음대로 상상할 수 있기 때문이다. 사실을 아는 것이 추측하는 것보다 낫다. 어린아이는 실제 문제보다 더 안 좋은 쪽으로 생각하는 경향이 있기 때문이다.

**버림받는 것과 거절감.** 두려움과 염려가 지나고 나면, 버림받을 수 있다는 사실과 거절감이 찾아온다. 물론 아이들은 자신들이 버림받거나 거절당하지 않으리라는 것을 알면서도 그래도 혹시나 그런 일이 일어날까 봐 염려하는 것이다. 어린아이의 입장에서는 부모가 서로 헤어져 떠나는 것과 자신을 떠나가는 것 2가지를 구분하는 일이 힘들다. 그리고 안타깝게도 아이들은 오히려 후자 쪽에 더욱 집중한다. 이러한 감정은 영원히 남을 수도 있는데, 떠나간 부모 쪽에서 약속을 지키지 않을 경우 그렇다.

**외로움과 슬픔.** 이러한 감정은 버림받는 것이나 거절감을 대체한다. 변화된 가족 구조가 고착화되면서 이혼의 현실이 찾아오는 것이다. 이 단계에서 아이들은 복통이나 가슴의 답답함을 느낀다. 더불어 우울증이 찾아오고 이때부터 일상적인 활동에 관심을 가지지 않는다. 많은 아이들이 다양한 생각을 하는데, 대부분은 이뤄지길 바라는 백일몽을 꿈꾼다. 꿈의 주제는 부모가 다시 합하고 모든 것이 원래대로 돌아가는 것으로 거의 한결같다. 이때 자주 울게 된다.

**좌절감과 분노.** 그런 후에 좌절감이나 분노가 따라온다. 부모가 이혼하거나 별거한 가정의 자녀는 늘 화를 품고 있다. 마음속 좌절감을 그런 식으로 표출하는 것이다. 그 외에도 역할 모델인 부모가 자주 화내는 모습을 보면서 배워 온 탓도 있다. 이러한 분노는 여러 해 동안 지속될 수 있고 다른 사람들과의 관계에도 영향을 미친다.

어떤 아이는 직접적으로 분노를 드러내지 않거나 부정적인 언행과 기분으로 표출한다. 마음속 가득한 분노를 억제하거나 포장하는 것이다. 분노를 드러내든 드러내지 않든 분노는 아이에게 해롭다. 그리고 가슴속에 분노가 있을 경우, 그것을 인정하고 적절히 다루는 것이 묻어 두고 갑작스레 폭발할 때까지 기다리는 것보다 훨씬 낫다. 어린아이가 화를 낼 때는 다음과 같은 여러 가지 이유가 있다.

- 우울증과 마찬가지로 분노는 자기 보호나 경고 신호가 될 수 있기 때문이다.
- 분노는 상처나 두려움, 좌절감에 대한 반응이자 자기와 만나는 사람에게 문제를 알리는 경고 신호인 셈이다.
- 그것은 무의식적인 반응이다. 부모나 상담자는 아이가 화내는 일이나 자신이 화난 사실을 부인하려는 것 때문에 위협을 느끼지 않아야 한다.
- 화를 직접적으로 표현하지 못한다면 수동적으로나 간접적으로 표현하는데 그것이 훨씬 위험하다.
- 어린아이의 분노는 삶에 대한 부정적인 시각이나 신경질, 수동성, 홀로 지내기 및 학교나 심부름 등 자기가 싫은 것을 거부하는 모습으로 나타날 수 있다.

분노의 감정을 결코 무시해서는 안 된다. 오히려 분노를 표현하는 방법을 가르쳐 주고 그것을 뽑아내도록 도와야 한다. 아이가 이해할 수 있는 만큼, 왜 화가 날 수 있는지 그리고 화내는 목적이 무엇인지 이해하도록 도와주라.

아이들의 분노를 해결하기 위해서는 매주 적어도 한 번 부모와 만나야 한다. 한 가정에 아이들이 많을 경우 힘들겠지만, 그래도 꼭 필요하다. 아이들의 이야기를 잘 들어 주라고 부모에게 조언하고, 아이들이 자신의 감정을 표현하도록 도와주라고 부탁하라.

더불어 아이들의 간접적인 분노의 징후를 잘 살펴보라. 쉽게 눈에 띄는 냉소적인 행동이나 반항 등의 징후를 보이기도 하지만, 때로는 천식이나 구토, 불면증, 위통 등 신체적인 증상으로 나타나기도 한다. 이는 아이들이 마음속 분노를 드러내는 일반적인 증상이다. 아이들에게는 분노를 행동이 아닌 말로 표현하도록 격려해야 한다.

**거절감과 적대감.** 이때는 감정 상태가 더 이상 화가 나 있지는 않지만, 자기 자신이나 부모와의 감정적인 거리감을 두려고 시도한다. 이것 또한 자기 방어적인 기제라 할 수 있다. 침묵해 버리거나 입을 삐쭉하며 토라지는 것도 거절의 한 형태다. 부모나 상담자의 제안이나 부탁을 따르지 않거나, 자신이 해야 할 일을 잊어버리기도 한다. 또한 매우 비판적이 되기도 한다.[11]

이러한 행동은 사실과는 반대되는 행동이다. 아이가 부모를 밀어내려는 것은 실제로 아이가 부모와 가까워지고 싶다는 표현인 셈이다. 아이는 증오에 찬 말을 쏟아놓지만, 실은 사랑받고 싶다는 것이다. 아이는 단지 거절당하지 않으려고 먼저 남을 거절하려는 것뿐이다.

**신뢰감 회복.** 이혼 과정을 다룰 때 마지막 단계는 신뢰 관계를 회복하는 것이다. 신뢰감을 회복하기 위해 시간이 얼마나 필요할지는 단정 지어 말할 수 없다. 아이나 상황에 따라 몇 달 또는 몇 년까지도 소요되기 때문이다.

### 이혼한 부모를 위한 조언

자신들의 이혼이 자녀에게 미칠 영향을 우려하는 부모에게는 이 책 앞부분에서 논의한 '위기에 빠진 사람들을 돕기 위한 기본 원리'들을 알려 주라. 경청해 주기나 격려하기, 재확인하기, 함께 있어 주기 등은 아이들에게 많은 도움이 된다. 7년 동안 청소년 사역자로 사역하면서 그러한 일들은 내가 사역하는 아이들에게 아주 큰 격려가 되었다. 청소년 사역자들도 동일한 원리를 활용하고 있었다. 부모들에게 다음과 같은 제안을 해 보라.

- 당신 자신의 감정에 매여 자녀의 감정을 무시하지 않도록 하십시오. 매일 자녀들과 시간을 내 그들의 경험이나 감정을 이야기하도록 하십시오.
- 자녀들이 자신들의 감정을 처리할 수 있도록 시간을 허락하십시오. 해결이나 치유를 위한 지름길은 없습니다.
- 안정된 환경은 자녀들에게 도움이 됩니다. 가능하다면 같은 집이나 동일한 이웃과 함께 사십시오. 가능하면 똑같은 환경을 유지하십시오. 변화가 클수록 자녀가 느끼는 스트레스나 불편함도 커집니다.
- 자녀에게 긍정적인 반응을 보여 주고 자신감을 세워 주도록 하십시오.
- 자녀들 때문에 별거나 이혼하는 것이 아니라는 사실을 재차 확인시켜 주십시오. 부모 양쪽 다 꾸준하고도 동등한 사랑을 보여 주어야 합니다.
- 자녀들의 이해 정도에 따라 그들이 경험할 다양한 감정에 대해 미리 알려 주십시오. 항상 예측되는 변화에 대해 미리 알려 주어서 준비할 수 있게 하십시오.

비록 부모가 갈등을 해결하지 못하고 이혼하더라도 자녀들을 부모가 끝까지 보살필 거라는 확신을 주라. 이러한 사실을 부모나 친척 혹은 친구들을 통해 반복적으로 이야기해 주라. 그렇게 함으로써 적어도 한 사람 이상이 자신들을 지원해 줄 거라는 사실을 깨닫도록 해 주라. 아이가 무기력감을 극복할 수 있도록 노와주라.

주위 부모들에게 위기의 기간 동안 자녀들을 어떻게 도울 수 있는지 가르쳐 주라. 이러한 가르침은 나아가 아이들이 인생의 위기를 극복하는 데 도움이 될 것이다.

Crisis & Trauma
Counseling

# 18

## 슬픔에 빠진
## 어린이를 위한 상담법
Guidelines to Help Children in Grief

흔히들 어린이가 겪는 비통에 대해서는 생각하지 못한다. 성인들은 관심을 받는데, 오히려 어린이들은 배제당하는 것이다. 하지만 어린이들도 슬픔을 겪을 뿐 아니라 그들의 슬픔은 매우 독특하다. 그리고 그들에게도 애도의 과정이 반드시 필요하다. 어린이들이 경험하는 슬픔에는 몇 가지 독특한 면이 있다.

- 어린이들의 비통함은 일상생활을 통해 표출되며 전혀 예상이 불가능하다.
- 비통을 미뤄 놓는다. 그래서 할아버지의 죽음에 대해 질문했다가도 다음 순간 자기 인형에 대한 관심을 이야기한다.
- 슬픔이 짧은 순간 북받쳐 오르지만 매우 강렬한 삽화적인 사건일 수 있다.
- 슬픔을 행동으로 표현한다. 사용할 수 있는 어휘가 제한돼 있기 때문이다.
- 어린 시절 경험한 슬픔은 어린 시절 내내 계속되며, 어떤 슬픔의 조각은 성인기까지도 이어진다.

- 어린아이가 경험하는 슬픔은 성인과 다르다. 어른들은 강렬하고도 지속적인 고통을 경험하는 데 반해 어린이는 처음에는 죽음을 인정하지 않다가 여러 해 동안에 걸쳐 간헐적으로 슬픔을 경험한다.

이런 특성들 때문에 어린아이와의 대화가 중요하다. 대화를 통해 아이에게 정확한 소식을 알려 주어야 한다. 그런 다음에야 다음과 같은 많은 문제들을 해결할 수 있다.

- 두려움을 다스릴 수 있다. 아이들과 죽음이나 슬픔에 대해 이야기함으로써 그들에게 안전한 장소를 제공하여 그들이 세상을 다시 신뢰할 수 있도록 한다.
- 정확한 사실을 전해 주면 어린이들에게는 일종의 통제력이 생긴다. 그러므로 새로운 감정에 둘러싸여 혼란스러워할 때 어른들이 사실을 이야기함으로써 안전감을 주어야 한다.
- 현실을 정확히 안다는 것은, 아이들은 자신의 입장에서 표현하고 싶은 감정을 표현할 수 있는 허락을 받는 것과 같다. 아이들은 슬퍼하라고 해서 슬퍼하는 것이 아니다. 언제든지 자발적으로 어른들에게 다가올 수 있도록 아이들에게 자유를 주어야 한다.
- 정확한 사실을 알면 나중에라도 슬퍼할 수 있다. 대부분의 어른들은 이런 생각을 하지 못한다. 그런 탓에 예를 들어 시설에서 자란 아이들은 인생의 현실을 이해하는 다른 아이들처럼 이런 상황을 잘 극복해 내지 못한다.
- 만약 아이들에게 사실을 이야기해 주지 않는다면, 아이들은 혼자서 생각하고 제 나름대로 추측한다. 단순한 상상이나 다른 친구들의 조언은 별로 믿을 만한 소식의 출처가 아니라고 생각한다.[1]

한 가지 더 파악해야 하는 것이 있는데, 바로 아이들이 자신들이 경험한 상실을 충분히 슬퍼하지 못하도록 막는 게 무엇인가 하는 것이다. 다음 요소는 이러한 문제를 일으키는 주요 요인들이다.

- 부모가 과거나 현재의 상실을 충분히 슬퍼하지 못한다.
- 부모가 아이들이 표현하는 슬픔을 받아들이지 못하거나 잘 감당하지 못할 때, 어찌해야 할 줄을 몰라 한다.
- 어린이들이 부모의 슬픔을 염려할 때, 그리고 혹 부모가 자신의 슬픔을 제재하려 할까 봐 염려할 때 상실을 충분히 슬퍼하지 못한다.
- 아이들이 안정감을 유지하고 통제하는 데 과도하게 관심을 가지거나 슬픔으로 인해 위협을 받거나 놀랄지도 모른다는 두려움을 느낄 수 있다.
- 아이들이 슬퍼할 수 있도록 부모가 격려하지 않는다.
- 자신이 처한 환경에서 충분한 사랑과 보살핌을 받지 못한다고 느낀다.
- 사랑하는 사람이 죽었을 때, 어린이들은 혹시 그의 죽음이 자기 때문일지도 모른다는 의구심을 가질 수 있다. 잘못된 죄책감은 고인에 대한 양가감정을 가지고 있을 때 더욱 심화될 수 있다.
- 가족들 간에 사망이나 상실에 대한 현실에 대해 이야기하거나 수긍하지 못할 때 아이들은 슬픔을 잘 표현하지 못한다.[2]

아이들이 경험하는 상실의 종류가 어떠하든지 간에 애도 과정에서는 다음 7단계가 중요하다.

1. 아이들도 상실을 받아들이고 고통을 경험하며, 자신의 슬픔을 표현해야 한다.
2. 아이들은 자신이 경험하는 다양한 감정을 인식하고 표현하는 데 도움이 필요하다.
3. 아이들은 왜 다른 사람들이나 자신이 슬퍼하는지 이유를 알아야 한다. 이

러한 감정을 수긍할 때 자신들이 슬퍼해도 된다는 사실을 알게 된다. 다음과 같이 이야기해 주라. "누군가가 죽으면 모두들 너처럼 느낀단다."

4. 아이들에게 사람들이 슬퍼하는 것은 누군가의 죽음 때문이라고 설명해 줘야 한다. 그렇지 않으면 다른 사람들이 슬퍼하는 것이 자신들이 잘못해서라고 생각할 수도 있다. 이렇게 이야기를 시작하라. "지금은 너무너무 슬픈 시간이란다." "정말 슬픈 일이 생겼구나." "엄마, 아빠는 슬퍼. 왜냐하면 ……." "교회 사람들이 슬퍼하는 것은 …… 때문이란다."
5. 사랑하던 사람의 죽음을 맞이한 경우라면, 아이들에게 그 사람과의 관계를 추억해 보고 음미하도록 격려하라.
6. 아이들이 자신이 잃어버린 물건이나 떠난 사람에 대해 포기하고 작별하는 것을 배우도록 도와주라.
7. 아이들은 자신의 나이와 정서적인 성숙 단계에 따라 상실에 대해 다르게 반응한다.

## 비통의 과정

### 영아기

슬픔의 경험은 영아기부터 시작된다. 4개월짜리 아기부터 만 2세 사이 어린이들도 무엇인가를 상실하면 고통스러워한다. 특히 엄마에게서 분리되는 것은 어릴수록 더 큰 상실이 된다. 만약 그러한 분리를 급작스럽게 행할 경우, 아이는 충격을 받고 저항한다. 그러다 분리가 장시간 지속되면, 좌절감과 슬픔에 빠진다.

그렇게 되면 이전까지 아이가 아무리 즐거워하던 활동에도 더 이상 흥미를 느끼지 못한다. 누군가 사랑하는 사람이 그 빈 역할을 대신 해 주지 않는 한, 아이는 모든 사람으로부터 분리되고 만다.

아이가 아무리 어려도 사랑하는 누군가가 죽으면 상실로 인한 영향을 받는다. 비록 돌아가신 분과 구체적인 추억은 없다 하더라도 중요한 결속을 함께 가졌던 누군가를 잃어버린 경험을 한다. 가족의 일원으로서 다른 가족이 겪는 동일한 슬픔으로 영향을 받는 것이다.

### 유아기부터 유치원 시기(만 2-5세)

이 시기 아이들은 다양한 방식으로 자신의 슬픔을 드러낸다. 아직 죽음의 심각성을 잘 모르는 이 시기 아이들은 때로는 쓸 데 없는 질문을 반복해서 묻기도 한다. "이제는 할아버지가 그만 일어날 때가 되지 않았나요?"

이 시기 아이들에게는 아직 죽음의 개념이 형성돼 있지 않으며, 새로운 개념을 이해하려면 시간이 필요하다. 이 시기 어린이들은 이해를 못한 채, 퇴행적인 행동을 하거나 억지를 부리거나 누군가에게 딱 달라붙으려는 경향을 보이기도 한다. 상실한 것이 돌아오지 않으면, 화를 내는 경우가 있다. 이럴 때 어른이 아이를 도와 상실감을 인정하거나 표현하도록 도와주어야 한다.

그런데 불행히도 많은 성인들이 가족의 죽음이나 충격적 사건을 겪은 직후 아이들을 친숙한 환경으로부터 분리해 버리는 실수를 저지른다. 그렇게 되면 아이들은 안정감을 잃고 염려나 초조함이 증폭되고 만다.

사망의 경우, 이 시기 아이들은 잃어버린 사랑하던 사람에 대한 생각에 집착하거나 강렬한 슬픔에 휩싸일 수 있다. 이후 아이들은 그 사람을 이상화하거나 잃어버린 관계를 추억하거나 회상하면서 살아간다.

16장부터 언급했듯이 이 연령대는 마술적인 생각의 시기다. 이 나이 어린이들은 자신의 생각대로 사람들이나 사건에 영향을 미칠 수 있다고 믿는다. 예를 들면, 여행을 떠나는 부모에게 화가 난 아이가 속으로 차가 고장이라도 나서 부모가 떠나지 못했으면 좋겠다고 바랄 수 있다. 그러다가 부모가 탄 차가 그만 사고가 난다면 아이는 자기 때문에 사고가 났다고 생각한다.

그 외에도 이 나이 아이들에게는 점차 두려움이 많아진다. 아이들은 자기 주변에서 일어나는 위협적인 사건을 인식하기 시작한다. 또한 몸의 기능에 대해 호기심이 많아진다. 사랑하던 사람의 죽음을 경험하면 다음과 같은 질문을 할 수도 있다. "아직 먹을 수도 있나요?" "화장실에도 가나요?" "죽은 사람이 울기도 하나요?" "죽은 사람은 유령이 되는 건가요?"

이 나이 어린이들은 죽음의 영원성을 이해하지 못하기 때문에 되돌릴 수도 있다고 생각한다. 영화 속 외계인 E. T.는 죽었다가 다시 살아난다. 성경 속의 예수님이나 나사로도 살아났지 않은가? 이처럼 간절히 바라기만 하면 누구나 다시 살아날 거라고 생각한다. 그래서 애완동물이 죽었는데도 마치 그것들이 살아 있는 것처럼 이름을 부르고 먹이를 주고 잠자리를 마련해 준다. 그들은 사람이나 동물을 만화영화의 주인공처럼 생각하고 결코 죽지 않을 것이라고 여기는 것이다.

그들에게 죽음은 일시적이거나 깊은 잠을 자는 것일 뿐이다. 그러므로 부모는 아이들이 생각하는 잘못된 개념을 바로잡아 주어야 한다. 죽은 사람은 '안식하거나' 혹은 '결코 다시 깨어날 수 없다'고 이야기해 주어야 한다. 때로 장례식장에서의 잘못된 표현 때문에 아이들이 그런 생각을 굳히게 되는 경우도 있다. 예로, '영면실'(오랫동안 잠자는 방)과 같은 표현들이다.[3]

이 시기 아이들은 자신이 경험한 바 하나의 세세한 부분에 집중하느라 다른 것들은 무시한다. 전체적인 그림을 분명히 보지 못하기 때문이다. 또한 그들은 상실의 심각성을 충분히 이해하지 못한다. 만약 할아버지나 할머니가 돌아가신다면, 다음과 같이 생각하거나 물어 올 수 있다.

- 그럼 또 누군가 다른 사람도 죽게 되나요?
- 할아버지는 머리가 아프다고 하면서 죽었는데, 엄마도 머리가 아프다고 했는데요.
- 나이가 많은 사람은 죽는다면, 우리 아빠도 나이가 많은데 죽게 되나요?

그 외에도 다른 사람의 죽음에 대해 간접적인 질문을 할 수도 있다. "엄마는 나이가 얼마예요?" "아빠는 나이가 얼마예요?"

그러한 간접적인 질문에 대비하여 다음과 같은 상황의 차이점을 설명해 줄 필요가 있다.

- 단순히 좀 아픈 것과 심각하게 아픈 것의 차이.
- 매우 나이가 든 것과 스무 살이 넘게 나이 든 것의 차이.
- 늙고 병든 상태와 늙었지만 병들지 않은 상태의 차이.[4]

아이들이 상실과 죽음을 이해하기 시작하는 나이는 빠르면 5세부터 8세 사이다. 이 나이는 특히 예민하고 상처받기 쉬운 때다. 왜냐하면 상실의 의미를 이해하면서도 상실에 적응하는 능력은 아직 갖추지 못했기 때문이다.

이 시기 아이들은 흔히 죽음을 '갑자기 들이닥쳐 **빼앗아 가는 것**'으로 생각한다. 그래서 자연스레 '누가 죽였지?'라는 의문이 따라붙는다. 한편 죽음을 현실로 받아들이기는 하면서도 누구나 죽는다는 사실은 받아들이지 못한다.

상실을 경험했을 때 아이들이 가장 처음 보이는 반응은 사실을 부인하는 것이다. 일종의 방어 기제로, 그러고는 마치 아무 일도 일어나지 않은 것처럼 행동한다. 또한 이 나이 아이들은 자기가 아기처럼 보이길 원치 않는 마음에 자신의 감정을 곧잘 숨긴다. 그러다가 아무도 없을 때 억눌러 온 감정을 터뜨리곤 한다.

그래서 겉으로 보기에는 상실로 아무런 영향을 받지 않은 것 같아서 부모마저도 아이들의 슬픔이 어느 정도인지 알지 못하는 경우가 많다. 그러므로 이 시기에는 아이들이 자신의 감정을 표출하도록 도와야 한다. 좋은 방법은 부모가 슬퍼하는 모습을 자연스럽게 보여 주고, 또는 아이가 감정을 편안하고 솔직하게 이야기할 수 있는 시간과 자리를 마련해 주는 것이다.

## 슬픔을 나타내는 반응

사랑하는 사람의 죽음은 누구나 매우 감당하기 힘든 일이다. 더구나 어린이는 심각한 상실을 감당할 준비가 되어 있지 않아서 더욱 힘들다. 죽음과 같은 심각한 상실에 어린이들이 나타내는 여러 가지 반응을 살펴보자.

**두려움.** 다른 부모나 조부모, 형제나 자매를 잃을지도 모른다는 두려움에 휩싸인다. 그들은 남아 있는 모든 사람이 곧 죽을 거라고 생각한다.

그리고 자신의 죽음에 대해 두려워한다. 특히 형제간에 누군가가 죽었는데 자기는 더 어린 경우, 죽은 동기간의 나이에 가까워질수록 죽음에 대한 두려움을 더욱 강하게 느낀다. 죽음과 잠자는 것을 동일시하기 때문에 잠자러 가기를 두려워한다. 악몽을 꿀 경우 두려움은 더욱 커진다.

가정과 가족도 불안정하다고 생각하고는 분리되는 두려움에 휩싸인다. 더 이상 안전하거나 보호받지 못한다고 느낀다. 자신의 감정을 더 이상 표현하지 않는다. 왜냐하면 그렇게 하다가 다른 가족들의 마음을 상하게 할까 봐 두렵기 때문이다. 한 어린 소녀는 다음과 같이 말했다. "만약 아빠가 죽으면, 엄마와 이야기할 거예요. 하지만 그런 이야기를 하다 보면 엄마를 울게 할 것 같아서 두려워요. 그리고 내가 그렇게 했다고 누군가로부터 야단을 맞는 것이 싫어요."

**죄책감.** 슬픔과 연결된 두 번째 감정은 죄책감이다. 죄책감의 원인을 다 찾아내기는 어렵지만, 어린이들이 사랑하는 사람이 죽었을 때 겪는 죄책감에는 크게 3가지 이유가 있다.

1. "그들이 죽은 것은 내가 무언가 잘못했기 때문이야. 내 잘못이야!" : 아이들은 자신이 잘못했다고 생각하는 일들은 참 잘도 기억한다. 그러고는 후회나 '만약 …… 했더라면' 목록을 수도 없이 늘어놓는다.
2. "난 그들이 죽기를 바랐어. 내가 그렇게 생각했고, 그들이 죽었어." : 어린 아이들은 자신들이 생각한 대로 어떤 일이 일어난다고 믿는다. 그래서 아

이들은 곧잘 자신의 분노나 공격적인 행동 때문에 사랑하는 사람이 죽었다고 생각한다. 이러한 죄책감 때문에 자신의 잘못이 드러나서 벌을 받을까 봐 두려워하며 살아간다.

3. "난 그들을 많이 사랑하지 않았어." : 아이들은 흔히 자신들이 누군가를 좀 더 사랑했다면 그들이 죽지 않았을 거라고 믿는다. 그러면서 그들은 잘못을 회복할 수 있는지 두 번째 기회가 오기를 바란다.

**분노.** 슬픔에 대한 또 다른 반응은 분노다. 아이들은 잘못된 믿음을 많이 가지고 있어 그것이 분노를 느끼게 한다. 아이들은 버림받았다는 느낌 속에서 인생을 혼자 헤쳐 나가야 한다고 생각한다. 또 더 이상 특별한 사람과 함께 보낼 수 없다는 변화에 화가 날 수가 있다. 분노에 휩싸이는 또 다른 이유는 그들 스스로 어떻게 할 수 없는 상황 때문에 사랑하는 사람이 죽음을 맞았다고 생각하기 때문이다.

어린아이들이 부모에게 화를 내는 데는 다음과 같은 이유도 있다.

- 죽은 사람이 그처럼 심하게 아팠던 사실을 이야기해 주지 않은 점.
- 아팠던 사람과 너무 많은 시간을 함께 보낸 점. 자신들은 무시당하거나 외로웠던 점.
- 단지 누군가 화를 받아 줄 사람이 필요한 점.[5]

아이들은 화가 나면 다양한 반응을 나타낸다. 때론 정조준한 탄알처럼, 때론 산탄 총처럼 여러 방향으로 흩어지기도 한다. 때로는 가족들이나 친구들, 선생님이나 애완동물, 심지어 하나님에게 향하기도 한다. 그러한 분노는 짜증이나 남들과 싸우기, 조용한 적개심이나 분노에 찬 말로 폭발하기 등으로 나타난다. 그렇게 표현하는 것이 감당하기 어렵기는 하지만, 그래도 건강하다는 표시인 셈이다. 반대로 그러한 분노를 꾹 참고 눌러 놓으면 그것 때문에 소화불량이나 우울증이 올 수가 있다.

**혼돈.** 사랑하는 이를 잃은 슬픔에 동반할 수 있는 또 다른 반응은 혼돈이다. 만약 여러분이 기독교 가정에서 자라는 만 여섯 살짜리 어린아이인데, 엄마가 먼저 세상을 떠났다고 가정해 보라. 아마도 여러 가지 의문이 생길 것이다. '하나님은 어디에 계셔? 왜 하나님은 우리 엄마를 살려 주지 않았을까? 왜 엄마를 낫게 하지 않았을까? 우리 아버지가 말하기를 엄마는 하나님께로 가셨다고 했는데, 왜 그랬을까?'

뿐만 아니라 아이들은 어른들이 해 준 수많은 메시지와 충고 가운데 어떤 것을 받아들여야 할지 갈등한다. 어떤 어른이 다음과 같은 메시지를 암시적으로 전할 수 있다. "아이고, 이 불쌍한 것. 어린 것이 얼마나 슬프고 힘들까?"

한편 다른 사람은 다른 메시지를 암시하기도 한다. "넌 이 가정에서 유일한 남자야. 넌 이제 강해져야 해."

한편으로는 강해져야 하고, 한편으로는 슬퍼해야 하고, 그러면서 자기를 통제하고 남을 도와줘야 한다는 수많은 메시지가 들어오면서 아이는 혼돈에 빠진다.

돌아가신 분과의 추억 때문에도 혼돈스럽다. 유가족들이 말하는 고인에 대한 이야기와 아이가 기억하는 고인과의 추억이 서로 다를 때 그런 일이 일어난다. 사람들은 고인의 완벽한 모습에 대해 말하지만, 아이 입장에서는 이해가 안 될 수도 있다. 아이의 마음속에는 온갖 생각들이 교차한다. '정말 엄마가 그렇게 완벽한 엄마였나? 잘 모르겠어. 어떤 때는 정말 엄마가 싫었어. 엄마가 고함을 지르거나 계속 잔소리를 하는 건 정말 싫었어. 아마도 내가 틀렸나 보지. 아무도 내 생각을 알아채지 못했으면 좋겠는데.'

이러한 상황에서 아이는 죄책감뿐 아니라 혼란스러움에 빠질 수밖에 없다.

다른 사람들의 변덕스러운 기분이 아이들을 혼돈스럽게 할 수 있다. 어른들은 어느 순간에는 즐거웠다가 또 어느 순간에는 침울해지곤 한다. 상실을 겪는 어른들의 입장에서는 이러한 반응이 정상이지만, 안정감과 확신이 필요한 어린이 입장에서는 그러한 주위 사람들의 반응이 잘 이해가 가지 않는다. 심지어 그것마저도 자신이 잘못해서라고 생각한다. '나 때문인가? 내가 무얼 잘못했지? 사람들은 내가 여기에 있기를 원하는 걸까?'[6]

## 한쪽 부모의 사망을 경험한 아동(사례연구)

- 고인이 사망한 시기가 언제냐에 따라 아이들의 정서적인 반응이나 행동은 달라진다. 그들은 다른 성인뿐 아니라 남은 부모의 반응에 강한 영향을 받는다.
- 한 부모가 죽음에 임박한 상황이 되도록 집안의 막내는 거의 잘 모르는 편이다.
- 대부분 아이들은 시간이 지난 후에야 장례식의 모습을 기억하거나 거기에 관해 이야기할 수 있다.
- 장례식을 위해 마음의 준비를 한 아이들이 사전에 아무 정보도 못 받은 아이들보다 더 잘 적응한다.
- 장례식 계획에 아이들을 함께 포함시키는 것이 훨씬 좋다. 그렇게 하면 모든 사람들이 힘들어하는 때에 아이들 자신도 중요하고 유용하다는 느낌을 갖게 해 준다.
- 장례식 계획에 포함되었던 아이들은 장례식을 단지 상실 자체나 죽음 이후에 초점을 맞추기보다 돌아가신 분의 생애를 돌아보는 계기로 삼기를 원한다.
- 장례식 전 철야나 장례식, 하관식에 참가할 것인지 말 것인지 아이들이 결정하도록 두라. 그렇게 해서 그들이 앞으로 무엇을 보고 경험할지 준비시켜 주는 것이 필요하다. 산소를 찾아보는 것은 아이들을 돌아가신 부모

와 연결시켜 주는 데 도움이 된다. 아이들의 삶에는 커다란 공간이 생기는데, 성묘를 다녀오면 돌아가신 분의 위치를 현재 자신의 삶에서 어디에 두어야 하는지 해결하는 데 도움이 된다.[7]

**아이들을 준비시키라**

아이들은 무슨 일이 일어났는지, 그리고 그들이 어떤 경험을 할지 이야기해 주어야 한다. 자신들이 장례식장에 가는지 예배를 위해 가는지, 아니면 2가지 다 해당하는 것인지 꼭 이야기해 주라. 또한 그 장소에 도착하면 어떤 일이 있을지, 그리고 무엇보다 그들이 갈지 말지를 스스로 선택하게 하라.

"우리는 장례식장으로 갈 거야. 장례식장에서 엄마(혹은 아빠)는 깨끗하고 하얀 옷을 입고 관에 들어갈 거야. 관은 나중에 엄마(혹은 아빠)가 땅에 묻힐 때 흙이 들어가지 않도록 보호해 준단다. 이제 엄마(혹은 아빠)의 몸은 더 이상 움직일 수 없기 때문에 더 이상 이전에 하던 대로 할 수가 없어. 하지만 엄마(혹은 아빠)는 이전 모습과 같이 보일 거야.

아마도 장례식장에서는 많은 사람들이 우리에게 와서 엄마(혹은 아빠)가 돌아가셔서 안됐다고 말씀하실 거야. 그리고 며칠 후면 묘지로 가서 엄마가 누운 관을 땅에 묻을 거야.

네가 원한다면, 장례식장으로 가거나 묘지 장소도 잠시 가 볼 수 있단다. 또 네가 원하는 것이 있다면, 엄마(혹은 아빠)의 묘지에 꽃이나 물건을 남겨 놓을 수 있단다."

만약 화장을 한다면 다음과 같은 내용을 덧붙이면 좋을 것이다.

"우리가 장례식장을 떠나오면, 엄마(혹은 아빠)는 화장터로 옮겨져서 거기서 그 몸은 불태워져 재 가루만 남을 거야. 그러면 우리가 그 재 가루를 납골단지에 보관하지. 이제 엄마(혹은 아빠)의 몸은 더 이상 기능을 하지 못하기 때문에 아무것도 느끼지 못하고 불태워져도 아프지 않아."

추가로 만약 고인이 질병이나 사고로 말미암아 신체적인 변화가 있다면, 그러한 배경을 아이에게 설명해 주는 것도 빠뜨려서는 안 된다. 예를 들어 이렇게 말하라. "여전히 할아버지가 맞지만, 너도 알다시피 많이 아프셨기 때문에 살이 많이 빠지셔서 많이 말라 보이실 거야."[8]

**계속 소통하라**

아이들과 계속 소통한 경우에는 상실 후에도 고인이 된 부모 이야기를 하기가 훨씬 쉽다. 가족뿐만 아니라 다른 사람들과도 이야기를 잘한다. 또한 그런 아이들은 행동을 잘함으로써 돌아가신 부모를 기쁘게 하려는 경향을 나타낸다.

아이들이 고인이 된 부모와 연결되는 것은 중요하다. 이것은 소위 해석(constructing)이라는 연속적인 과정의 일부분이기 때문이다. 해석 과정을 통해 아이는 고인이 된 부모를 단지 떠나보내기만 하지 않고, 상실의 의미를 제대로 받아들인다. 나아가 이러한 발견은 아이의 인생 경험에서 중요한 한 부분으로 남는다.[9]

**사건을 설명해 주라**

1. 노화 : "사람이 나이가 많아져서 많이 늙으면, 몸이 낡아져서 못 쓰게 된단다."
2. 말기적 질병 : "질병을 치료하지 못했기 때문에 할아버지는 아주 아프게 되었고, 몸도 기능을 멈추고 말았단다."
3. 사고 : "끔찍한 사고(교통사고 등)가 일어나서 몸을 많이 다쳤고 고칠 수가 없었단다. 그래서 이제 더 이상 몸이 움직이지 않는구나."
4. 유산 : "때로 아기가 엄마 뱃속에서 자라다가 무슨 까닭인지 더 이상 성장하지 않는 경우가 있어. 왜 그런지 우린 잘 몰라. 하지만 누가 일부러 그런

건 아냐."
5. 사산 : "어떤 때는 아기가 엄마 뱃속에서 태어나기 전에 죽는 경우도 있어. 왜 그런지 우린 잘 몰라. 하지만 누가 잘못해서 그런 건 아냐."
6. 영아 사망(Sudden Infant Death Syndrom, SIDS) : "어떤 때는 갓난아기의 몸이 움직이지 않게 돼. 누가 잘못한 것도 아니고 잊어버린 것도 아냐. 의사들도 왜 그런지 모른데."[10]

어린아이가 생명의 상실(죽음)을 이해하도록 하려면 어떻게 해야 할까? 최대한 일찍 시작하라. 지나친 과잉보호나 사실을 감추는 것은 아이들이 일생을 통해 계속 필요한 기술을 개발할 수 있는 기회를 빼앗는 것이 된다.

## 회복을 위한 지침

### 1. 슬픔을 마음껏 표현하고, 슬픔에 대한 질문을 자유롭게 하도록 해 주라

가족의 죽음이든, 이사를 가면서 가족과 분리되든, 애완동물이 죽어서든 간에 상실을 겪으면 충분히 슬퍼할 수 있게 해 줘야 한다. 어떤 아이에게는 단지 허락만이 아니라 감정을 나눌 수 있도록 끄집어내야 할 때도 있다. 또한 어떻게 슬퍼해야 하는지 방법을 가르쳐 줘야 할 때도 있다.

만약 아이들이 계속 침묵으로 일관한다면, 슬픔을 억지로 강요하지는 말라. 다만 언제든지 아이들이 원할 때는 그들의 이야기를 들어 줄 준비가 되어 있다는 사실을 알려 주라.

일단 아이들이 자신의 감정을 표현하기 시작하면 어떤 경우에는 마치 봇물 터지듯 쏟아놓을 수도 있다. 그들은 부족한 표현력을 총동원해 무슨 일이 일어났는지 설명하려고 하며 자신의 안정감을 다시 회복하려고 애를 쓴다. 자신이 던진 질문에 대한 답을 듣고 이야기의 장을 얻은 아이들은 자신을 표현하지 않는 아이들보다 환상의 세계에 덜 빠지며 도와주기가 훨씬 쉽다. 만약 아이들이 자신의 감정을 나누지 않는 경향이 있다면, 간접적인 질문이나 관심 분야에 대한 언급에 주의를 기울이도록 하고 그들의 감정을 말로 표현하도록 도와주어야 한다.[11]

### 2. 슬퍼할 준비가 되었을 때 도와주라

아이들의 슬픔을 돕기 위해서는 무엇보다 가까이 있어야 한다. 아이들은 사랑과 안정감을 필요로 한다. 자주 접촉하고 눈을 마주치는 것만으로도 아이들은 큰 위안을 얻는다. 이때 아이들에게 인생에는 융성기와 침체기가 있다는 사실을 알려 주라. 그러면서 그들이 당한 슬픔을 감당하기 쉬운 작은 조각으로 부수도록 도와주라. 그렇게 해서 그들이 슬픔에 압도당하지 않도록 해 줘야 한다. 예화나 그림 언어를 사용하여 자신의 감정에 대해 알려 주고 이야기해 주는 것도 좋다.

어떤 이들은 아이들도 어른들과 동일한 정도의 감정 폭을 가질 수 있다는 사실에 놀란다. 그러한 감정에는 분노와 공포, 무덤덤함이나 슬픔, 죄책감 등이 있다. 하지만 아이들 입장에서는 그러한 감정을 처음으로 경험하며 알아 가는 입장이고, 그러한 감정을 어떻게 처리해야 하는지 배우는 과정이다. 아이들은 자신의 감정을 이해하고 그런 감정의 원인이 무엇이며 그런 감정을 건설적인 방식으로 표현하도록 도와줄 필요가 있다.

「슬퍼하는 아이들」(Grieving Child)의 저자는 상담자가 아이들이 감정을 표현하도록 도울 수 있는 다음과 같은 방법을 제안했다.

> 대부분 아이들은 감정을 행동으로 나타내거나 남을 집적이는 식으로 다룬다. 하지만 우리가 이런 아이들이 자신의 감정을 이해하고 표현할 수 있도록 도울 수 있는 간단한 방법이 있다.
> 아이들의 방을 한번 둘러보고 아이가 편하게 느끼는 것들 중에 감정에 대해 가르치는 데 도움이 될 만한 것이 있는지 살펴보라. 종이나 크레용, 색연

필, 형광펜, 점토판, 종이가방이나 인형, 지나간 잡지, 스크랩북이나 테이프, 풍선이나 일기장, 책이나 음악 등이 될 수 있다. 중요한 것은 아이가 익숙하고 편안해야 한다는 것이다.

우리가 몇 가지 제안을 하면, 아이들은 그것으로 그림을 그리거나 글쓰기, 뜯어 붙이기나 만들기, 조각하거나 연극하기, 스크랩북이나 테이프 만들기 등을 할 수 있다. 대신 이 모든 것은 아이의 감정에 초점을 맞추어 상실의 슬픔을 표현하거나 그러한 슬픔을 적절하게 감당하는 데 도움이 되어야 한다.

이러한 실습 과정에서 아이들은 성인이 되어서도 도움을 줄 만한 교훈을 얻을 것이고 잘하면, 자기 자녀들에게까지 전할 수도 있을 것이다.[12]

### 3. 아이가 같은 질문을 반복하거나 상담자의 대답에 계속 '왜'라는 질문을 할 때

아이들의 나이를 늘 염두에 두라. 아이들은 성인처럼 이해할 수 없기 때문에 아이들의 질문에 어른 식으로 대답하면, 그러한 답은 자신의 능력 밖이어서 이해를 못한다. 특히 아이가 충격이나 위기를 겪을 때는 사고 능력이 훨씬 더 줄어든다. 그렇기 때문에 아이들의 질문에는 간단하면서도 구체적인 대답을 해 주는 것이 중요하다.

### 4. 독창적인 표현을 할 수 있도록 기회를 주라

아이들 중에는 자신의 감정을 말보다 글로 더 쉽게 표현하는 경우도 있다. 또한 그림은 아이들이 어릴수록 정서적인 고통을 다루거나 극복할 수 있는 효과적인 방법이다. 만약 상실이 누군가의 죽음인 경우, 그림을 그리게 하는 것이 좋다. 왜냐하면 어린이가 자신의 감정이 어떤지 볼 수 있도록 도와주기 때문이다. 이러한 행동은 아이들에게 이해와 함께 통제력을 갖게 하는 느낌을 준다.

글쓰기나 일지 쓰기는 아이들의 글쓰기 능력 배양에도 도움이 된다. 어떤 일이 일어났는지 혹은 어떠한 상상을 하는지 아이들은 말로 표현하는 것보다 글로 표현하는 것이 쉬울 수가 있다. 또한 돌아가신 분이나 하나님께 편지를 쓰게 하는 것도 도움이 된다. 편지를 쓴 후에는 아이들이 자기가 쓴 편지를 소리 내어 읽도록 하고 거기에 대한 이야기를 해 보라고 격려하라. 하지만 아이들의 사적인 감정을 존중해 주도록 하라. 자신의 편지를 읽거나 이야기하는 것은 자신이 결정하도록 두어야 한다.

### 5. 놀이 시간을 만들어 주라

아이들에게는 가끔씩 슬퍼하는 것을 멈추고 친구들과 놀게 해 주어야 한다. 아이들에게는 놀이가 표현의 중요한 수단으로, 특히 어휘력이 제한된 어린아이일수록 그렇다. 놀이의 안전한 상황에서 아이들은 다양한 감정을 표출할 수 있다. 놀이는 아이들에게 안정감을 다시 회복할 수 있게 해 준다. 또한 아이들에게 상실감을 제어할 수 있는 능력을 가진 것 같은 느낌을 주며, 실제로 일어난 일에서 잠시 떠날 수 있다.[13] 그러므로 아이들이 무엇을 하며 놀고 무슨 말을 하는지 주의 깊게 살펴보라.

간혹 어떤 아이들은 재미있게 놀거나 무엇을 즐기는 자체가 돌아가신 분을 배반하는 것이라고 느끼기도 한다. 하지만 놀이야말로 어린아이들의 정상적인 생활의 일부이자 아이들에게 도움이 된다. 또한 활력 회복에도 가장 좋다. 아이들은 놀이 시간을 통해 인생은 계속되는 것이라는 사실을 깨닫는다. 아이들의 친구나 주위 성인들에게도 놀이 시간의 중요성을 알려 주도록 하라.

### 6. 당신의 기대치를 조심하라

아이들을 지나치게 과잉보호하지 않도록 주의해야 한다. 또한 아직 슬픔에 빠져 있을 때는 중요한 결정을 하게 하거나 무엇을 가르치려 들어서는 안 된다. 할 수만 있다면 그들이 스스로 결정하는 것을 배우고 실제적인 삶의 경험을 통해 성장하도록 허락하는 것이 가장 좋다. 부모들에게도 이러한 지침을 주는 것이 좋다.

이 문제의 이면은, 대부분의 어른이 자기 자녀들의 나이 수준에 비해 너무 높은 기대치를 갖는다는 점이다. 한 부모가 자녀에게 이런 말을 하는 걸 들은 적이 있다. "네가 이제 이 가정의 모든 책임을 져야 한다. 한 가정의 가장이 되려면 아주 강한 사람이 되어야 해."

이것은 너무나 비현실적인 기대로, 어린아이에게는 지나친 부담감을 안겨 준다. 그러면 아이는 충분히 슬퍼할 겨를도 없이 현실에 부닥치고 만다.

### 7. 잘못된 신화를 고쳐 주라

아이들이 혹 마술적인 사고에 젖어 있다면 바로잡아 주어야 한다. 아이가 어릴수록 그러기가 쉽다. 좀 더 자세한 설명은 16장을 참고하라.

슬픔이 너무 오래 가면 아이들은 초조해진다. 주위를 봐도 아무도 자기처럼 슬퍼하는 친구가 없는 듯 느껴지면 자기 친구들과도 사이가 불편해진다. 그렇기 때문에 아이들에게 이러한 때에는 자신에게나 남들에게 너무 많이 기대하지 않도록 가르쳐 주어야 한다.

한편 비슷한 상실을 경험한 친구들과 이야기할 기회를 만들어 주는 것도 좋다. 그렇게 하면 자신이 경험하는 슬픔을 정상적인 것으로 받아들이는 데 도움이 많이 된다.

### 8. 매사에 정직을 원칙으로 하라

아이들은 슬픔을 경험하는 동안 어른들이 희망과 격려를 해 주기를 기대한다. 어른들은 아이들이 질문을 하면 성실하게 답해 주고, 사전에 나쁜 일이 일어나더라도 궁금할 때는 왜 그런지 언제든 질문해도 괜찮다고 알려 주어야 한다. 대답하기 어려운 문제일 때는 어른들도 모든 답을 알지 못한다고 솔직하게 인정하고, 함께 어려움을 극복해 가자고 이야기하라.

한 어머니는 여섯 살 난 아들에게 다음과 같이 말했다. "너도 많이 슬프다는 거 안단다. 우리 모두도 너처럼 슬프단다. 그리고 그런 일이 일어나지 않앉으면 얼마나 좋았을까 생각도 한단다. 지금은 여러 가지 많은 변화가 일어나고 있지만, 시간이 지나면 모든 것이 안정될 거야. 아픔도 언젠가 사라질 거고. 물론 시간이 걸리겠지. 그러는 사이 슬픔이 계속 반복해서 밀려오겠지만, 우리가 서로 돕고 사랑한다면 언젠가는 사라질 거야." [14]

특히 아이들이 나타내는 반응을 관심을 가지고 잘 살펴보아야 한다. 또한 아이들이 쉽게 이해할 수 있는 말과 어휘를 사용하는 것이 좋다. 필요하다면 아이들과 이야기하기 전에 미리 연습을 해 두는 것도 좋은 방법이다.

부모나 선생님, 목회자나 상담자는 아이들이 해 올 어려운 질문에 대해 미리 준비하고 있어야 한다. 다섯 살짜리 아이가 다음과 같은 질문을 하면 무엇이라고 대답할 것인가? "죽음이 뭐예요?"

어떻게 해야 아이들 수준에 맞게 대답할 수 있을까? 가급적 죽음을 사실 그대로 전하고, 왜 죽게 되었는지도 이야기해 주라. "네 오빠의 심장 박동이 멈추었고 그래서 죽었단다."

죽음에 관한 어휘도 '할아버지가 돌아가셨어'라는 식보다 '할아버지가 죽었어'라는 식으로 분명하게 사용하는 것이 좋다. 하지만 얼마만큼이나 자세히 설명할지에 대해서는 주의가 필요하다. 마땅한 대답을 찾을 수 없을 때는 솔직하게 대답하기가 어렵다고 이야기하라. 그리고 나서 나중에 답을 알게 되면 그때 알려 주겠다고 하라.

「자녀들에게 어떻게 말할 것인가?」(*How Do We Tell the Children?*)의 저자는 아이들의 질문과 그에 대한 답을 다음과 같이 제안했다.

- 할아버지는 다시 움직이실 수 있나요? (아니야. 할아버지 몸은 더 이상 움직이지 않아.)
- 왜 사람들이 고칠 수 없나요? (몸은 한 번 멈추면 다시 움직일 수가 없단다.)
- 왜 몸이 차가운가요? (우리 몸은 움직이는 동안만 따뜻하단다.)
- 왜 할아버지가 움직이지 않으세요? (몸이 모든 기능을 멈추었기 때문에 움

- 직일 수가 없단다.)
- 언제 할아버지가 다시 돌아오나요? (아니, 안 돌아오셔. 사람이 한 번 죽으면 다시 돌아오지 못한단다.)
- 할아버지는 주무세요? (아니야. 잠을 잔다는 건 죽는 것과는 다르단다. 우리가 자는 동안에도 우리 몸은 움직여 잠시 쉴 뿐이지. 하지만 죽음은 다시 깨어나지 않는다는 뜻이란다.)
- 제 이야기를 들을 수 있나요? (아니, 우리 몸이 움직일 동안만 들을 수가 있단다.)
- 무덤에 묻힌 후에 먹을 수 있나요? (그렇지 못해. 사람은 움직이는 동안만 먹을 수가 있어.)[15]

### 9. 아이들이 자기 나름대로 반응하도록 허용하라

슬픔에 반응하는 아이들의 태도가 어른들과 비슷할 것이라고 기대하지 말라. 처음에는 아이들이 기분이 상하거나 슬퍼 보이지 않을 수 있다. 때로 어떤 아이들은 돌아가신 분을 기억조차 못할 수도 있다. 그런 아이들도 가슴에는 슬픔이 있고, 그 슬픔을 해소하기 위해서는 먼저 아이들이 고인과의 관계를 기억하도록 도와야 한다. 사진이나 비디오를 보여 주면서 고인과 함께 보냈던 시간을 추억할 수 있도록 해 주라.

이때 상담자가 할 일은, 부모가 아이에게 어떻게 반응하면 좋을지 알려 주는 것이다. 아이들은 흔히 퇴행적인 행동을 보인다. 왜냐하면 슬픔에 대해 어떻게 반응해야 할지 모르기 때문이다.[16] 이때 중요한 것은, 아이들이 마음껏 슬퍼하도록 두는 것이다. 아이들이 격렬한 반응을 보이더라도 가로막지 말라. 마음껏 울고 화를 내고 비통해하게 두라.

### 10. 두려움의 징후를 주의하라

이런 상황에서도 가족은 여전히 유지될 것이며, 자신들은 가족의 중요한 구성원임을 확인시켜 주어야 한다. 아이들은 무슨 일이 일어났고, 그 일이 자신들에게 어떻게 영향을 미칠지 반복해서 물어 올 수도 있다. 그럴 때 부모나 상담자는 인내심을 갖고 언제나 부드럽게 답해 주어야 한다.[17]

상실을 겪은 아이들은 앞으로 언제든지 중요한 사람이나 물건을 잃게 되리라는 것을 깨닫는다. 그래서 자신들에게 소중한 것들을 잃을까 봐 늘 두려워한다. 집이나 학교, 친구들, 교회나 애완동물, 일상적인 활동들, 혹은 자신이 좋아하는 사람 등이 그 대상이 된다. 아이들은 계속적이고도 일관성 있는 재확인을 필요로 할 것이다. 그러므로 미래에 어떤 변화를 계획한다면 아이들에게 미리 상의하는 것이 매우 중요하다.

**11. 아이들이 일상생활로 돌아갈 수 있도록 격려하라**

늘 해 오던 일과를 다시 시작하도록 도우라. 일상적인 일들은 아이들에게 안정감을 주고, 또한 아이들은 상실이 있었지만 그래도 자신의 삶에 아직 그대로 남아 있는 일이 있다는 것에 안도한다. 또한 아이들 스스로 자신을 잘 돌보도록 격려하고, 충분한 휴식을 취하고, 적당한 운동을 하며 영양이 균형을 갖춘 음식을 먹도록 해 주라.

상실은 살면서 피할 수 없는 자연스런 일부분이다. 어린아이의 정서적 발달에서 상실이 차지하는 중요한 의미는, 상실과 관련된 감정을 어떻게 다루어야 하는지 방법을 배우는 것이다. 또한 그러한 경험을 통해 아이들은 또 한 걸음 성장해 간다. 부모나 선생님, 목회자나 상담자들은 아이들이 슬픔의 과정을 잘 지나도록 인도해 줌으로써 그들이 장차 성인이 되어 겪는 상실을 보다 잘 다룰 수 있도록 준비시켜 주어야 한다.

Crisis & Trauma
Counseling

# 19
# 청소년의 위기
The Crises of Adolescence

당신은 온 종일 사무실에서 지낼 계획을 세운다. 행정 비서에게 아무에게도 방해 받고 싶지 않다고 일러 둔다. 그리고 설교 준비에 몰두한다. 하지만 갑작스런 방해를 받는다. 교회 중등부 시절부터 알았던 한 10대 소녀가 몹시 화가 난 모습으로 뛰어들어오더니 다음과 같은 말을 한다. "비서 분이 목사님이 바쁘니까 만날 수 없다고 했지만 전 누군가와 지금 이야기를 해야 해요. 이건 기다릴 수 있는 문제가 아니에요. 제발, 잠시만이라도 제 이야기를 들어 주세요."

당신은 하던 일을 멈추고 그녀를 자리에 앉으라고 권한다. 소녀가 털어놓는 이야기는 다음과 같다.

"이 이야기를 누구에게 털어놓아야 할지 모르겠어요. 전 고등부에서 그 남자아이와 사귀어 왔어요. 아마 목사님도 아실 거예요. 그는 고등부 회장이에요. 우린, 저 …… 최근 제가 임신했다는 사실을 알았어요. 전 임신을 원하지 않았어요(소녀는 울기 시작한다). 하지만 임신했어요. 이제 어쩌죠? 그 아이는 저보고 낙태를 하래요. 전 어떡하면 좋아요?"

다음 날 아침, 당신은 설교 준비를 위해 다시 자리에 앉는다. 그런데 이번에는 열네 살짜리 요한이란 아이가 끼어든다. 잠시 이야기를 나누는데 다음과 같은 이야기를 들려 준다.

"전 제가 무얼 잘못했는지 모르겠어요. 오늘 학교에 가고 싶지 않아요. 더이상 어떤 것도 배울 수가 없는 것 같아서, 별로 도움이 안 돼요. 노력도 해 보았어요. 하지만 무엇을 읽어도 머리가 기억하질 못해요. 전 항상 피곤해요. 잠도 많이 자는데 늘 피곤해요. 제게도 무슨 문제가 있다고 생각해요. 이전에 없었던 통증이 느껴져요. 우리 부모님께는 말씀 드리고 싶지 않아요. 하지만 누군가에게 말씀을 드려야 할 것 같아요. 한 3주 전에 목사님이 설교하실 때, 무슨 문제라도 말하고 싶은 것이 있으면 와서 이야기하라고 하셨잖아요? 그래서 이렇게 왔어요. 대체 무엇이 잘못된 걸까요?"

그날 오후, 당신은 한 학생의 부모로부터 15분 내로 16세 아들과 함께 찾아오겠다는 황급한 전화를 받는다. 그 어머니가 도착했을 때 뒤따라온 아들은 심통이 나 있었다. "목사님, 도대체 어떻게 된 일인지 애와 이야기 좀 해 보세요. 제게는 도무지 이야기하려고 하지 않아요. 오늘 아침, 아이 방에서 이 알약과 함께 여러 가지 것들을 발견했어요. 그게 다 뭔지 전 모르겠어요. 하지만 마약 종류, 아마 마리화나 같은 것일 거예요. 우리 아이가 마약을 하고 있나 봐요. 아이와 말 좀 해 주세요."

다음 날 아침 당신은 교회 성도 중에 내과의사인 사람의 전화를 받는다. 그 의사는 가끔 교회에 나오는 한 여학생이 병원에 입원했다고 전한다. 그러면서 병원 심방을 올 수 있는지 묻는다. 당신은 그날 오후 심방을 간다. 그런데 병원에 들어서자 너무 놀라 뒷걸음을 칠 뻔한다. 왜냐하면 15살짜리 소녀가 침대에 앉아 있는 모습이 흡사 해골 같았기 때문이다. 소녀의 부모도 그곳에 와 있는데 매우 염려스런 표정이다. 소녀는 거식증(음식을 거부하는 증상)을 겪는 것이다.

## 청소년은 누구인가

어떤 젊은이들은 청소년기를 잠깐의 유예 기간을 제외하곤 끊임없는 위기의 시간들로 보낸다. 어떤 이들은 이러한 기간이 다소 부드럽게 지나간다. 하지만 대체로 청소년기는 인생의 전환기 가운데 가장 어려운 기간이다. 스트레스와 폭풍의 시간이며 롤러코스터와 같다. 이 시기엔 자아에 대한 의심과 열등감이 강화되고, 다양한 사회적 압력이 정점에 다다르기도 한다.

청소년은 자신의 존재 가치를 친구들 무리에 들어가느냐, 들어가지 못하느냐에 둔다. 그런데 이 시기 친구 무리는 인생에서 가장 불안정한 기둥이다. 코넬 대학의 유리(Urie Bronfenbrenner) 박사는 아동 발달 단계의 권위자인데, 중학생 시절이 아마도 가장 중요한 심리 발달 단계일 것이라고 말한다.

13세부터 19세까지 청소년은 부모로부터 독립하고자 하는 동시에 급진적인 정체성의 위기를 경험한다. 대부분의 청소년들은 이 시기에 자신의 정체성을 형성할 수 있지만, 어떤 아이들은 성인이 될 때까지 방황하는 경우도 있다.[1]

청소년들이 자신의 정체성을 찾는 자원은 다양하다. 그 가운데서도 가족 관계가 아이들의 정체성 형성에 커다란 영향을 미친다. 청소년은 가족 안에서 어떤 것은 인정받고, 어떤 것은 거절당하면서 자신의 정체성을 형성해 나가게 된다. 흔치 않은 경험들, 곧 장애가 있는 형제자매, 마약 문제, 가족이 죽거나 실직 등으로 인해 영향을 받기도 한다.

10대에게 신분의 상징은, 자신이 누구인가를 공포하는 또 다른 방법이다. 친구들이나 신발, 옷, 머리 스타일, 자동차 등을 통해 자신이 누구인지 나타내는 것이다. 하지만 진짜가 되기 위해서는 행동이 신분의 상징과 조화를 이뤄야 하고 그래야만 제대로 된 명성을 누릴 수 있다.

성인의 행동을 따라하는 것도 청소년들이 정체성을 찾는 한 방법인데, 담배를 피우는 것이나 마약, 성 생활 및 음주 등이다. 반항적인 행동도 마찬가지다. 그런 행동을 함으로써 자신의 진정한 정체성을 발견하기 위해 일치하지 않는 생각들을 풀어 보려 하는 것이다. 이러한 시도는 자주 다른 10대 친구들과 내부적인 갈등을 일으키기도 한다.

또 10대에게 다른 사람들의 의견은 매우 중요하다. 아이들은 자신의 이미지에 대한 타인의 인정을 필요로 한다. 많은 경우 10대들의 정체성은 남들이 자기를 보는 대로 따라가는 경향이 있다.

아이돌(Idols : 배우나 가수 등 시대적으로 인기 있는 우상적인 존재 – 옮긴이주)의 영향도 만만치 않은데, 흔히 지나치게 그들과 동일시하는 바람에 자신만의 개성을 잃어버리는 경우가 많다. 그러한 우상적 존재들의 외형적 모습과 행동은 청소년들이 직접 체험하기 전에 시험해 보는 기회를 제공하는 셈이다.

청소년들의 파벌적인 배타성이나 타인의 차이점을 용납하지 못하는 것도 청소년들의 정체성 형성의 한 부분이라고 할 수 있고, 심지어 정체성 혼란에 대한 방어 기제라고도 할 수 있다.[2]

## 오늘날 청소년이 직면한 현실

오늘날의 청소년 세대는 독특한 압박감에 직면해 있다. 오늘날의 젊은이들은 반기독교적인 가치들을 전하는 다양한 정보들과 대중매체들의 홍수를 경험한다. 어린이들과 청소년들은 음란하고도 폭력적이며 비기독교적인 사회에서 성장해 간다. 아울러 그리스도인이라는 사실 자체가 내적인 갈등을 자아내는 부수적인 스트레스를 가져올 수도 있다.

### 도덕성 문제

오늘날 아이들은 이전 세대보다 더 어린 나이에 섹스나 마약, 친구, 음주 등 도덕적인 선택을 해야만 한다. 최근 조사에 의하면 5명 가운데 한 명은 이미 성관계를 맺은 경험이 있다고 보고되고 있다.

### 마지막 세대

어쩌면 현재 세대가 인류 최후의 세대가 될 수도 있다. 청소년들은 미래에 대한 꿈과 희망도 없는 상황에 직면할 수 있다. 전쟁은 이미 삶의 한 부분이 되었고 한순간에 한 세대가 전멸당할 수 있는 위협이 이전 어느 때보다 크다. 청소년들이 대중매체를 통해 보고 듣는 것이 무엇인가? 전쟁, 핵폭탄, 공해, 은퇴 후에 지급할 연금 소진 등 위협적인 이야기를 수없이 접한다. 그래서 많은 청소년들은 쾌락을 얻음으로써 이러한 일들을 회피하고자 한다.

### 이혼 가정

점점 더 많은 10대들이 불안정한 가정에서 이탈해 나온다. 이혼은 평범한 일이 되었고 안정된 결혼이나 가정의 모델이 부족한 현실이다.

### 헌신의 부재

이 세대는 불확실성의 세대이며 또한 헌신에 대한 본보기를 볼 수 없다. 아마도 이 세대가 이전 세대보다 모든 면에서 더 많은 것을 가졌기 때문인 듯싶다. 오늘날의 청소년들은 이전 세대처럼 힘든 경험을 많이 해 보지 않았다. 보상은 즉시 받아야 하며, 낙심이나 꿈이 깨어지는 상황을 극복할 줄을 모른다. 그래서 위기에 쉽게 노출된다. 그들은 즉각적인 해답을 찾으며, 많은 경우 위기의 탈출구로 마약을 사용하기도 하고, 다른 것이 통하지 않는 경우 심지어 자살도 택한다.[3]

참으로 안타까운 현실이지만, 불행히도 현대 청소년들은 위에서 언급한 것처럼 다양한 위기에 처해 있다. 좋은 환경에서 양육 받으며 청소년기를 잘 넘겨서 미래의 훌륭한 성인으로 자라는 아이들도 있겠지만 그들도 나름대로 위기 상황을 경험한다.

사실상 청소년기 자체가 인생의 질풍노도 시기다. 사역자들은 10대들의 행동이나 태도를 보며 의아해한다. 청소년기는 인생에서 수많은 변화로 가득 찬 시기다. 이 시기는 유년기와 성년기의 과도기적인 기간이다. 신체적인 변화, 정서 및 감정적인 변화를 경험한다. 인생의 중요한 변환기인데 많은 상실로 가득 찬다. 마치 상실로 인한 슬픔이 미열처럼 청소년기 아이들에게 따라올 수 있다. 이 시기에 죽음과 같은 커다란 상실을 경험하면 복합적인 슬픔을 겪는다. 이러한 위기에 대해 좀 더 자세히 살펴보자.

## 큰 상실을 경험할 때

10대 아이들은 죽음이나 커다란 상실에 대해 성인들과 비슷하거나 어린아이와 비슷하게 반응한다. 가족 가운데 누군가가 죽으면 10대들은 이전보다 더욱 가족과 멀어지고 다른 사람이나 다른 활동에 몰입한다. 간혹은 상실을 해결하지 못한 채 정서적인 발달이 잠시 멈출 수도 있다. 반대로 보다 성숙하는 아이도 있다.[4]

중요한 상실을 경험할 때 청소년에게는 무엇이 필요할까? 안정이다. 안정과 안전은 기본적인 필요다. 만약 부모나 그들의 인생에서 중요한 사람이 죽으면, 그들은 버림받았다고 느낄 수 있다. 10대들은 실제보다 더 성숙한 것처럼 보인다. 그러나 그들도 신체적으로나 정서적, 영적으로 누군가 돌보아 줄 사람이 필요하다. 그들도 가족 중에 함께 있어 줄 누군가가 필요하다.

그들은 또한 친밀함을 원한다. 죽은 사람이 부모든, 형제간이든, 혹은 가까운 친구든 그들을 무조건 사랑하던 사람이라면 그들의 삶에 커다란 구멍이 생긴다. 그러므로 그들에게도 죽은 사람과의 연결고리가 필요하다. 한 책에서 다음과 같이 언급했다.

> 청소년 시기엔 사랑하는 사람을 잃었을 경우, 자기 스스로 떠날 때까지는 고인과의 연결고리를 유지하는 것이 정서적인 안정에 매우 중요하다. 만약

그가 분리 과정 중에 있다면, 돌아가신 부모와의 추억을 간직하려고 할 것이다. 그래야만 정서적으로 고인과 떨어져서 나중에 독립적인 단계로 성장해 갈 수 있다. 부모는 돌아가신다 해도 함께했던 추억은 마치 닻처럼 남는 것이다.[5]

분리 과정은 건강한 방식으로 이루어져야 한다. 무엇보다 감정을 나누는 것이 필요하므로 가능하다면 10대들을 위한 지원 모임을 시작하라.

10대들이 겪은 감정적인 고통도 위로해 주어야 한다. 왜냐하면 그동안 느꼈던 안전한 세계가 무너지면서 불안을 경험할 수 있기 때문이다. 많은 10대 청소년이 술이나 마약, 과격한 행동으로 빠지는 것도 사실은 어떤 상실감으로부터의 고통을 덜고자 애쓰는 것이다. 어른들은 가능한 힘을 합해서 청소년이 건강한 발달 단계로 돌아오도록 도와주어야 한다. 물론 그들이 이전까지 가지고 있던 자원이 없어져서 힘은 들겠지만, 누군가 도와주는 사람이 있다면 적응하는 것을 배울 수 있다.[6]

청소년들에게는 성취할 필요가 있는 3가지 중요한 심리적 특성이 있다. 이에 대해 올슨 박사는 다음과 같이 묘사한다.

1. 일생을 통해 다른 사람들과는 다르고 분리된 한 개인의 정체성을 개발하는 것이다. 자신이 어떤 사람인지 계속 고민하며 만들어 가는 과정이다.
2. 헌신적이고 친밀한 관계 수립 과정을 시작하는 것이다.
3. 특정 직업에 입문하거나 그것을 위해 훈련을 받도록 결단을 내리는 것이다.[7]

'어떤 어른이 되어 있는가' 하는 것은, 위와 같은 것들을 얼마나 성공적으로 이루었는가에 달려 있다. 청소년기의 위기들은 이러한 심리 발달 단계의 문제들과 연관되어 있다.

## 정상적인 분리의 행동

어른이 되어 성공적인 삶을 살기 위해서는 청소년기에 부모에게 의지하던 유아기적인 삶으로부터 떠나야 한다. 하지만 이러한 청소년의 독립적인 움직임에 부모는 위기감을 느낀다. 왜냐하면 부모 입장에서는 통제가 불가능하기 때문이다. 만약 부모가 그러한 분리에 대해 저항한다면 양쪽 모두 스트레스를 받는다. 이제 정상적인 분리의 11가지 행동을 살펴보도록 하자.

1. 혼자 있거나 친구들과 함께 있는 질적인 시간이 필요하다. 그들은 보통 친척 모임에 가기를 원하지 않고 이전처럼 그들에 대해 관심도 없다.
2. 교회 출석을 포함하여 이전에 참여했던 활동들을 중단할 수 있다. 부모에게 숨기는 것이 많아지고 어렸을 때만큼 부모를 신뢰하지도 않는다. 또한 자녀를 이용하여 자신의 정체성이나 존재 가치를 확인하던 부모들은 아이들의 신뢰를 받지 못하는 이 상황을 견디기 힘들어한다. 할 수만 있다면 '옛날 좋았던 시절'로 돌아가고 싶어 한다.
3. 부모의 조언이나 비판을 받아들이려고 하지 않는다. 청소년 입장에서는 조언이나 비판을 들으면 자신이 불안정하다는 것을 드러내는 것 같아서 지나치게 예민하게 군다. 이 시기 청소년은 자신의 불완전한 정체성이나 낮은 자존감으로 인해 보다 더 민감해진다. 그들은 비난을 끔찍이 싫어해서 어른들의 훈계나 비판, 조언을 자신들을 지배하려고 하는 행동으로 해석한다. 그들은 자신이 통제하고 싶어 한다.
4. 청소년기에 반항은 매우 흔한 모습이다. 하지만 10대를 지나면서 안정이 될수록 덜 반항적이 된다. 불안정한 만큼 반항도 더욱 거세진다.[8]
5. 청소년기 후기에는 동성이든 이성이든, 또래 집단에게로 충성심과 헌신이 옮겨 간다.
6. 친구들과의 관계가 돈독해짐에 따라 부모들은 그만큼 불안하기 쉽다. 밤마다 전화하느라 시간을 보내고 친구들과 같이 놀게 해 달라고 조르는 것

이 흔한 일이다. 옷 입는 것, 말하는 것, 음악 고르는 취향, 취미활동, 그리고 일반적인 행동들도 또래 친구를 따라 변화해 간다.[9]

7. 청소년들은 종종 자신의 세계에 몰입하거나 자기 중심적인 생각에 빠진다. 그들은 주관적으로 반응한다. 만약 자신에 대해 마음에 안 드는 부분이 있다면 남들도 그러리라고 간주한다. 또한 자신은 특별하다고 생각한다. 또 새로운 우정을 쌓기보다는 옛 우정에 만족한다. 이때 다른 지역으로의 이사는 커다란 정신적 충격이 될 수 있다.

8. 사회적 불안은 청소년 단계에서 심각한 문제다. 그들은 거절당하는 것을 싫어하며, 인정받지 못하고 무시당하는 것을 싫어한다. 바보 같아 보이는 것도 싫고, 자제력을 잃은 것처럼 보이는 것도 싫다. 권위적인 인물도 싫어하는 대상 가운데 하나다.

9. 청소년들의 사고 과정은 어린이와는 다르다. 현실과 함께 가능성을 인식한다. 하지만 추상적으로 생각하며 지나치게 이상화하는 경향이 있다. 자신의 정체성에 대한 추구와 함께 강렬한 이상주의적 경향으로 인해 분노와 좌절을 쉽게 느낀다. 그들은 일이 어떻게 진행되어야 하는지 알고 또한 일이 그렇게 되지 않을 때는 참지 못한다. 아울러 삶의 문제들에 대한 관점과 가치관은 날마다 동요한다.

10. 청소년들은 또래 친구의 반응에 지나치게 의존하고, 다른 그룹 안에서는 다르게 행동할 수도 있다.

11. 청소년들은 예상치 못한 위기에 직면했을 때, 사물의 가치를 볼 수 있는 능력을 잃어버릴 수도 있다. 환멸에 빠지고 그러면 매우 냉소적으로 굴거나 다른 이들을 창피하게 만들기도 한다. 이런 것들은 모두 변화를 거부하게 만든다. 이런 이유로 인해 청소년들을 상담하기가 더욱 어렵다.[10]

## 청소년 우울증의 원인

청소년 우울증의 원인은 성인의 경우와 매우 비슷하며, 거기에 발달 단계의 갈등이 더해진다. 상담자가 청소년의 삶에 동참하는 것은 매우 중요한 의미가 있다. 10대를 한 인간으로서 존중하면 그들이 상실을 경험할 때, 도움을 줄 수 있는 관계를 형성할 수 있다. 그 결과, 함께 노력하여 우울증을 일으키는 문제의 원인과 효과적인 해결책을 찾을 수 있을 것이다. 하지만 관계를 형성하지 못한다면 무엇도 시작할 수 없다.

10대들의 많은 행동은 상실감 때문에 저질러지며, 그러한 행동을 청소년의 입장에서 볼 수 있어야 한다. 다른 사람에게 거절당했거나 운동 경기에서 졌거나 열여섯 살에 치열 교정기를 끼는 것 등은 청소년 입장에서는 실제적인 상실들이다.

### 실제적인 상실과 상상 속의 상실

상상 속의 상실이란 무의식적, 비현실적인 염려로 청소년들이 어떤 대상이 없기 때문에 과도한 염려를 정당화해 주고 상실감을 느끼게 만드는 그 무엇을 말한다.[11]

실제적인 상실과 상상 속의 상실의 중요한 차이점은 다음과 같다. 실제적인 상실은 우울증이 따라오는데 그 특징이 매우 분명한 편이다. 반면에 상상 속의 상실은 우울증의 증상이 본인에게나 주위의 돕는 이들에게 그다지 뚜렷하게 보이지 않는다.

### 가족이나 친구의 죽음

슬픔은 상실의 한 부분이며 슬픔의 종류도 상실의 종류에 따라 달라진다. 청소년들이 부모를 사별하는 경우, 그들은 흔히 사실을 부인한다. 왜냐하면 이러한 위협적인 경험과 그에 따라오는 감정들로부터 자신을 보호하고 싶기 때문이다. 만약 부모와의 관계가 친밀했다면 강렬한 고통과 함께 홀로 남겨진 사실로 인해 분노를 느낄 수도 있다.

청소년들이 부모를 사별한 경우, 아이들은 흔히 방황하게 된다.

> 청소년기는 부모로부터 분리되는 시기다. 그런데 그러한 분리가 갑작스레 발생하면, 건강한 정체성을 이루는 데 필요한 점진적인 과정이 이뤄질 수 없다. 청소년들은 처음에는 남들의 사고에 반대함으로써 자신의 사고를 발전시킨다. 반항을 통해 자신들이 누구인지 발견하는 것이다. 하지만 부모가 죽으면 반항의 과정을 통해 자신만의 사고를 개발하고 그런 후 다시 부모의 관점을 재발견하는 일 등이 충분히 일어날 수 없다. 그래서 부모의 죽음에 청소년은 허탈감에 빠져들기도 한다.[12]

청소년은 자기 자신에게 지나치게 몰두한 나머지 걱정에 사로잡히기 일쑤다. 예를 들면 부모 가운데 한 사람이 병으로 죽으면 아이들은 질병이나 고통, 외모 손상을 무척 두려워한다.

이런 때에는 마음속 분노를 표현하여 풀도록 격려해 주어야 한다. 상담자나 주변 사람들은 청소년의 분노를 옳지 않다고 판단해서는 안 된다. 청소년 주변에 있는 어른들은 부모의 죽음으로 인한 공백을 채우도록 도와주어야 한다. 그래야 계속 성장할 수 있다.

형제나 자매의 죽음도 상실감을 갖게 하는데, 이때는 복합적인 감정을 경험한다. 동기간에는 긍정적인 감정과 부정적인 감정이 뒤섞여 있기 때문이다.

반면 친구를 죽음으로 잃었을 때는 매우 강렬한 불안감에 사로잡힌다. 어른들이 죽는다는 사실은 알지만, 또래가 죽는다는 것은 상상조차 하지 못했기 때문이다. 아직 죽기에는 이른 나이에 자신도 죽을 수 있다는 사실을 직면하는 것이다.

### 부모의 이혼

청소년들이 경험하는 또 다른 상실은 부모의 이혼이다. 부모가 이혼을 하면 아이들은 안전감이나 미래에 대한 자신감을 잃어버린다. 이혼해서 떠난 부모에 대한 분노는 보통 돌아가신 부모에 대한 분노보다 더욱 강하고 더 오래 지속된다. 죽음은 부모가 어쩔 수 없는 경우였지만 이혼은 선택을 한 경우기 때문이다. 도대체 왜 부모님은 이혼해서 떠나 버리셨단 말인가?

부모가 자기 때문에 이혼했을지도 모른다고 생각하는 청소년의 자책감은 매우 강하고 풀기가 어렵다. 비록 유아기처럼 심하지는 않지만 청소년도 죄책감을 느낀다. 결국 점점 더 많은 시간을 집 밖에서 보내는데 이는 더 이상 가정이 이전처럼 안전하거나 안정적이지 못하기 때문이다. 청소년은 너무 많은 자유나 감당하기 어려운 유혹에 쉽게 빠진다. 한편으론 친구를 잃어버릴까 봐 두렵기도 하다. 만약 우울증 증세를 보이거나 의기소침한 경향이 있다면 이러한 시기에 더욱 심해진다.

부모의 이혼은 상당 기간 동안 청소년의 정상적인 정서 발달을 방해한다. 청소년은 버림받은 것 같은 느낌이 들고 가정으로부터 받아야 할 힘을 받지 못한다. 이 때문에 청소년의 독립 시기가 빨라지는데, 준비되지 않은 상태에서 빨리 자라나도록 재촉당하는 셈이다. 부모의 이혼은 청소년 자녀들의 태도와 가치관에 지속적인 영향을 미친다. 청소년은 약속이나 관계에 대해 환멸을 느낀다. '나의 부모마저 이혼을 했다면 난 도대체 누굴 의지해야 하나? 과연 내가 결혼을 한다면 오래갈 수 있을까?'

부모의 이혼 때문에 생기는 힘든 증상에는 공허감이나 두려움, 집중력 감퇴, 피로를 느끼는 것 등이 있다. 그들은 배신감을 느끼고, 부모의 행동을 비판적인 시각으로 본다. 또 남들이 자기 부모를 실패자로 볼까 봐 두렵기 때문에 자신의 고통이나 당혹감에 대해 이야기하는 것을 꺼린다. 그러다 보면 결국 노여움과 분노로 반응하고 만다.[13]

어떤 청소년은 안도감을 느낀다고도 하는데 이는 부모가 더 이상 싸우지 않을 것이기 때문이다. 하지만 그런 감정을 표현하기는 쉽지 않다. 부모가 세상을 떠났을 때는 슬픔의 과정에 결말이 있지만, 이혼에는 결말이 없다. 아픔과 상처는 몇 년 동안 계속될 수 있다.

### 가족이나 친구의 질병

청소년이 겪는 또 다른 상실은 부모나 형제간, 혹은 친구가 병을 앓는 경우다. 만성적인 고통으로 힘들어하는 모습이나 점점 쇠약해지는 모습을 지켜보며 혹시 자신도 그렇게 되지 않을까 두려워한다. 그러면 위축되고, 한편 그래서는 안 된다는 것을 알기 때문에 죄책감을 경험한다.

### 친구의 이사나 전학

청소년은 친구의 이사에도 상실감을 느낀다. 그것은 거절당하는 고통과 거의 비슷하다. 학교를 전학하거나 어떤 형태로든 이동을 해야 할 때에 비슷한 상실감이 찾아올 수 있다.[14]

### 정서 발달 단계

정상적인 정서 발달 단계로 인해 찾아오는 상실과 함께 자존감이 위협 받는 일은 청소년기 우울증을 불러오는 원인 가운데 하나다. 이 기간 동안 아이들은 부모에게 의존했던 줄을 느슨하게 하여 독립을 향해 나아간다. 하지만 어떤 아이들은 부모와의 끈이 남들보다 강하기도 하고, 혹은 그 끈을 놓아 버리기를 주저하기도 한다.

부모를 떠나 온 청소년들은 또래 집단으로부터 정서적인 만족감을 얻고자 한다. 하지만 또래는 부모보다 훨씬 덜 안정적이고 불안한 대상이다. 나아가 이제부터 자신의 미래와 궁극적으로는 자신의 생계를 꾸려가는 것도 책임을 져야 한다. 또한 이제까지 희열을 가져다주던 이전 자원들도 없이 살아가는 것을 배워야 하는데, 이것 또한 10대들을 우울하게 한다.

10대 아이들은 청년기로 들어가는 전환기의 어려움을 맞을 준비가 잘된 만큼, 실제적인 상실과 상상 속의 상실을 극복할 준비가 잘된 만큼, 이 시기를 지나는 동안 우울한 상황들을 더 잘 피할 수 있다. 우울증으로 힘들어하는 청소년을 상담해야 한다면 다음과 같은 문제들을 고려하고 또한 상담 계획에 넣어야 한다.

## 청소년 우울증의 연령별 특성

위기 상태에서는 청소년 우울증의 특성을 분별하는 것이 매우 중요하다. 청소년들은 유년기와 성인기 사이의 기간이기 때문에 그들이 겪는 우울증의 특성은 양쪽 시기의 우울증 증상들을 함께 아우른다. 몇 가지 우울증은 청소년들의 발달 단계에 따른 갈등과도 연관이 있다.

청소년들은 부모에게서 분리되어 자신만의 정체성을 형성하려고 하기 때문에 자주 상실감에 부딪힌다. 앞에서 보았듯이 상실은 우울증의 시발점이다. 아마도 청소년들이 가장 공통적으로 겪는 상실의 경험은 자존감의 상실일 것이다.

사실상 청소년기에는 다른 발달 단계에 비해 우울증이 매우 일반적으로 나타난다. 그래서 청소년들이 경험하는 우울 현상의 일부는 전형적인 사춘기의 고통과 맞물려 있어 진단이 어렵다.

### 전기 청소년기

13세부터 17세까지로, 자아 비판적인 태도에 대해 상당한 거부감을 나타낸다. 그들은 남에게 개인적인 관심을 보이는 것을 싫어한다. 그렇기 때문에 성인들이 겪는 절망감이나 낙망, 자기 비하의 감정을 경험하지 못하거나 드러내지 않는다. 아울러 발달 단계적으로, 어떤 일에 대해 생각하기보다는 행동하는 경향이 강한 시기다. 그래서 어른들처럼 자기 성찰을 위해 생각에 몰두하기보다는 자신의 우울함을 행동으로 표현한다.

전기 청소년기 아이들의 행동을 관찰해 보면 다음과 같은 3가지 우울증 징후가 나타난다. 하나는 우울한 내면을 반영해 주는 증상들이고, 다음은 우울함을 피하거나 벗어나려는 노력이며, 마지막은 외부로부터의 도움을 바라는 호소다. 우울한 내면을 반영하는 중요한 증상들을 보자.

1. 너무 피곤해한다. 충분한 휴식을 취한 후에도 피곤하다고 한다면 그것은 피로의 문제라기보다 표현하거나 해결할 수 없는 우울증 때문일 수 있다.
2. 침울해하는 현상은 또 다른 증상이다. 전기 청소년기 아이들이 계속되는 신체적인 변화에 관심을 갖는 것은 보편적인 현상이나 자기 몸의 변화에 지나치게 몰두한다면, 자신이 무기력하다고 느끼는 내면을 반영하는 것일 수 있다. 청소년은 자신에게 나타나는 이런 증상을 스스로 인정하는 것이나 남들에게 표현하는 것이 어렵다.
3. 집중하지 못하는 증상은 흔히 학업 성취 면에서 보이지만 다른 상황에서도 나타날 수 있다. 청소년기 초기에서는 자신이 무감각하다거나 마음속에 괴로운 무엇이 있다는 사실을 부인하려 한다. 학업 성적이 떨어지고 있다는 말 정도는 할 것이다. 10대 아이가 자기는 아무리 열심히 공부하려 해도 이해하거나 따라갈 수 없다고 한다면 우울증을 의심해 보아야 한다.

한편으로 청소년은 우울증을 방어하려는 시도를 계속한다. 다음은 일반으로 나타나는 3가지 증상이다.

1. 권태와 불안 : 우울해지려는 감정을 피하는 한 가지 방법은 그 생각을 떨쳐 버리기 위해 계속 바쁘게 지내는 것이다. 그래서 자신의 우울한 감정을 떨쳐 버리려고 지나친 행동을 할 수도 있다.

  10대들은 무엇엔가 쫓기는 것 같고 매우 불안정하고 지루해한다. 새로운 활동에 높은 관심을 보였다가도 금세 싫증을 내기도 한다. 삶의 일상적인 일과를 잘 다루지 못하고 지속적으로 새롭고 흥미로운 활동을 찾는 청소년들을 주목해야 한다. 우울증에 대한 방어 기제일 수도 있기 때문이다.

2. 싸움-도피 : 이러한 청소년은 혼자 있는 것을 두려워하고 지속적인 교제를 원한다. 이 사람 저 사람에게로 옮겨 다니면서 자신에게 시간과 관심을 가져 줄 수 있는 사람을 찾아다닌다. 그들은 자기 활동에 몰두하지 않는 사람들을 친구로 삼길 원한다. 이렇게 미친 듯 방황하다 보니 시간이 모자라 자신들이 해야 할 역할을 수행하지 못한다. 집안일이나 숙제는 고사하고 잠조차 제대로 자지 못한다.

그런가 하면 어떤 10대들은 대인관계에서 거절당하는 것을 두려워하여 차라리 혼자 있는 것을 원한다. 만약 청소년이 이런 회피형을 택한다면, 개인적인 활동에 무섭게 몰입할 것이다. 자기가 좋아하는 취미활동이나 애완동물, 혹은 자신이 두려워하는 거절의 가능성이 없는 어떤 것에 보다 높은 관심을 보인다.

3. 도움 호소 : 우울증에 대한 세 번째 방어 기제는 도와 달라고 호소하는 것이다. 그런데 그 호소라는 것이 흔히 짜증이나 가출, 도둑질, 반항, 반사회적인 행동으로 나타난다. 청소년들이 우울증을 이겨 보려고 하는 행동에는 분명 이유가 있다. 10대 아이가 어떤 행동을 하는데 그것이 신나고 새로운 것이라면, 무엇인가 지겨운 것을 피하고자 하는 것이다.

만약 새로운 행동이 자신의 또래 집단으로부터 긍정적인 반응을 얻으면, 자신의 자화상이 우뚝 올라선다. 어떤 행동은 충동 조절이 잘 안 되는 친구에 의해 저질러질 수 있는데 그것 자체가 도움을 향한 요청이라고 볼 수 있다. 그것은 10대 자신이 고통 속에 있으며 자신의 삶을 다룰 수 없다는 메시지인 셈이다. 10대의 비행은 은밀하게 행해지는 경우가 드물어 매우 공공연하게 이뤄지며 결국 붙잡히게끔 행동한다.[15]

**후기 청소년기**

후기 청소년기에 겪는 우울증은 성인들과 비슷한 방식으로 나타난다. 하지만 그들은 여전히 자신의 우울증을 간접적인 방식, 곧 적응하지 못하는 행동으로 드러내기도 한다. 그러한 증상에는 어떤 것들이 있는가?

청소년들이 마약을 사용하는 것은 불안해서다. 마약을 사용하는 원인이 많이 있지만 대부분의 경우 우울증과 관련이 있다. 마약 사용은 다양한 목적을 이루어 준다. 마약은 우울증에 빠지지 않게 도와줄 수 있다. 불법적인 마약을 획득하는 과정에서 삶에 흥분감을 더해 줄 수 있다. 마약을 나눌 때 동료 의식을 느끼게 해 준다.

성적으로 문란한 행동 또한 우울증에 대한 방어 기제로 나타난다. 소년들보다는 소녀들에게 더 많이 나타난다. 청소년을 주목해 주고, 누군가가 자신들을 필요로 하거나 원한다고 느끼면 슬픔이나 고독, 외로움 같은 감정을 극복할 수 있다.

자살 시도도 우울증의 증상이다. 청소년기 전기나 후기 모두에서 자살 시도나 실제적인 자살이 현저히 증가한다. 그러한 현상은 우울증이 원인인 경우가 많다.

## 청소년 자살의 원인

여러 해에 걸쳐 많은 연구원들과 의사들이 사람들이 자살하는 동기가 무엇인지 밝히기 위해 노력해 왔다. 특히 청소년의 자살 유형에 대한 분류를 시도한 사람들도 있다. 그러한 연구에 기초하여 청소년 자살의 5가지 유형을 살펴보자.

1. 어떤 청소년은 정신이상이나 인격 분열로 인해 자살한다. 가끔 환청이 들려서 자살하라는 명령을 받았다는 이야기를 들었을 것이다.

2. 어떤 청소년은 누군가에게 직접 표현할 수 없는 강한 분노 때문에 자살하는 경우도 있다. 주체할 수 없이 격노하여 그 사람에 대한 앙갚음을 해 주는 셈이다. 자살을 다른 사람에 대한 살해로 선택한 것이다.
3. 어떤 청소년은 자살을 통하여 실제 혹은 상상 속에서 버림받은 일에 대한 복수를 한다. 10대들은 자살을 통해 2가지를 성취하고자 한다. 첫째, 자신이 남들보다 두 걸음쯤 앞선 것을 유지하고자 한다(너희들은 내게 어떻게 할 수가 없어. 난 저만치 멀리 있는 거야. 난 떠나갈 거야). 둘째, 무기력한 느낌에 대한 반작용으로서 힘을 과시하려 한다.
4. 협박이나 누군가를 움직이기 위해 자살을 시도하는 경우가 있었다. 마치 이렇게 말하는 투다. "만약 내가 말하는 대로 들어주지 않는다면, 난 죽어 버릴 거야." 이 같은 위협은 힘을 과시하기 위해서다. 가끔 청소년은 그런 위협을 하고서 정말 자살할 마음은 없었지만 자살 시도를 하다가 잘못되어서 죽는 경우도 있다. 또 자신이 사랑했던 사람과 연합하기 위해 따라서 자살하는데, 남자친구나 여자친구, 혹은 가족 중에 한 사람이 자살한 경우다. 이러한 일이 일어나는 것은 청소년들이 애도 과정을 감당하지 못했기 때문이다.
5. 청소년들은 도움을 요청하는 수단으로 자살을 이용한다. 이것은 자살의 가장 흔한 원인이다. 10대들이 문제가 생겼을 때, 나름대로 해결해 보려고 애를 썼지만 아무 소용이 없는 지점에 이르렀다면 그들은 꽉 막힌 느낌을 받게 되고 유일한 출구로 자살을 선택한다.[16]

### 자살의 징후

오늘날 세계적으로 가장 커다란 비극 가운데 하나는 유아들과 청소년의 자살 문제인데, 거기엔 여러 가지 징후가 있다. 한 가지 증상만으로는 그렇게 놀랄 정도가 아니지만 다른 증상을 하나하나 발견할수록 위험성은 보다 더 크다고 할 수 있다.

다음과 같은 징후를 하나 발견한다면 또 다른 징후가 있는지 살펴보고, 있다면 중재에 들어가야 한다. 징후는 아이들의 단어나 어휘에 숨어 있을 수 있다는 점을 명심하라. 만약 위험성이 높다고 판단한다면 어린이나 청소년을 혼자 내버려 두지 않도록 하라.

- 이전에 자살 시도가 있었는지 알아본다. 만약 근래에 자살 시도가 있었다면 위험도가 높은 편이다.
- 어떤 아이들은 자신의 우울증이나 죽음에 대한 생각을 이야기나 글쓰기, 그림, 읽는 책 등으로 나타낼 수 있다.
- 말로 자살한다는 위협이나 '아무도 날 아쉬워하지 않을 거야' 하는 식의 어리석은 말이나 '내가 없어지면 더 나아질 거야' 혹은 '난 차라리 죽었으면 좋겠어' 등의 이야기를 한다.
- 자신의 분노나 절망감을 어떤 식으로든 표현한다.
- 자해하는 행동을 보인다.
- 근래에 가족이나 친구를 상실한 사례가 있는지 알아본다. 그것은 사망이나 이혼, 혹은 깨어진 관계일 수도 있다.
- 의기소침해 있거나 기분이 울적하고, 공격적인 행동을 한다.
- 자주 거주지를 옮기고 가정에서 안정을 못 찾는다.
- 잠을 제대로 못 자고 식욕이 떨어지는 등의 신체적 증상이 있다.
- 친구들이나 가족들로부터 떨어져서 혼자 있으려고 한다.
- 충격적인 사건들이 계속 발생한다.
- 가족이나 친구 가운데 과거 자살을 시도했거나 실제로 자살한 사람이 있다.
- 우울증 및 우울한 기분으로부터 행복감이나 도취감으로 감정이 급격히 전환된다. 그렇게 감정의 기복이 심할 때 자살하는 경우가 생긴다.
- 소중하게 여기던 물건을 나눠 준다. 이것은 일종의 작별인사와 같은데, 도움을 요청하는 부르짖음일 수가 있다.

- 극단적인 분노나 실망감을 표현한다. 그것은 다른 사람들이나 자기 자신, 혹은 세상 전반에 대한 것일 수 있다.[17]

다음은 어떤 부류의 청소년이 자살할 위험이 높은지 보여 주는 통계들이다.

- 84퍼센트는 양부모 아래 있었다.
- 72퍼센트는 적어도 한쪽 부모가 없었다.
- 20퍼센트는 알코올 중독자였다.
- 70퍼센트는 장남이었다.
- 16퍼센트는 부모가 알코올 중독자였다.
- 22퍼센트는 자살 시도 내지 자살한 엄마가 있었다.
- 42퍼센트는 가정 안에서 신체적인 학대를 당했다.
- 30퍼센트는 학교생활에 적응이 어려웠다.
- 52퍼센트는 자살을 시도한 이유가 부모의 결혼생활과 연관이 있었다.
- 상당히 높은 비율의 자살 관련 청소년은 가까운 친척의 비극적 죽음을 경험했다.
- 상당히 높은 비율의 자살 관련 청소년은 학업 성적이 평균 이상이었다.[18]

어린이들이나 청소년의 자살은 행동 변화를 통해 감지할 수도 있다.

**외로움.** 외로움과 그에 따르는 우울증이야말로 자살하는 사람들에게 핵심적인 요소다. 청소년은 단순히 의기소침한 정도를 지나 자신을 고립화시키는 경향이 있다. 윌리엄(William Blackburn)은 청소년의 지원 체계가 무너짐에 따라 어떻게 자살을 시도하는 행동으로까지 갈 수 있는지 간결하게 설명한다.

청소년들을 위한 지원 체계의 기초가 흔들린다. 그러한 기초가 흔들리면 어떤 아이들은 알코올이나 마약을 위안의 통로로 삼는다. 마약이나 죽음을 낭만거리 정도로 인식하는 10대들의 의식, 그리고 폭력을 숭배하는 사회, 용이한 자살의 기회 등이 모두 치명적인 종합체를 이루어 점점 더 많은 청소년을 죽음으로 유혹한다. 마지막으로 자살이 자살을 부른다. 자살 시도나 혹은 실제로 자살을 함으로써 다른 사람들의 마음속에 자살을 통한 죽음을 심는 것이다. 또한 가족 중에 자살한 사람이 있으면 특히나 다른 가족 구성원을 그러한 선택으로 더 가까이 끌어당기려 한다.[19]

청소년들의 행동 뒤에는 메시지가 숨어 있다. 예를 들면 자해하는 청소년은 자신의 과격하고도 의도적인 행동을 통해 자신의 독립을 표현하는 것이다. 또한 이러한 행동을 통해 공격적인 충동이나 성적인 생각에 대한 두려움을 통제하기도 한다. 청소년과 대화하다가 이런 말을 들을 수도 있다. "이건 내 몸이잖아요. 그러니까 내가 원하는 대로 무엇이든 마음대로 할 수 있잖아요. 아무도 나를 말리지 못해요. 그냥 해 보는 거예요."

그들 내면의 감정을 다루지 않고서는 그들의 외적인 행동을 통제하려고 해도 아무런 효과가 없을 것이다.[20]

**주변인의 자살.** 오늘날 학교에서는 학생들의 자살에 관심이 많다. 많은 학교에서 자살 사건이 발생하면 교육과 예방적인 프로그램을 진행한다. 교회에서도 비슷한 방법을 사용할 수 있을 것이다.

최근 연구에 의하면 청소년 자살이 발생했을 때, 다른 학생들이 토의나 심리적인 경과 보고를 나누지 않으면 연쇄적인 자살 가능성이 높았다.[21]

**소외감 및 성격 제한.** 후기 청소년들이 우울증에 빠지면 무감각해지고 자신이나 남들과 접촉을 하지 않으려 한다. 그들도 사회적인 접촉을 갖고 제법 친밀감이나 소속감이 있는 것처럼 가장하지만, 결국에는 그러한 만남이 제한적인 구성원으로 인해 오히려 우울증을 강화시키는 역할을 한다. 이러한 소외감과 성격적 제한은 행동을 하지 않는 특성이 있다.

청소년은 어떤 형태의 실패도 피하고 싶어 하며 또한 실망을 안겨 줄 만한 어떤 야망을 품는 일도 회피하려 든다. 청소년은 가슴 아픈 일에 자신을 내맡기지 않는다. 그 시기는 위험을 감수하기에는 아직 이른 시기이기 때문이다.

Crisis & Trauma Counseling

# 20
# 효과적인 청소년 상담법
Helping the Adolescent

　전환기에 있는 청소년을 어떻게 도울 것인가? 만약 상실을 경험한 청소년을 돕고자 한다면 그 사건을 좀 다른 각도에서 바라보도록 상담해 주는 것이 좋다. 즉, 그 사건은 불행 중 다행이며 항상 그렇지는 않다고 볼 수 있도록 도와주어야 한다는 말이다.

　만약 상상 속의 상실의 문제라면 상담하기가 좀 더 어려울 수 있다. 청소년들이 이전에 몰랐던 것을 발견할 수 있도록 상담자는 좀 더 추론적인 해석을 활용해야 할 수도 있다.[1]

　어떤 청소년은 스트레스나 위기에서 도피하려고 한다. 그들의 입장에서는 어쩔 수 없는 해결책인 셈이다. 그들은 스트레스로부터 도피할 뿐 아니라 무엇인가를 향하여 달려가기도 한다. 그 방향은 주로 덜 외로운 쪽이나 좀 더 자신의 삶을 마음대로 살 수 있는 쪽이다.

　청소년들이 삶에서 위기를 만나 꿈이 깨어지면 그들에게는 헌신의 결속을 다시 한 번 다지고 자존감을 높이며 인생의 목표를 찾는 것이 필요하다. 청소년들은 그러한 것들이 즉각적으로 그 자리에서 주어지길 원한다. 하지만 그들이 깨달아야 할 것은 위기의 충격 상태를 통과해야만 한다는 사실이다. 그리고 어떤 결과를 얻기까지는 시간과 인내심이 필요하다.

기억해야 할 것은 깨달음 자체만으로는 충분하지 않다는 점이다. 청소년은 삶의 방향을 찾기 위해 자꾸 무엇인가를 시도해야 한다. 청소년을 상담하다 보면 상담자는 좌절감에 빠지기도 하는데, 알고 보면 아직 성인이 덜 된 청소년들에게 성인의 변화 기대치를 적용하기 때문이다. 어떤 10대들은 우울증으로 인한 무기력함에서 벗어나고 싶어 즉각적이고도 마술적인 치료를 상담자에게 기대할 수도 있다.

그래서 청소년은 다음과 같은 말을 곧잘 한다. "전 무엇을 어떻게 해야 할지 모르겠어요. 선생님께서 말씀하시는 대로 따르겠습니다."

하지만 그의 이야기대로 대답을 하면, 그것은 상담자에게 치명적인 함정이 될 수 있다. 내담자가 상담의 주도권을 가지기 때문이다. 사실은 상담자가 주도적인 입장에 있어야만 한다. 반대로 그러한 청소년에게 원하는 답을 주지 않는다면 어떤 형태로든지 분노를 표출한다. 그래서 청소년 상담이 어렵다.

## 청소년 상담자의 기본 자세

청소년이 상담자를 찾아오는 경우, 자발적으로든 아니면 누군가의 압력에 의해서든 다양한 반응을 나타낸다. 어떤 아이들은 상담자와 이야기하는 것을 망설일 수도 있다. 상담자는 그들의 침묵이나 비언어적 표현을 반영해 주는 방식으로 진행할 수도 있다.

이야기하기를 꺼리는 것은 주로 두려움 때문이다. 자신의 유약함을 드러내는 것을 두려워할 수 있고 무슨 말로 자신의 느낌을 표현해야 할지 두려워할 수도 있다. 또한 상담 시간에 상담자가 어떻게 나올지 모르는 두려움이나 자신의 얘기를 누군가에게 전할지도 모른다는 두려움도 있을 것이다.

어떤 아이들은 상담자에게 화를 낼 수도 있는데, 상담자는 그대로 받아 주어야 한다. 그러면서 상담자가 그들의 입장이더라도 화를 내었을 것이라고 말해 주면 좋다.[2]

**전문가 추천해 주기**

모든 상담자들이 청소년들에게 효과적인 상담을 할 수는 없다. 그럴 경우, 내담자가 어린이나 청소년, 성인에 이르기까지 누구든 간에 전문가를 추천해 주는 것이 좋다. 이는 능력이 부족해서가 아니라 위기에 처한 내담자에게 보다 많은 도움을 주기 위한 긍정적인 조처다.

올슨 박사는 우울증에 빠진 청소년을 돕기 위한 이들은 몇 가지 사항을 꼭 갖추어야 한다고 말한다. 상담자는 다음 목록 내용에 비추어 자신을 평가해 보도록 하자.

1. 상담자는 우울증에 빠진 청소년들과 따뜻하고도 공감할 수 있는 접촉점을 찾아야 한다.
2. 상담자는 아이들에게 꾸준하면서도 신뢰할 만한 반응을 나타내야 한다.
3. 상담자는 자신의 권위를 지혜롭게 활용하되, 결코 청소년 내담자를 기분 나쁘게 하거나 평가 절하하지 말아야 한다. 또한 자신뿐 아니라 상담 환경도 조절해야 한다.
4. 상담자는 본인의 삶을 예로 제시하되, 청소년 내담자에게 이상적인 자화상을 그려 가는 데 하나의 긍정적인 그림을 제공해야 한다.
5. 내담자가 불신한다 해서 분노하며 방어적이 되지 말고 끝까지 관대할 수 있어야 한다.
6. 상담자는 자기 도취적인 면이 두드러지는 10대 내담자들과 편하게 관계를 발전시킬 수 있어야 한다.
7. 상담자는 독립을 꿈꾸는 내담자의 행동을 잘 이해해 주고 격려해 줘야 한다.

8. 상담자는 내담자의 적대감, 분노 섞인 공격에 대해서도 화를 내거나 방어적이 되지 말고 관대할 수 있어야 한다.
9. 상담자는 자신의 외모나 성격, 상담 형태 및 전반적인 상담 시간을 통해 10대들에게 인정을 받고 또한 환영받는 사람이어야 한다.[3]

**비밀 보장**

만약 이전부터 알던 사이가 아니라면 위기 상황이라고 해서, 청소년이 목회자에게 상담을 하면 좋겠다는 생각을 하긴 어렵다. 청소년은 자신의 문제를 부모에게 알릴까 봐 걱정한다. 그래서 상담자는 상담 내용을 비밀로 지켜 줘야 한다.

하지만 만약 내담자가 매우 파괴적인 행동에 관련되어 있거나 상담 후에도 행동에 변화를 보이지 않을 경우, 상담자는 비록 내담자인 청소년이 원치 않는다 해도 아이들을 보호하기 위해 누군가에게 알려야 한다고 솔직하게 이야기할 수 있다.[4] 이때는 무엇보다 법을 잘 이해하고 적용해야 한다.

**긍정적인 감정을 기억하도록 격려하기**

청소년은 유쾌하지 못했거나 부정적인 경험에 치중하는 경향이 있기 때문에 상담자는 긍정적이고 희망적인 감정을 기억하도록 격려해야 한다. 그들은 자신의 강점을 개발하도록 도와줄 때 자신감을 얻는다. 청소년은 이제까지 나름대로 문제들을 풀어 왔다. 그러므로 그들이 이전에 어떻게 성공적으로 일을 성취했는지 기억하도록 도와주는 것이 중요하다. 상담자 자신에게 효과적이었던 내용을 10대들에게 연결할 때도 있겠지만, 그것이 충고나 교훈조로 비치지 않도록 주의해야 한다.

**의사소통**

청소년들에게 효과적인 상담을 하기 위해서는 그들이 느끼는 바를 글로 표현하도록 하는 것도 좋은 방법이다. 왜냐하면 많은 경우 얼굴을 맞대고서는 자신의 감정을 잘 표현할 줄 모르기 때문이다. 또한 글을 쓰는 동안 방해 받지 않고 쓸 수 있고, 지금까지 피하거나 부인했던 감정을 찾아내는 데 도움이 된다. 글을 쓰면서 자신들의 상황이나 감정에 초점을 맞출 수가 있고 당황하는 일 없이 감정을 살펴볼 수도 있다.

T. J. 투질(Tuzil)은 청소년을 상담하며 일지를 활용하도록 권한다. 한 청소년의 경우 위기 상황을 겪는 동안 이러한 글쓰기가 감정을 정리하고 삶에 대한 보다 객관적인 시각을 찾는 데 도움이 되었다고 한다.

일지는 두 부분으로 나뉘는데, '상황'과 '나 자신'의 부분이다. '상황' 란에는 발생한 일에 대해 적어도 2가지 정도 상황을 기록한다. 그런 다음, 그 일에 대한 자신의 반응과 함께 그러한 반응에 대한 느낌을 기록한다. 이것은 매우 중요한데, 왜냐하면 대부분의 위기는 외부적인 요인에 의해 일어나는 경우가 많기 때문이다.

'나 자신' 란에는 청소년 자신이 선택한 행동과 태도를 기록하는데, 그 이유나 반응 및 느낌을 기술하는 것이다. 이런 일지를 며칠 동안이나 몇 주 동안 쓰면서 자신의 감정을 좀 더 이해하게 되고, 왜 자신이 그런 식으로 반응하는지 이해하게 된다.[5]

때로는 보내지 않더라도 누군가에게 편지를 쓰는 것이 자신의 위기 감정을 통과하는 데 도움이 된다. 예를 들자면 이혼이나 별거로 인해 더 이상 함께 살지 않는 한쪽 부모나 형제자매에게 편지를 쓰게 할 수도 있다.

### 지원 체제 만들기

만약 한 청소년이 위기 때문에 꿈을 상실한다면 지원 체제를 만들어 줌으로써 자신의 자존감을 세운다든지 인생의 의미나 목적을 발견하도록 도울 수 있다. 앞서 7-9장에서 보았듯이 위기에 처한 사람을 돕기 위해 필요한 단계를 따르면 되는데, 특히 공감과 경청, 문제 해결을 통해서 가능하다.

청소년은 상담자가 자신의 감정을 들어 주고 이해해 줄 때 보호를 받아들인다. 청소년은 자신의 입장도 들어 주기를 바라고 또 존중해 주기를 바라기 때문에 상담자가 그들의 이야기를 들어 줄 때, 그들도 상담자의 제안에 귀를 기울인다.

## 트라우마를 겪고 있는 청소년 돕기

어느 날 아침 전화를 받았다. 친구 마이크였다. "노먼, 미리 알리지 못했네만, 우리 딸이 다니는 중학교 교장선생님께 자네 이름을 알려 주었네. 자네도 들었을 것으로 알고 있지만, 얼마 전 한 남자가 부인과 양아들을 죽인 사건이 있었다네. 그 양아들이 내 딸 친구고 늘 옆자리에 앉았대. 내 딸의 모든 학급 친구들이 충격에 휩싸였어."

당신이 그런 요청을 받아서 청소년을 도와야 할 경우라면 어떻게 할 것인가? 안타깝지만 이러한 상황이 점점 더 많이 일어나는 현실이다. 우리가 사는 지역의 학교에서나 심지어 교회에서도 일어날 수 있다. 콜럼바인고등학교의 총기 사건이라든지 텍사스의 웨지우드교회에서 일어났던 사건이 특별한 경우만은 아닌 것이다.

뉴욕 세계무역센터 건물이 공격당했을 때, 맨하탄의 S 고등학교 학생들은 직접 그 현장을 목격했다. 이 학교 학생들 수백 명은 9·11 테러 사건이 발생한 직후 주일날, 그리니지 마을에 모여 자신들의 캠퍼스에 기념물로 붙일 거대한 벽화를 그렸다고 한다. 아울러 그들은 새롭게 교지를 발간하면서 그 이름을 〈목격자〉(The Spectator)로 정했다. 이 교지는 비극적 사건이 일어났을 때, 치유적인 요소로써 기여한 집단적인 이야기(Collective Narratives)인 셈이었다. 그 가운데 몇 가지 예를 들면 다음과 같다.

충격적인 사건과 그 목격자의 보고입니다. "오늘 학교에서는 무엇을 배웠니?"

이런 일상적인 질문에 대해 전 9월 11일에 끔찍할 정도로 진실한 답을 했습니다. "공중에서 떨어지는 것이 사람의 몸뚱이인지 건물의 잔해인지 구분하는 것이 쉽다는 사실이었어요. 왜냐하면 사람들의 몸이 먼저 떨어졌으니까요. 우리는 학교 9층 실험실에서 거의 한 시간 동안이나, 정장을 입은 남녀 성인들이 마지막으로 자신의 사무실을 돌아보고는 수십 미터 아래 아수라장인 길가로 떨어지는 모습을 충격 속에 바라보았어요. 어떤 사람은 사무실 안에서부터 막 달려와 뛰어내렸고 또 어떤 사람은 끝까지 가장자리에 서 있다가 불꽃이 옮겨 붙어 결국 끝없는 연기 속으로 떨어졌어요. 어떤 사람들은 서로 손을 잡기도 하고 어떤 이들은 혼자서 뛰어내렸어요. …… 선생님이 뭐라고 해도 아이들마다 발작적인 비명과 함께 울음을 터뜨리는 바람에 들을 수가 없었어요. 한 10시쯤 되었을 때, 6명의 선생님들이 남은 4명의 학생들과 똑같이 서로 어깨를 의지하고 울고 있었어요."[6]

그 충격적인 사건에 관한 생각과 세계관 : "그것은 충격 그 자체였다. 우리나라가 얼마나 취약한지 그리고 얼마나 준비가 안 되어 있는지 깨닫게 해 주었다. 그들이 한 일은 너무도 손쉬운 것이었다. 무엇보다 무서운 것은, 이제 전쟁은 더 이상 전통적인 전쟁이 아니라는 점이었다. …… 폭격할 적의 군사기지도 없고 목표인 적국도 없다. 과연 테러 행위를 근절할 수 있는 능력이 우리에게 있는지 의심스럽다."[7]

또 다른 충격적인 사건은 캘리포니아 주의 엘 카혼 시에서 있었던 고등학생 총기난사 사건인데 학생들과 선생님, 4명의 사상자가 났다.

교장선생님은 비상 상황을 알리고 학생들을 대피시키기 위해 교내 방송 시스템을 사용했다. 그런데 다시 학교가 표준화된 후에도 교장선생님이 교내 방송을 하기만 하면 아이들이 매우 두려운 반응을 보였다. 그래서 교장선생님은 매일같이 학생들에게 그날 일과를 알리는 방송을 하기 전에 오늘은 아무 일도 없다는 사실을 먼저 말했다. 그렇게 학생들을 안심시켜야 자신의 목소리로 방송을 할 때 충격과 연관되었던 그들의 불안감을 덜어 준다는 것을 알았기 때문이다.[8]

청소년에게 영향을 미치는 충격적 사건의 결과들은 무엇인가? 다음과 같은 것들이 있다.

- 그들은 고통으로 인해 혼자 있거나 마약이나 알코올 중독, 성적인 행동, 폭력, 청소년 범죄, 가출, 자살을 시도할 수 있다.
- 그들은 낮은 자존감을 경험하거나 충격적 사건에 반응하던 식으로 누군가를 비난하기가 쉽다.
- 그들은 너무 조숙해 버리는 경향이 있다. 어떤 아이들은 자기 나이에 걸맞지 않게 인생을 앞서 경험하게 되는 것이다.
- 그들의 분노는 주로 학교에 있는 친구들에게 폭발하는데, 왜냐하면 학교 친구들이 다른 사람들보다 만만하기 때문이다.
- 그들의 관심은 자기 자신뿐이다. 어떤 사건이 발생하면 그것이 자신에게 어떤 영향을 미치는가에 기초해서 해석하려고 한다.[9]

청소년이 위기나 충격적 사건을 경험하면 그들은 보통 퇴행적 행동을 한다. 그렇기 때문에 청소년을 상담하려면 어린이를 위한 상담 과정을 이해하고 있어야 한다. 과연 무엇이 청소년에게 도움이 되고 안 되는지는 16장부터 19장까지 내용을 다시 한 번 살펴보면 좋을 것이다.

「어린이들이 삶에서 겪는 충격적 사건」(*Trauma in the Lives of Children*)에서 저자는 청소년을 위해 도움이 되려면 다음 3가지 요소가 필요하다고 한다.

첫 번째는 재경험이다. 청소년은 그 충격적 사건을 직면해야 하고 가능한 사실적으로 다시 회상하도록 해서 그것을 재경험하게 할 필요가 있다. 다음 질문이 그러한 경험을 끄집어내는 데 도움이 된다.

- 본 것 가운데 기억나는 것은 무엇인가요?
- 소리 가운데 기억나는 것들이 있나요?
- 무슨 냄새가 났나요?
- 어떤 것을 만졌는지 기억할 수 있나요?
- 당시 어떤 감정을 느끼고, 어떻게 반응했나요?

상담자로서 그들의 기억을 돕기 위해서는 시각, 청각, 후각, 촉각, 감각적인 것들을 동원해야 한다. 그 외에도 사건의 그림을 기억하는 데 도움이 될 만한 다른 질문은, 그 사건 바로 직전에 어떤 일이 있었는지 묻는 것이다. 그 사건이 있기까지의 사건을 묘사함으로써 사건의 그림을 완성해 나간다.

또한 그 사건이 내담자 아이의 삶에 어떤 의미를 주는지 이해하는 것도 중요하다. 만약 상담자의 접근을 허용하고 둘 사이에 기본적인 신뢰가 형성되어 있다면 어린이들이나 청소년들이 상담자에게 무슨 일이 있었는지 입을 열기 시작할 것이다. 이때는 직접적이고 기민한 말이 도움이 된다. 다음 예들을 참고하라.

- 그런 일을 누군가가 당한다면 완전히 무너져 버릴 거예요.
- 그런 일을 겪는다면 두렵지 않을 수 없겠네요.
- 내가 만약 그런 일을 당한다면 화가 날 것 같아요.

두 번째 요소는 감정의 해소다. 많은 감정이 한꺼번에 엉켜서 기억이나 이해를 뒤죽박죽이 되게 할 수 있다. 또는 추억들과 충격으로 인한 상처가 뒤범

벽이 될 수도 있다. 많은 이들이 다시 기억조차 하고 싶어 하지 않는다. 하지만 감정은 어떤 경우 마치 홍수처럼 몰려오거나 서서히 새나오거나 분출하기도 한다. 기억할 사실은, 많은 10대들은 자신에게 다가오는 감정들이 약하기(poorly) 때문에 그러한 감정을 나누기를 주저한다는 것이다. 또 누군가의 눈에 나쁘게 보이고 싶지 않고, 자신의 감정이 끔찍할 수 있기 때문에 나누기를 주저하는 것이다.

세 번째 요소는 재구성이다. 쉽게 말하자면 청소년에게 일어난 사건을 자신의 생각이나 감정들, 정서적인 반응들을 찾도록 도와주면서, 자신의 책임은 무엇이며 사건에 대한 자신의 통제권은 무엇인지 알게 하는 것이다. 또한 그들 인생에서 만나는 사람들이나 장소, 사건에 대한 이전의 태도와 현재의 태도가 어떠한지 이해하도록 도와주는 것이다. 과거의 안정적인 삶이 방해를 받았기 때문에 상담자는 청소년이 '과거에 관한 인식을 바꿔서 현재를 재구성하도록' 돕는 것이다.[10]

## 적절한 상담 방식을 택하라

청소년은 자신의 감정 때문에 힘들어한다. 그들에게는 구체적인 제안이나 지침이 필요하다. 한 10대 아이가 자기는 죽은 친구 때문에 죄책감으로 가득 차 있다는 말을 할 때, 당신이라면 뭐라고 말해 줄 수 있는가? 만약 아이가 죄책감에 대하여 말할 수 있는 안전한 분위기라고 할 때, 어떤 지침을 주겠는가? 다음은 「10대를 위한 슬픔」(*Grieving Teen*)에서 발췌한 내용들이다.

1. 죄책감과 후회의 느낌을 구분하도록 도와주라.
2. 그들이 죄책감을 느끼는 부분들과 그 이유에 대해 물어보라.
3. 그들이 후회하는 이유의 목록을 만들어 보라고 하라.
4. 그 목록 가운데 가장 힘들게 하는 것은 무엇인지 물어보라. 그 목록의 순

위를 매겨 보라.
5. 그 목록 하나하나에 대해 자신이 할 수 있는 것은 무엇인지 찾아보게 하라.
6. 나쁜 느낌이 드는 것은 무엇이든지 써 보도록 하고 그 후 그것들을 떠나보내게 도우라.
7. 때로 그들에게 대답할 수 없는 의문들도 있다는 사실을 용납하도록 도와주라.
8. 그들이 만약 그리스도인이라면 죄책감을 어떻게 없앨 수 있는지 이야기하고 용서를 받도록 도와주라.
9. 그들이 상실한 사람에게 편지를 쓰도록 하고 이전에 하고 싶었던 말을 하게 격려해 주라. 그 편지를 무덤이나 그 사람의 방에 가서 읽게 하라. 그런 후 용서를 구하도록 격려하라.
10. 그들에게 자신의 생각이나 느낌을 잘 보관할 수 있도록, 그리고 나아지는 상태를 알 수 있도록 일지를 쓰게 하라.
11. 이러한 때에 다른 사람들을 돕기 위해 무엇을 할 수 있을지 알아보도록 하라.
12. 그 경험을 통해 그들이 배운 바가 있다면 무엇인지 이야기하게 하라.
13. 그들이 잃어버린 사람과 나누었던 관계에서 의미 있었던 것들은 무엇이었는지 이야기하게 하라.
14. 10대들에게 자신을 용서하는 법을 가르쳐 준다.
15. 이제 다른 사람과의 관계에서 다르게 행동할 것은 어떤 것인지 나누라.[11]

## 청소년들이 좋아하는 방식

청소년들은 위기나 충격적 사건에서 자신들에게 필요한 것과 필요하지 않은 것을 알고 있다. 다음 내용을 참고하자.

- 우리 엄마 아빠는 내가 하는 이야기를 잘 들어 줘요.

- 우리 엄마 아빠는 따스하고 용납하는 편이에요.
- 우리 엄마 아빠는 제 사생활을 존중해 줘요.
- 우리 엄마 아빠는 인내심을 보여 줘요.
- 우리 엄마 아빠는 과거에도 이겨 내셨어요.
- 우리 엄마 아빠는 이해심이 있어요.
- 우리 엄마 아빠는 도움이 될 만한 조언을 해 주세요.
- 우리 엄마 아빠는 제가 필요할 때 그곳에 계세요.

**피해야 할 방식**

10대 아이들에게 상처가 되었던 부모의 반응에는 3가지 유형이 있다.

**인색형.** 부모가 자신의 필요에 급급하여 자녀들의 필요를 채워 주지 못하는 경우다. 아울러 그들은 청소년 자녀가 경험하는 충격을 부인하고 그들의 느낌을 대수롭지 않게 여긴다.

**무능형.** 부모가 잘못된 확신을 주거나 문제에 대한 대화를 하지 않으려고 한다. 사실상 일어난 일을 감당할 수도 없고 부모로서의 역할도 감당하지 못하는 경우다.

**비난형.** 도피적인 부모로서 일어난 일과 연관하여 아이를 나무라는 형이다. 그런 후에는 그 일에 관해 이야기하기를 그만두는 것이다.

이러한 세 유형은 어린아이들이 위기를 겪는 동안 나타나는데, 어린아이가 청소년이 되면 청소년 문제를 가져오기 쉽다.[12]

어린아이든 청소년이든, 개인이든 집단이든, 위기 이후에 피해야 할 반응의 유형들은 다음과 같다.

**지나치게 감정적인 반응.** 상담자는 감정적으로 쏠리면 안 된다. 그렇게 되면 어린아이나 청소년 입장에서는 상담자와 이야기 나누었던 내용을 더 이상 신뢰할 수 없게 된다. 따라서 상담자는 자신의 감정을 조절할 줄 알아야 한다. 만약 당신이 힘든 날을 보냈거나 감정적으로 흔들리기 쉽다면 누군가 다른 사람에게 책임을 넘기는 것이 좋다. 기억해야 할 사실은 아이가 도움을 받아야지 당신 자신이 아니란 점이다. 공감도 균형을 이뤄 가며 할 수 있어야 한다.

**지나치게 말을 많이 하는 것.** 자신 없거나 확인되지 않은 사실은 말하지 마라. 그냥 이렇게 말해도 좋다. "나도 잘 모르겠는데, 나중에 알아보도록 할게."

그것은 신뢰의 문제다. 정말 100퍼센트 확신을 가지지 않는다면 '모든 게 잘될 거야'라는 식의 말은 하지 마라. 잘못된 약속은 상담자의 신뢰도를 떨어뜨린다.

**지나친 판단.** 이러한 시기에는 말로 하든 않든, 어떤 종류의 판단도 하지 마라. 상담자의 초점은 아이들의 필요에 맞춰져 있어야지, 상담자 입장에서 어떻게 되어야 한다거나 했어야 한다는 것이 아니다.

**지나치게 궁금해하는 것.** 상담자는 탐정이 아니다. 끊임없이 질문을 한다면 청소년들은 입을 다물어 버릴 것이다. 질문을 할 때는 부드러워야 하며, 내담자가 대답하기 위해 생각하거나 회상할 시간을 주어야만 한다.

**지나치게 소극적인 것.** 무슨 말을 어떻게 해야 할지 잘 몰라도 위축되지 마라. 청소년은 자신을 지원해 주고 일상적인 생활로 돌아갈 수 있도록 도와줄 사람이 필요한 것이다.[13]


### 학교 생활을 위한 상담

학교는 청소년의 삶에서 매우 중요한 부분이기 때문에 학교 생활과 관련된 어려움을 다룰 필요가 있다. 상실이나 충격적 사건을 경험한 청소년이 자신의 일상생활과 학교로 다시 돌아가야 한다면 어떤 염려를 하겠는가? 아마도 자신에게 일어난 일에 대해 누가 알고 있고 누가 모르고 있을까 궁금할 것이다. 그럴 경우 오랜만에 만나는 학급 친구들에게 무슨 말을 어떻게 해야 할지 몰라 친구들 만나는 것을 두려워할 수도 있다.

혹시 친구들이 자기를 다르게 대할까 봐 두려워할 수도 있다. 친구들이 자기 주위에 몰려와서 자신의 삶에 상실이나 변화가 있음을 알아 줄 것인가? 친구들에게 얼마만큼이나 이야기를 해 줘야 할 것인가? 교실에서 자신이 울기라도 한다면 어떻게 할 것인가? 다시 운동을 하러 가거나 응원단 활동을 하거나 졸업파티에 가도 될 것인가?

상담자는 모든 문제를 짚어 주면서 그들이 혹 그러한 문제로 고민하는지 물어봐야 한다. 그렇게 함으로써 그들의 고민과 함께 그들의 감정을 정상화시켜 줄 뿐 아니라 해답과 지침을 가지도록 도울 수 있다. 10대들에게 줄 수 있는 조언 가운데 몇 가지를 소개하면 다음과 같다.

1. 친구들에게 무슨 일이 일어났는지 설명해 주라. 어떤 일이 발생했는지 편지나 이메일을 써서 친구들에게 알리도록 하라. 혹은 상담 선생님께 그렇게 해 주도록 부탁하라.
2. 수업을 시작하기 전에 학교를 방문하여 숙제를 알아보거나 상담 선생님을 만나 보라.
3. 첫날 하교 길에 어떻게 귀가할 것인지 확인하도록 하라.
4. 각 과목 담당 선생님께 자신이 다시 출석했음을 알리고 현재 상황을 알리도록 하라.
5. 만약 집중이 어렵거나 숙제를 끝내기가 어렵다면, 선생님들에게 그렇다고 알리라.
6. 숙제를 하기 전에 도움을 받을 수 있는 친구가 있다면 이름을 기록해 두라.
7. 공부하는 시간이나 습관에 변화를 줘야 할 수도 있다.
8. 자신을 너무 가혹하게 대하지 않도록 하라. 새로운 삶에 익숙해지기까지 몇 주가 걸릴 수도 있다.
9. 지난 숙제를 해야 한다면 무엇부터 해야 할지 알기 위해 선생님들께 도움을 요청하라.
10. 가장 중요한 것은 혼자 해 내려 하지 말라는 것이다. 친구란 이런 때를

위해 있는 법이다. 친구들에게 도움이 필요하다고 말하고, 도와주면 고맙게 받고 고맙다고 표현하라. 혹시 친구가 어리석은 말을 하더라도 인내하라. 만약 어떤 친구가 자신의 상태나 행동에 대해 어떤 조언을 해 준다면, 귀를 기울여 들어라. 그런 이야기가 객관성이 있는 이야기일 수 있다.[14]

# 맺는 말

목회자는 모든 유형의 위기에 처한 사람들을 상담하면서 사람들을 예수 그리스도에게 인도하는 놀라운 기회를 얻는다. 또 하나님 말씀의 위로와 능력을 강화시키며 성경말씀을 그들의 삶에 적용할 수 있도록 도울 수 있다. 하나님의 말씀은 잘 사용하면 통찰력과 용기를 줄 수 있다. 하지만 잘못 사용하면 내담자의 문제를 더욱 가중시키거나 죄책감과 고민거리만 늘릴 수도 있다.

## 성경말씀으로 격려하라

상담자가 성경을 사용하거나 성경을 가지고 토의하고자 한다면 성령의 인도하심에 민감해야 한다. 내담자의 감정적 표현이나 슬픔에 대한 처방책으로 너무 쉽게 성경 구절을 인용하는 것은 옳지 않다. 때로는 우리 자신의 초조함 때문에, 때로는 내담자가 화를 낼 때 뭐라고 말해야 할지 잘 몰라서 재빨리 하나님이 책임질 것이라든지 당신의 고통에는 목적이 있다든지 하나님의 뜻대로 이뤄질 것이라고 일사천리로 말하곤 한다.

성경 구절을 들려주기 전에 다음 2가지 질문을 내담자에게 물어보라.
- 성경 가운데 어떤 구절이 지금까지 당신에게 도움이 되었나요?
- 현재 당신에게 도움이 될 것이라고 느끼는 성경 구절은 어떤 것인가요?

또 내담자와 성경 구절에 대한 대화를 할 때, 다음과 같은 질문을 할 수 있다. "이런 때에 이 성경 구절이 당신에게 어떤 도움을 줄 수 있다고 생각하는지요?" "이 말씀이 당신에게 어떤 의미를 주는지, 그리고 어떤 면에서 유익하다고 보는지 이야기해 봅시다."

**내담자가 자주 하는 질문**

위기를 만난 사람들이 이런 질문을 자주 한다. "제가 이런 상황에 있는데 도대체 하나님은 어디에 계시나요?"

하나님은 과연 어디에 계시는가? 그분은 위기 상황 이전에 계셨던 것처럼 그대로 계신다. 만약 당신이 그러한 질문을 받는다면, 내담자에게 다음과 같이 반문해 보라. "당신 입장에서 보았을 때 과연 하나님이 어디에 계시는지 의심이 드는 것이지요. 정말 솔직한 질문입니다. 버림받은 느낌이 드는 건 당연해요. 사실 하나님께서 계시다면 이런 일은 일어나지 않았을 것이라고 느낄지도 모릅니다."

어떤 이들은 정말 진심으로 이런 질문을 할 수도 있고 또 어떤 이들은 단지 화를 내느라 그럴 수도 있다. 내담자의 의심을 표현하게 하고 그것 때문에 위협을 느끼지 않도록 하라. 때론 상담자 자신도 그러한 질문을 할 수 있다. 적당한 때가 되면 그러한 질문에 대한 답을 줄 수 있을 것이다.

하나님을 의심하는 질문은 하나님의 편재(omnipresence)에 관한 중요한 문제를 야기한다. 그것은 내담자뿐 아니라 상담자 자신에게도 중요한 개념인 셈이다. 상담자로서 우리는 아무리 고통스럽고 어려운 상담을 할지라도 하나님이 우리와 함께하신다는 사실을 깨달아야 한다. 그리고 내담자가 상담을 받으면서 자신의 어려운 상황을 이해하고 해결함을 받으면서 하나님의 현존과 내담자의 삶에 역사하심을 확인시켜 주어야 한다.

내담자가 하나님의 편재하심을 발견한다면, 단지 하나님이 어디에나 계실 것이라고 상상함으로써 발견하는 것이 아니라 하나님이 이전부터 그곳에 계셨음을 인식함으로써 발견하는 것이다. 이러한 발견은 상담 시간을 통해서, 혹은 상담 후 주어진 과제를 통해서 다룰 수 있다. 하나님의 편재를 다루는 성경 구절은 다음과 같은 것들이 있다. 여호수아 1장 9절, 시편 16편 11절, 23편 4절, 73편 28절, 121편 1-8절, 마태복음 28장 20절, 히브리서 13장 5절 등이다.

아래 목록은 내담자가 자신의 삶을 통해 하나님의 편재하심을 이해하는 데 도움을 주는 구체적인 방법을 담고 있다. 어떤 경우에는 성경 구절은 서로 바꾸어 사용할 수 있다. 이러한 과제의 목표는 동일하지만 방법적인 면에서 다르기 때문에 내담자에 따라 가장 편안한 입장에서 개념을 다루는 방법을 선택할 수 있다.

1. 여호수아 1장 9절의 마지막 부분을 암송하도록 하라. "네가 어디로 가든지 네 하나님 여호와가 너와 함께 하느니라 하시니라." 그리고 당신이 항상 가지고 다니는 물건을 하나 선택함으로써 하나님의 임재를 더욱 의식할 수 있도록 집중하라. 예를 들면 시계나 반지, 넥타이 핀이나 목걸이 등이다. 그 물건을 의식할 때마다 이 구절을 암송하고 하나님께서 바로 그곳에 당신과 함께 계심을 인정하도록 하라.
2. (1) 여호수아 1장 9절, 시편 16편 11절, 23편 4절, 73편 28절, 121편 1-8절, 마태복음 28장 20절, 히브리서 13장 5절을 읽어라. 그런 후에 이들 성경 구절이 묘사하는 하나님의 성품을 확인하라.
   (2) 위 성경 구절 가운데 하나를 택하고 암송하라.
   (3) 만약 하나님의 이러한 성품을 보다 더 잘 알게 된다면 다음 한 주간의 삶이 어떠할 것인지 한 문장으로 써 보라.
3. (1) 두 번째 구절을 고르고 위의 방식대로 해 보라.
   (2) 세 번째 구절을 고르고 위의 방식대로 해 보라.
   (3) 카드 한 장에 이 구절 가운데 하나를 써서 자신이 많은 시간을 보내는 두드러진 곳(부엌 싱크대, 게시판, 책상, 냉장고 등)에 붙여 두라.
4. (1) 시편 139편 7-12절을 읽고 자신의 말로 표현해 보라.
   (2) 이번 주에 당신이 가게 될 장소 15곳을 적어 보고 이 구절을 그 위치에서의 삶에 어떻게 적용할 수 있을지 설명하는 하나의 문장을 써 보라.
5. 당신이 매일의 삶, 매순간마다 하나님의 임재를 의식한다면 내일의 삶이 어떠할지 묘사해 보라.[1]

다음 성경 구절은 종류별로 분류되어 있다. 만약 외로움의 문제라면 '위로' 부분에서 전체 구절이나 한 구절을 살펴보면 된다.

**위로가 필요한 사람**
민 14:9
신 31:6
시 27:10
시 46:7
시 73:23
시 94:14
시 103:17
사 41:17
마 28:20
요 6:37-39
롬 8:38-39

**평안을 구하는 사람**
출 33:14
민 6:24-26
시 85:8
시 119:165
사 26:3
사 32:17
사 57:2
마 11:29-30
요 14:27
롬 5:1-2
엡 2:14
골 3:15

**두려워하는 사람**
신 1:17
신 7:21
대상 16:25-26
느 4:14

시 4:8
시 28:7
시 56:3
잠 16:6
사 35:4
사 41:10
렘 15:20
엘 3:16
고후 1:10
빌 4:9
히 13:6

**근심하는 사람**
창 28:15
요 34:12
시 20:7
시 50:15
시 55:22
시 68:19
시 86:7
잠 3:5-6
사 40:11
사 41:13
마 11:28
요 16:33

**약함을 느끼는 사람**
대상 16:11
시 37:10-11
시 55:18
시 62:11
시 72:13

시 142:3
시 147:6
사 57:15
렘 10:6
합 3:19
고후 12:9
엡 3:16

**낙심한 사람**
시 46:1
시 100:5
시 119:116
사 40:29
사 51:6
렘 32:17
겔 34:16
단 2:23
학 2:4
엡 1:18
살후 3:3
히 10:35
약 1:12

**슬픔에 빠진 사람**
시 34:7
시 71:20-21
시 116:15
시 119:28
시 119:50
시 121:5-8
사 43:2
고후 1:3-4

| 고난을 겪고 있는 사람 | 시 121:5-8 | 시 34:18 |
| --- | --- | --- |
| 시 9:12 | 시 138:7 | 시 40:1-2 |
| 시 34:7 | 요 16:33 | 시 42:11 |
| 시 37:39-40 | | 시 126:5 |
| 시 46:1 | 좌절하거나 우울한 사람 | 습 3:17 |
| 시 50:15 | 시 30:5 | 요 10:10 |

## 기도로 격려하라

기도는 상담에서 매우 중요한 부분이다. 상담 도중에나 혹은 상담과 상담 사이 주중에라도 내담자를 위해 기도할 수 있다. 때로 상담 도중에 내담자가 어떤 내용으로 기도를 하는지 알아보는 것도 도움이 될 것이다. 많은 경우 기독교인들도 기도의 의미나 목적에 대해 제대로 배우지 못한 것 같다. 목회자들은 성도들에게 기도의 중요성을 알리고, 의미 있고 지속적인 기도 생활을 하도록 도와주어야 한다. 기도는 삶의 위기에서 상황을 극복하는 데 놀라운 자원이 될 수 있다.

내담자에게 다음과 같이 물어볼 수 있다. "지금 제가 당신을 위해 어떻게 기도해 드리면 좋을까요?" "제가 당신을 위해 이번 한 주간 동안 어떻게 기도해 드릴까요?"

또한 상담자는 다음 상담 시간에 내담자를 위해 기도했다는 사실을 알려 주도록 하라. 많은 내담자가 고백한 바에 의하면 자신들이 계속 살아갈 수 있었던 유일한 이유는 누군가가 자신을 위해 기도하고 있음을 알았기 때문이라고 한다.

나는 내담자에게 구체적으로 무엇을 위해 기도해 주기를 바라는지 묻거나 기도 방향을 제시해 주도록 부탁한다. 또 어떤 때는 이렇게 이야기하기도 한다. "제가 이번 주에는 당신을 위해 이러이러한 기도를 하려고 합니다."

때론 이런 이야기로 인해 상담이 유지될 때도 있다. 기도를 부탁할 때, 기억해야 할 것은 내담자 입장에서 괜찮을지 헤아려 보는 것이다. 이렇게 물을 수도 있다. "이 문제를 또 누구에게 알리기를 원하세요?"

모든 상담을 반드시 기도로 시작해야 한다고 생각할 필요는 없다. 내담자의 필요에 따라 기도할 수 있다. '과연 이 사람에게 기도하는 것이 도움이 될까?'라고 스스로 혹은 하나님께 물어보아야 한다. 만약 내담자가 꺼린다면 그를 위한 기도나 그와 함께하는 기도는 도움이 되지 않는다.

그 외에도 내담자에게 기도를 시키는 것은 조심해야 한다. 그들은 하나님께 화가 나 있거나 당장은 어떤 기도도 하고 싶지 않을 수 있기 때문이다.

> 슬픔으로 인해 우리의 기도 생활을 약탈당하고 우리는 공허하거나 꼼짝달싹도 할 수 없을 것 같은 느낌이 듭니다.[2]

어떤 이들은 기도를 일종의 마법으로 여긴다. 그들은 기도를 통해 하나님께 영향력을 행사하고 문제를 해결하고 진행 방향을 역전시킬 수 있으리라고 생각한다. 어떤 이는 이렇게 말한다. "난 기도나 하나님에 대해 몰라. 지난번 내가 아팠을 때 기도하니까 나았는데, 이번에는 기도를 해도 전혀 좋아지지 않았어. 도대체 하나님이 계시기나 한 거야?"

이러한 관점은 잘못된 것이다. 기도란 고난의 과정을 역전시키는 수단이라기보다 우리 삶에 일어나는 일들의 의미를 발견하는 통로라고 볼 수 있다.

어떤 이들은 '왜요, 하나님? 왜냐고요?' 하는 질문을 던지기도 한다. 그것은 질문이라기보다 일종의 항변이다. 그리고 또한 역경을 받아들이는 정상적인 과정이다. 그런 질문을 하지 말라고 하거나 결코 그러한 질문을 하지 않았던 위인들의 '하나님에 대한 위대한 신앙과 신뢰' 이야기를 하는 것은 죄책감만 더할 뿐이다.

사람마다 믿음의 성장 속도는 서로 다르다. 어떤 사람에게는 믿음이 쉬운 편이지만 어떤 사람에게는 믿음이 쉽지 않을 수 있다. 하나님께 항변하거나 질문하는 것은 어떤 면에서 기도인 셈이다. 하지만 불행히도 대부분의 사람들은 그러한 내용을 기도의 범주에 넣지 않는다. 따라서 그러한 항변도 기도가 될 수 있음을 내담자에게 알려 줄 필요가 있다.

또 어떤 이들은 하나님에 대해 화가 나거나 마음이 편치 않아서 기도하지 않을 수도 있다. 그럴 경우 하나님이 다른 쪽 의자에 앉아 계시다고 생각하고 자신이 느끼는 바를 이야기해 보라고 청하라. 내담자가 그렇게 한다면, 그렇게 하는 것이 바로 기도라고 이야기해 줄 수 있다. 하나님께서는 우리가 모든 감정을 솔직하게 털어놓기를 바라시는 것이다.

그럼 내담자를 위해서는 어떻게 기도할 수 있는가? 강압적으로 기도를 유도해서는 안 된다. 기도하기 전에 내담자에게 함께 기도할 것인지 아니면 내담자를 위해 기도해도 좋은지 허락을 받으라. 그리고 기도는 결코 길게 하지 마라. 아주 심각한 어려움에 처한 사람을 위해 기도할 수 있다는 것은 대단한 특권이다. 어떤 이들은 무슨 말을 해야 할지 모르거나 편하지 않아서 침묵으로 기도하는 경우를 보았는데, 그런 기회에 내담자가 하나님 앞으로 더 가까이 인도될 수 있도록 기도를 드리는 것이 좋다.

위기 속에서 기도를 하면 하나님에 관한 많은 의문이 생길 수가 있다. 우리가 기도할 때 부르는 하나님은 누구인가? 삶의 문제와 고민에 대한 하나님의 책임은 무엇인가? 어려움을 겪는 사람을 도울 수 있는 어떤 종류의 능력을 가지고 계실까?

어떤 이들은 기도를 통해 자신의 어려움을 하나님의 뜻으로 받아들이는 데 도움을 얻는다. 또 어떤 이들은 받아들이지 않는다. 성경 욥기에는 오늘날 현대인들이 여전히 제기하는 위기나 시련에 관한 수많은 질문이 있다. 하나님께서는 사실상 모든 위기와 역경의 상황에 개입하시며 진정으로 사람들에게 관심을 갖고 계신다.

상담자가 내담자를 위해 기도할 때, 하나님께 구하는 것이 무엇인지 주의해야 한다. 하나님의 위로나 하나님의 능력, 혹은 하나님의 도우심과 지혜를 구하는 것이 중요하다. 또한 우리는 앞으로 일어날 일을 다 알 수 없지만 미래의 돌보심에 대해 하나님께 감사할 필요가 있다.

나는 로이드 오길비의 책, 「당신의 인생 속에 펼쳐지는 하나님의 뜻」 (Discovering God's Will in Your Life)에서 다음 내용이 참 좋다.

> 우리가 고통스런 순간에 처했을 때, 무엇을 어떻게 해야 할지 모를지라도 우리를 긴장시키고 힘들게 하는 바로 그것에 대해 하나님께 찬양해야 한다. …… 일정 기간 동안 계속 찬양하다 보면 하나님께서 우리에게 보여 주거나 허락하시고자 하는 것을 받는 경우가 많다.
>
> 기도는 기도 응답을 지체하시는 하나님을 재촉하는 수단이 아니라, 하나님께서 원하시는 대로 그분의 뜻에 복종하는 것이다. 기도는 우리의 감정을 변화시키고 간절한 소망을 부여해 준다.[3]

하지만 이러한 태도나 믿음에 도달하는 데는 시간이 걸리고, 억지로 할 수는 없는 것이다. 상담 과정을 통하여 말씀과 기도를 사용함으로써 내담자는 영적 성장에 도움을 받는다. 상담자 자신의 믿음과 기도 생활을 살펴보도록 하라. 도움을 줄 수 있는 책이 많으니 참고하는 것도 좋다.

기도할 때는 반드시 성령을 의지해야 한다. 무엇을 위해 기도해야 할지 생각나게 해 주시도록 성령께 맡기라. 우리는 너무나 쉽게 우리 생각대로 자신의 말로 기도하는 경향이 있다. 성령을 따르지 않고 자신의 지성만을 따르기 때문에 우리의 기도는 진부하기 쉽다. 그것은 또한 우리 자신이 침묵과 익숙하지 않아서 무엇인가 말을 해야 한다고 느끼기 때문일 수도 있다. 흔히 우리의 성급한 말로 인해 성령께서 우리에게 말씀하고자 하는 것을 막아 버리는 경우가 많다.

다음과 같은 기도의 예를 모범적인 기도문으로 제안해 본다.

**환란 가운데 드리는 기도**

오 하나님, 주님은 세상의 통치자이십니다. 당신께 우리 삶을 맡기오며 당신께서 우리의 모든 필요를 채워 주시리라 믿습니다.

우리는 우리가 경험한 문제의 원인을 이해하지 못하며 또한 이해할 필요도 없습니다. 바라기는 그러한 어려움이 우리에게 필요하고도 유익한 선물임을 온전히 믿고 받아들이는 것입니다. 비록 처음에는 두렵고 불신했지만, 이제는 감사할 수 있도록 인도하옵소서. 우리의 믿음을 강건하게 도와주시고 하나님을 찾고 하나님의 뜻대로 어떤 상황에서나 감사하도록 도와주옵소서.

하나님 아버지, 마지막 날에는 우리를 당신의 임재 속으로 인도하사 당신이 창세 전부터 알고 계셨던 것처럼 우리에게도 모든 것을 알게 하옵소서. 아멘.

**이혼의 위기 속에서 드리는 기도**

주여, 저는 너무도 외롭고 버림받은 느낌입니다. 제가 알기로는 당신은 여전히 우리 곁에 계신다고 하지만 좀 더 주님의 임재를 알 수 있도록 도와주시고 이러한 위기를 통해 가르쳐 주시고자 하는 것이 무엇인지 알게 하옵소서.

우리를 지켜 주시고 우리 자녀들을 보호하여 주소서. 이런 시련과 환란의 시간에도 용서하는 것과 만족하기를 배울 수 있도록 도와주소서.

저는 주께서 우리가 잘되기를 바라신다고 알고 있습니다. 우리 길을 지도해 주시고 인도해 주소서. 아멘.[4]

**슬픔에 잠길 때 드리는 기도**

오 주여, 우리는 커다란 비극을 경험했고 무엇인가 잘못되어 가는 것을 경험했습니다. 우리는 상실로 인해 슬픔과 고통을 겪고 있습니다. 우리를 도와주소서. 우리에게 오셔서 아픔과 슬픔을 위로하여 주소서. 위기 가운데 우리가 어떻게 서로 도와야 할지 알 수 있는 지혜를 주소서. 꼭 필요한 일들을 할 수 있는 힘을 주옵소서. 우리가 고통을 경험하는 중에 서로를 도울 수 있는 분별력을 주옵소서. 다시 주님을 신뢰할 수 있는 새로운 믿음을 주옵소서. 우리가 주님을 기다리는 가운데 하나님의 선하심과 긍휼하심의 통로가 될 수 있는 희망을 주옵소서. 아멘.[5]

다음 기도는 내가 몇 년 전에 발견했는데, 사별한 이들이 기도하는 데 분명한 지침을 준다.

장례식장뿐 아니라 가정에서도 목회자는 자신의 기도 가운데 유가족의 감정을 공감해야 하고 그러한 감정을 가지고 모든 은혜를 베푸시는 하나님께 기도할 수 있어야 한다.

"아버지여, 오늘 우리는 혼란스러움과 상심한 가운데 나아옵니다. 우리는 다 이해하지 못하지만 당신께서 여전히 모든 것을 다스리고 계심을 알고 또 믿습니다. 우린 지난 일을 바꿀 수는 없지만 오늘을 살아갈 수 있는 힘과 내일의 소망이 필요합니다. 우린 주님께서도 우셨던 것을 기억하고 지금 우리의 슬픔을 보고 계심을 믿습니다. 지금도 주님께서는 상심한 자들을 고치시기 위해 이곳에 우리와 함께 계심을 감사합니다. 우리가 경험한 충격의 느낌을 알고 계시며 우리의 필요를 채워 주시겠다고 약속하시니 감사합니다."

이러한 목회자의 기도를 통해 여러 가지를 성취할 수 있는데 첫째로, 사람들이 어떻게 느끼고 있는지 이해하고 있음을 말로 표현한 셈이다. 둘째로, 하나님께서도 우리가 슬퍼할 것을 기대하고 계심을 분명히 했다. 셋째로, 주님의 임재하심을 확인해 주었고, 끝으로 하나님께서 저들의 필요를 은혜 가운데 채워 주시도록 간구 드렸다. 목회자는 계속 기도하는 가운데 또 다른

필요를 표현할 수도 있을 것이다.⁶

「이별을 위한 기도」(Praying Our Goodbyes)라는 책에 있는 다음 기도는 인생의 전환기를 경험하는 사람이 드린 기도다.

계시의 하나님, 인생의 다음 단계에 고통이 가득하고 신비로운 아픔이 가득한 것을 다시 한 번 느낍니다. 저는 지난 과거를 뒤로하고 보다 깊은 자신을 발견하기 위해 새로운 출발을 준비하라시는 주님의 부르심을 듣습니다. 오 주 하나님, 제가 지금 바로 이 순간으로부터 자유로울 수 있다는 사실을 깨닫게 도와주소서. 저는 한 개인으로서 자신을 발견하는 새로움과 경이로움을 기억합니다. 제 자신을 어떻게 사랑하고 존중하기 시작했는지 기억합니다. 제 인생의 위기들을 통해 '나 자신'에 대한 다양한 모습을 맛보게 해 주심에 감사를 드립니다.⁷

다음 기도는 「위험한 시기에 발견하는 하나님의 평안」(Finding God's Peace in Perilous Times)이라는 책에서 발췌한 것으로 9·11 테러 사건에 대한 기도다.

사랑하는 주님, 재난을 만나면 우리는 너무도 쉽게 방향을 잃어버립니다. 우리는 무엇을 어떻게 해야 할지 모릅니다. 그래서 주님께 나아옵니다. 하나님께서는 거룩한 성전에 계시고 또한 하늘 보좌에 앉아 계심을 감사드립니다. 우리는 주님이 모든 것을 다스리고 계심을 알고 또한 우리는 주님께 의지해야 함을 인정합니다. 주님은 강한 분이심을 감사하고 우리 안에 임재하심에 감사를 드립니다. 우리에게 어떤 일이 일어나든지 우리는 당신께 감사합니다. 우리는 주님께 기댈 수 있고 당신의 팔에 안식하며 당신의 불변하심에 의지할 수 있습니다. 우리에 대한 당신의 무조건적인 사랑에 감사를 드립니다. 아멘.⁸

사랑하는 주님, 우리가 '사방으로부터 우겨 싸임을 당하는 것' 같을 때, 하나님의 임재를 깨달을 수 있도록 우리를 도와주소서. 우리는 지금 현재 상황 밖에 볼 수 없지만, 주님은 전체 그림을 보시는 전능하신 하나님이심을 기억하게 하소서. 영원토록 이어질 즐거움의 약속을 다시 확인시켜 주시니 감사합니다. 아멘.[9]

사랑하는 주님, 우리와 관계된 모든 것에 관심을 갖고 계신다는 사실을 알게 해 주시니 얼마나 큰 위로가 되는지요. 우리들의 마음에 영향을 미치는 것이라면 아무리 사소한 것일지라도 주님이 친히 관여하고 계십니다. 주님, 우리 주위 세계가 다 무너져 내리는 듯한 이런 때도 당신을 신뢰할 수 있을까요? 이 순간에도 여전히 우리를 당신의 손으로 붙들고 계심을 잊지 않게 하소서. 아멘.[10]

사랑하는 주님, 우리가 너무나 큰 상실을 겪을 때면 마치 우리 안에 빛이 사라져 버리고 다시는 아무것도 그 빛을 돌아오게 할 수 없을 것같이 느낀다는 사실을 주님은 아시지요. 우리들 가슴 깊숙이 파인 슬픔의 골짜기를 오직 주님만이 메울 수 있음을 우리는 알고 있습니다. 비록 우리가 알고 있는 삶이 완전히 파괴된다고 할지라도 주님께서는 항상 우리와 함께 계셔서 잃어버릴 수 없는 분이십니다. 다른 모든 것들은 일시적일 뿐입니다.

우리가 잃어버린 것들이 너무나 커서 우리가 과연 이 고통을 이겨 낼 수 있을까 하는 의문이 듭니다. 혹 이러한 상처가 영원히 남아 있지 않을까, 과연 우리가 언젠가 정상적으로 느낄 수 있을까 하는 의문도 있습니다. 하지만 우리가 이 슬픔의 시기를 주님과 함께 걸어간다면 주님이 우리 고통을 덜어 주시고 우리의 영혼을 위로하시며 우리의 상처를 고쳐 주시고 우리의 빈 마음을 채워 주실 것을 믿습니다. 주님, 우린 변함없는 주님의 손길을 느낄 수 있길 원합니다. 우리를 주님께로 더 가까이 이끌어 주시고 슬픔의 강 이편에서 저편으로 인도해 주옵소서.

  우린 당신이 선하신 하나님이심을 알고 우리를 향하신 당신의 사랑은 끝이 없음도 알고 있습니다. 우리의 모든 슬픔의 짐을 당신께 맡길 수 있도록 도와주소서. 슬픔을 극복할 수 있도록 우리를 지탱해 주시고 힘을 주옵소서. 우리의 삶은 계속 진행되어야 함을 알고 있사오니, 다음 단계를 가기 위해 오늘 필요한 걸음을 내디딜 수 있도록 도우소서. 주님과 함께라면 모든 것이 가능하며 주님의 치유의 능력은 어떤 상처나 상한 심령조차도 회복할 수 있음을 믿습니다. 주님, 우리와 함께하소서. 주님께서는 당신의 빛을 우리에게 비추시고 주님의 기쁨이 우리 마음속에 느껴질 때까지 친히 우리 손을 잡아 주고 우리를 인도하실 줄 믿습니다. 아멘.[11]

## 함께 기도하기

  친구들을 위해 기도할 때 어떻게 하는 것이 최선일까? 어려움에 처한 이들을 위해 기도하는 법에 대해서는, 9·11 테러 사건 직후에 있었던 뉴욕에서의 AACC(미국기독교상담자협회) 주관 위기 세미나에서 고든 맥도날드(Gordon MacDonald)가 제안했던 바를 인용해 본다.

  다음은 우리 친구들이 어려움을 당했을 때, 도움을 줄 수 있는 다섯 종류의 기도들이다.

  **격려의 기도.** '격려'라는 단어에는 누군가에게 용기를 불어넣는다는 뜻이 내포돼 있다. 반면에 '낙심시키다'라는 단어는 누군가에게서 용기를 빼앗아 버린다는 뜻이다. 우리가 친구와 그의 미래에 대해 가지고 있는 희망이나 용기, 믿음은 친구에게 전달될 수 있다. 친구에게 힘과 용기를 주고 격려할 수 있도록 하나님께 기도해 보라. 친구들에게 그들이 하나님 보시기에 얼마나 소중한 존재인지 말해 줄 수도 있다.

  에베소서 4장 4-6절과 같은 성경 구절들을 읽어 주는 것도 좋다. "몸이 하나요 성령도 한 분이시니 이와 같이 너희가 부르심의 한 소망 안에서 부르심을 받았느니라 주도 한 분이시요 믿음도 하나요 세례도 하나요 하나님도 한 분이시니 곧 만유의 아버지시라 만유 위에 계시고 만유를 통일하시고 만유 가운데 계시도다."

이러한 말씀을 바탕으로 하여 다음과 같이 기도할 수도 있다. "오 하나님, 제 친구는 제게나 하나님께나 너무 소중한 사람입니다. 이러한 어려움 속에서도 하나님께서 허락하시면 제 친구가 이 어려움을 이겨 나갈 수 있는 힘과 능력을 가지게 될 줄 믿습니다. 그 친구에게 확신과 평안한 마음을 주시고 주님의 인도하심을 허락하소서."

만약 친구가 과연 하나님이 자신을 돌보시는지에 대한 확신이 없다면 다음과 같은 성경 구절(시 54:2-4, 습 3:14-17 참조)을 나눌 수 있다.

> 하나님 아버지께서 너로 인해 기뻐하며 춤을 추실 거야!
> 하나님께서 사랑하시는 너로 인해 기뻐하실 거야.
> 성가대가 하나님을 찬양하는 소리를 듣는다고?
> 아니야, 주 여호와 하나님 자신이 너로 인해 노래를 하시는 거라고!
> 하나님께서 너 때문에 기뻐하시며 노래를 한다고!
> 내 영혼이 하나님을 자랑하리니,
> 이는 그가 내 모든 부르짖음을 응답하셨음이라.
> 너에 대한 그의 성실하심은 마치 새벽빛같이 일정하시단다.
> 내 영혼아, 깨어나 노래할지어다!
> 내 영은 하나님을 즐거워할지어다!
> 시온의 딸들아 너희 전심을 다해 즐거이 부르라.
> 네가 회복되었으므로 이제 두려움은 던져 버려라!
> 잔치 날에 찬양의 옷을 입을지어다.
> 아버지와 함께 영광스럽고 즐거운 노래를 부를지어다![12]

다음과 같은 기도도 드릴 수 있다. "사랑하는 하나님! 제 친구를 선택해 주시고 자녀로 삼으시며 상속자로 삼아 주시니 감사합니다. 주님께서 제 친구를 결코 잊지 않으시니 감사를 드립니다. 친구로 인해 끊임없는 기쁨을 가져 주시니 감사합니다. 이 모든 것들을 제 친구도 깨닫도록 도와주세요."

**회복의 기도.** 이 기도는 실패했거나 혹은 자신이 실패했다고 생각하는 사람들을 위한 것이다. 그들은 너무나 지쳐 있고 더 이상 남은 것이 없다. 슬픔에 압도당한 상태다. 누군가가 그들을 위해 기도해 주어야 하며 그들의 삶에 누군가의 배려가 필요하다. 그들의 감정 탱크는 비어 있고 채워져야 한다. 아마도 다음과 같이 단순한 기도가 필요할지도 모른다. "주님, 제 친구에게 오늘과 내일을 살아갈 희망을 주세요. 주님의 품속에서 안전하게 지켜 주세요." "주님, 제 친구가 사랑받고 있음을 알게 해 주세요."

뉴욕에서 열린 AACC 모임에서 고든 맥도날드는 친구를 위해 다음과 같은 기도를 드렸다.

> 오 주 하나님이시여, 여기에 제가 사랑하는 친구가 있습니다. 그가 오늘 얼마나 많이 상처를 입고 있는지 주님이 아십니다. 제가 알기로 친구는 두려움 속에 있습니다. 또한 친구는 신체적인 고통을 겪고 있습니다. 주여, 어떤 사람도 줄 수 없는 그 무엇을 주님으로부터 필요로 하고 있습니다. 새로운 힘이 필요합니다. 삶에 새로운 용기도 필요합니다. 과거 어느 때보다 내일에 대한 희망이 필요합니다. 주여, 그에게는 세상이 줄 수 없는, 오직 하늘만이 줄 수 있는 힘을 필요로 합니다. 주님, 오늘 제 친구를 돌보아 주소서. 제가 그에게 제 손을 얹습니다. 주님, 제 친구의 손을 잡아 주시고 그의 상처 난 삶에 치유를 가져다주옵소서.

**확인의 기도.** 이런 기도는 친구들은 볼 수 없지만 우리가 인식하는 무엇인가가 있을 때 드리는 기도다. "주님, 지난주에 제 친구가 훌륭한 결정을 내린

데 대해, 또 계속하여 그렇게 할 수 있도록 해 주심에 감사를 드립니다. 주께서 친구의 삶에 행하고 계심을 믿습니다."

친구를 위한 확인의 기도를 할 때, 혹은 친구를 대신하여 주님 앞에 기도를 드릴 때, 하나님께서 그들 안에 심으시길 원하시는 가치나 확신을 심게 되는 셈이다. 이렇게 할 때 우리는 기도로써 격려자 역할을 하는 셈이다. 마치 '그래, 넌 할 수 있어. 넌 할 수 있다고. 네가 한 것을 돌아봐. 놀랍지 않아!'라고 말하는 것과 같다.

**축복의 기도.** 이 기도는 우리가 그들을 향한 하나님의 목적과 뜻을 알았을 때, 그들에게 선포하는 것이다. 그것은 다른 사람의 삶에 하나님의 은혜로운 능력을 말로써 불러일으키는 행동이기도 하다. 이러한 예는 성경에 반복적으로 나온다. "여호와는 네게 복을 주시고 너를 지키시기를 원하며 여호와는 그의 얼굴을 네게 비추사 은혜 베푸시기를 원하며 여호와는 그 얼굴을 네게로 향하여 드사 평강 주시기를 원하노라 할지니라 하라"(민 6:24-26).

이러한 기도에 대해 어떻게 반응하겠는가?

- 주 하나님 아버지와 우리 주 예수 그리스도를 찬양합니다. 그 하나님이 당신을 축복하시길 바랍니다.
- 주 하나님께서 당신을 강건하게 지켜 주시고 축복하시길 바랍니다.
- 주 하나님께서 당신에게 결코 낙심하거나 실망하지 않는 희망을 주시길 빕니다.

**중보의 기도.** 이 기도는 친구들이 너무나 약해져 있거나 필요가 커서 우리가 친히 하나님과 그들 사이에 중재를 해야 할 때 드리는 것이다. 요한복음 17장에서는 예수님께서 제자들을 위해 기도한 중보기도가 나온다. 친구들을 대신해 기도하라. 우리는 친구들의 이야기에서 그들의 필요를 알 수 있다. 다음과 같은 기도를 드릴 수 있다.

주 예수님, 제 친구가 안전하도록 하나님의 생각과 말씀으로 기도합니다. 제 기도를 들으시고 제 친구를 보호하소서. 제 친구를 모든 악으로부터 보호하소서. 예수님의 이름으로 기도합니다.

아버지, 때론 우리 삶에 낙심과 좌절감을 가져오는 사건들이 생깁니다. 주님의 말씀과 성령으로 역사해 주셔서 제 친구의 삶에서 그러한 것들을 거두어 주시고 위로를 주옵소서. 이렇게 해 주실 것을 믿고 미리 감사를 드립니다. 예수님의 이름으로 기도합니다.

사랑하는 하나님, 제 친구가 고통과 좌절에 빠져 있는데 그것을 극복할 수 있도록 이 시간 큰 위로자이신 성령님을 보내 주세요.

기도를 드릴 때는 가능하면 단순하고 간단히 하도록 하라. 또한 기도해 주기로 약속을 했다면 꼭 그것을 기록해 두었다가 지키도록 하라. 그리고 당신이 기도하고 있다는 사실을 당신의 친구가 알게 하라. 상처 입은 친구의 삶에 기도의 능력이 얼마나 큰지 우리는 결코 이해할 수 없을 것이다.

## 전문가에게 의뢰하기

많은 이들이 우리에게 와서 상담을 받고 도움을 얻는다. 하지만 어떤 사람들은 상태가 너무나 심각해서 전문가에게 의뢰해야 할 때가 있다. 그래서 어떤 경우에는 우리가 줄 수 있는 최상의 상담이 전문가에게 의뢰하는 일이 될 수도 있다. 자신의 부족함을 탓하지 않고도 그렇게 의뢰할 수 있는 것은 내적으로 건강하고 안전하다는 증거다. 어떤 이들은 사역 중에 독점욕이 강하고 자신의 가능성을 과대평가하는 경향이 있다. 자신의 능력이나 영적 은사에 대한 이해와 수용은 매우 중요하다. 바울은 다음과 같이 말한다.

"아무 일에든지 다툼이나 허영으로(경쟁적으로나 이기적인 동기, 무가치한 목적을 위해) 하지 말고 오직 겸손한 마음으로 각각 자기보다 남을 낫게 여기고 각각 자기 일을 돌볼뿐더러(단지 자신의 이익만 염려하지 말고) 또한 각각 다른 사람들의 일(유익)을 돌보아 나의 기쁨을 충만하게 하라"(빌 2:3-4).

나는 전문 상담자나 목회자, 변호사, 전문 의사, 재정 전문가 등에게 내담자를 의뢰한다. 어느 한 상담자가 모든 상황에서 도움을 줄 수 있다고 생각하는 것은 옳지 않다. 우리가 받는 훈련이나 경험, 성격 등이 상담에서 다양한 변수가 되는 것이다.

위기에 처한 내담자에게 전문적인 도움이 필요한데, 상담자가 도움을 줄 수 없을 때는 전문가에게 의뢰해야 한다. 그렇다고 해서 내담자의 문제가 반드시 심각하거나 극단적인 경우여서가 아니고 단지 상담자가 다룰 수 없기 때문이다. 내담자에게 문제가 매우 심각하다는 인상을 주지 말아야 하는데, 잘못하면 위기 국면이나 스트레스를 더할 수 있기 때문이다. 단지 다른 전문적인 도움이 필요하다는 사실을 알려 주는 것이 좋다.

의뢰를 해야 하는 또 다른 이유는 상담자의 훈련이나 경험을 벗어나는 심각한 위험이 잠재되어 있는 징후가 있을 때다. 내담자의 안전이 위험한 때라면 상담자는 스스로 다음과 같은 질문을 해 보아야 한다. "내가 과연 이 사람을 도울 수 있는 시간과 능력을 가지고 있는가?"

때론 정신과의사나 심리학자, 결혼 상담가, 가족 치료사 등의 전문가에게 의뢰해야 할 경우도 있다. 내담자가 상담자가 제시하려는 상담 방법과 다른 방법을 선호할 때도 의뢰해야 한다. 이는 즉각적인 위기 상담에서는 흔치 않은 일이다. 그 외에도 내담자의 문제에 대한 장기적인 관심과 상담이 필요한 경우, 다른 상담자에게 의뢰할 필요가 있을 수 있다. 대부분 목회자들은 장기간에 걸친 상담에 대해서는 훈련을 받지 못했거나 또 위기에 처한 모든 이들을 상담할 시간적인 여유도 없다.

의뢰할 전문가는 다른 목회자나 크리스천 의사들이나 변호사들로부터 추천을 받을 수 있다. 지역별로 신학교나 기독교 대학에서도 전문가를 추천받을 수 있다. 크리스천 기업가나 크리스천 의사들만 등록해 놓은 직업별 인명록을 구해 활용할 수도 있다. 전문적인 상담자의 상담 방법이나 신앙에 관해 보다 많은 정보를 얻고 싶다면 그 상담자에게 전화를 한다든가 방문해서 만나 보는 것도 좋다.

### 필요한 절차

**먼저 자신이 해야 할 일을 할 것**. 내담자를 다른 전문가에게 의뢰하기 전에 당신이 먼저 해야 할 일은 과연 내담자의 필요가 무엇인지 알아보는 것이다. 최대한의 정보를 수집해 상담 장소나 시간, 상담의 유형, 추천할 상담기관의 상담 서비스를 정할 수 있다.

성공적인 의뢰를 위해서는 상담자로서 주제를 꺼내는 방식이나 대화를 이끌어 가는 방식이 매우 중요하다. 전문가에게 의뢰를 하면 대개 내담자는 '자신의 문제가 너무나 심각하거나 극단적이어서 의뢰를 하는구나'라고 느끼게 된다. 혹은 상담자가 내담자를 싫어하거나 돕고 싶지 않아 의뢰한다고 생각해서 거절감을 느끼는 경우가 많다. 상담자의 민감함이나 돌보는 태도가 바로 이런 부분에서 매우 중요한 이유다.

너무 심각하게 깊은 염려의 표정을 지으며 말하기보다는 가볍고 편안한 접근이 훨씬 나을 것이다. 다음과 같이 제안할 수 있다. "당신이 이 모든 이야기를 제게 해 준 것에 감사합니다. 이제 제가 당신을 어떻게 도와야 할지 알게 되었고 최선으로 돕고 싶습니다. 이 시점에서 제 생각으로는 더욱 경험이 많은 전문 상담자를 추천해 드리고 싶습니다. 그러한 가능성에 대해 어떻게 생각하십니까?"

내담자는 제안을 쉽게 받아들일 수도 있고 혹은 주저하거나 당황스러워할 수도 있다. 내담자는 "당신은 저를 더 이상 돕고 싶지 않으신 거죠?"라거나 "당신은 저를 더 이상 보고 싶지 않으신 거죠?"라고 말할지도 모른다.

그때는 다음과 같이 말하라. "저는 진정으로 당신을 돕기 원하고 종종 당신을 보기를 원해요. 하지만 저는 당신이 최상의 도움을 받는 걸 원하기 때문에 다른 상담자에게 추천하는 것입니다."

내담자가 이렇게 말할 수도 있다. "하지만 전 당신과 많은 이야기를 나누었어요. 제가 그 문제를 이야기하는 것이 쉽지 않았어요. 이제 또 모르는 사람과 이야기를 하라는 거예요?"

그럴 때, 상담자는 다음과 같이 내담자에게 확신을 심어 주어야 한다. "저도 당신이 이러한 과정을 다시 시작한다면 약간은 두려울 것이란 사실을 알고 있습니다. 당신은 용기를 내어 처음 저를 만났고 또한 솔직하게 이야기를 나누셨습니다. 이제 저보다 더욱 유능한 상담자와 새로운 관계를 시작할 수 있는 용기를 가지고 계시다고 믿어요. 이런 의뢰 과정에서 제가 어떻게 하면 도움이 될지 말씀해 주십시오."

**내담자가 직접 선택하게 도울 것.** 내담자에게 이러한 의뢰를 추천한 후에는 내담자가 제안을 받아들일지 거절할지 결정하도록 해야 한다. 반드시 내담자가 직접 결정해야 한다. 물론 만약 내담자가 처한 상황이 매우 심각하다면 즉시 의뢰해야 한다. 예를 들면 깊은 우울증이나 신체적인 장애, 혹은 자살을 시도한다거나 학대를 받은 경우다. 그럴 때는 내담자에게 상담자의 결정을 신뢰하고 따라 주도록 부드럽게 요구하는 것이 좋다.

하지만 긴급 상황이 아니라면 제안을 잘 생각해 보고 알려 달라고 부탁한다. 또한 내담자가 상담자를 기쁘게 하기 위해 상담자의 추천을 반드시 따를 필요는 없다는 사실을 알려 주도록 한다. 가능하다면 추천 의뢰인들을 두세 명 정도 제안해 준다.

항상 기억할 사실은 전문가에게 의뢰한 후에도 첫 번째 상담을 마치면 내담자를 만나거나 전화해야 한다는 것이다. 상담자는 계속적으로 내담자를 위해 기도하고 있으며 내담자의 지속적인 성장에 관심을 가지고 있다는 사실을 알려 주어야 한다.

# 주

## 1장

1) Gary Collins, *How to Be a People Helper* (Ventura, CA : Vision House/Regal Books, 1976), p. 37.
2) William Crane, *Where God Comes In: The Divine Plus in Counseling* (Dallas, TX: Word Publishing, 1970), p. 28.

## 2장

1) Peter Buntman and Eleanor Sais, *How to Live with Your Teenager* (Pasadena, CA: Birch Tree Press, 1979), n.p.
2) Paul F. Wilczak, "Listening as Ministry," *Marriage and Family Living 3*, no. 122 (March 1980), p. 4.
3) Harold Ivan Smith, *When You Don't Know What to Say* (Kansas City, MO: Beacon Hill Press, 2002), p. 87.
4) 기밀 조항에 대한 예외 규정은 후에 토의할 것임. 본서에 인용된 사례들에 대해서는 사전 허락을 받았음. 또한 필요한 경우 사생활보호를 위해 여러 가지 정보를 변경하였음.
5) Judith K. Acosta and Richard L. Levenson, Jr., "Observations from Groud Zero at the World Trade Center in New York City, Part II: Theoretical and Clinical Considerations," *International Journal of Emergency Mental Health 4*, no. 2 (Spring 2002), p. 124.
6) Frederick Buechner, *Peculiar Treasures: A Biblical Who's Who* (New York : Harper and Row, 1979), p. 65.
7) Kenneth S. West, *Word Studies in the Greek New Testament* (Grand Rapids, MI : Eerdman's Publishing, 1966), p. 239.
8) Freerick C. Thorne, "Principles of Personality Counseling," *Journal of Clinical Counseling* (1950), n.p., quoted in G. Keith Olson, *Counseling Teenagers* (Loveland, CO: Group Books, 1984), p. 187.

## 3장

1) Girard Egan, *The Skilled Helper* (Manterey, CA : Brooks and Cole, 1975), p. 76.
2) Dr. Timothy Clinton and Dr.George Ohlschlager, executive eds., *Competent Christian Counseling* (Colorado Springs, CO: Water Brook Press, 2002), p. 207.
3) D.Crydon Hammond, Dean H. Hepworth, and Vern G. Smith, *Improving Therapeutic Communiction* (San Francisco, CA : Jossey-Bass, 1977), pp. 114-115.
4) 이것은 대화에 대한 개념의 간략한 도입부에 불과하다. 보다 자세한 내용을 참고하기 원한다면 다음 졸저를 참고하라. H. Norman Wright, *Communication: Key to Marriage* (Ventura, CA: Regal Books, 2000).
5) William Crane, *Where God Comes In: The Civine Plus in Counseling* (Dallas, TX: Word Publishing, 1970), p. 57.
6) Egan, *The Skilled Helper*, p. 158.
7) Crane, *Where God Comes In: The Divine Plus in Counseling*, p.60.
8) Egan, *The Skilled Helper*, p. 158.
9) 전게서, p. 190.


## 4장

1) Suzane C. Thompson, "Blockades to Finding Meaning and Control," *Perspectives on Loss-A Sourcebook*, ed. John H. Harvey (Philadelpia:Bruner-Mazel, 1998), p. 21.
2) Kim Kluger-Bell, *Unspeakable Losses*(뉴욕: Quill, 1988), p. 22.
3) Dr. Ronald W. Ramsay and Rene Noorbergen, *Living with Loss* (New York: William Morrow and Company, 1981), pp. 47-48.
4) U.S.Bureau of the Census, "Pregnancies Number and Outcome : 1967-92," *Statistical Abstract of the United States 1996* 116, no. 109(Washington, DC), p. 83.
5) Kluger-Bell, *Unspeakable Losses*, p. 20.
6) R. Scott Sullender, *Losses in Later Life*(New York : Paulist press, 1989), p. 3.
7) 전게서, p. 79.
8) 전게서, p. 16-18.
9) Deirdre Feldoton, M.A., Seminar presentation at the American Academy of Bereavement.
10) Sullender, *Losses in Later Life*, p. 3.
11) 전게서, p. 45.
12) Pauline Bass, *Ambiguous Loss* (London, England: Harvard University Press, 1999), pp. 5-9.
13) Kenneth Doka, ed., *Disenfranchised Grief: Recognizing Hidden Sorrow* (Lanham, MD: Lexington Books, 1989), p. 4.
14) Kenneth Doka, *Disenfranchised Grief: Recognizing Hidden Sorrow* quoted in

James Fogarty, *The magical Thoughts of Grieving Children* (Amityville, NY: Baywood Publishing Company, 2000), adapted, pp. 78-80.
15) Suzane C. Thompsen, "Blockades to Finding Meaning and Control," *Perspectives on Loss-A Sourcebook*, pp.xi, xii

## 5장

1) Therese A. Rando, *Grieving: How to Go on Living When Someone You Love Dies* (Lexington, MA: Lexington Books, 1988), pp. 11-12.
2) Susan J. Zonnebelt-Smeenge and Robert C. DeVries, *Getting to the Other Side of Grief* (Grand Rapids, MI: Baker Book House, 1999), p. 47.
3) Source unknown.
4) Harold Ivan Smith, *When Your People Are Grieving* (Kansas City, MO: Beacon Hill Press, 2001), p. 38.
5) Rando, *Grieving*, pp. 18-19.
6) Al Martinez, "A Shadow on the Moon," *Los Angeles Times*.
7) Roy W. Fairchild, *Finding Hope Again: A Pastor's Guide to Counseling Depressed Persons* (San Francisco: HarperCollins, 1980), pp. 113-114.
8) 전게서, p. 117.
9) Bob Deits, *Life After Loss* (Tucson, AZ: Fisher Books, 1988), p. 41.
10) Smith, *When Your People Are Grieving*, p. 31.
11) Deits, *Life After Loss*, p. 27.
12) For losses of any kind, encourage the person to reed my book *Recovering from the Losses of Life* (Revell, 2000). If the person lost a spouse, encourage him or her to read Susan J. Zonnebelt-Smeenge and Robert C. DeVries, *Getting to the Other Side of Grief*(Baker Book House, 1999). If the person had a relationship breakup, suggest my book *Let's Just Be Friends* (Revell, 2002).
13) Rando, *Grieving*, pp. 231-234.
14) John James and Frank Cherry, The Grief Recovery Handbook (New York: Harper and Row, 1988), pp. 109-121.
15) Rando, Grieving, p. 251.
16) 전게서, p. 19.
17) 상실로 인해 고통받는 사람들을 위한 사역을 시작하기 전에 자신의 지역에서 다양한 회복 모임을 시작해 보도록 하라. 각 모임 책임자와 만나 다루는 내용이나 자료, 전체적인 영적 방향 등을 알아보도록 하라. 누군가 사별한 사람이 있다면 함께 동참하도록 권해 보라. 최근에 출간된 13과로 구성된 상실 회복 세미나(GriefShare) 프로그램은 추천할 만하다. 교회나 소그룹 단위로 활용하면 좋은데, 각 과마다 약 30-40분 분량의 비디오 자료와 함께 참가자가 활용할 수 있는 워크북과 인도자 지침서가 있어서 전문 상담자가 아니라도 그룹 별로 모임을 할 수 있다. 〈슬픔을 나누세요〉(GriefShare)

라는 비디오는 약 30명의 탁월한 각 분야 작가와 강사들, 상담자, 목회자와의 인터뷰를 담았다. 웹사이트 참조- http://www.hnormanwright.com.
18) Deits, *Life After Loss*, p. 89.
19) If you're not familiar with Programmed Cry, it's described in my book *Recovering from the Losses of Life* (Grand Rapids, MI: Revell, 2000), p. 50; and in Bob Deits, *Life After Loss* (NewYork: Fisher Books, 1999), pp. 144-146.
20) R. Scott Sullender, *Grief and Growth* (New York: Paulist Press, 1985), p. 56.
21) 졸저 참고 : *Recovering from the Losses of Life* (Grand Rapids, MI: Revell, 2000), p. 59.
22) If you need additional information, see the DSM IV or Albert J. Bernstein, Ph.D., *Emotional Vampires* (McGraw Hill, 2000).
23) J. William Worden, *Grief Counseling and Grief Therapy*, comp. Rev. Terry L. Irish (New York: Springer Publishing Company, 1991), pp. 31-34.
24) You may reproduce this letter to hand out to individuals, 혹은 졸저 참고: *Recovering from the Losses of Life* (Revell, 2000), pp. 60-61.
25) Deits, *Life After Loss*, pp. 150-151.
26) The communicating with Your Grief exercise is taken from Bob Deits, *Life After Loss* (Tucson, AZ: Fisher Books, 1988), pp. 93-94, 146-147.
27) 전게서.
28) Rando, *Grieving*, pp. 18-19.


## 6장
1) 내담자들을 위해 슬픔에 관한 감정의 볼 그림을 복사해서 나눠 주라.
2) Dennis and Matthew Linn, *Healing Life's Hurts* (New York: Paulist Press, 1978), pp. 102-103.
3) Dave Nair의 허락을 받아 사용했음.
4) Ann Kaiser Stearns, *Coming Back* (New York: Ballantine, 1988), pp. 104-105.
5) 전게서, pp. 110-112.
6) Prayer by Nan Kenton, 1991, Glendale, Arizona, adapted by Rev.Terry L. Irish, Sunnyvale Church of the Nazarene, Crescent City, California.
7) Harold Ivan Smith, *When Your People Are Grieving* (Kansas City, MO: Beacon Hill Press, 2001), p. 22.


## 7장
1) *Webster's New World College Dictionary*, s.v. "crisis."
2) J. Callahan, *Defining Crisis and Emergency Crisis* 15, no. 4 (1994), pp. 164-171
3) Lisa Barnes Lampman, ed., *Helping a Neighbor in Crisis* (Wheaton, IL: Tyndale House, 1997), p. 9.

4) Julian Whetsell Mitchell, *The Dynamics of Crisis Intervention* (Springfield, IL: Charles C. Thomas, 1999), p. 4.
5) Morton Bard and Dawn Sangrey, *The Crime Vicitim's Book* (New York: Basic Book House: 1979), quoted in Lisa Barnes Lampman, ed. *Helping a Neighbor in Crisis* (Wheaton, IL: Tyndale House, 1997), p. 9.
6) 전게서, p. 10.
7) J. Callahan, *Defining Crisis and Emergency Crisis*, p. 167.
8) Naomi Golan, *Passing Through Transitions* (New York: The Free Press, 1981), p. 12.
9) Charles M. Sell, Transitions *Through Adult Life* (Grand Rapids, MI: Zondervan Publishing House, 1991), p.22.
10) David C. Morley, *Halfway up the Mountain* (Old Tappan, NJ: Revell, 1979), p. 26.
11) Aaron Lazare et al., "The Walk-In Patient as a 'Customer': A Key Dimension in Evaluation and Treatment," *American Journal of Orthopsychiatry* 42(1979), pp.872-883, quoted in Dr. G. Keith Olson, *Counseling Teenagers* (Loveland, CO: Group Books, 1984), pp. 283-284.
12) Lewis B. Smedes, *How Can It Be All Right When Everything Is All Wrong?* (New York: Harper and Row, 1982), pp. 16-17.
13) Charles R. Swindoll, *Growing Strong in the Seasons of Life* (Portland, OR: Multnomah, 1983), pp.274-275.
14) Aleksandr Isaevich Solzhenitsyn, *The Gulag Archipelago* (New York: Harper Perennial, 2002), quoted in Philip Yancey, *Where Is God When It Hurts?* (Grand Rapids, MI: Zondervan Publishing House, 1977), p. 51.
15) Swindoll, *Growing Strong in the Seasons of Life*, pp. 274-275.

## 8장

1) Howard J. Parad and Libbie G. Parad, *Crisis Intervention*, vol. 2 (Milwaukee, WI: Family Service America, 1990), p. 8.
2) Jane Crisp, "Crisis Intervention," *Helping a Neighbor in Crisis* (Wheaton, IL: Tyndale House, 1997), p. 12.
3) Judith K. Acosta and Richard L. Levenson, Jr., "Observations from Ground Zero at the World Trade Center in New York Ctiy, Part II: Theoretical and Clinical Considerations," *International Journal of Emergency Mental Health* 4, no. 2 (Spring 2002), p. 124.
4) Judith Acosta and Judith Sumon Prager, *The Worst Is Over: What to say When Every Moment Counts* (San Diego, CA: Jodere Group, 2002), p. 9.
5) 전게서, p. 58.
6) Dutch Sheets, *Tell Your Heart to Beat Again* (Ventura, CA: Regal Books, 2002), p. 78.
7) Adapted from numerous resources.

8) K. A. slaikeu, *Crisis Intervention: A Handbook for Practice and Research*, 2nd ed. (Boston: Allyn and Bacon, 1990), p. 164.
9) William Pruitt, *Run from the Pale Pony* (Grand Rapids, MI: Baker Books, 1976), pp. 9-10.

## 9장

1) Lydia Rapoport, "Crisis Intervention As a Mode of Brief Treatment," quoted in R. W. Roberts and R. H. Nee, eds., *Theories of Social Casework* (Chicago: University of Chicago, 1970), p. 277.
2) Naomi Golan, *Treatment in Crisis Situations* (New York: The Free Press, 1978), pp. 98-99.
3) Karl A. Slaikeu, *Crisis Intervention: A Handbook for Practice and Research* (Boston: Allyn and Bacon, 1984), pp. 89-90.
4) 전게서, pp. 90-91.
5) Golan, *Treatment in Crisis Situations*, pp. 98-101.
6) Douglas Puryear, *Helping People in Crisis* (San Francisco, CA: Jossey-Bass, 1980), p. 62.
7) 전게서, p. 49.

## 10장

1) Robert Hicks, *Failure to Scream* (Nashville, TN: Thomas Nelson, 1993), p. 15.
2) Donald Meichenbaum, *A Clinical Handbook/ Practiced: Therapist Manual for Assessing and Treating Adults with Post-Traumatic Stress Disorder (PTSD)* (Waterloo, Ontario: Institute Press, 1994), p. 23.
3) Aphrodite Matsakis, *I Can't Get Over It! A Handbook for Trauma Survivors*(Oakland, CA: New Harbinger Publishers, 1992), p. 23.
4) Elie Wiesel, "We Choose Honor," *Parade Magazine* (October 28, 2001), pp. 4-5.
5) Sandra L. Brown, *Counseling Victims of Violence* (Alexandria, VA: American Association for counseling and Development, 1991), p. 9.
6) Judith K. Acosta and Richard L. Levenson, Jr., "Observations from Ground Zero at the World Trade Center in New York City, Part II: Theoretical and Clinical Considerations," *International Journal of Emergency Mental Health* 4, no. 2 (Spring 2002), pp. 120-121.
7) Judith Herman, M. D., *Trauma and Recovery* (Grand Rapids, MI: Baker Books, 1992), p. 175.
8) Jerry Mungadze, presentation at American Association of Christian Counselors World Conference, August 2001.

9) Katy Butler, "The Biology of Fears," *Networker Magazine* (July/August 1996), pp. 40-46.
10) Francine Shapiro and Margot Forest, *EMDR* (New York: Basic Book House, 1997), p. 49.
11) Source unknown.
12) Herman, *Trauma and Recovery*, p. 47.
13) Babette Rothschild, *The Body Remembers: The Psychophysiology of Trauma and Trauma Treatment* (New York: WM Norton and Company, 2000), p. 65.
14) Herman, *Trauma and Recovery*, p. 47.
15) Diane Langberg, "Coping with Traumatic Memory." Paper presented at The Soul Care Trauma Response and Intervention Project(TRIP) conference, New York, October 2001.
16) Paula Smith, "Secondary Survivors," unpublished paper.
17) 전게서.
18) Rothschild, *The Body Remembers: The Psychophysiology of Trauma and Trauma Treatment*, p. 66; Judy Foreman, "Roots of Violence May Lie in Damaged Brain Cells," *Los Angeles Times* (April 29, 2002), n.p.
19) Meichenbaum, *A Clinical Handbook/ Practiced: Therapist Manual for Assessing and Treating Adults with Post-Traumatic Stress Disorder (PTSD)*, pp. 510-511.
20) Matsakis, *I Can't Get Over It!*, pp. 6-7.
21) 전게서, pp. 23-24.
22) 전게서, pp. 10-13.
23) Langberg, "Coping with Traumatic Memory."
24) Hicks, *Failure to Scream*, p. 21.
25) C. S. Lewis, *A Grief Observed* (London: Fober and Fober, 1961), p. 9.
26) Herman, *Trauma and Recovery*, p. 37.
27) Brown, Counseling Victims of Violence, pp. 22-24.
28) C. S. Lewis, "Relapse," *Poems*, ed. Walter Hooper (New York: Harcourt Brace Jovanovich, 1964), pp. 103-104.
29) Hicks, *Failure to Scream*, p. 46.
30) Herman, *Trauma and Recovery*, pp. 42-43.
31) Matsakis, *I Can't Get Over It!*, pp. 18-22.
32) Raymond B. Flammery, Jr., *Post-Traumatic Stress Disorder* (New York: Crossroad, 1992), pp. 36-37.
33) Terence Monmaney, "For Most Trauma Victims Life Is More Meaningful," *Los Angeles Times* (October 7, 2001), p. 9; citing research from Richard Tedeschi, University of North Carolina; Dr. Robert Ursano, Uniformed Services University of the Health Sciences in Bethesda, MD; Dr. Sandra Bloom.

## 11장

1) Wendy Zubenko and Joseph Capozzoli, eds., *Children and Disasters* (New York: Oxford University Press, 2002), pp. 38-39.
2) For information on training opportunities, contact Bob Vandepol at Crisis Care at (888) 736-0911 or the American Association of Christian Counselors at (800) 526-8673.
3) George S. Everly and Jeffrey T. Mitchell, *Critical Incident Stress Management* (Ellicott City, MD: Chevron Publishing Corporation, 1999), pp. 86-87.
4) 통찰력 있는 질문이나 지침을 위해서는 다음을 참고하라. Dr. Donald Meichenbaum, Ph.D., *A Clinical Handbook/ Practiced: Therapist Manual for Assessing and Treating Adults with Post-Traumatic Stress Disorder (PTSD)* (Institute Press, 1994).
5) Dr. Donald Meichenbaum, "Treating the Effects of Severe Trauma in Adults and Children," workshop syllabus, pp. 35-40.
6) Source unknown.
7) Dena Rosenbloom and Mary Beth Williams, with Barbara E. Watkins, *Life After Trauma: A Workbook for Healing* (New York: Guilford Press, 1999).
8) Babette Rothschild, *The Body Remembers: The Psychophysiology of Trauma and Trauma Treatment* (New York: W. W. Norton, 2000), p. 87.
9) Matsakis, *I Can't Get Over It! A Handbook for Trauma Survivors*, pp. 114-115.
10) Aphrodite Matsakis, *I Can't Get Over It!*, pp. 127-130. This book is a must for those of us involved in helping others.
11) Contact EMDR Institute for Seminars and Resources, P.O. Box 51010, Pacific Grove, CA 93950; (831) 372-3900; http://www.emdr.com.
12) Rothschild, *The Body Remembers*, n.p.
13) 전게서, p. 90.
14) 전게서, p. 79.
15) Matsakis, *I Can't Get Over It!*, p. 134.
16) 전게서, pp. 15, 153.
17) 전게서, p. 159.
18) 전게서, pp. 160-163.
19) Judith Herman, *Trauma and Recovery* (New York: Basic Book House, 1992), p. 207.
20) 전게서, chapters 8-10.
21) Matsakis, *I Can't Get Over It!*, p. 236.
22) *The NIV Worship Bible* (Dana Point, CA: The Corinthian Group, 2000), p. 773.

## 12장

1) Cyris L. Sulzberger, *My Brother Death*.
2) William Worden, *Grief Counseling and Grief Therapy* (New York: Springer Publishing, 1991), pp. 136-137.
3) Marry Ann Emswiler, M.A., M.P.S., and James P. Emswiler, M.A., M.Ed. *Guiding Your Child through Grief* (New York: Bantam Books, 2000), p. 61.
4) 출처 미상.
5) Juliann W. Mitchell, *The Dynamics of Crisis Intervention* (Springfield, IL: Charles C. Thomas Publishers, 1999), n.p.
6) Carol Staudacher, *Beyond Grief* (Oakland, CA: New Harbinger, 1987), pp. 56-60.
7) 전게서, pp. 64-66.
8) Naomi Golan, *Passing Through Transitions* (New York: The Free Press, 1981), pp. 171, 175-182.
9) Joy Bayley, *The Last Thing We Talk About* (Elgin, IL: David C. Cook, 1973), pp. 40-41.
10) H. Norman Wright, *Recovering from the Losses of Life* (Grand Rapids, MI : Baker Books, 1991), pp. 182-183.
11) Joyce Landorf, *Mourning Song* (Tarrytown, NY: Flemming H. Revell, 1974), p. 145.
12) H. Norman Wright, 전게서, 참고.
13) Therese A. RAndo, *Grieving: How to Go On Living When Someone You Love Dies* (Lexington, MA: Lexington Books, 1988), pp. 227-250.
14) Zonnebelt-Smeenge and DeVries, *Getting to the Other Side of Grief*, p. 68.
15) Bayley, *The Last Thing We Talk About*, n.p.
16) Judith Acosta and Judith Simon-Prager, *The Worst Is Over: What to Say When Every Moment Counts* (San Diego, CA: Jodene Group, 2002), p. 261.
17) Rando, *Grieving*, pp. 106-116.
18) 전게서, pp. 115-116.
19) Richard Schult, *The Psychology of Death, Dying and Bereavemennt* (Reading, MA: Addison-Wesley, 1978), pp. 140-141.
20) John Powell, dedication to *The Secret of Staying in Love* (Allen, TX: Argus Comunications, 1974).

## 13장

1) Carol Staudacher, *Beyond Grief* (Oakland, CA: New Harbinger,1987), p. 82.
2) 전게서, p. 73.
3) 전게서, p. 94.
4) Fiona Marshall, *Losing a Parent* (Cambridge, MA: Fisher Books, 2000), p. 45.

5) Dennis Klass, Phyllis R. Silverman, and Steven L. Nickman, *Continuing Bonds: New Understanding of Grief* (Philadelphia: Taylor and Francis, 1996), pp. 76-81.
6) Therese A. Rando, *Grieving: How to go On Living When Someone You Love Dies* (Lexington, MA : Lexington Books, 1988), pp. 135-151.
7) Marshall, *Losing a Parent*, pp.19-21.
8) Straudacher, *Beyond Grief*, p. 90.
9) Marion Sandmaier, *Original Kin* (New York: E. P. Dutton, 1994), pp. 207, 214.
10) Rando, *Grieving*, pp. 154-158.
11) Sandmaier, *Original Kin*, p. 224.
12) Harold Ivan Smith, *Friendgrief* (Amityville, NY: Baywood Publishing, 2002), p. 2.
13) 전게서, p. 9.
14) Kenneth Doka, rd., *Disenfranchised Grief: Recognizing Hidden Sorrow* (Lanham, MD:Lexington Books, 1989), p. 83.
15) F. Sklar and S. F. Hartley, "Close Friends As Survivors: Bereavement Patterns in a 'Hidden' Population," *Omega* 21, no. 2, p. 104.
16) Smith, *Friendgrief*, pp. 60-61; W. V. Hocker, *Unrecognized and Unsanctioned Grief: The Nature and Counseling of Unacknowledged Loss* (Springfield, IL: Charles C. Thomas Publishers, 1990), pp. 104-121.
17) Smith, *Friedgrief*, p.61.
18) 전게서.
19) 전게서, p. 60.
20) K. R. Hanson, *The Journal of Pastoral Care* 60, no. 3, pp.249-256, quoted in Harold Ivan Smith, *Friendgrief*(Amityville, NY: Baywood Publishing, 2002), p. 226.
21) Smith, *Friendgrief*, p. 70.
22) 전게서, p. 222.
23) G. S. Silverman, "A Year of Mourning," *Forum* 26, no.4(July/August 2000). pp.6-8.
24) P. R. Silverman, *Never Too Young To Know: Death in Children's Lives* (New York: Oxford University Press, 1999), p. 185.
25) 전게서, p. 226.
26) Cheri Barton Ross and Jane Baron-Sorenson, *Pet Loss and Human Emotion* (Philadelphia: Accelerated Development, 1998), pp. 21, 27.
27) 전게서, p. 15.
28) 전게서, p. 4.
29) 전게서, p. 83. T. H. Pettit, *Hospital Administration for Hospital Staff* (Goleta, CA: American Veterinary Publication, 1994), p. 64.
30) NFO Research, Inc., "When A Child dies," *Survey of Bereaved Parents* (Oak Brbook, IL: The Compassionate Friends, June 1999).

31) Barbara D. Rosof, *The Worst Loss* (New York: Henry Holt and Company, 1994), pp. 175-176.
32) Ronald Knapp, *Beyond Endurance: When a Child Dies* (New York: Schocken, 1986), p. 41.
33) Klass, Silverman and Nickman, *Continuing Bonds: New Understanding of Grief*, p. 197.
34) Therese A. Rando, *Parental Loss of a Child* (Champaign, IL: Reasearch Press, 1986), pp. 22-24.
35) Staudacher, *Beyond Grief*, pp. 100-101.
36) Rando, *Parental Loss of a Child*, pp. 164-165.
37) 전게서, p. 105.
38) Staudacher, *Beyond Grief*, p. 109.
39) Knapp, *Beyond Endurance: When a Child dies*, p. 184.
40) 전게서, p. 4.


## 14장

1) 질병예방통제국 건강 통계 센터 (Washington, DC, 2000년 여름).
2) Jan Fawcett, *Before It's Too Late* (West Point, PA: Merck, Sharp and Dohme, 1979), p. 2.
3) Keith Olson, *Counseling Teenagers* (Loveland, CO: Group Books, 1984), p. 370.
4) Brent Q. Haden and Brenda Peterson, *The Crisis Intervention Handbook* (Englewood Cliffs, NJ: Prentice-Hall, 1982), p. 122.
5) Edwin S. Schneidman, *The Suicidal Mind* (New York: Oxford University Press, 1996), p. 13.
6) 전게서, p. 25.
7) 전게서, p. 59-61.
8) Fredrick F. Flach and Suzanne C. Draghi, eds., *The Nature and Treatment of Depression* (New York: Wiley, 1975), p. 230.
9) 전게서, p. 231.
10) Haden and Peterson, *The Crisis Intervention Handbook*, p. 125.
11) Rita Robinson, *Survivors of Suicide* (Franklin Lakes, NJ: New Page Books, 2001), pp. 80-81.
12) 전게서, p. 86.
13) "Suicide : Retired Professor Chooses Death," *Los Angeles Times*, 1989, pp. 1, 10.

## 15장

1) Keith Olson, *Counseling Teenagers* (Loveland, CO: Group Publishing, 1984), p. 382.
2) 출처 미상.
3) Frederick F. Falch and Suzanne C. Draghi, eds., *The Nature and Treatment of Depression* (New York: Wiley, 1975), p. 241.
4) Paul Pretzel, *Understanding and Counseling the Suicidal Person* (Nashville, TN: Abingdon, 1972), pp. 93-95.
5) For Additional Information, see Rita Robinson, *Survivor of Suicide* (Franklin Lakes, NJ: New Page Books, 2001).
6) Iris Bolton, *The National Newsletter for the Compassionate Friends* (Winter 1981).
7) Eric Marcus, *Why Suicide?* (San Francisco: Harpor and Row, 1996), p. 164.
8) 전게서, p. 145.
9) 전게서, p. 146.
10) *The National Newsletter for the Compassionate Friends* (Winter 1981).
11) Marcus, *Why Suicide?* p. 134.
12) 전게서, p. 137.
13) 전게서, p. 139.
14) Earl A. Grollman and Max Malikow, *Living When a Young Friend Commits Suicide* (Boston: Beacon Press, 1999). 서문.

## 16장

1) John W. James and Russell Friedman, *When Children Grieve* (New York: HarperCollins, 2001), p. 5.
2) Jonathan Sandoval, ed., *Handbook of Counseling: Intervention and Prevention in the Schools* (Mahwah, NJ: Lawrence Erlbaum Associates Publishers, 2002), pp. 13-15.
3) William Van Ornum and John B. Mordock, *Crisis Counseling with Children and Adolescents: A Guide for Nonprofessional Counselors* (New York: Continuum, 1983), p. 15.
4) Wendy Zubenko and Joseph Capozzoli, eds., *Children and Disasters* (New York: Oxford University Press, 2002), p. 43.
5) Kendall Johnson, *Trauma in the Lives of Children* (Alameda, CA: Hunter House Publishers, 1988), p. 63.
6) Zubenko and Capozzoli, *Children and Disasters*, pp. 96-97.
7) 전게서, p. 99.
8) Carl Rogers, *A Way of Being* (Boston: Houghton-Mifflin, 1980), n.p.
9) Van Ornum and Mordock, *Crisis Counseling with Children and Adolescents*, pp. 21-39.
10) 전게서, pp. 37-38.
11) 전게서, pp. 62-67.

## 17장

1) Archibald Hart, *Children and Divorce: What to Expect and How to Help* (Dallas, TX: Word, Inc., 1982), pp. 124-125.
2) C. G. Workman and M. Prior, "Depression and Suicide in Young Children", *Issues in Comprehensive Pediatric Nursing 20*, No. 2.(April-June 1997), pp. 125-132.
3) Brent Q. Hafen and Brenda Peterson, *The Crisis Intervention Handbook* (Englewood Cliffs, NJ: Prentice-Hall, 1982), pp. 110-111.
4) E. Lindemannw, "Symptomatology and Management of Acute Grief," *American Journal of Psychiatry 139* (1982), pp. 141-148.
5) Hafen and Peterson, *The Crisis Intervention Handbook*, p. 83.
6) William Van Ornum and John B. Mordock, *Crisis Counseling with Children and Adolescents: A Guide for Nonprofessional Counselors* (New York: Continuum, 1983), pp. 146-147.
7) Judith S. Wallerstein, Julia M. Lewis, and Sandra Blakeslee, *The Unexpected Legacy of Divorce: A 25 Years Landmark Study* (New York: Hyperion, 2000), p. xxvii.
8) 전게서, pp. 298-299.
9) L. L. Townsend, *Pastoral Care with Stepfamilies: Mapping the Wilderness* (St. Louis, MO: Chalice Press, 2000), n.p.
10) Jonathan Sandoval, ed., *Handbook of Counseling: Intervention and Prevention in the Schools* (Mahwah, NJ: Lawrence Erlbaum AssociatesPublishers, 2002), p. 91.
11) Van Ornum and Mordock, *Crisis Counseling with Children and Adolescent*, pp. 94-95.
12) Hart, *Children and Divorce: What to Expect and How to Help* (Dallas, TX: Word, Inc., 1982), pp. 66-74.

## 18장

1) Mary Ann Emswiler, M.A., M.P.S., 및 James P. Emswiler, M.A., M.Ed., *Guiding Your Child Through Grief* (New York: Bantam Books, 2000), pp. 100-106.
2) Carol Staudacher, *Beyond Grief* (Oakland, CA : New Harbinger, 1987), pp. 129-130.
3) William Van Ornum John B. Mordock, *Crisis Counseling with Children and Adolescents : A Guide for Nonprofessional Counselor* (New York : Continuum, 1983), pp. 21-33.
4) Dan Schaefer and Christine Lyons, *How Do We Tell the Children?* (New York : New Market Press, 1986), p. 122.
5) 전게서, p. 129.

6) Staudacher, *Beyond Grief*, pp. 131-138.
7) J. William Worden, *Children and Grief : When a Parent Dies* (New York : Guildford Press, 1996), pp. 33-34.
8) Schaefer and Lyons, *How Do We Tell the Children?* pp. 33-34.
9) Worden, *Children and Grief : When a Parent Dies*, pp. 33-34.
10) Schaefer and Lyons, *How Do We Tell the Children?* pp. 124-125.
11) Staudacher, *Beyond Grief*, pp. 146-147.
12) Helen Fitzgerald, *The Grieving Child* (New York: Simon and Schuster, 2000), p. 106.
13) Staudacher, *Beyond Grief*, p. 151.
14) Therese A. Rando, *Grieving: How to Go on Living When Someone You Love Dies* (Lexington, MA: Lexington Books, 1988), p. 218.
15) Schaefer and Lyons, *How Do We Tell the Children?* p. 142.
16) Rando, *Grieving*, p. 218.
17) Staudacher, *Beyond Grief*, pp. 138-139.


## 19장

1) Jay Kesler, *Parents and Teenagers* (Wheaton, IL: Victor, 1984), p. 17.
2) Dr. Les Parrott III, *Helping the Struggling Adolescent* (Grand Rapids, MI: Zondervan Publishing House, 2000), pp. 18-21.
3) Kesler, *Parents and Teenagers*, pp. 151-155.
4) Mary Ann Emswiler, M.A., M.P.S., and James P. Emswiler, M.A., M. Ed., *Guiding Your Child Through Grief* (New York: Bantam Books, 2000), p. 155.
5) 전게서, p. 159.
6) 전게서, pp. 157-162.
7) Keith Olson, *Counseling Teenagers* (Loveland, CO: Group Books, 1984), pp. 27-28.
8) 전게서, pp. 55-56.
9) 전게서, p. 57.
10) William Van Ornum and John B. Mordock, *Crisis Counseling with Children and Adolescent: A Guide for Nonprofessional Counselors* (New York: Continuum, 1983), pp. 41-43.
11) Frederic Flach and Suzanne C. Draghi, *The Nature and Treatment of Depression* (New York: Willey, 1974), pp. 104-107.
12) Van Ornum and Mordock, Crisis *Counseling with Children and Adolescent*, p. 76.
13) J. S. Wallerstein and J. B. Kelly, "The Effects of Parental Divorce: The Adolescent Experience," quoted in E. J. Anthony and C. Koupernik, eds., *The Child in His Family: Children at Psychiatric Risk* (New York: Wiley, 1974), n.p.
14) Olson, *Counseling Teenagers*, pp. 495-496

15) Flach and Draghi, *The Nature and Treatment of Depression*, pp. 104-106.
16) Governor's Office for Children, "Focus on Teen Suicide" 1, no. 3(December 1988). 이것은 상실에 관한 세미나에서 Teresa McIntier가 발표한 내용임(1996년 11월 18-22 San Diego에서 개최되었음).
17) Max Suafford, M.Ed., *Children in Crisis-A Parent's Guide* (Ingrove, TX: Westwind Publications, 1998), pp. 35-36.
18) Governor's Office for Children, "Focus on Teen Suicide" 1, no. 3(December 1988). 이것은 상실에 관한 세미나에서 Teresa McIntier가 발표한 내용임(1996년 11월 18-22 San Diego에서 개최되었음).
19) William Blackburn, *What You Should Know About Suicide* (Waco, TX: Word Books, 1982), p. 31.
20) R. R. Ross and B. McKay, *Self-Mutilation* (Lexington, MA: Lexington Books, 1979), n.p.
21) Soili Poijula, M.A., Karl-Erik Wahlberg, Ph.D., and Atle Dyregron, Ph.D., "Adolescent Suicide and Suicide Contagion in Three Secondary Schools," *International Journal of Emergency Mental Health 3*, no. 3(2001), pp. 163-168.

## 20장

1) Frederic Flach and Suzanne C. Draghi, *The Nature and Treatment of Depression* (New York: Willey, 1984), pp.106-111.
2) William Van Ornum and John B. Mordock, *Crisis Counseling with Children and Adolescents: A Guide for Nonprofessional Counselors* (New York: Continuum, 1983), p. 50.
3) Keith Olson, *Counseling Teenagers* (Loveland, CO: Group Publishing, 1984), pp. 360-361.
4) R. A. Garner, *Psychotherapeutic Approaches to the Resistant Child* (New York: Jason Aronson, 1975), p. 62.
5) T. J. Tuzil, "Writing: A Problem-Solving Process," *Social Work 23* (1978), pp. 63-70.
6) Dylan Tatz, *The Spectator*, p. 19. quoted in Joanne Tortorici Luna, Ph.D., "Collaborations Assessment and Healing in Schools After Large-Scale Terrorist Attacks," *International Journal of Emergency Mental Health 4, no.3* (summer 2002), pp. 205-206에서 인용.
7) Robert Sandler, social studies teacher, *The Spectator*, p. 16. 전게서 인용.
8) G. Torres, personal communication, March 30, 2001, 전게서 인용.
9) Kendall Johnson, *Trauma in the Lives of Children* (Alameda, CA: Hunter House Publishers, 1988), pp. 72-73.
10) 전게서, pp. 154-155.

11) Helen Fitzgerald, *The Grieving Teen* (New York: Simon and Schuster, 2000), pp. 100-102.
12) Johnson, *Trauma in the Lives of Children*, p. 99.
13) 전게서, pp. 99-100.
14) Fitzgerald, *The Grieving Teen*, pp. 112-120.

## 맺는 말

1) 탈봇신학교 대학원 학생(Betty Chase)의 과제물에서 발췌.
2) J. Rupp, *Praying Our Goodbyes* (Notre Dame, IN: Ave Maria Press, 1988), p. 79.
3) Lloyd Ogylvie, *Discovering God's Will in Your Life* (Eugene, OR: Harvest House, 1982), pp. 136, 164.
4) Lisa Barnes Lampman, ed., *Helping a Neighbor in Crisis* (Wheaton, IL: Tyndale House, 1997), p. 40.
5) 전게서, p. 68.
6) 출처 미상.
7) Joyce Rupp, OSM, *Praying Our Goodbyes* (New York: Ivy Books, 1988), pp. 137-138.
8) Tammy Faxel, ed., *Finding God's Peace in Perilous Times* (Wheaton, IL: Tyndale House, 2001), p. 94.
9) 전게서, 116.
10) 전게서, 141.
11) 전게서, pp. 175-176.
12) Mark Hayes, "And the Father will Dance," by Hinshaw Music, Chapel Hill, NC. All rights reserved, used by permission.

# 참고자료

### 4장

Pauline Boss, *Ambiguous Loss*, Cambridge, MA: Harvard University Press, 1999.

Kenneth Doka, ed., *Disenfranchised Grief: Recognizing Hidden Sorrow*. Lanham, MD: Lexington Books, 1989.

John H. Harvey, ed., *Perspectives on Loss: A Sourcebook*. New York: Bruner/Mazel, 1998.

### 5장

Bob Deits, *Life After Loss*. New York: Fisher Books, 1999

Gary Kinnaman, *My Companion Through Grief*. Ann Arbor, MI: Servant Publications, 1996.

Raymond R. Mitsch, and Lynn Brookside. *Grieving the Loss of Someone You Love*. Servant Publications, 1993.

Gerald Sittser, *A Grace Disguised: How the Soul Grows Through Loss*. Grand Rapids, MI: Zondervan Publishing House, 1998.

H. Norman Wright, *Recovering from the Losses of Life*. Grand Rapids, MI: Revell, 2000.

Harold Ivan Smith, *Journaling Your Decembrered Grief*. Kansas City, MO: Beacon Hill Press, 2001.

Susan J. Zonnebelt-Smeenge and Robert C. DeVries, *The Empty Chair: Handiling Grief on Holidays and Special Occasions*. Granc Rapids, MI: Baker Book House, 2001.

### 9장

Gerald Lewis, W., Ph.D., *Critical Incident Stress and Trauma in the Workplace*, Muncie,

IN: Accelerated Development, 1994.

Jeffrey Mitchell, T., Ph.D and George S. Everly, Jr., Ph.D., *Critical Incident Stress Debriefing: An Operations Manual*. Ellicot, MD: Chevron Publishing Corporation, 1997.

*Crisis Care: The Victory* videocassette series and *Crisis Care II: The Victory* videocassette series.

Delores Kuenning, *Helping People Through Grief*. Minneapolis, MN: Bethany House Publishers, 1987.

Lisa Barnes Lampman, ed., *Helping a Neighbor in Crisis*. Carol Stream, IL: Tyndale House, 1997.

Pat Schweibert and Chuck DeKlyen, *Tear Soup: A Recipe for Healing After Loss*. 2nd rev.ed. Portland, OR: Perinatal Loss, 2001. 이 책과 비디오는 매우 우수한 자료로, 모든 연령층에게 해당되며, 가정과 학교, 교회, 직장에서 이상적으로 보여 줄 수 있다. 이 자료들은 내담자에게 사별한 것을 확인해 주고, 사별을 하지 않은 사람들을 교육하고 아이들에게는 기본 원칙을 세워 준다. 특히 비통 회복의 분야에서 일하는 종사자가 꼭 비치해야 하는 자원이다.

H. Norman Wright, *Helping others Recover from Losses and Grief*. Orange, CA: Christian Marriage Enrihment, 1998. 복사 가능한 투명 필름이 포함된 교육과정으로 교실, 교회 또는 공동체를 위해 설교할 때 사용할 수 있다.

_____. *How to Help a Friend*. MN: Bethany House Publishers, 2003.

## 10장

Mike Macintosh, *When Your World Falls Apart*. Colorado Springs, CO: Cook Publications, 2002.

H. Norman Wright, *Will My Life Ever be the Same?* Eugene, OR: Harvest House Publishers, 2002.

## 11장

Judith Herman, M.D. *Trauma and Recovery*. Grand Rapids, MI: Basic Book House, 1992.

Aphrodite Matsakis, *I Can't Get Over It!: A Handbook for Trauma Survivors*. Oakland, CA: New Harbinger Publishers, 1992.

Donald Meichenbaum, Ph.D., *A Clinical Handbook/Practiced: Therapist Manual for*

*Assessing and Treating Adults with Post-Traumatic Stress Disorder*. Waterloo, Ontario: Institute Press, 1994.

Dena Rosenbloom, Ph.D.; Mary Beth Williams, Ph.D.; and Barbara E. Watkins, *Life After Trauma: A Workbook for Healing*. New York: Guilford Press, 1999.

Babette Rothschild, *The Body Remembers: The Psychophysiology of Trauma and Trauma Treatment*. New York: W.W. Norton, 2000.

## 12장

Janice Harris Ford, *No Time for Goodbyes: Coping with Sorrop, Anger and Injustice After a Tragic Death*. Pathfinder Publishing if California, 2000. 본서는 형사적인 법적 제도와 재정적인 적응에 관해 도움을 줄 만한 내용을 포함한 종합적인 책이다.

Raymond R. Mitsch and Lynn Brookside. *Grieving the Loss of Someone You Love*. Servant Publications, 1993.

Gerald Sittser, *A Grace Disguised: How the Soul Grows Through Loss*. Grand Rapids, MI: Zondervan Publishing House, 1998. 가족 가운데 3사람의 사망을 목도한 한 증인이 쓴 심오한 책이다.

H. Norman Wright, *Recovering from the Losses of Life*. Grand Rapids, MI: Revell, 2000.

Suzsan J. Zonnebelt-Smeenge and Robert C. Devries, *Getting to the Other Side of Grief*. Grand Rapids, MI: Baker Book House, 1998.

## 15장

Earl A. Grollman and Max Malikow. *Living When a Young Friend Commits Suicide*. Boston: Beacon Press, 1999.

Rita Robinson, *Survivors of Suiceide*. Franklin Lakes, NJ: New Page Books, 2001.

## 17장

The Dougy Center, *Waving Good-bye*. 슬픔 속에 있는 아이들을 위한 활동 지침서.

The Dougy Center, *35 Ways to Help a Grieving Child*. 나이에 맞는 포괄적인 자료들을 찾아볼 수 있다. pp. 45-48 참고.

H. Norman Wright and Gary Oliver. *Fears, Doubts, Blues, and Pouts: Stories About Handling Fear, Worry, Sadness, and Anger.* Colorado Springs, CO: Chariot Victior Publishing, 1999. 이 책은 3-9세 아이들을 위한 것이다. 이 책은 아이들의 학습 형태에 근거한 질문을 두려움과 염려, 슬픔이나 분노 등 아이들의 감정에 대해 이야기 식으로 폭넓게 다루고 있다.

### 20장

Helen Fitzgerald, *The Grieving Teen*, New York: Simon and Schuster, 2000. 10대를 상담할 경우 미리 읽어 두면 많은 조언을 얻을 수 있다.

C. Pernu, ed., *Help for the Hard Times: Getting Through Loss.* Center City, MN: Hazelden Information Education, 1995.

# 찾아보기

## ㄱ

가족
    가족과 슬픔(비통) 266-268
    예상된 죽음 287-289
감정(emotions)
    감정 분석의 도구들 122-123
    감정 촉발의 도구들 131-134
    감정 평가의 도구들 123-127
    감정과 위기의 충격기 164
    감정과 이별을 고하기 139-141
    감정과 자존감, 자신감 209-210
    감정과 트라우마 234
    감정에 대한 민감성, 내담자의 감정 275-277
    감정의 명료화 275
    감정의 무감각 상태 235-236
    어린이의 감정 395-398, 407-411
    위기의 후퇴-혼란기 166-168
    청소년의 감정 427, 451-452
감정적(정서적) 고통 107-110, 326-327
    정서적인 고통과 어린이 415
    정서적인 고통과 청소년 427
    정서적인 고통에 대한 방어 기제 115-116
개입 과정 181-186, 188-189, 193

격려 45-46, 169, 192
  예수님의 예 24-25
결혼과 어린아이의 죽음 319-320
경청 32-33, 36-37, 169, 187, 192
  개입 과정 참고.
  영향을 미치는 요소들 34-36
  적극적인 경청 203-204
공감 36, 48-49
  공감과 어린이의 위기 372
  공감과 유가족 상담 279-280
  공감과 청소년 지원 447-448, 455
  대면할 때의 공감 58-59
  반응들 35, 51-53
  트라우마 희생자에 대한 공감 255, 257
과잉 변화와 아드레날린 236-237
균형의 회복 194-195
극복을 위한 기제들 149, 250-251, 406
긍정적인 기대 195-196
기도
  격려의 기도 471-472
  기도에 관한 사람들의 견해 463-465
  내담자를 위한 기도 465-466
  변화의 시기를 위한 기도 468-471
  비극적 상황에서의 기도 469-471
  성령을 의지하는 기도 466
  애도를 위한 기도 467-468
  예수님의 기도 모범 28-29
  유족을 위한 기도 467-468
  이혼자를 위한 기도 467
  적절한 때 464-465
  축복의 기도 474
  친구를 위한 기도 473-474
  확인의 기도 473-474
  회복의 기도 473

힘든 상황을 위한 기도  467
꿈  232, 233


## ㄴ

남성과 자살  330
내담자
    내담자의 유형  155-157
노인과 자살  333-334
노년기의 상실  77-79
뇌량(corpus callosum)  219
뇌와 트라우마  218-226


## ㄷ

당신을 향한 하나님의 뜻  466
대면(confrontation)  58-59
    대면과 공감  58-59
    대면의 적절성  59-60
    부적절한 대면  65
    예수님의 예  26-27
대화  33
    대화의 형태  55-57
    비언어적 대화  33, 56, 444
    상담 시의 대화 지침  189-190
    어린이들과의 대화(의사소통)  372-379
    청소년과의 대화(의사소통)  446-447
두려움
    상실의 두려움  87-88
    어린이의 두려움  396, 407
    죽음에 대한 두려움  263

## ㅁ

면역 체계 280
몸의 기억 : 트라우마의 정신 생리학과 그 치유 247-251
둔감화 249-250
문제 해결 200-206

## ㅂ

박탈당한 슬픔 35-36
방어 기제 115-116, 250-251
    어린이의 방어 기제 379-381
분노
    분노와 어린이 396-398, 408-409
    분노와 임박한 죽음 284-286
    어린이의 죽음에 대한 부모의 분노 319
불면 233-234
비밀 보장
    법률 193
    비밀보장과 자살 339
    청소년 상담 시 446

## ㅅ

사별
    사별과 공감 279-280
    사별과 지원 체제 268-272
    사별의 슬픔 회복, 사별과 상실 272-278
    사별의 적응 271-272
상담
    기술들 ; 위기의 후퇴 – 혼란기 168-174

　　　　조언  42-43
　　　　질문  189, 340-344, 243-244, 299, 455, 44-45
　　내담자의 침묵  172
　　상담에서 신뢰를 쌓는 접근 요소들  60-61
　　상담의 단계(위기 중재의 과정)  181-210
　　예수님의 상담 효과  27-30
　　유가족을 위한 상담  267-271, 278-282
　　전화 상담  196-197, 338-339
　　청소년 상담, 피해야 할 형태  454-455
　　최고의 상담자 예수  21-27
　　파괴적 상담 요소들  62-65
상담과 법률  193
상담자
　　상담자의 부적절한 행동  62-65
　　상담자의 역할  191-193
　　상담자의 정서적 전염  53-55
상실  68-72
　　관계 회복  99-105
　　대화하기  113-115
　　형제자매의 상실  299-301
　　배우자의 상실  269-271
　　부모의 상실  294-299, 410-411
　　상실과 어린이의 죄책감  387
　　상실과 위기  145
　　상실과 정서적 고통  107-110, 115-116
　　상실과 질문들  88, 295, 307-308
　　상실과 청소년의 필요  426-427
　　상실로부터의 회복  96-99, 272-278
　　상실의 두려움  87-88
　　상실의 유형  75-87
　　성인기 상실  363-364
　　애완동물의 상실  309-312
　　어린 시절  363-364
　　　　~과 이혼  392

자녀의 죽음 312-320
　　　상실에 직면 106-113
　　　청소년기 상실 426-427, 430-434
　　　추억하기 164
　　　친구의 상실 303-309
성경 구절
　　　구체적인 위기에 관한 성경 구절 461-463
　　　하나님을 이해할 수 있는 성경 구절 460-461
성령님 93
　　　성령님과 기도 466
　　　예수님께 능력을 부여하심 29-30
스트레스 가운데 살아가기 161-162
스트레스에 대한 반응 245-246
스트레스와 자살 346
슬퍼하는 10대 452-453
슬퍼하는 아이들 414-415
슬픔, 비통 90-92
　　　슬픔, 비통과 어린이의 죽음 314-320
　　　국면들 161-162
　　　목적 92-96
　　　박탈당한 슬픔, 비통 85-86, 308-309
　　　슬픔, 비통 이해를 위한 성경적 고찰 93
　　　슬픔, 비통과 형제자매의 죽음 299-301
　　　슬픔, 비통과 배우자의 죽음 269-271
　　　슬픔, 비통과 부모의 죽음 294-296, 299
　　　슬픔, 비통과 상실 105-115
　　　슬픔, 비통과 애완동물의 죽음 309-312
　　　슬픔, 비통과 어린이
　　　　　독특한 면들 400-401
　　　　　방해물 401-403
　　　　　의사소통 401
　　　　　특성 386-387, 403-406
　　　　　회복 356, 387, 402-403, 413-420
　　　슬픔, 비통과 청소년 430-431, 438

슬픔, 비통과 친구의 죽음 303-309
    슬픔, 비통에 대한 적절한 기대 120-121
    예상 가능한 슬픔, 비통 287-288, 291, 317
시상하부 220
싸움-도피 패턴 163, 436

## ㅇ

아동 학대, 아동과 학대 참고
아드레날린 225
    아드레날린과 과잉 변화 236-237
악몽 232-233, 396, 407
안녕이라고 말하기 135-141
안심시키기(reassurance, 안도감) 169, 183, 192-193
    거짓 안도감 64, 195-196, 277-278, 286
    안심시키기 유형들 46-47
    안심시키기와 어린이의 위기들 367
애완동물 상실
어린이(아동)
    어린이와 공감 372
    어린이와 대화 372-379, 401
    어린이와 마술의 시간 373-375, 404-405, 417
    어린이와 분노 390, 396-398, 408-409
    어린이와 비난 389-390
    어린이와 상실 363-364
    어린이와 성취감 387-388
    어린이와 슬픔 356, 386-389, 400-411, 413-420
    어린이와 외상후스트레스장애(PTSD) 371
    어린이와 우울증 383-388
    어린이와 유기 365-366
    어린이와 이혼 364-365, 390-399
    어린이와 인지 발달 373-375

어린이와 정서 발달 420
어린이와 정서적 고통 415
어린이와 죄책감 356, 386
어린이와 추억 409-410
어린이와 통제 상실 366
어린이와 퇴행 384
어린이와 학대 388-390
어린이의 방어 기제 379-380
어린이의 위기 해소 단계 365-366
트라우마 극복 371
어린이의 위기와 원망 367
염려
    염려와 슬픔 124-127
    염려와 어린이들의 위기 364-366
    이혼과 어린이의 염려 396
외로움과 청소년 자살 440-441
외상후스트레스장애(PTSD) 213, 219-220, 227
    외상후스트레스장애와 어린이들 370-371
    외상후스트레스장애 예방 240-241
우울증
    상담자의 영향, 경청 36-37
    어린이의 우울증 383-388
    우울증과 상실의 종류 393-396
    우울증과 슬픔 123-124
    우울증과 자살 328
    우울증과 청소년 자살 437-442
    우울증에 대한 대처(싸움-도피) 436
    죽음에 관한 우울증 286
    청소년의 우울증 430-437
울지 못한 경우 229-230
위기 143-144
    위기 상황 스트레스 해소 활동(critical incident stress debriefing, CISD) 189, 239-244
    위기 재구성기 176-180
    위기 조정(적응)기 39, 174-176

위기 충격기 161-166
　　　위기 회복의 징후들 146-148
　　　위기순서도표 162
　　　위기에서 삶의 균형을 이루는 요소들 148-150
　　　위기와 인생의 과도기 150-154
　　　위기의 요소들 145-146
　　　위기의 원인들 144-145
　　　위기의 후퇴-혼란기 166-168
위기 속에서 하나님의 평안을 찾기 470-471
위기에 처한 이들을 돕기 181
의뢰(referral) 475-478
이별을 기도로 표현하기 467-469
이혼
　　　이혼과 어린이의 죽음 319-320
　　　이혼과 감정 395-398
　　　이혼과 어린이 364-365
　　　이혼과 청소년 425, 432-433
　　　이혼의 영향 392-395
　　　이혼한 부모를 위한 조언 398-399


### ㅈ

자살 265-266, 275-290
　　　상담의 단계 337-361
　　　위험 요소들 344-347
　　　유족들을 지원하기 353-354, 358-361
　　　자살과 고통의 위안 328-329
　　　자살과 교회사 325-326
　　　자살과 남성 330
　　　자살과 노인 329
　　　자살과 복수 329
　　　자살과 어린이의 죄책감 356

자살과 우울증 328
　　　자살과 유족들에게 반응하기 355-356
　　　자살과 절망 329
　　　자살과 정서적 고통 326-327
　　　자살과 질문하기 340-344, 357-358
　　　자살과 청소년 437-442
　　　자살과 하나님의 사랑 349
　　　자살에 관한 잘못된 속설 329-334
　　　자살의 긴급 보도 351-353
　　　자살의 성경적 사례 325
　　　자살의 징후 438-439
　　　전염성 441
　　　전화 상담 337-350
자신감(self-reliance) 208-210
자존감(self-esteem) 111, 206-208
　　　어린이의 자존감 387-388
　　　청소년기의 자존감 433-434
전두엽 피질 221, 224
정상화, 위기 개입 과정 참고
정서적인 전염 53-55
정체성의 위기 270, 423-424
죄책감
　　　내담자의 죄책감 95, 157
　　　어린이의 죄책감 356, 387, 407-408
　　　죄책감과 어린이의 죽음 317-318
　　　죄책감과 위기의 영향 국면 164-166
　　　죄책감과 형제자매의 죽음 301
　　　청소년의 죄책감 452-453
죽음 262-264
　　　급작스런 죽음과 청소년 86-87, 111-112
　　　배우자의 죽음과 청소년 269-271
　　　부모의 죽음과 청소년 294-298
　　　애완동물의 죽음과 청소년 281-312
　　　어린이의 죽음과 청소년 312-320

유족을 위한 지원 268-272, 274-276
　　　임종을 준비하는 사람들 282-291
　　　죽음과 우울증 286
　　　죽음과 질문들 267-268
　　　죽음과 청소년 426-427, 430-431
　　　죽음에 대한 부인 283-284
　　　죽음의 두려움 263-264
　　　친구의 죽음 303-309
　　　형제자매의 죽음과 청소년 299-303
중년의 위기 152-153
지원(Support) 196-199
질문하기 39, 456, 459
　　　부적절한 질문하기 63
　　　애통의 과정 동안에 질문하기 299
　　　예수님의 예 24
　　　위기의 후퇴-혼란기 동안의 질문하기 167-168
　　　질문하기와 상실 88, 295, 307-308
　　　질문하기와 위기, 개입 과정 참고
　　　질문하기와 위기순서도표 180
　　　질문하기와 자살 340-344, 357-358
　　　질문하기와 죽음 266-268, 418-419
　　　질문하기와 트라우마 희생자 247-251, 258-259, 451
　　　질문하기와 평정의 회복 194-195
　　　질문하기의 목적 44-45
　　　CISD 도중 질문하기 243-244

## ㅊ

청소년 421-422, 426-427
　　　대화 446-447
　　　상담 443-445
　　　상담의 형태 453-457

우울증 430-437
　　　전문가에게 의뢰하기 445-446
　　　죽음 426-427, 430-431
　　　청소년과 슬픔 430-433, 438
　　　청소년과 이혼 432-433
　　　청소년과 자존감 433-434
　　　청소년과 정서적 고통 427
　　　청소년과 정체성 추구 423-424
　　　청소년과 죄책감 452
　　　청소년과 친밀감 426-427
　　　청소년을 위한 지원 체제 447-448, 414-416
　　　청소년의 도덕성 424
　　　청소년의 독립 428-429
　　　청소년의 자살 437-442
　　　청소년이 직면한 현실 424-425
　　　청소년이 필요로 하는 것들 426-427
　　　충격적 사건에 대한 반응 450
　　　헌신, 갈등 425
추억
　　　유쾌하지 못한 추억 271
　　　청소년의 기억력 퇴보 450-451
　　　추억과 자녀들 409-410
　　　추억을 되살리는 물건들 131-134
　　　추억을 촉발시키는 기폭제 232-233, 248-251
친밀감, 청년기의 필요 426-427

## ㅋ

컴패셔닛 프렌즈(Compassionate Friends) 320

## ㅌ

퇴행과 어린이의 위기 366-367
트라우마 전반 212-213
    감정적인 트라우마 217
    신체적인 트라우마 217
    어린이 삶에 나타나는 트라우마 449-452
    트라우마와 불면증 233-234
    트라우마와 세계관 229-231
    트라우마와 질문들 248-249, 258-259, 451
    트라우마의 생리적인 영향 218-226
    트라우마의 심리적 증상 218
    트라우마의 원인 226-229
    회복에 대한 기대 238
트라우마와 회복 255-256

## ㅍ

편도체(amygdala) 222-223
평가 173-174, 187-189(개입 과정 참고 181-186, 188, 193)
플래시백(flashback) 221, 232-233, 247
플래시백과 트라우마 232-234, 247-248
피닉스 현상 161, 185

## ㅎ

해마 220, 224
환각(환상) 218, 271-272
회복, 상실 95-96, 272-278
    안녕이라고 말하기 참고
    회복, 상실을 위한 도구들 122-137

회복, 트라우마
　　뇌의 역할 246-251
　　목표 255-256
　　발전적 징후 256-260
　　청소년의 회복과 트라우마 448-457
　　회복, 트라우마의 단계들 252-254
회피 235-236
희망 175-176